Gerhard Benetka, Hans Werbik (Hg.)
Die philosophischen und kulturellen Wurzeln der Psychologie

Diskurse der Psychologie

Gerhard Benetka, Hans Werbik (Hg.)

Die philosophischen und kulturellen Wurzeln der Psychologie

Traditionen in Europa, Indien und China

Mit Beiträgen von Lars Allolio-Näcke, Gerhard Benetka, Horst-Peter Brauns, Jagna Brudzińska, Pradeep Chakkarath, Maximilian Forschner, Gerlinde Gild, Margret Kaiser-el-Safti, Markus Knaup, Nadia Moro, Ralph Sichler, Doris Weidemann, Hans Werbik, Uwe Wolfradt und Peter Zekert

Psychosozial-Verlag

Bibliografische Information der Deutschen Nationalbibliothek
Die Deutsche Nationalbibliothek verzeichnet diese Publikation
in der Deutschen Nationalbibliografie; detaillierte bibliografische Daten
sind im Internet über http://dnb.d-nb.de abrufbar.

Originalausgabe

E-Mail: info@psychosozial-verlag.de
www.psychosozial-verlag.de

Umschlagabbildung: Tetradrachme
Umschlaggestaltung & Innenlayout nach Entwürfen von Hanspeter Ludwig, Wetzlar
Satz: metiTec-Software, me-ti GmbH, Berlin
www.me-ti.de
ISBN 978-3-8379-2746-7 (Print)
ISBN 978-3-8379-7413-3 (E-Book-PDF)

Inhalt

Einführung

Gerhard Benetka & Hans Werbik

Die im vorliegenden Band versammelten Arbeiten basieren auf Vorträgen, die an einer im September 2016 an der Fakultät für Psychologie der Sigmund Freud PrivatUniversität veranstalteten Tagung »Traditionelle Psychologie in Europa, Indien und China« präsentiert wurden. Ziel dieser Zusammenkunft von Philosophen und (Kultur-)Psychologen war es, über alte Texte zu sprechen.

Die Beschäftigung mit alten Texten kann aus sehr unterschiedlichen Motiven erfolgen. Mit der bloß legitimatorischen Funktion von Fachgeschichte brauchen wir uns hier nicht aufzuhalten. Die Geschichtskonstruktionen, wie wir sie zum Beispiel aus Lehrbüchern kennen, sind letztlich Mythen: Sie sichern die Zugehörigkeit zu einer Gruppe, sie sichern die Identität von Wissenschaftlern, sie schaffen Tradition; mit kritischer Aufarbeitung des Überkommenen, mit kritischer Geschichte, auch durchaus im Nietzsche'schen Sinne (Nietzsche, 1874), hat all das aber nichts zu tun. Die viel zitierte Floskel, dass wir auf den Schultern von Riesen stehen und daher weiter blicken als diese Riesen selbst – mit Freud entgegnen wir, dass die Laus im Haar des Gelehrten buchstäblich nichts sieht.

Was wir anerkennen müssen, ist aber der Umstand, dass jede Art von Geschichtsbetrachtung eine Funktion hat. Oder anders: Es gibt keine objektive Geschichte, es gibt immer nur verschiedene Versionen der Rekonstruktion, mit denen ganz bestimmte Interessen und Absichten verfolgt werden. Des Weiteren: Jede Rekonstruktion des Vergangenen ist eine Rekonstruktion aus der Sicht der Gegenwart. Der Standpunkt, von dem wir von heute aus zurückblicken, ist zu explizieren, ebenso wie die Erkenntnisinteressen, die unsere Rekonstruktionen anleiten (Habermas, 1968).

Was also hat uns dazu bewogen, zu einer Tagung über Geschichte der Psychologie einzuladen? Wir wollen damit eine Gegenbewegung zur heute das Fach dominierenden neurowissenschaftlichen Psychologie anstoßen. Angesichts der fortschreitenden Unterwerfung der Psychologie unter die Neurowissenschaft tut – so glauben wir (Werbik & Benetka, 2016) – vor allem philosophische Besinnung not: Nur allzu deutlich geht die fortschreitende Selbstaufgabe des Faches, seine Auflösung in Kognitions- und Neurowissenschaft, mit seiner theoretischen Verarmung einher. Denn das hat sich auf jeden Fall gezeigt: dass die Neurowissenschaften die Psychologie in theoretischer Hinsicht nicht befruchten konnten; und zwar aus einem einfachen Grund: weil die Neurowissenschaften über keine brauchbaren psychologischen Theorien verfügen. Was Neurowissenschaftler leisten, ist vor allem eine emsige Datenproduktion. Der Mangel an Theorie ermöglicht, was wir mit einem von Robert Walser entlehnten Wort als eine zunehmende »Verwirtshäuselung« der Psychologie bezeichnet haben.

Wir wollen eine Gegenbewegung anstoßen, indem wir eine »Renaissance« traditioneller Psychologie propagieren – »Renaissance« verstanden als Wiederaneignung einer zum »Schaden« des Faches vergessenen Tradition. Aus dem Neu-Lesen »alter« Texte sollen sich Alternativen zum gegenwärtigen Mainstream entwickeln lassen – aber nicht nur »alter«, sondern auch anderer, das heißt aus anderen Kulturkreisen stammender Texte. In kulturwissenschaftlicher Hinsicht sind alle Formen der Psychologie »indigen«; die wissenschaftliche Psychologie ist eben nichts als indigene westliche Psychologie.

Mit der Explikation des Erkenntnisinteresses ist auch die Entscheidung für eine bestimmte Auffassung über den adäquaten Zugang zur Rekonstruktion von Geschichte verbunden. Zum Beispiel »passt« ein personalistisches Geschichtsbild gut zur legitimatorischen Funktion der Geschichtsschreibung. Wissenschaftsgeschichte als das Resultat des Handelns großer Persönlichkeiten – Borings *A history of experimental psychology* aus dem Jahr 1929 ist ein typisches Beispiel dafür (Boring, 1929). Dass Boring (1950) für die zweite Auflage seines so einflussreichen Buches den »Zeitgeist« als bewegendes Prinzip eingeführt hat, sei hier nur der Vollständigkeit halber und letztlich auch des Nachweises der Zirkularität des Arguments wegen angeführt. Der Zeitgeist wird aus den als vorliegend ausgemachten ökonomischen, sozialen und kulturellen Umständen abstrahiert – und dann eben diesen Erscheinungen als sie verursachende Kraft untergeschoben (Holzkamp, 1973, S. 39).

Unserem Anliegen gemäß sind andere Zugänge zur Wissenschaftsgeschichte. Erstens, die Explikation von Geschichte als aufeinanderfolgende Wahlsituationen. Von dieser Perspektive aus kann etwa gefragt werden, welche Aspekte der Texte von vergangenen Autoren von nachfolgenden übernommen, welche ignoriert werden. Ein Beispiel dafür ist Wilhelm Wundt – immerhin einer der

»Gründungsväter« der wissenschaftlichen Psychologie. Viele Jahrzehnte lang hat man ausgerechnet den Anti-Positivisten Wilhelm Wundt als den Begründer einer streng naturwissenschaftlichen, eben positivistischen Psychologie vorgestellt. Zurückführen lässt sich dieser Mythos auf das Buch von Boring. Bei Benetka (2002, S. 62) findet sich dazu die folgende Formulierung: Die »Äußerungen Borings sind nicht bloß ungenau oder einfach falsch. Sie beschreiben [...] gerade das Gegenteil von dem, was Wundt selbst gedacht, veröffentlicht und gelebt hat.« Was damit zum Verschwinden gebracht ist, ist, dass für Wundt die Psychologie den Übergang von den Natur- zu den Geisteswissenschaften bildet. »Übergang« bedeutet, dass sie beiden »Welten« angehört: als »individuelle« (d.h. experimentelle) Psychologie tritt sie den Naturwissenschaften als eine »ergänzende empirische Wissenschaft« zur Seite (Wundt, 1896, S. 3). Als Völkerpsychologie nimmt sie sich der wissenschaftlichen Erforschung der höheren geistigen Vorgänge an. Als solche ist sie die Grundlagendisziplin aller übrigen Geisteswissenschaften (Benetka, 2002, S. 100).

Zweitens, mit der Auffassung der Geschichte als aufeinanderfolgende Wahlsituationen aufs engste verwandt, ist der folgende Gedanke: dass die Beschäftigung mit der Fachgeschichte letztlich aufweist, dass die Psychologie nicht notwendig so geworden ist, wie sie geworden ist. Es hätte, so kann man sagen, auch anders kommen können. Man bedenke in diesem Zusammenhang die Vertreibung der Psychoanalyse, der Hamburger Stern-Schule, der Wiener Bühler-Schule und großer Teile der Gestalttheorie im Nationalsozialismus! Das bedeutet, dass Fachgeschichte auch immer mit dem Aufzeigen von Alternativen zu tun hat: mit dem Aufzeigen von Alternativen, die sich, aus welchen wissenschaftsexternen oder wissenschaftsimmanenten Gründen auch immer, historisch nicht durchgesetzt haben, aber aus heutiger Sicht von großer Relevanz sein könnten.

Drittens, davon abgeleitet, ist also zu fragen, welche Erkenntnisse der traditionellen Psychologie für die Psychologie des 21. Jahrhunderts relevant und – vor allem – konsensfähig sein könnten. Beispiele dafür finden sich in den Beiträgen zum vorliegenden Tagungsband zur Genüge.

Überblickt man das Inhaltsverzeichnis, so wird man eine deutliche Dominanz der Psychologie des 19. Jahrhunderts feststellen. Wir haben zu Beginn gesagt, dass in der gegenwärtigen Situation der Auslieferung der Psychologie an die Neurowissenschaften philosophische Besinnung nottut. Das 19. Jahrhundert ist in dieser Hinsicht deshalb interessant, weil die Psychologie damals noch in enger Verbindung mit der Philosophie gestanden hat. In Wilhelm Wundts Streitschrift *Die Psychologie im Kampf ums Dasein* (Wundt, 1913) wird argumentiert, dass eine Abtrennung von der Philosophie fatale Folgen haben könnte: Psychologen würden sich nach wie vor mit philosophisch relevanten Fragen beschäftigen, aber ohne die dazu nötige Fachausbildung, das heißt ohne entsprechenden Wissenshintergrund. An der Lage der Psychologie ist abzulesen, wie sehr Wundt mit seinen Befürchtungen Recht gehabt hat: Tatsächlich sind viele Psychologen zu Handwerkern verkommen, zu Handwerken, wie Wundt sagte, »nicht der nützlichsten Gattung« (ebd., S. 24).

Des Weiteren: Die Psychologie des 19. Jahrhunderts verfügte noch über den Begriff der Seele. Damit war sichergestellt, dass die Thematisierung psychischer Eigenschaften oder Abläufe auf einen Träger hin adressiert blieb. Man kann sich aus der Rückschau von heute aus bewusst machen, dass der Psychologie mit der Aufgabe des Seelenbegriffs auch der Bezug zu konkretem Leben verloren gegangen ist. Die »Persönlichkeit« der Psychologie des 20. Jahrhunderts ist aus Gruppendaten generiert, ein faktorenanalytisches Konstrukt, das eines – wieder Nietzsche! – sicher nicht ist: von Nutzen für das praktische Leben.

Allerdings ist am Festhalten des Seelenbegriffs eines problematisch: Ungeprüft hat die Psychologie aus der Philosophie die klassische Relation übernommen: ein Erkenntnissubjekt steht einem Erkenntnisobjekt gegenüber; oder psychologisch: ein Mensch seiner Umwelt. Dieser methodologische Individualismus muss in einer Psychologie des 21. Jahrhunderts durch einen methodologischen Interaktionismus ersetzt werden: Die Rede von seelischen Vorgängen und Zuständen setzt immer schon einen Dialog mit einem Interaktionspartner voraus. Kulturpsychologie ist die typische Anwendung dieses methodischen Prinzips.

Kulturpsychologie verweist aber auch selbstkritisch darauf, dass es die eine, die »richtige« Psychologie nicht geben kann. Die Wissenschaft selbst ist ein Kulturphänomen; insofern gibt es – es ist weiter oben schon erwähnt worden – immer nur indigene Psychologien. Die Auseinandersetzung mit anderen Psychologien hilft, sich der Standortgebundenheit westlicher Psychologie bewusst zu werden.

Zudem: Traditionelle indische und chinesische Psychologien sind durch ihre Einbettung in umfassende religiöse bzw. philosophische Systeme unmittelbar mit Lebenspraxis verbunden. Hat sich die westliche Psychologie mit ihrer Entbindung von Religion und Philosophie dieses Zusammenhangs entledigt? Was ist gemeint, wenn man sagt, dass wissenschaftliche Psychologie praktisch werden soll? Unter den Bedingungen unserer Kultur kann lebenspraktische Relevanz nur im Spannungsfeld von Anpassung versus Emanzipation sinnvoll diskutiert werden.

Die Geschichte der Naturwissenschaft ist die Geschichte der fortschreitenden Beherrschung der Natur. Naturbeherrschung bedeutet, dass immer größere Bereiche der Natur verfügbar gemacht werden – und zwar verfügbar für bestimmte Zwecke. In einer auf Konkurrenz basierenden Wirtschaftsordnung geht es um Wettbewerbsvorteile, letztlich um die Maximierung von Profiten. Längst ist auch die Thematisierung des Menschen dieser Bewegung unterworfen. Die biomedizinische Forschung, die »Gentechnologie« im Besonderen, erweitert den »verfügenden« Zugriff auf den menschlichen Körper; die Reproduktionsmedizin greift in die Entstehung »gesunden Lebens« ein. Sie garantiert eine anpassungsfähige Nachkommenschaft. Michel Foucault hat dafür den Begriff der »Biopolitik« geprägt (vgl. Gehring, 2006): für die Regulierung der Gesundheit der Bevölkerung. Menschliche Lebensverhältnisse werden unter Kontrolle gebracht – die Fortpflanzung, die ganze Sorge um sich und das eigene Wohlbefinden, von der sportlichen Aktivität bis hin zu gesunden Wohnverhältnissen, ja selbst das Sterben wird zum Gegenstand von Machttechnologien. Der Aufstieg der Neurowissenschaften bedeutet die Ausdehnung des instrumentellen Zugriffs auf den Menschen, indem nun auch seine Seele durch die Beforschung des Gehirns diesem Kalkül der Verfügbarkeit unterworfen wird. Voraussetzung dafür ist, dass Psychisches naturalisiert, das heißt, dass psychische Vorgänge – Liebe, Eifersucht, Empathie usw. – als bloße Naturvorgänge betrachtet, als Vorgänge, die, wenn sie losgelöst werden aus ihrem kulturellen Zusammenhang, ohne Sinn und Bedeutung sind. Es ist wichtig zu sehen, dass in dieser Reduktion des Psychischen auf Hirnvorgänge eines vor allem eliminiert werden soll: die Bedingung der Möglichkeit der Freiheit des Subjekts.

Kann Kulturpsychologie eine Gegenbewegung sein? Zunächst: Gibt es überhaupt eine, das heißt *die* Kulturpsychologie? Was es gibt, sind verschiedene Zugänge zur Erfassung von Sinn und Bedeutung. Zum Beispiel narrative Zugänge: Sinn und Bedeutung sind das Produkt fortlaufender Geschichten. Die Aktualität dieses Zugangs zeigt sich in der Forschung über kollektive Gedächtnistheorien (Pethes, 2013): Der Zusammenhalt einer Gesellschaft braucht ihren Mitgliedern gemeinsame Erzählungen. Das ist zunächst soziologisch interessant: Wie ist Sinnstiftung in einer säkularen Gesellschaft (Taylor, 2009) möglich? Wie ein Zusammenhalt, wenn die eine, die große Erzählung fehlt? Reicht das Grundgesetz aus, um eine Zivilgesellschaft, in Deutschland: eine Gemeinschaft der Verfassungspatrioten, zu begründen? Rein formal steht das Grundgesetz über den religiösen Texten, über der Bibel und über dem Koran.

Oder phänomenologische Zugänge: im Anschluss an Brentano und Husserl die Sinnkonstituierung durch psychische Akte. Was fehlt, ist die Ergänzung durch das Soziale. Zumindest eine Ich-Du-Relation lässt sich aus einer phänomenologischen Perspektive leicht begründen; die Unterscheidung von gemeinschaftlich gegebenen Gegenständen und subjektiv vorliegenden Zuständen (Ichheiser, 1927) erlaubt schließlich auch die Einbeziehung der Welt der Symbole. Man sieht, wie eines in das andere greift: Ein direkter Weg führt von der sozialen Wendung der Phänomenologie zur Kulturhistorischen Schule und von dort zu Valsiners »semiotic mediation« (Valsiner, 2014).

Warum sollen diese Ansätze der Ideologie der Verfügbarkeit entgegenstehen? Weil sie das erfahrende und handelnde Subjekt »bewahren« wollen – gegen alle gesellschaftlichen und ökonomischen Tendenzen zur Normierung des Subjektiven. Erinnern wir uns, woran jeder modernen Organisation gelegen sein muss: dass alle Abläufe standardisiert, das heißt völlig unabhängig von den persönlichen Stärken und Schwächen der individuellen Mitarbeiter vor sich gehen sollen. Diese Funktionslogik erzwingt Gleichförmigkeit, gleichartig zurechtgemachte Menschen. Weil nicht klar ist, ob ein Ablauf von heute morgen noch in gleicher Weise notwendig sein wird, muss die allseitige Ersetzbarkeit des Einzelnen auch für Zukünftiges gelten: Der Gleichförmigkeit aller Individuen entspricht unter diesen Bedingungen ihre allseitige Flexibilität (Sennett, 2000). Der normierte, das heißt vermessene, evaluierte Mensch ist der, der stets verfügbar ist: anpassungsfähig an unvorhersehbar sich entwickelnde wirtschaftliche Umwelten – Umwelten die für den einzelnen nicht kontrollierbar sind.

Wir sollten uns vor diesem Hintergrund klar sein, dass Kulturpsychologie uns auch auf etwas verpflichtet: Unsere Theoriebildungen sollen und dürfen nicht Selbstzweck sein: Ende der 1970er Jahre ging Paul Parin (1978) der Frage nach, »warum die Psychoanalytiker so ungern zu brennenden Zeitproblemen Stellung nehmen«. Die Apathie der Fachleute gegenüber – damals wie heute noch – aktuellen Fragen wie Terror, Folter, Drogen, Elektroschocktherapie, therapeutische Sekten, Frauenbewegung und Sexualität wurde in Parins Analyse historisch begründet: Mit der fortschreitenden Institutionalisierung gewann die psychoanalytische Bewegung zwar an wissenschaftlichem Profil, ihr gesellschaftskritisches Potenzial ging aber dabei verloren. Für die Kulturpsychologie gilt es, diese Geschichte im Auge zu behalten. Ihre Daseinsberechtigung ergibt sich nicht allein aus ihrem wissenschaftlichen Wert, sondern auch aus ihrem »Nutzen für das Leben«: für die Alltagspraxis der Menschen, nicht um sie gefügig, flexibel und anpassungsfähig zu machen, sondern selbstbestimmt und selbstbewusst. Um eine wirkliche Alternative zur Mainstream-Psychologie zu sein, bedarf die Kulturpsychologie also zweierlei: einer wissenschaftlichen Grundlegung ebenso wie ihrer emanzipatorisch-praktischen Bewährung.

Das Konzept unserer Tagung war ungewöhnlich. Zum einen haben wir Philosophen eingeladen, um mit ihnen die Entwicklung kulturpsychologischer Positionen zu diskutieren; zum anderen haben wir Expertinnen und Experten für außereuropäische, für chinesische und indische Psychologie hinzugebeten. Der Schwerpunkt des nun vorliegenden Tagungsbandes liegt auf der europäischen Psychologie des 19. Jahrhunderts. Eingeleitet wird das Programm durch Beiträge über Aristoteles, Seneca und Thomas von Aquin. Die außereuropäische Tradition ist durch drei Aufsätze vertreten: einen über Hinduismus und Buddhismus, einen über Daoismus und einen über chinesische Kulturpsychologie. Von Nietzsche ist bekannt, dass er ein großer Verehrer des eben erfundenen Suppenwürfels war: Die Idee der Essenz schien ihm seinem aphoristischen Philosophieren gemäß. Eben solches wollen wir in einer Schlussdiskussion versuchen: nicht mit dem Holzhammer, sondern eher in *der* Art: mit einem luftigen Schmetterlingsnetz.

Literatur

Benetka, G. (2002). *Denkstile der Psychologie. Das 19. Jahrhundert.* Wien: Wiener Universitäts-Verlag WUV.

Boring, E. G. (1929). *A history of experimental psychology.* New York: Century.

Boring, E. G. (1950). *A history of experimental psychology* (2. Aufl.). New York: Appleton-Century-Crofts.

Gehring, P. (2006). *Was ist Biomacht? Vom zweifelhaften Mehrwert des Lebens.* Frankfurt: Campus.

Habermas, J. (1968). *Erkenntnis und Interesse.* Frankfurt: Suhrkamp.

Holzkamp, K. (1973). *Sinnliche Erkenntnis. Historischer Ursprung und gesellschaftliche Funktion der Wahrnehmung.* Frankfurt: Athenäum.

Ichheiser, G. (1927). Über die »gemeinsam« und »individuell« gegebenen Inhalte und ihre Bedeutung im Aufbau des Bewusstseins. *Archiv für systematische Philosophie und Soziologie, 30,* 307–329.

Nietzsche, F. (1874). *Unzeitgemäße Betrachtungen. Zweites Stück: Vom Nutzen und Nachtheil der Historie für das Leben.* Leipzig: Fritzsch.

Parin, P. (1978). Warum die Psychoanalytiker so ungern zu brennenden Zeitproblemen Stellung nehmen. *Psyche, 32*(5–6), 385–399.

Pethes, N. (2013). *Kulturwissenschaftliche Gedächtnistheorien zur Einführung* (2. Aufl.). Hamburg: Junius.

Sennett, R. (2000). *Der flexible Mensch. Die Kultur des neuen Kapitalismus.* München: Siedler.

Taylor, Ch. (2009). *Ein säkulares Zeitalter.* Frankfurt: Suhrkamp.

Valsiner, J. (2014). *Invitation to cultural psychology.* London: Sage.

Werbik, H. & Benetka, G. (2016). *Kritik der Neuropsychologie. Eine Streitschrift.* Gießen: Psychosozial-Verlag.

Wundt, W. (1896). *Grundriss der Psychologie.* Leipzig: Engelmann.

Wundt, W. (1913). *Die Psychologie im Kampf ums Dasein* (2. Aufl.). Leipzig: Kröner.

»Metaphysik des Lebendigen« bezeichnet werden, insofern hier die philosophischen Fundamente der gesamten Biologie auf den Tisch kommen. Seelenlehre und Biologie gehören zusammen: »From Aristotle's point of view, biology and psychology are not two separate sciences«, hält Sir David Ross (1971, S. 112) fest. Hinsichtlich der Frage nach dem Menschen ist es Aristoteles wichtig, Folgendes zu betonen: Es kann nicht sein, dass der Mensch mit der lebendigen Umwelt, in der er lebt, nichts zu tun hat. Er steht ihr auch nicht einfach gegenüber, soll sie quantifizieren und beherrschen, sondern ist in eine Kette des Lebendigen eingegliedert.

Es geht Aristoteles um mehr als um festgezurrte Definitionen und sprachliche Spitzfindigkeiten. Georg Picht (1987, S. 192) bemerkt treffend:

> »Fortwährend weist er im Laufe der Untersuchung auf ungelöste Schwierigkeiten hin; fortwährend stellt er die Methode seines Vorgehens selbst in Frage. Nirgends erhebt er den Anspruch, zu einem letzten und unerschütterlichen Resultat gelangt zu sein.«

Seine Vorstellung davon, wie Wissenschaft funktioniert und Erforschung der Natur betrieben werden kann, ist durchaus anders als die Arbeit eines Naturwissenschaftlers unserer Tage. Damit meine ich nicht, dass er noch keinen Zugang zu den Techniken, Maschinen und Hochleistungscomputern hatte, die heute in Dienst genommen werden können. Nein, es geht um etwas Anderes: Für Aristoteles ist es selbstverständlich, qualitative Dimensionen der Wirklichkeit nicht einfach abzutun, sondern ernst zu nehmen. Seelisches vermag sich in materiellen Prozessen auszudrücken. Der Leib gilt ihm als Bedingung des Lebens.[23] Wahrscheinlich hätte er sich mit Vertretern der Leibphänomenologie des 20. und 21. Jahrhunderts, die darauf hingewiesen haben, dass der Leib Medium des seelischen Ausdrucks ist, gut verstanden.

Seine Schrift Περὶ ψυχῆς hält direkt zu Beginn schon fest, dass die Auseinandersetzung mit der Frage der Seele für die Wahrheit im Ganzen und insbesondere für die Natur von Bedeutung sei.[24] Erinnert werden wir hier an die *Metaphysik*, wo Aristoteles Philosophie als »Wissenschaft der Wahrheit« be-

23 Dieser Gedanke taucht meines Wissens erstmalig bei Empedokles auf.

24 δοκεῖ δὲ καὶ πρὸς ἀλήθειαν ἅπασαν ἡ γνῶσις αὐτῆς μεγάλα συμβάλλεσθαι, μάλιστα δὲ πρὸς τὴν φύσιν (An. I 1, 402a 4ff.).
»Die Erkenntnis von ihr trägt, wie es scheint, auch für die der Wahrheit im ganzen viel bei, am meisten für die über die Natur« (Übersetzung von H. Seidl).

stimmt (Met. II 1, 993b 42). Warum es hinsichtlich der φύσις (Natur) wichtig ist, die Frage der Seele zu behandeln, wird damit begründet, dass wir es bei der Seele mit dem *Prinzip* (ἀρχὴ) *der Lebewesen* zu tun haben.

Mit φύσις ist das Prinzip der Bewegung angesprochen. Lebewesen werden von Aristoteles nicht nur als bewegte Körper in den Blick genommen, sondern im Hinblick auf ihre Seele, die selbst unbewegt ist. Dies schließt Tiere wie Menschen, aber auch Pflanzen ein. Aristoteles spricht demnach nicht nur von einer Menschenseele, sondern auch davon, dass Tiere und Pflanzen beseelt sind.[25]

> »Wir sagen nun, indem wir einen neuen Anfang der Untersuchung nehmen, daß das Beseelte gegenüber dem Unbeseelten durch das Leben bestimmt ist. Da aber das Leben (eines Lebewesens) in mehrfacher Bedeutung verstanden wird, sagen wir, daß es lebe, wenn Leben auch nur in einer seiner Bedeutungen vorliegt: als Vernunft, Wahrnehmung, örtliche Bewegung und Stehen, ferner als Bewegung der Ernährung, dem Schwinden und dem Wachstum nach « (An. II 2, 413a 20–25).[26]

Pflanzen verfügen über das Vermögen der Ernährung, das heißt, sie betreiben Stoffwechsel. Sie verfügen über die Fähigkeit der Selbstreproduktion und streben nach Selbst- und Arterhaltung. Die Nährseele ist die Differentia specifica des Lebewesens gegenüber dem, was nicht beseelt (d. h. lebendig) ist. Sie macht den entscheidenden Unterschied aus. Tiere sind nach Aristoteles zu Sinneswahrnehmungen und Ortsbewegung fähig, zeigen Strebeverhalten.[27] Sie können Angenehmes und Unangenehmes unterscheiden. Höhere Tiere empfinden nach Aristoteles Lust und Schmerz.

Aristoteles bringt das, was lebt und sich regt, in eine hierarchische Ordnung. Kriterium dafür ist die entsprechende seelische Komplexität: Angefangen bei den leblosen Entitäten erstreckt sich diese Stufenleiter über Pflanzen und Tiere hin zum Menschen.[28] Dabei weisen die Lebewesen, die auf einer höheren Stufe veror-

25 Aristoteles kritisiert Ansätze, die ausschließlich die Menschenseele thematisieren (An. I 1, 402b 3–5).

26 λέγομεν οὖν, ἀρχὴν λαβόντες τῆς σκέψεως, διωρίσθαι τὸ ἔμψυχον τοῦ ἀψύχου τῷ ζῆν. πλεοναχῶς δὲ τοῦ ζῆν λεγομένου, κἂν ἕν τι τούτων ἐνυ–πάρχῃ μόνον, ζῆν αὐτό φαμεν,οἷον νοῦς, αἴσθησις, κίνησις καὶ στάσις ἡ κατὰ τόπον, ἔτι κίνησις ἡ κατὰ τροφὴν καὶ φθίσις τε καὶ αὔξησις (Übersetzung von H. Seidl).

27 Vgl. An. II 2, 413b; An. III 7, 431a 9–14.

28 Vgl. Part. an. IV 5, 681a 12–15; Hist. an. VIII 1, 588b 4–6.

Die Herausgeber

Gerhard Benetka, geb. 1962, Studium der Psychologie, Geschichte und Soziologie an der Universität Wien, Mag. phil. 1989, Dr. phil. 1994; Habilitation für Psychologie 1998; seit 2007 Professor für Psychologie an der Sigmund Freud PrivatUniversität und Dekan der Fakultät für Psychologie. Forschungsschwerpunkte: Geschichte und Wissenschaftstheorie der Psychologie und Psychoanalyse.

Hans Werbik, geb. 1941, Studium der Psychologie und Musikwissenschaft an der Universität Wien 1959–1963; Habilitation für Psychologie 1969; ab 1970 an der Universität Erlangen-Nürnberg, ab 1973 als o. Professor für Psychologie; 2006 Emeritierung; ab 2015 Universitätslektor an der Fakultät für Psychologie der Sigmund Freud PrivatUniversität in Wien. Forschungsschwerpunkte: Handlungstheorie, Aggressionsforschung, Wissenschaftstheorie der Psychologie und neuerdings Philosophische Psychologie.

Aristoteles und die Seele als Entelechie

Marcus Knaup

> πάντη δὲ πάντως ἐστὶ τῶν χαλεπωτάτων λαβεῖν τινα πίστιν περὶ αὐτῆς.
>
> *An. I 1, 402a 10.* [1]

Aristoteles und die Frage nach der Seele

Über Aristoteles und seine Seelenlehre, die durch verschiedene Epochen der Philosophiegeschichte hindurch bis in heutige Debatten gewirkt hat und wirkt, ist schon viel gesagt und geschrieben worden. Voll des Lobes ist beispielsweise Georg Wilhelm Friedrich Hegel (1970 [1830], §370, S. 11): »Die Bücher des Aristoteles über die Seele mit seinen Abhandlungen über besondere Seiten und Zustände derselben sind«, so Hegel, »noch immer das vorzüglichste oder einzige Werk von spekulativem Interesse über diesen Gegenstand.«[2]

Franz Brentano, Begründer der Aktpsychologie, betont die Bedeutung der Philosophie als Grundwissenschaft für die Psychologie und setzt sich immer wie-

1 »In aller Hinsicht aber gehört es jedenfalls zum Schwierigsten, eine gewisse Glaubwürdigkeit ›der Erkenntnis‹ über sie zu gewinnen« (Übersetzung von H. Seidl).
Aristoteles wird nach der Bekker-Ausgabe des Originaltextes zitiert. Beispielsweise: An. I 1, 402a 10. Die Stelle befindet sich im ersten Kapitel (1) des ersten Buches (I) von *De Anima*. Gemeint ist die Spalte a von Seite 402 der genannten Ausgabe, Zeile 10.
In den anderen Werken des Aristoteles zitiert man in gleicher Weise. Ein Siglenverzeichnis der verwendeten aristotelischen Werke findet sich am Ende des Beitrags.

2 In seinen *Vorlesungen über die Geschichte der Philosophie* (Hegel, 2014), welche eine sehr gute und prägnante Darstellung der aristotelischen Philosophie beinhalten, findet Hegel folgende lobende Worte über den Stagiriten: Aristoteles ist »eins der reichsten und umfassendsten (tiefsten) Genies gewesen, die je erschienen sind, – ein Mann, dem keine Zeit ein Gleiches an die Stelle zu stellen hat« (ebd., S. 132). Er habe Philosophie im Sinne von Platon betrieben, jedoch tiefer und erweiterter und sie so weitergeführt (ebd., S. 135). Aristoteles sei ein »denkender Beobachter« und »spekulativer Philosoph« zugleich gewesen (ebd., S. 146), der »würdigste unter den Alten, studiert zu werden« (ebd., S. 246).

der mit Aristoteles und seiner Seelenlehre auseinander (vgl. z. B. Brentano, 1867, 1911a u. 1911b).[3] Keiner mehr als Aristoteles hätte Anspruch auf dankbare Verehrung (Brentano, 1911b, S. 3). Gegenüber manch anderen künstlichen Theorien erscheine die aristotelische Seelenlehre »einfach und lichtvoll« (Brentano, 1867, S. 229). Kurt Lewin (1931), Begründer der modernen experimentellen Sozialpsychologie und der Berliner Schule der Gestaltpsychologie zugehörig, teilt diese Bewunderung so nicht. So wie die Physik bis ins Mittelalter einer aristotelischen Tradition verpflichtet gewesen sei und erst in der Neuzeit mit Galilei an Fahrt aufgenommen habe, müsse sich auch die moderne Psychologie eine galileische Denkweise zu eigen machen. Typisch für diese sei unter anderem die Herauslösung von Phänomenen aus dem Kontext. Psychologie solle durch eine Orientierung an der Physik »wissenschaftlicher« werden: Konkret bedeute dies zum Beispiel qualitative Reduktion, eine andere Begriffsbildung und exemplarische Forschung. Aristoteles sei zu überwinden.[4]

Hochachtung erfährt Aristoteles von Hans-Georg Gadamer, der mit *Wahrheit und Methode* (Gadamer, 1990; im Hinblick auf Aristoteles vgl. vor allem S. 317–329) ein für die philosophische Hermeneutik grundlegend wichtiges Werk vorgelegt hat: »Vielleicht behält Aristoteles bis zum heutigen Tage recht, wenn er sagt, die Seele sei überhaupt nichts anderes als die Lebendigkeit des Leibes, dieses in sich selbst erfüllte Dasein unserer selbst, das er Entelechie nannte.« So ist es bei Hans-Georg Gadamer (1993, S. 96) zu lesen. Und jener äußerte sich gegenüber Hans Jonas, der selbst eine Philosophie des Organismus entwickelt hat, die deutlich aristotelische Elemente aufweist, dass ihm »klar geworden [sei], daß eigentlich Aristoteles von neuem immer wichtiger für uns wird« (Jonas, 2005, S. 325).

Nach unseren Autoren aus dem 19. und 20. Jahrhundert sei hier natürlich wenigstens erwähnt, dass es ab dem 9. Jahrhundert eine intensive Auseinandersetzung mit griechischer Philosophie und Wissenschaft innerhalb des arabisch-islamischen Kulturraums gibt. Kenntnisreich kommentiert insbesondere der andalusische Arzt und Philosoph Ibn Rušd (Averroes) im 11. Jahrhundert. Er legt

---

3 Zu Brentano vgl. auch den Beitrag von Benetka im vorliegenden Band.

4 Die aristotelische Seelenlehre wurde nicht selten auch kritisiert. »Hence all we can do with the Aristotelian philosophy of mind [...] is what the seventeenth century did: junk it«, wie Myles Burnyeat (1995, S. 26) in einem viel diskutierten Beitrag schreibt. Ausgehend vom Stand heutiger Wissenschaft und Naturphilosophie sei es »unbestritten«, dass es im Bereich der lebendigen Wesen auf keinen Fall Entelechie gebe, wie z. B. Michael Esfeld (2011, S. 108) meint. Dass diese Annahme nicht so absurd ist, wie Esfeld unterstellt, gilt es im Folgenden zu zeigen.

einen Kommentar zur aristotelischen Seelenschrift vor, der anleiten soll, sich mit Aristoteles selbst zu beschäftigen und eben nicht blind auf Sekundärliteratur zu vertrauen – ein ebenso ehrenwertes wie aktuelles Anliegen. Gegen einen seiner Gegner hält er fest: »Was aber jenen Mann hat irren lassen und auch uns lange Zeit, ist, dass die Neueren die Bücher des Aristoteles beiseite lassen und [nur] die Bücher der Kommentatoren betrachten, und zwar am meisten in *De anima*, weil sie glauben, dass dieses Buch unmöglich zu verstehen sei« (Averroes, 470.41–45; zit. n. Hahmann, 2016, S. 11). Die arabischen Kommentare spielen eine wichtige Rolle für die Rezeption aristotelischen Denkens im lateinisch-christlichen Europa. Erwähnt werden muss hier, dass Thomas von Aquin, der selbst zu den besten Aristoteles-Exegeten überhaupt gehört, im 13. Jahrhundert Aristoteles in fruchtbarer Weise rezipiert, kongenial weiterdenkt und (wie schon sein Lehrer Albertus Magnus [1968]) *De anima*, so der lateinische Name[5] der griechischen Schrift Περὶ ψυχῆς, kommentiert (Thomas von Aquin, 1984).[6] Das, was uns als Menschen ausmache, werde durch die rationale Seele als einer substanziellen Form verwirklicht, wie Thomas unterstreicht.[7]

In der italienischen Philosophie der Renaissance, die insgesamt eher in den Spuren Platons als in denen des Stagiriten wandelt,[8] beschäftigen sich vor

---

5 Thomas kann auf eine Übersetzung von Wilhelm von Moerbeke zurückgreifen.

6 Trefflich heißt es über ihn bei Gilbert Keith Chesterton (2003, S. 108): »Nachdem die Fleischwerdung des göttlichen Wortes der Mittelpunkt unserer Kultur geworden ist, musste unvermeidlich auch der Wert des Körpers wieder betont werden, im Sinne der tiefen Bedeutung der Materie und der Erschaffung des Leibes. Da einst Christus auferstanden war, [...] war es folgerichtig, dass Aristoteles wiederauferstand.«
Für die thomasischen Überlegungen verweise ich auf den Beitrag von M. Forschner im vorliegenden Band sowie die Dissertation von Tobias Kläden (2005). Kläden hat sehr schön gezeigt, dass die Überlegungen des Aquinaten heute fruchtbar gemacht werden können. So wie Thomas im Mittelalter in der Aristoteles-Rezeption einen Mittelweg zwischen ängstlicher Ablehnung und unkritischer Übernahme aufgezeigt hat, könne er auch heute ein Vorbild sein, sich den Herausforderungen des Naturalismus zu stellen und hier einen gangbaren Mittelweg aufzeigen (ebd., S. 54).

7 »Sic igitur cum anima sit forma substantialis, quia constituit hominem in determinata specie substantiae, non est aliqua alia forma substantialis media inter animam et materiam primam; sed homo ab ipsa anima rationali perficitur secundum diversos gradus perfectionum, ut sit scilicet corpus, et animatum corpus, et animal rationale.« Thomas von Aquin, *Quaestiones disputatae: De anima* a. 9.

8 Marsilio Ficino (1576, fol. 1801), die Gründungsfigur des Florentiner Neuplatonismus, unterstreicht ausgehend von spätantiken Aristoteles-Exegesen insbesondere Übereinstimmungen zwischen Platon und seinem Meisterschüler: »Cum vero hinc quidem Platonicos, allem die Paduaner Aristoteliker mit der aristotelischen Seelen- und Erkenntnislehre. Dies geschieht insbesondere vor der Hintergrundfolie medizinischer Fragestellungen, weniger theologischer Probleme.[9] Aristoteles gilt als »summus naturae interpres«[10]. Dieser extrem kurze und sehr bruchstückhafte Hinweis auf die lange Rezeptionsgeschichte der aristotelischen Seelenlehre, (seit der Neuscholastik) auch Hylemorphismus genannt (Oeing-Hanhoff, 1974), muss hier genügen.

Insofern wir es bei Aristoteles mit einem »klassischen Autor« zu tun haben, stellt sich für die jeweilige Zeit die Frage der Rezipierbarkeit in neuer Weise.[11] Nun liegen zwischen uns und dem Denker der Antike knapp 2500 Jahre. Das kann freilich eine gewisse Fremdheit mit sich bringen.[12] Doch die Darlegun-

---

inde vero Peripateticos anxius percontarer, eorumque responsa dissidere invicem viderentur, diffidebam ab initio me voti compotem unquam fore. Verum non multo post Themistius spem mihi praebuit optimam, affirmans, tantos inter se philosophos non sententia quidem dissidere, sed verbis eademque de Anima Platonis, Aristotelis, Theophrasti sub diversis verbis esse sententiam.«

9 So betont etwa Pietro Pomponazzi, Naturgeschehen sei nicht durch eine Bezugnahme auf verborgene Kräfte zu erklären. Natürliche Prozesse liefen in einer körperlichen Wirklichkeit ab, weshalb man hierfür auch ganz klar körperlich-materielle Ursachen benennen müsse. Die Wirksamkeit immaterieller Ursachen schließt er allerdings nicht aus. Werden Ideen und Vorstellungen in eine Ortsbewegung umgesetzt, könne man in diesem Fall von der Auswirkung immaterieller Ursachen sprechen. Heftige Kontroversen löst Pomponazzi aus, als er in seinem im Jahr 1516 publizierten *Tractatus de immortalitate animae* die Frage der Vergänglichkeit der Seele diskutiert und argumentiert (wie z.B. auch der ebenfalls zu den Paduaner Aristotelikern zählende Jacopo Zabarella in seiner Exegese der aristotelischen Seelenlehre), dass aus philosophischer Sicht die Sterblichkeit der Seele angenommen werden müsse. Andere (d.h. nicht-philosophische) Gründe, die für eine Unsterblichkeit der Seele sprächen, würde Pomponazzi keineswegs ablehnen. Thomas von Aquin hatte diese Frage derart beantwortet, dass die Seele im Zusammenhang mit dem Körper zwar sterblich, ihrem Wesen nach jedoch unzerstörbar sei. Zur Philosophie der italienischen Renaissance vgl. Hoffmann (2007).

10 Nifo (1535), S. 3; zit. n. Hoffmann (2007, S. 142).

11 Aristoteles steht auf den Schultern Anderer, mit denen er sich kritisch auseinandersetzt und deren Überlegungen er bedenkt, zurückweist und integriert. Seine ebenso präzise wie umfangreiche Aneignung frühgriechischen Denkens kann uns als das »Klassische« in seinem eigenen Denken gelten. Wir können auch sagen: Er ist ein »universeller Autor, das will heißen ein Autor, mit dessen Werken jeder Europäer vertraut sein sollte« (Eliot, 1963, S. 39) – und dessen Schatz heute neu zu heben wäre.

12 Warum es in der zeitgenössischen Philosophie manche Vertreter gibt, die der Ansicht sind, das Denken des Stagiriten sei nicht nur fremd, sondern schon längst verabschiedet und nicht mehr relevant, erörtert Gabriele Olveira (2014, S. 275–284).

gen des Stagiriten entfalten nach wie vor eine ganz besondere Strahlkraft und es ist kaum übertrieben zu sagen, dass es möglich ist, gerade auch im 21. Jahrhundert Aristoteles als Gesprächspartner und Lehrmeister heranzuziehen.[13] Uns begegnet dabei eine Reife des Geistes wie der Sprache mit allem Scharfsinn der begrifflichen Distinktionen, die ihresgleichen sucht. Aristoteles eröffnet innovative Möglichkeiten wie neue Betrachtungsweisen.[14] »Erst wenn wir Aristoteles in uns selbst, also in jenen Vorstellungen, die unser Verhalten bestimmen, entdecken und zu identifizieren vermögen, merken wir, was es in Wahrheit ist, wovon die Texte reden« (Picht, 1987, S. 31).

Aristoteles fängt nicht bei null an. Auch schon vor ihm wurde darüber nachgedacht, was denn die Seele sei, was sie auszeichne. Es verwundert wohl kaum, dass es auch zu seiner Zeit kein einheitliches Konzept, keine allgemein verbindliche Definition von Seele gibt (Meyer, 2015, S. 380f.; Seidl, 1995, S. 79). In den frühen griechischen Epen ist zum Beispiel niemals die Rede davon, dass Tiere bzw. Pflanzen so etwas wie eine Seele aufweisen. Wenn wir an Homer denken, dann ließe sich grob verkürzt festhalten, dass für ihn die Seele keineswegs Lebensprinzip des Menschen ist, sondern vielmehr etwas, das uns gleichsam abbildhaft auf die fehlende Anwesenheit eines toten Menschen verweist. In den *Homerischen Hymnen* wird thematisch, dass auch Tiere am Leben Anteil haben. Von einer Tier- bzw. Pflanzenseele spricht Homer nicht. Viele Denker vor Aristoteles wollen in der Seele die Ursache für Ortsbewegung und Wahrnehmung ausmachen.

> »Um diese erklären zu können, bestimmten sie in entsprechender Weise das Wesen der Seele, und zwar im Zusammenhang mit dem Wesen der Prinzipien der Dinge; denn die Bewegung der Naturdinge führten sie auf die Bewegung ihrer Prinzipien oder materiellen Elemente zurück, so dass die Seele aus feinsten Elementen bestehen musste, die in intensiver Eigenbewegung sind, z. B. nach Demokrit aus den Feueratomen. Die Wahrnehmung der Dinge aber war für die Vorsokratiker nur dadurch möglich, dass mit ihnen die Seele etwas Verwandtes besaß, d. h. dass sie aus denselben Elementen bestand wie die Dinge« (Seidl, 1995, S. 79).

13 »Weder Aristoteles' Fragen noch seine Argumente sind mit den Besonderheiten der griechischen Welt so eng verknüpft, dass sie sich einem kultur- und epochenübergreifenden, universalistischen Diskurs a priori versperrten« (Höffe, 2003, S. 125).

14 Im Folgenden greife ich u. a. auf Überlegungen und Formulierungen zurück, die ich in meiner Studie Knaup, 2012, S. 216–249 veröffentlicht habe.

Die milesischen Naturphilosophen diskutieren, woraus die Seele bestehe. Aus Feueratomen, meinen zum Beispiel Heraklit und Demokrit[15], während Hippon den Gedanken favorisiert, dem Wasser käme eine besondere Bedeutung zu. Pythagoras betont in dem Zusammenhang das Element Luft und denkt darüber nach, dass man von der Seele sagen müsse, sie sei unsterblich. Platon greift diesen Gedanken auf und macht ihn stark. Für das Diesseits bedeutet diese Sicht, dass die Seele als Prinzip des Lebendigen aufgefasst wird und die »Seel-Sorge« an Bedeutung gewinnt.

Aristoteles nimmt sowohl die Vorstellung auf, dass die Seele Lebensprinzip ist, als auch den Gedanken, dass wir einer Seele bedürfen, um überhaupt Erkenntnis von etwas zu haben. Es greife zu kurz, lediglich Ortsbewegung und Fragen der Wahrnehmung in den Blick zu nehmen, wenn es um die Seele geht. Schon auf einer viel grundsätzlicheren Ebene sei hier nämlich schon das mit der Pflanze in Verbindung gebrachte Nährvermögen und Strebevermögen zu berücksichtigen. Der Stagirite bricht damit die »Anthropozentrik der damaligen Seelenforschung« (Busche, 2001, S. 13) auf.

Aristoteles sieht Unternehmungen äußerst kritisch, die die Seele als getrennt vom Körper oder als Zahl betrachten oder meinen, sie sei (εἶναι) eine Harmonie oder habe (ἔχηειν) eine Harmonie.[16] Sie ist nicht aus unterschiedlichen Komponenten zusammengemischt. Für ihn kommt das so nicht infrage.[17] Wie soll auch eine Harmonie etwas bewegen? Zurückgewiesen wird auch die Vorstellung, die Seele irgendwie als Zahlenverhältnis bzw. als sich selbst bewegende Zahl zu begreifen (An. I 3, 406b 29–30). Er kann nicht nachvollziehen, dass es Denker gibt, die sich über die Seele und verschiedene Lebensäußerungen des Menschen Gedanken machen, »während sie über den Körper [...] nicht noch weitere Bestimmungen geben« (An. I 3, 407b 21). Wenn Aristoteles von der Seele spricht, dann tut er das im Hinblick auf den beseelten Leib.

Es gibt heute nicht wenige philosophische und psychologische Nachschlage-

---

15 Während Heraklit der Auffassung ist, alles sei im Wandel begriffen, nimmt Demokrit an, mit seinem Hinweis auf die kugelförmigen (und insofern leicht zu bewegenden) Atome eine Antwort auf die für die griechische Antike insgesamt wichtige Frage nach dem, was als unveränderlich gelten kann, gefunden zu haben. Vgl. Mansfeld, 1983/86, hier besonders Fragm. 68 A37, Fragm. 68 A45, Fragm. 68 A57.

16 An. I 3, 407 27–408a 30; vgl. auch Pol. VIII 5, 1340b 17–19.

17 Wobei immerhin mit der Vorstellung von »Harmonie« eine Dimension über die materielle Beschaffenheit der ψυχὴ hinaus in den Blick kommt: innerpsychische Prozesse nämlich. Allerdings bleibt hier noch unthematisch, wie die Beziehung von ψυχὴ zum Lebensbegriff ist.

werke, die ohne einen Beitrag zu den Begriffen »Seele« oder »Geist« auskommen. Auch zahlreiche Standardeinführungen zur Psychologie verzichten auf ein solches Lemma. Für Aristoteles handelt es sich bei der Frage nach der Seele keineswegs um eine belanglose Frage. Das Nachdenken hierüber gehöre an die erste Stelle.[18] Dabei schwebt ihm nichts irgendwie »Mysteriöses« vor, gar ein »Gespenst in einer Körpermaschine«.

Insofern die Seele wie auch Affekte (z. B. Zorn, Furcht) nicht losgelöst sind von der Materie, fällt für Aristoteles die Frage nach der Seele in den Zuständigkeitsbereich des Naturforschers. Die Frage nach der Einheit der Seele sowie jene Aspekte, die nicht an den Bereich des Körperlichen gebunden sind, beschäftigen den Philosophen.[19]

Die unterschiedlichen Vermögen der Seele und die Scala naturae

Aristoteles betreibt leidenschaftlich und überaus erfolgreich Naturforschung. Er setzt bei dem an, was offen zutage liegt. Was er als Ergebnis seiner Untersuchungen vorlegt, soll mit den beobachteten Phänomenen übereinstimmen. Er schaut daher genau hin, beobachtet, beschreibt.[20] Nicht zuletzt Darwin attestiert ihm

---

18 Τῶν καλῶν καὶ τιμίων τὴν εἴδησιν ὑπολαμβάνοντες, μᾶλλον δ' ἑτέραν ἑτέρας ἢ κατ' ἀκρίβειαν ἢ τῷ βελτιόνων τε καὶ θαυμασιωτέρων εἶναι, δι' ἀμφότερα ταῦτα τὴν περὶ τῆς ψυχῆς ἱστορίαν εὐλόγως ἂν ἐν πρώτοις τιθείημεν (An. I 1, 402a 1ff.)
»Wenn wir das Wissen für etwas Schönes und Ehrwürdiges halten, und zwar das eine Wissen mehr als das andere, weil es entweder mehr Genauigkeit hat oder auf bessere und erstaunlichere Gegenstände geht, so dürften wir aus den beiden Gründen die Forschung über die Seele mit Recht an die erste Stelle setzen« (Übersetzung von H. Seidl).

19 Vgl. An. I 1, 403b 17–19; Part. an. I 1, 641a 22; Met. VI 1, 1026a 5f.

20 Mit Nachdruck spricht er sich dafür aus, den Bereich des Natürlichen zu betrachten – und wertzuschätzen:
Καὶ γὰρ ἐν τοῖς μὴ κεχαρισμένοις αὐτῶν πρὸς τὴν αἴσθησιν κατὰ τὴν θεωρίαν ὅμως ἡ δημιουργήσασα φύσις ἀμηχάνους ἡδονὰς παρέχει τοῖς δυναμένοις τὰς αἰτίας γνωρίζειν καὶ φύσει φιλοσόφοις. Καὶ γὰρ ἂν εἴη παράλογον καὶ ἄτοπον, εἰ τὰς μὲν εἰκόνας αὐτῶν θεωροῦντες χαίρομεν ὅτι τὴν δημιουργήσασαν τέχνην συνθεωροῦμεν, οἷον τὴν γραφικὴν ἢ τὴν πλαστικήν, αὐτῶν δὲ τῶν φύσει συνεστώτων μὴ μᾶλλον ἀγαπῶμεν τὴν θεωρίαν, δυνάμενοί γε τὰς αἰτίας καθορᾶν (Part. an. I 5, 645a 7–15).
»Da wir aber über jene bereits unsere Ansichten dargelegt haben, so bleibt uns noch üb-

daher später, einer »der größten, wenn nicht der größte Beobachter, der je gelebt hat« (zit. n. Höffe, 1999, S. 132)[21], zu sein.

Aristoteles beschäftigt sich mit handlungs- und emotionspsychologischen Themen (insbesondere in seiner Ethik). In seiner Logik greift er denk- und wahrnehmungspsychologische Themen auf. Biopsychologische Themen und Fragen der vergleichenden Psychologie werden in Περὶ ψυχῆς diskutiert. Everson (1995, S. 168) weist auf folgenden Unterschied der aristotelischen Seelenlehre zur heutigen Psychologie hin:

> »The subject matter of Aristotelian ›psychology‹, however, is demarcated in a quite different way from that studied by the contemporary psychologist. While the latter focuses on conscious and intentional states, Aristotle is rather concerned to give an account of all those activities which are characteristic of living beings.«

Bei Aristoteles haben wir es mit einem Denker zu tun, der sich erstmals in systematischer Weise mit dem Begriff des Lebens auseinandersetzt. Ihn interessiert, was Leben ist und was das Lebewesen ausmacht bzw. warum es überhaupt lebendig ist. Περὶ ψυχῆς[22] kann mit Ottfried Höffe (1999, S. 141) als eine

---

rig, von der tierischen Natur zu reden, und, soweit es in unserer Macht steht, nichts zu vergessen, sei es niederer oder höherer Art. Denn auch in dem, was den Sinnen nicht schmeichelt, bietet gleichwohl die schaffende Natur denen, welche die Ursachen zu erkennen vermögen, wie den Philosophen von Fach unaussprechliche Vergnügungen dar. Denn es wäre ja widersinnig und seltsam, wenn wir, die wir schon beim Anblicke bloßer Nachbildungen derselben uns freuen, indem wir die schaffende Kunst, wie die des Malers und Bildhauers zugleich mit betrachten, die Betrachtung der Naturgebilde selbst nicht weit höher schätzen sollten, da wir ja die Ursachen zu erforschen im Stande sind« (Übersetzung von A. Karsch).

21 Ingrid Craemer-Ruegenberg (1980, S. 13) hält in diesem Sinne ganz richtig fest: Der »Vorgang des Entdeckens der Phänomene, des Fragens, des ›Staunens‹ [wird] in seinen Erörterungen reproduziert. Er versetzt den unbefangenen Leser in die Lage des Alltagsmenschen, der die ihn umgebenden Dinge und Ereignisse erfassen möchte und dem plötzlich die Augen aufgehen über die ungeheure Rätselhaftigkeit des Wirklichen.«

22 Aristoteles' Περὶ ψυχῆς (hier mit den üblichen Siglen »An.« zitiert) besteht aus drei Teilen, drei »Büchern« in einem: Zunächst führt Aristoteles in das Thema seiner Arbeit ein, legt die zu untersuchenden Fragen dar und erläutert die Position anderer Denker, mit denen er sich kritisch auseinandersetzt, woran ganz grundsätzliche Überlegungen und Bestimmungen zum Thema anknüpfen (An. II 1–2). Thematisiert werden die organismischen Seelenfunktionen (An. II 3–III 3), um schließlich auf das Denkvermögen (An. III 4–8) und die Bewegungsvermögen (An. III 9–11) einzugehen. Das Leben des Organismus ist beendet, wenn der Tastsinn verloren geht (An. III 13).

tet werden, auch die Vermögen der einfacheren Wesen auf. Nicht alle Lebewesen, so beobachtet Aristoteles, können wahrnehmen oder denken. Aber alle zeigen jene Vermögen, die mit einer vegetativen Seele in Verbindung gebracht werden. Anders gesagt: Auch der Mensch ist auf Stoffwechsel und den Ablauf physiologischer Prozesse angewiesen.[29]

Die niedrigeren Seelenvermögen können zwar sehr wohl ohne die höheren bestehen und auskommen. Der Umkehrschluss gilt hier nicht: Die höheren bedürfen der niedrigeren Seelenfunktionen. Das der Möglichkeit nach Frühere liegt im Nachfolgenden vor: bei geometrischen Figuren wie auch bei den Seelen (An. II 3, 414b 29–32). Das Dreieck ist im Viereck enthalten; aus diesem kann es aber nicht einfach »herausgeschält« werden, ohne dass dabei unser Viereck verloren ginge. So auch bei der Menschenseele, die auch über Wahrnehmungsfähigkeit[30] und die Fähigkeit Stoffwechsel zu betreiben verfügt. Die menschliche Seele umfasst diese verschiedenen Dimensionen; gleichwohl hat der Mensch aber nicht drei Seelen (Top. V 4, 133a 319). In dem eingangs erwähnten Kommentar zu *De anima* interpretiert Thomas von Aquin dies so, dass das höhere Seelenvermögen die anderen bestimmt: »Forma enim perfectior dat materiae hoc quod dat forma minus perfecta, et adhuc amplius« (Thomas von Aquin, *Sentencia libri de anima* II 1, 71).

Der Gedanke der *scala naturae* bringt sehr schön die Verwandtschaft des Lebendigen[31] wie auch die Besonderheit des Menschen zum Ausdruck. Aristoteles bezieht die vitale Sphäre in sein Denken ein, während sehr viel später zum Beispiel Descartes, aber auch nicht wenige unserer Zeitgenossen unsere Identität ausschließlich an geistigen Fähigkeiten festmachen. Arbeiten der neueren Verhaltensforschung führen diesen alten aristotelischen Gedanken der *scala naturae* weiter (Schmitt, 1997, S. 262). Die aristotelischen Überlegungen zur Tier- und Menschenseele können wir als eine Art »vergleichende Psychologie« lesen.

Der deutsche Hirnforscher Wolf Singer (2004, S. 38) schreibt: »Wir nehmen

---

29 In *De partibus animalium* I 5, 645a 27–30 stellt Aristoteles die Gemeinsamkeit von Mensch und Tier im Hinblick auf die körperlich-organische Gebundenheit heraus. Es heißt dort, dass die Betrachtung der niederen Tiere keineswegs zu verachten sei. Denn wer so denke, denke auch schlecht über sich selbst. Die materiellen Strukturen bei Tier und Mensch seien gemeinsam. Wie Tiere hätten ja auch wir Blut, Fleisch, Knochen, Adern usw.

30 Um etwas wahrzunehmen, ist für unseren Philosophen Leiblichkeit von entscheidender Bedeutung. Er nimmt damit ernst, dass in unseren Sinnesorganen verschiedene materielle Prozesse ablaufen.

31 Diese hatte schon Pythagoras hervorgehoben.

für uns in Anspruch, beseelt zu sein und über eine einzigartige geistige Dimension zu verfügen. Aber warum sprechen wir dies Schimpansen ab, obgleich sie uns in so vielem gleichen?« Aristoteles jedenfalls geht davon aus, dass auch der Affe beseelt ist, was freilich nicht bedeutet, dass dadurch dem Menschen irgendetwas an Größe und Würde genommen würde. Nicht nur Aristoteles, sondern auch uns sind nämlich keine Affen bekannt, die beispielsweise philosophische Aufsätze verfassen. Dem Menschen stehen noch andere Dimensionen der Wirklichkeit offen als anderen Tieren. Er ist zum *guten Leben* fähig[32], kann denken und verfügt, anders als das Tier, über Sprache:

> »Daß aber die Bezeichnung ›zu einem Staate gehörend‹ eher für Menschen als für jede Biene und jedes Herdentier zutrifft, ist klar. Denn die Natur schafft, wie wir sagen, nichts ohne Zweck. Nun hat der Mensch als einziges Lebewesen Sprache; die Stimme gibt zwar ein Zeichen von Schmerz und Freude, deswegen ist sie auch den übrigen Lebewesen verliehen, denn ihre Natur gelangte bis zu der Stufe, daß sie Empfindung von Schmerz und Lust haben und sich diese untereinander anzeigen; die Sprache dient aber dazu, das Nützliche und Schädliche, und daher auch das Gerechte und Ungerechte darzulegen. Denn dies ist den Menschen gegenüber den anderen Lebewesen eigentümlich, allein ein Empfinden für Gut und Schlecht, Gerecht und Ungerecht und anderes zu haben. Die Gemeinschaft in diesen Dingen begründet aber Haushalt und Staatsverband« (Pol. I 2, 1253a 7–18; Übersetzung von E. Schütrumpf).

Der Gemeinschaftsbezug ist für den Menschen unverzichtbar. Im Zusammenleben mit anderen Menschen erst kann er glücklich werden und seine Fähigkeiten (wie die Sprachbegabung) entfalten. Die Orientierung an dem, was das Leben glücken lässt, könnte man heute als »intrinsische Motivation« bezeichnen.

Der Mensch ist geistbegabt, hat νοῦς. Dies unterscheidet ihn von Tieren und Pflanzen. Aristoteles macht es uns nicht gerade leicht, zu verstehen, was er damit genau meint. Er spricht zum einen von einem an den Körper gebundenen und damit vergänglichen Element, andererseits von einem unpersönlichen, körperlosen und unvergänglichen Element.[33] Für unsere Vorstellungen, für unser diskursives Denken sind wir auf notwendige materielle Bedingungen angewiesen. Heute wissen wir zum Beispiel, welche Regionen unseres Gehirns aktiv sein müssen, damit wir bestimmte Vorstellungen haben. Anders verhält es sich nach Aristoteles beim

32 Vgl. EN; Part. an. II 10, 656a 5ff.

33 An. II 4, 413b 24–29 und An. III 5, 430a 22–25.

wesenserfassenden Denken, das dem Bereich des Göttlichen zugeordnet ist. Was Aristoteles meint, wird klarer, wenn wir uns vor Augen stellen, dass wir aus neurobiologischen Verfahren wie auch aus dem Aufbau des Gehirns eben nicht ableiten können, ob der Inhalt des Gedachten wahr ist. Die Wahrheit der Aussage $1^2 = 1 \times 1$ kann nicht aus dem Aufbau unseres Gehirns hergeleitet werden. Dass wir erkennen können, ob etwas wahr ist, verdanken wir nach Aristoteles unserer νοῦς-Begabtheit. Die menschliche Seele steht im Bereich des Empirischen wie des Intelligiblen.

Der Mensch ist nicht der Schlusspunkt. Aristoteles schreibt auch über die Bewegungen der Fixsterne und verortet den Menschen in einem Kosmos. Auch die Gottheit wird hier einbezogen. Sie ist »höchstes Leben«, reines Denken, nicht an die Materie gebunden.[34] Das Göttliche umfasst die ganze Natur (Met. XII 8, 1074b 3).[35] Es wirkt anziehend, »erotisch«, bewegt als Ziel (Met. XII 6, 1072b 1–5). In An. II 4, 415a f. bringt Aristoteles einen transzendenten Aspekt des Zeugens ins Spiel. Hiernach zeugt ein Tier ein Tier, eine Pflanze eine Pflanze, um so am Göttlichen Anteil haben zu können. Physikalistische Entwürfe können mit Fragen nach Gott, Zielen und Sinnhaftigkeit nicht viel anfangen, während Aristoteles Wert darauf legt, dass man bei einer Bestimmung des Seienden nicht umhin komme, seine Prinzipien und höchsten Ursachen ausfindig zu machen. Es zeichnet den Menschen nach Aristoteles aus, nicht nur sich selbst erhalten zu können, sondern sich auf etwas Erhabeneres als sich selbst überschreiten zu können. Er vermag es, ein dem reinen Denken gewidmetes Leben zu führen.

> »[E]in solches Leben ist höher als es dem Menschen als Menschen zukommt. Denn so kann er nicht leben, sofern er Mensch ist, sondern nur sofern er etwas Göttliches in sich hat. So groß aber der Unterschied ist zwischen diesem Göttlichen selbst und dem aus Leib und Seele zusammengesetzten Wesen, so groß ist auch der Unterschied zwischen der Tätigkeit, die von diesem Göttlichen ausgeht, und allem sonstigen tugendmäßigen Tun. Ist nun die Vernunft im Vergleich mit dem Men-

34 Vgl. Met. XII 6, 1072b 14; 9, 1074b 13ff.

35 »Für die Griechen besteht der wichtigste Einschnitt zwischen denjenigen Entitäten, die nicht das Ewige fassen können, und denjenigen Entitäten, die dazu in der Lage sind; es handelt sich dabei um einen *horizontalen Einschnitt* einer vertikalen Hierarchie. Für Descartes [...] dagegen ist ein *vertikaler Einschnitt* zwischen res extensa und res cogitans die zentrale ontologische Differenz, während die traditionelle Idee von einer scala naturae aufgegeben wird« (Hösle, 1996, S. 22).

schen etwas Göttliches, so muß auch das Leben nach der Vernunft im Vergleich mit dem menschlichen Leben göttlich sein« (EN X 7, 1177b 26–31; Übersetzung von Olof Gigon).

Die Seele als Wirk-, Form- und Zweckursache

Für Aristoteles gehören physisch-materielle Prozesse und die Seele komplementär zusammen. Wenn er von Materie spricht, meint er das Zugrundeliegende. Es zeichnet diese seiner Auskunft nach aus, dies und das werden zu können. Wenn er von Form spricht, geht es darum, dass die Seele Materie strukturiert, organisiert, durchwaltet, gestaltet. Sie sorgt dafür, dass das verwirklicht wird, was angelegt ist. Aristoteles charakterisiert die Form so, dass sie die Aktualität bzw. Wirklichkeit von etwas ist. Die Materie ist das Mögliche.[36] Das bedeutet auch: das, was möglich ist, ist offen für Gestaltung, Strukturierung, Durchwaltung. Die Form ist Vollendung, oder wie Aristoteles sagt: ἐντελέχεια.

Ein natürliches Ding (φύσει ὂῶ) weist also Materialität auf. Jedem Lebewesen (ob Hund, Katze, Maus oder Mensch) kommt ein natürlicher Körper als Materie wie auch eine Form zu. Qua Beseeltheit haben wir es nicht bloß mit unbelebter Materie zu tun, sondern mit einem lebendigen Leib. Aristoteles versteht, und das ist ganz entscheidend für seinen Vorschlag, die Seele als Form eines lebendigen Leibes (An. II 1, 412a). Die »Form« ist nicht etwas, das wir vermessen und berechnen könnten. »Eine Form ist nichts für sich Existierendes, an dem dann sekundär – auf welche Weise auch immer – Erscheinendes ›teilhat‹, sondern sie ist Prinzipienmoment *im* Seienden; sie kommt den natürlichen Dingen nicht gleichsam fremd und von außen zu, sondern sie ist deren bestimmte Wirklichkeit« (Jakobi, 1985, S. 78f.). Materie ist mehr als bloße Ausdehnung, mehr als die cartesische res extensa. Sie ist stets von einem Formprinzip durchwaltet und die Durchformung macht das aus, was sie ist. Mit »Seele« meint Aristoteles den Ursprung der Bewegung (*causa efficiens*). Auch die artspezifische Formbestimmung hat nach Auskunft des Stagiriten mit der Seele zu tun (*causa formalis*). Und auch die Erfüllung des Zwecks eines Lebewesens hat seine Ursache in der Seele (*causa finalis*).

Nach dieser Auffassung macht die Seele ein Lebewesen (also z. B. Sie oder

---

36 Zu diesen Grundbegriffen der aristotelischen Philosophie sei auf die Bücher VII–IX der *Metaphysik* verwiesen.

mich) zu dem, was es ist. Aristoteles legt sich nicht auf die Lauer und glaubt, die Seele in irgendwelchen Gehirnwinkeln aufstöbern zu können. Das unterscheidet ihn wohltuend von so manch anderen Lösungsvorschlägen unserer Tage. Stets hat Aristoteles die Dimension der Leiblichkeit im Blick. Ohne Leib kann kein Lebewesen sein.[37] Nicht nur bestimmte Leistungen machen uns aus, sondern auch unsere äußere Gestalt. Für Lebendigkeit und mentale Lebensäußerungen reicht die Materie unseres Körpers nicht aus. Es muss »mehr« geben. Hierauf zielt Aristoteles ab, wenn er sagt, dass ein Lebewesen qua Seele das ist, was es ist. Er formuliert dies so: Die Seele ist das, »wodurch wir primär leben, wahrnehmen. Daher ist sie wohl ein gewisser Begriff und eine Form, nicht jedoch Materie und Zugrundeliegendes« (An. II 2, 414a 12f.).

Von einem überzeugten Reduktionisten könnten wir wohl die Aussage hören, dass beispielsweise die Ziegelsteine das Haus sind. Doch es fehlt hierbei freilich eine entscheidende Dimension: Die Form des Hauses selbst, die nicht auf die Teile reduziert werden kann. Der Evolutionsbiologe Ernst Mayr (1991, S. 76) sagt das so: »Mit außergewöhnlicher Klarheit sah Aristoteles, daß es ebensowenig Sinn hat, lebende Organismen als bloße Materie zu beschreiben, wie ein Haus eine Ansammlung von Ziegelsteinen und Mörtel zu nennen.«

Mit Form und Wirklichkeit ist eine höhere Stufe von Realität ins Spiel gebracht als mit Materie und Möglichkeit. Da Materie Möglichkeit, die Form Vollendung ist, können sie im konkreten Seienden nicht auseinanderdividiert werden.[38] Anders gesagt: Materie und Form, Möglichkeit und Wirklichkeit sind keineswegs gegeneinander selbstständig. Materie ist immer schon geformt und Form hängt an Materie. Seele und Leib lassen sich nicht trennen (An. II 2, 413a 1ff.). Gleichwohl kann man laut Aristoteles nicht einfach sagen, dass Ihre Seele und Ihr Leib dasselbe sind. Eine Identität weist er ausdrücklich zurück (An. II 1, 412b 6ff.). Die Form ist auch keine selbstständige Substanz. Die Seele ist keine unkörperliche Substanz in einer körperlichen, sondern eine unkörperliche Substanz des beseelten Körpers. Sie ist nicht ohne den Körper und selbst kein Körper, vielmehr da, wo der Körper ist (An. II 3, 414a 19–22). Sie lässt sich nicht auf ihn reduzieren: Was etwas ist, hängt weit mehr an der Form als an der Materie. Sie macht das Spezifische aus, das eben nicht aus den physiologischen Prozessen des Organismus abgeleitet werden kann.

37 Die Bezogenheit der Seele auf den Leib hebt auch Thomas hervor. »Sed anima unitur corpori propter intelligere, quod est propria et principalis eius operatio« Thomas von Aquin, *Quaestiones disputatae: De anima* a. 8, ad 15.

38 Vgl. An. II 1, 412a 9–10; Met. IX 8, 1050a 15.

Aristoteles spricht davon, dass die Seele Prinzip (ἀρχή) und Ursache (αἰτία) des Lebens ist:

> ἔστι δὲ ἡ ψυχὴ τοῦ ζῶντος σώματος αἰτία καὶ ἀρχή (An. II 4, 415b 8).
> (»Die Seele ist Ursache und Prinzip des lebenden Körpers.« Übersetzung von H. Seidl)

Damit meint er freilich, dass aus den materiellen Abläufen das Lebendigsein und mentale Lebensäußerungen nicht deduziert werden können, diese also nicht einfach hinreichend dafür sind, dass Sie und ich leben. Es wäre für Aristoteles nicht nachvollziehbar, wie man Leben vom Vollzug unseres Lebens ablösen könnte (Liske, 2003, S. 26).

Eine künstliche Blume, ein Stofftier und ein Crashtest-Dummy mögen zwar gewisse Ähnlichkeiten mit Lebewesen aufweisen, zeigen aber keine Lebensvollzüge. Das Sein der Lebewesen, so sagt Aristoteles prägnant, ist in ihrem Leben.[39] Ein toter Körper ist nicht (mehr) beseelt. Für Ihren oder auch meinen lebendigen Leib allerdings gilt, dass dieser ein Lebensprinzip hat und daher Lebensäußerungen aufweist. Ein lebendiger Organismus ist nicht einfach nur graduell gesehen anders als ein Leichnam. Einem Leichnam fehlt offensichtlich etwas Wesentliches: das *Lebensprinzip*, oder wie Aristoteles sagt, seine Seele. Sie ist kein Anhängsel. Diese *forma* kommt nicht vom Himmel hoch jauchzend hineingeschwebt und zu dem Körper noch irgendwie hinzu. Während beispielsweise der Stuhl, auf dem Sie sitzen, einfach nur »da« ist, sieht dies für Lebewesen doch anders aus: Ihr Sein ist ein dynamischer Lebensvollzug.

Aus einem Keim entsteht im Verlauf verschiedener Phasen ein Organismus bestimmter Art. Er hat eine innere Zweckmäßigkeit, sich so zu entwickeln. Den in der Materie schlummernden Möglichkeiten kommt durch die Seele Wirklichkeit zu. Lebewesen hören auf lebendig zu sein, wenn ihre Strebevollzüge, ihre Integrationsprozesse an ein Ende kommen. Fehlt die Seele, gibt es keine Lebensvollzüge mehr. Der Leib fällt zusammen, vergeht: »Wenn sie (von ihm) herausgeht, dann verflüchtigt er sich und verfault« (An. I 5, 411b 8–10). Bei einem toten Körper

39 »Das Leben eines Lebewesens stellt sich zwar auf der phänomenalen Oberfläche als eine Reihe diverser Lebensäußerungen dar, aber darin erschöpft sich das Leben nicht: Hinter der phänomenalen Oberfläche steht ein Grundcharakter, der den einzelnen Lebensvollzügen und -funktionen bestimmte Grundzüge verleiht und die Einzeltätigkeiten zu Teilen eines bestimmten Lebenstypus gestaltet« (Runggaldier, 2003, S. 218).

fehlt, wie jeder nachvollziehen kann, der bereits einen Leichnam berührt und gesehen hat, das Wesentliche: Er ist nicht mehr lebendig. Lebensäußerungen wie Stoffwechsel fehlen ebenso wie Lachen, Fieber, Wundheilung oder Bewegung. Der Leichnam riecht anders als zuvor, fühlt sich anders an. Zerfallsprozesse setzen ein. Es ist nichts mehr da, was ihn zusammenhält. Struktur und Dauer, so Aristoteles, bezieht ein Organismus nämlich von der Seele, der einheitsstiftenden Form. Folgende Aussage des portugiesisch-amerikanischen Hirnforschers Antonio Damasio (2006, S. 176) scheint diese aristotelische Sichtweise zu bestätigen:

> »Kein Bestandteil unseres Körpers bleibt sehr lange unverändert, und die meisten der uns konstituierenden Zellen und Gewebe sind heute nicht mehr dieselben wie zu der Zeit, als wir die Schule abgeschlossen haben. Was weitgehend gleich bleibt, das ist der Bauplan des Organismus und die Sollwerte für die Arbeitsweise seiner Teile. Nennen wir es das Wesen der Form und das Wesen der Funktion.«

Um einerseits der Tatsache, dass wir uns ständig verändern, andererseits der alltäglichen Grundüberzeugung, dass wir heute dieselben sind wie gestern, entsprechen zu können, ist es sehr plausibel, von der Seele im aristotelischen Sinne zu sprechen. Auch dann, wenn bestimmte mentale Befähigungen nicht mehr abrufbar sind, durchwaltet unsere Seele weiterhin unseren Organismus (vgl. dazu Quitterer, 2011).

Die Seele als Entelechie

Die Natur erhält sich selbst, hat ihren Zweck in sich selbst. Sie ist nicht gemacht, sondern das, was sich selbst hervorbringt, ist Entelechie. Aristoteles spricht von der Seele als erster Entelechie des Leibes. Was damit gemeint ist, erläutert er anhand eines Auges:

> »Wenn nämlich das Auge ein Lebewesen wäre, so wäre seine Seele die Sehkraft; denn sie ist das Wesen des Auges dem Begriffe nach. Das Auge aber ist die Materie der Sehkraft. Wenn diese sich entfernte, wäre es kein Auge mehr, es sei denn nur im namensgleichen (äquivoken) Sinne, wie das steinerne oder das gezeichnete (Auge). Die Verhältnisse am Teil muss man nun am ganzen lebenden Körper erfassen; denn wie sich der Teil (die Sehkraft) zum Teil (zum Auge) verhält, so verhält sich analog die ganze Wahrnehmungskraft zum ganzen wahrnehmungsfähigen Körper als sol-

> chem. Nicht der Körper, der die Seele verloren hat, sondern der sie besitzende ist der in Möglichkeit seiende Körper, so dass er leben kann.«[40]

Dieses Beispiel ist wirklich sehr aussagekräftig. Aristoteles schlägt uns vor, dass wir uns einmal vorstellen, das Auge wäre ein Lebewesen. Das, was für das Auge typisch ist, die Sehkraft also, wäre demnach die Seele. Ohne Sehkraft wäre es ziemlich schief und abwegig, weiterhin von einem Auge zu sprechen. Das Auge, so führt Aristoteles aus, sei die »Materie der Sehkraft«. Dies besagt, dass wir ein funktionstüchtiges Körperorgan brauchen, um die hiermit verbundenen Vollzüge auch ausüben zu können. Anders gesagt: Aristoteles erläutert, was notwendig ist, damit es zu einer Lebensäußerung wie dem Sehen kommen kann. Das ist in Aristoteles' Sprache die ὕλη, also die entsprechend strukturierte und organisierte Materie. Ohne Auge – kein Sehen. In den Worten von Antonio Damasio hört sich das so an: Das menschliche Sehvermögen ist »von mehreren spezifischen neuronalen Regionen abhängig, die entlang der Nervenbahnen von der Netzhaut zu den Großhirnhemisphären angeordnet sind. Fällt eine dieser Regionen aus, ist das Sehen gestört« (Damasio, 2005a, S. 220). Es kommt Damasio darauf an, festzuhalten, dass unser Sehen unmöglich wäre, wenn die notwendigen physischen Grundlagen gestört oder ganz ausgefallen wären. Der Sehvorgang stellt nach Aristoteles eine Lebensäußerung dar, bei der der Prozess des Sehens und das Sehen von etwas zusammengehören. Man kann so etwas nicht auseinanderreißen, wie er meint. Wir haben es mit einer Lebensäußerung eines Lebewesens zu tun. Die physiologischen Vorgänge, über die uns Damasio einiges sagen kann, werden von Aristoteles als materielle Voraussetzung für mentale Lebensäußerungen berücksichtigt. Wichtig ist hier festzuhalten, dass die Materie (ὕλη) nicht – wie in modernen physikalistischen Konzeptionen – als hinreichend dafür angesehen wird, dass unsere Lebensäußerungen stattfinden können. Klar ist, dass unser Leib von Belang ist, damit Sie und ich überhaupt Lebensäußerungen haben. Das dahinter stehende Prinzip ist die ψυχῆ, die Seele.[41]

---

40 An. II 1, 412b 18–26; Übersetzung von H. Seidl.
εἰ γὰρ ἦν ὁ ὀφθαλμὸς ζῷον, ψυχὴ ἂν ἦν αὐτοῦ ἡ ὄψις·αὕτη γὰρ οὐσία ὀφθαλμοῦ ἡ κατὰ τὸν λόγον ‘ὁ δ’ ὀφθαλμὸς ὕλη ὄψεως’, ἧς ἀπολειπούσης οὐκέτ’ ὀφθαλμός, πλὴν ὁμωνύμως, καθάπερ ὁ λίθινος καὶ ὁ γεγραμμένος. δεῖ δὴ λαβεῖν τὸ ἐπὶ μέρους ἐφ’ ὅλου τοῦ ζῶντος σώματος· ἀνάλογον γὰρ ἔχει ὡς τὸ μέρος πρὸς τὸ μέρος,οὕτως ἡ ὅλη αἴσθησις πρὸς τὸ ὅλον σῶμα τὸ αἰσθητικόν, ᾗ τοιοῦτον. ἔστι δὲ οὐ τὸ ἀποβεβληκὸς τὴν ψυχὴν τὸ δυνάμει ὂν ὥστε ζῆν, ἀλλὰ τὸ ἔχον.

41 Daher greift es auch zu kurz, die aristotelische Position, wie A. Oksenberg Rorty (1992, S. 13) es tut, als »psychophysicalism« zu bezeichnen.

Dass es zu den jeweiligen Lebensäußerungen kommen kann, ist ihr verdankt. Aristoteles spricht in diesem Zusammenhang von der ersten *Entelechie.*

Der griechische Begriff *Entelechie* bezeichnet das, in dem etwas »in sein Ziel« gelangt, die Verwirklichung dessen, was als möglich gilt. Im Hinblick auf das Beispiel mit dem Auge besteht die *Entelechie* hier also im Sehen. Die Sehkraft können wir daher als Vollendung des Auges betrachten: Bei einem (selbst von einem Meister wie Rembrandt) gezeichneten Auge handelt es sich, wie wir mit Aristoteles sagen können, nicht wirklich um ein Auge. Das gilt auch für ein steinernes Auge bzw. ein Glasauge. Beiden mangelt es nämlich an der Sehkraft, also daran, was das Auge ausmacht. Was über das Auge dargelegt wurde, kann nach Aristoteles auf den gesamtem Organismus übertragen werden. »Wie aber die Pupille und die Sehkraft das Auge bilden, so bilden [...] die Seele und der Körper das Lebewesen« (An. II 1, 413a 1f.). Wenn Aristoteles davon spricht, die Seele sei die erste *Entelechie* des Leibes, will er uns damit sagen, dass es hier um das *Lebendigsein des Organismus* geht (vgl. dazu Hübner, 1991). Wir können somit festhalten, dass die Seele die *Fundamentalvoraussetzung für unsere Lebensvollzüge* ist. Als solche garantiert sie auch unsere Identität über die Zeit hinweg (vgl. Quitterer, 2011 u. 2015).

In An. II 1, 412a 1–b 9 differenziert Aristoteles zwei Weisen der Vollendung. Er macht den Vorschlag, die Seele mit angeeignetem Wissen zu vergleichen. Das ist nicht dasselbe wie ein konkretes Hantieren mit diesem Wissen. Im Hinblick auf die Unwissenheit meint Ersteres, wie Aristoteles darlegt, bereits eine Vollendung. Angenommen, ich habe eine Berufsausbildung absolviert, kann diesem Betätigungsfeld aber momentan aus diesen oder jenen Gründen nicht nachkommen. Das, was ich weiß, kann nicht aktualisiert werden, kann nicht zum Einsatz kommen. Freilich ist das Berufswissen, das ich mir in meiner Ausbildungsphase angeeignet habe, eine erste Vollendung jenes Wissens. Es handelt sich freilich nicht um ein »Ding«, etwas, das man einfach wegoperieren könnte. Mit dem Bogenschlag zur zweiten Vollendung ist die greifbare Ausübung des potenziell jederzeit einsatzfähigen Wissens angesprochen. Aristoteles will hierauf hinaus: Das Beseeltsein des natürlichen Körpers, damit dieser überhaupt lebendig ist, ist hier sehr schön im Sinne des angeeigneten Wissens anschaulich zu machen. Also: Die Seele als erste *Entelechie,* die erste Vollendung des durch sie durchwirkten Körpers. Im Hinblick auf das Augenbeispiel ist das Sehvermögen die erste Vollendung des Augapfels. Wenn wir jetzt gerade etwas sehen (z. B. dieses Buch), wäre dies die zweite *Entelechie.* Und das lässt sich laut Aristoteles auf den Organismus übertragen. Die Seele ist die erste *Entelechie* des Leibes, die Basisvoraussetzung dafür, dass Sie und ich lebendig sind. Ohne sie gibt es keinerlei Lebensäußerungen. Es dürfte nun auch klar sein, was mit der zweiten *Entelechie* des Leibes gemeint ist:

schen Körper haben, ist nach Aristoteles Grundlage dafür, dass wir zum Beispiel lesen, zuhören und uns darüber austauschen können. Kurzum: dass wir überhaupt leben und verschiedene Lebensäußerungen haben. In Abgrenzung zu physikalistischen Antworten wird zugrunde gelegt, dass die *materielle Basis* (z. B. Ihre Augäpfel) nicht genügt, damit wir auf jeden Fall auch mentale Lebensäußerungen (Sehen und Lesen dieser Buchseite) aufweisen. Aber ohne diese Basis geht es auch nicht. Sie ist, wie Aristoteles sagt, notwendig.

Eine wirkliche Stärke des aristotelischen Ansatzes besteht darin, dass hier kein Graben zwischen physischen und seelischen Prozessen gezogen wird. Sie gehören zusammen. Wir selbst empfinden uns ja auch nicht als Komposition aus zwei Substanzen, sondern als eine lebendige Einheit. Und dem versucht Aristoteles Rechnung zu tragen. Ohne Körper auch keine Lebensäußerungen: Leben ist leibgebunden. Das Seelische kann nicht auf das Körperliche reduziert werden, sondern reicht darüber hinaus.

Aristoteles geht es darum, den ganzen Menschen in den Blick zu nehmen: nicht nur seine Seele bzw. sein Gehirn:

> »So ist die Aussage, daß die Seele sich erzürne, ähnlich der, wie wenn man sagte, die Seele webe ein Tuch oder baue ein Haus; denn es ist vielleicht besser, nicht zu sagen, die Seele habe Mitleid, oder lerne, oder denke, sondern der Mensch mit der Seele (An. I 4, 408b 11ff.)«. (Übersetzung von H. Seidl)

Und noch deutlicher ein paar Zeilen später: »Das Denken und Lieben oder Hassen sind nicht Affekte der Vernunft, sondern des Menschen, der es hat, sofern er es hat« (An. I 4, 408b 25ff.).

Aristoteles versteht den Menschen also als leib-seelische Einheit. Seine Lehre von der Seele erfüllt die Kriterien, die nach Damasio eine neurowissenschaftlich und philosophisch verantwortbare Position aufweisen muss:

> »Daß zum umfassenden Verständnis des menschlichen Geistes eine organische Perspektive erforderlich ist, daß der Geist nicht nur aus einem körperlosen Cogitum in das Reich von Körpergeweben verlegt, sondern auch zu einem ganzen Organismus in Beziehung gesetzt werden muß, der aus den vielfältig miteinander verflochtenen Teilen des Körpers im engeren Sinn und des Gehirns besteht und der mit einer physischen und sozialen Umwelt interagiert« (Damasio, 2005b, S. 333).

Das aristotelische Verständnis der Seele als Entelechie und (Lebens-)Prinzip des Organismus kann heute fruchtbar gemacht werden, wenn es um die Frage nach dem Verhältnis von Leib und seelischen Lebensäußerungen geht, insofern stets der Blick auf den gesamten Organismus eröffnet wird.

Literatur

Albertus Magnus (1968). *De anima*. Hrsg. von C. Stroick (Editio Coloniensis, Bd. 7.1). Münster: Aschendorff.

Brentano, F. (1867). *Die Psychologie des Aristoteles, insbesondere seine Lehre vom nous poietikos*. Mainz: Kirchheim.

Brentano, F. (1911a). *Aristoteles' Lehre vom Ursprung des menschlichen Geistes*. Leipzig: Veit.

Brentano, F. (1911b). *Aristoteles und seine Weltanschauung*. Leipzig: Quelle & Meyer.

Burnyeat, M. (1995). Is an Aristotelian philosophy of mind still credible? A draft. In M. C. Nussbaum & A. Oksenburg Rorty (Hrsg.), *Essays on Aristotle's De Anima* (S. 15–26). Oxford: Oxford University Press.

Busche, H. (2001). *Die Seele als System. Aristoteles' Wissenschaft von der Psyche*. Hamburg: Meiner.

Chesterton, G. K. (2003). *Thomas von Aquin/Franz von Assisi*. Bonn: nova et vetera Verlag.

Craemer-Ruegenberg, I. (1980). *Die Naturphilosophie des Aristoteles*. Freiburg: Alber.

Damasio, A. (2005a). *Der Spinoza-Effekt. Wie Gefühle unser Leben bestimmen* (2. Aufl.). Berlin: Ullstein.

Damasio, A. (2005b). *Descartes' Irrtum. Fühlen, Denken und das menschliche Gehirn* (2. Aufl.). Berlin: Ullstein.

Damasio, A. (2006). *Ich fühle, also bin ich. Die Entschlüsselung des Bewusstseins* (6. Aufl.). Berlin: Ullstein.

Eliot, T. S. (1963). *Was ist ein Klassiker? Dante, Goethe der Weise*. Frankfurt: Suhrkamp.

Elm, R. (2001). Aristoteles: Dynamis und Energeia. Zum Problem des Vollzugs des Seienden. In J. Speck (Hrsg.), *Grundprobleme der großen Philosophen. Philosophie des Altertums und des Mittelalters* (5. Aufl.) (S. 78–122). Göttingen: Vandenhoeck & Ruprecht.

Esfeld, M. (2011). *Einführung in die Naturphilosophie* (2. Aufl.). Darmstadt: Wissenschaftliche Buchgesellschaft.

Everson, S. (1995). Psychology. In J. Barnes (Hrsg.), *The Cambridge Companion to Aristotle* (S. 168–194). Cambridge: Cambridge University Press.

Ficino, M. (1576). Expositio in interpretationem Prisciani Lydi super Theophrastum, Dedikation an Filippo Valorio. In ders., *Opera omnia*, Basel 1576, Reprint Turin 1983.

Gadamer, H.-G. (1990). *Wahrheit und Methode. Grundzüge einer philosophischen Hermeneutik* (6. Aufl.). Tübingen: Mohr.

Gadamer, H.-G. (1993). *Über die Verborgenheit der Gesundheit. Aufsätze und Vorträge*. Frankfurt: Suhrkamp.

Hahmann, A. (2016). *Aristoteles' »Über die Seele«. Ein systematischer Kommentar*. Stuttgart: Reclam.

Hegel, G. W. F. (1970 [1830]). *Enzyklopädie der philosophischen Wissenschaften im Grundrisse*. Werke Bd. 10, hrsg. von E. Moldenhauer & K. M. Michel. Frankfurt: Suhrkamp.

Hegel, G. W. F. (2014). *Vorlesungen über die Geschichte der Philosophie*. Werke Bd. 19 (7. Aufl.), hrsg. von E. Moldenhauer & K. M. Michel. Frankfurt: Suhrkamp.

Höffe, O. (1999). *Aristoteles* (2. Aufl.). München: Beck.

Höffe, O. (2003). Aristoteles: Ethik und Politik. In T. Buchheim, H. Flashar & R. King (Hrsg.), *Kann man heute noch etwas anfangen mit Aristoteles?* (S. 125–141). Hamburg: Meiner.

Hösle, V. (1996). *Philosophiegeschichte und objektiver Idealismus*. München: Beck.

Hoffmann, T. S. (2007). *Philosophie in Italien. Eine Einführung in 20 Portraits*. Wiesbaden: Marix.

Hübner, J. (1991). Die aristotelische Konzeption der Seele als Aktivität in De Anima II 1. *Archiv für Geschichte der Philosophie, 81*, 1–32.

Jakobi, K. (1985). Aristoteles. In N. Hoerster (Hrsg.), *Klassiker des philosophischen Denkens*. Bd. 1 (3. Aufl.). München: dtv.

Jaworski, W. (2011). *Philosophy of mind. A comprehensive introduction*. Oxford: Wiley-Blackwell.

Jaworski, W. (2016). *Structure and the metaphysics of mind. How hylomorphism solves the mind-body problem*. Oxford: Oxford University Press.

Jonas, H. (2005). Erinnerungen. Hrsg. und mit einem Nachwort versehen von C. Wiese. Frankfurt: Suhrkamp.

Kläden, T. (2005). *Mit Leib und Seele … Die mind-brain-Debatte in der Philosophie des Geistes und die anima-forma-corporis-Lehre des Thomas von Aquin*. Regensburg: Pustet.

Knaup, M. (2012). *Leib und Seele oder mind and brain? Zu einem Paradigmenwechsel im Menschenbild der Moderne*. Freiburg: Alber.

Lewin, K. (1931). Der Übergang von der aristotelischen zur galileischen Denkweise in Biologie und Psychologie. *Erkenntnis, 1*, 421–466.

Liske, M.-T. (2003). Aristoteles' Philosophie des Geistes: Weder Materialismus noch Dualismus. In U. Meixner & A. Newen (Hrsg.), *Seele, Denken, Bewusstsein. Zur Geschichte der Philosophie des Geistes* (S. 20–56). Berlin: de Gruyter.

Mansfeld, J. (Hrsg.) (1983/86). *Die Vorsokratiker*. Griechisch-deutsch. 2 Bände. Stuttgart: Reclam.

Mayr, E. (1991). *Eine neue Philosophie der Biologie*. München: Piper.

Meyer, M. F. (2015). *Aristoteles und die Geburt der biologischen Wissenschaft*. Wiesbaden: Springer Spectrum.

Nifo, A. (1535). *Prima pars Opusculorum Magni Augustini Niphi*. Venedig: Scotus.

Oeing-Hanhoff, L. (1974). Hylemorphismus. In K. Gründer (Hrsg.), *Historisches Wörterbuch der Philosophie*. Bd. 3 (Sp. 1236f.). Basel: Schwabe.

Oksenberg Rorty, A. (1992). De anima: Its agenda and its recent interpreters. In M. Nussbaum & A. Oksenberg Rorty (Hrsg.), *Essays on Aristotle's De Anima* (S. 7–13). Oxford: Oxford University Press.

Olveira, G. (2014). *Substanz denken. Philosophische Untersuchungen zu Aristoteles und A. N. Whitehead*. Hamburg: Kovac.

Picht, G. (1987). *Aristoteles' »De Anima«*. Stuttgart: Klett-Cotta.

Quitterer, J. (2011). Was leistet der Seelenbegriff zur Überwindung physikalistischer Deutungen personaler Identität? In M. Knaup, T. Müller & P. Spät (Hrsg.), *Post-Physikalismus* (S. 216–233). Freiburg: Alber.

Quitterer, J. (2015). Ist der Hylemorphismus eine brauchbare Alternative zum Substanzdualismus? In P. Wallusch & H. Watzka (Hrsg.), *Verkörpert existieren. Ein Beitrag zur Metaphysik menschlicher Personen aus dualistischer Perspektive* (S. 109–121). Münster: Aschendorff.

Ross, D. (1971). *Aristotle*. London: Methuen.

Runggaldier, E. (2003). Deutung menschlicher Grunderfahrung im Hinblick auf unser Selbst. In

G. Rager, J. Quitterer & E. Runggaldier (Hrsg.), *Unser Selbst. Identität im Wandel der neuronalen Prozesse* (S. 143–223). Paderborn: Schönigh.

Schmitt, A. (1997). Verhaltensforschung als Psychologie. Aristoteles zum Verhältnis von Mensch und Tier. In W. Kullmann & S. Föllinger (Hrsg.), *Aristotelische Biologie. Intentionen, Methoden, Ergebnisse. Akten des Symposions über Aristoteles' Biologie vom 24.–28. Juli 1995 in der Werner-Reimers-Stiftung in Bad Homburg* (S. 259–285). Stuttgart: Steiner.

Seidl, H. (1995). *Beiträge zu Aristoteles' Naturphilosophie*: Amsterdam: Rodopi.

Singer, W. (2004).Verschaltungen legen uns fest: Wir sollten aufhören, von Freiheit zu sprechen. In C. Geyer (Hrsg.), *Hirnforschung und Willensfreiheit. Zur Deutung der neuesten Experimente* (S. 30–65). Frankfurt: Suhrkamp.

Thomas von Aquin (1984). *Sentencia libri de anima*. Hrsg. von R. A. Gauthier (Editio Leonina Bd. 44/1). Rom: editions du Cerf.

Siglenverzeichnis der verwendeten aristotelischen Werke

An.	*De anima* (Über die Seele)
EN	*Ethica Nicomachea* (Nikomachische Ethik)
Hist. an.	*Historia animalium* (Tierkunde)
Met.	*Metaphysica* (Metaphysik)
Part. an.	*De partibus animalium* (Über die Teile der Tiere)
Pol.	*Politica* (Politik)
Top.	*Topica* (Topik)

Der Autor

Marcus Knaup, geb. 1979, Studium der Philosophie und der Katholischen Theologie; Mag. phil. (2005); Dipl. theol. (2005); Promotion Dr. phil. mit einer Arbeit zum Leib-Seele-Problem; wissenschaftlicher Mitarbeiter am Institut für Philosophie der FernUniversität in Hagen. Arbeitsschwerpunkte: Philosophie des Geistes, Anthropologie, Naturphilosophie, Ethik sowie Medizin- und Bioethik.

Seneca

Lebenskunst und Politikberatung auf dem Weg zur Psychotherapie

Ralph Sichler

Wenn man sich dem Wirken des römischen Philosophen Seneca zuwendet, stellen sich bereits im Vorfeld einige Fragen, die mit verschiedenen Aspekten seiner Person und seines Werks zusammenhängen. Im Rahmen unserer Auseinandersetzung mit psychologischen Denktraditionen gewinnt dabei insbesondere die folgende Fragestellung an Bedeutung: Können die Schriften Senecas überhaupt einer solchen Tradition zugeordnet werden? Die Beantwortung dieser Frage ist mit mehreren Problemen verbunden, die zunächst im Sinne einer Vorverständigung erörtert werden sollen, bevor das psychologische Denken und Wirken Senecas genauer thematisiert wird.

1. Zu der Zeit, als Seneca lebte und wirkte, existierte noch keine Psychologie, zumindest nicht in dem Sinne, wie heute die akademische Psychologie als Wissenschaft vom menschlichen Erleben und Handeln verstanden wird. Es gab freilich – mindestens seit Aristoteles – Schriften über die Psyche. Doch zwischen dem in der Antike vorherrschenden Verständnis des Psychischen und modernen Konzeptualisierungen des Gegenstands der Psychologie herrscht aus mehreren Gründen eine radikale Differenz. Gleichwohl soll es das Ziel dieses Beitrags sein, sich der hermeneutischen Aufgabe zu stellen, nach möglichen Pfeilern für einen Brückenschlag von der Antike zur Moderne Ausschau zu halten.
2. Man muss sich vor Augen halten, dass im Rom der frühen Kaiserzeit – jener Zeit, in der Seneca lebte und wirkte – die führende Disziplin für Fragen, die heute meist im Rahmen psychologischer Praxis bearbeitet werden, die Philosophie war. Dazu hatten etwa hundert Jahre zuvor Cicero und dann eben Seneca durch ihr Werk maßgeblich beigetragen. Der aus der griechischen Philosophie stammende Diskurs um die Lebensführung, um das rechte und

gute Leben sowie um die Lebenskunst, war damit auch Teil des Denkens vieler Bürger aus den führenden Schichten des römischen Reichs geworden. Dieser Diskurs diente der Selbstvergewisserung des Menschen und seiner Orientierung im Handeln. Insofern ist es auch möglich, eine Parallele zu Diskursen zu ziehen, die um die moderne Psychologie gruppiert werden können. Ich werde deshalb an geeigneten Stellen vom »psychologischen Denken« bei Seneca sprechen, wohl darum wissend, dass dies nicht der Diktion der damaligen Zeit entspricht.

3. Man kann mit einer gewissen Zuversicht davon ausgehen, dass es in der Antike und somit auch bei Seneca ein genuines Verständnis des Psychischen gegeben hat. Allerdings ist damit noch nicht gesagt, ob dieses Verständnis auch eine Tradition psychologischen Denkens begründet hat. Wir sehen uns zwar heute gerade im Hinblick auf Seneca einer Flut von Literatur ausgesetzt, die Ratschläge zur Lebensführung erteilt. Ich beziehe mich dabei auf solche Titel wie *Seneca – der Lebensmeister*, *Seneca für Gestresste* und *Seneca für Manager*. Ob solche Bedienungsanleitungen zur modernen Lebensbewältigung den theoretischen Diskurs zur Psychologie anzureichern in der Lage sind, darf aus guten Gründen bezweifelt werden. Vor diesem Hintergrund sollen im Rahmen dieses Beitrags deshalb Einsichten und Argumente beigebracht werden, die deutlich zu machen versuchen, dass das Werk Senecas nicht nur für erhellende Kalendersprüche taugt, sondern auch Linien einer wissenschaftlich befriedigenden, vielleicht auch weiterführenden Konturierung des Psychischen enthält – dies sowohl im theoretischen als auch im praktischen Zusammenhang der Psychologie.

4. Seneca steht in der Tradition der philosophischen Schule der Stoa (Forschner, 1995; Hossenfelder, 1995, S. 44–99). Die Literatur, die sich mit seinem Werk auseinandersetzt, ist sich zumindest in diesem Punkt einig. Unterschiedlich wird jedoch gesehen, inwieweit er in seinem Denken auch durch andere, nicht der Stoa zugerechnete Philosophen geprägt wurde, allen voran Platon. Es steht somit die Frage im Raum, ob seinem Opus ein kohärenter Ansatz entnommen werden kann oder ob nicht die vermeintlich eklektizistischen Züge seiner Schriften eben zu der erwähnten Kalenderspruch- und Ratgeber-Rezeption auch beigetragen haben. Damit im Zusammenhang steht ferner die Frage, ob Seneca überhaupt ein eigenes Werk geschaffen hat oder ob er nicht die Philosophie der Stoa lediglich zur Klärung von Fragen zur Lebensführung in der frühen römischen Kaiserzeit aufgegriffen und zur Anwendung gebracht hat. Diese strittigen Fragen endgültig zu klären, ist im Rahmen dieses Beitrags nicht möglich. Ich werde

aber versuchen aufzuzeigen, dass es abgrenzbare kohärente und in gewissem Maße auch originäre Teile in seinem Werk gibt, die psychologisches Denken und – damit verbunden – psychologisch gestützte Praxis erkennbar bis auf den heutigen Tag befruchtet haben.

5. Zuletzt ist noch zu klären, von wem eigentlich die Rede ist, wenn in diesem Vortrag von Seneca gesprochen wird. Dank der römischen Geschichtsschreibung ist einiges über das Leben von Seneca bekannt. Dies könnte für die Erörterung seines psychologischen Denkens insofern relevant sein, als er in seinen Schriften immer wieder betont hat, dass sein Werk unmittelbar die Praxis, das Leben und Handeln der Menschen betreffe. Schon zu seiner Zeit wurde Seneca in seiner Person und in seiner Lebensweise an dem gemessen, was er lehrte. Natürlich fielen dabei vor allem gewisse Diskrepanzen zwischen seinen Schriften und seiner eigenen Lebensführung ins Auge: etwa das für einen Philosophen naheliegende bescheidene Leben gemessen an dem Reichtum, den Seneca insbesondere als engster Berater Neros anhäufen konnte. Ich werde allerdings schon aus Platzgründen auf solche Vergleiche der Lehre Senecas mit seinem Leben verzichten. Was uns vorliegt, ist das überlieferte Werk Senecas, das einen großen Teil seiner von ihm verfassten Schriften abdeckt. In diesem Zusammenhang ist darauf zu verweisen, dass alle bis zu den Zeiten Ciceros und Senecas geschlossenen Darstellungen der Stoa verloren gegangen sind. Was aus der frühen und mittleren Phase stoischen Philosophierens heute bekannt ist, stammt aus Sekundärquellen und aus Sekundärzitaten. Mit Senecas Werk wird die Möglichkeit eröffnet, das stoische Denken auch in größeren Begründungszusammenhängen rezipieren und nachvollziehen zu können. Deshalb wird an dieser Stelle von Seneca als Autor und dem Ich in seinen meist in dialogischer Form abgefassten Schriften die Rede sein. In welcher Beziehung diese aus dem Werk erschließbare Person zu Seneca als aus historischen Quellen rekonstruierbarer römischer Bürger steht, wird uns nicht beschäftigen.

Im vorliegenden Beitrag werden vor allem jene Aspekte im Werk Senecas thematisiert, welche zu einer bestimmten und kohärenten Tradition psychologischen Denkens und Handelns verdichtet werden können. Wie schon erwähnt, wird sich diese Tradition in erster Linie aus der Philosophie der Stoa, so wie sie auch von Seneca vertreten und gelehrt wurde, speisen. Zunächst wird Seneca als Tröstender vorgestellt. Im folgenden Abschnitt soll das Verständnis Senecas vom guten und glücklichen Leben erörtert werden. Dabei wird auch auf die Bedeutung der

Konstitution der Psyche als eines inneren Refugiums, das das Glück bewirkt, eingegangen. Abschließend wird die Rolle der Politikberatung Senecas diskutiert. Dabei werden prinzipielle Grenzen jeder psychologisch orientierten Beratung deutlich.

Trost durch rationale Belehrung

Seneca spendet Trost. Dies erfolgt in drei sogenannten Trostschriften *(consolationes)*, von denen vor allem zwei für Senecas Verständnis psychischer Vorgänge aufschlussreich sind: *Ad Marciam de consolatione*, *Ad Helviam matrem de consolatione*. Die Trostschriften sind seine frühesten uns erhaltenen Schriften. Gleichwohl tritt bereits hier das Denken Senecas im Rahmen seiner Prosaschriften und sein methodischer Zugang der Seelenführung oder – wie wir heute sagen würden – der psychologischen Begleitung in aller Klarheit zutage. Das Spenden von Trost sowohl durch das gesprochene als auch durch das geschriebene Wort besitzt in der Antike eine lange Tradition (Maurach, 2013, S. 61–62). Die *consolatio* wendet sich an die trauernde Person in all ihrer Verzweiflung und Hilflosigkeit. Durch den Zuspruch mittels Verständnis offenbarender Worte, aber ebenso durch die Zuwendung im Rahmen des Sprechakts der Tröstung selbst soll der oder die Trauernde seelischen Halt finden und ins alltägliche Leben zurückfinden können.

Seneca steht mit seinen Trostschriften in dieser Tradition, er geht aber auch deutlich über sie hinaus. Eine der genannten Schriften wendet sich an Marcia, die Tochter eines bekannten römischen Geschichtsschreibers. Sie hatte zuerst ihren Vater, dann ihren Sohn verloren. Seneca zeigt zunächst Verständnis für ihre Situation und kann ihre Trauer bis zu einem gewissen Punkt auch nachvollziehen. Doch angesichts der zeitlichen Länge der Trauer, Marcia trauert nun schon drei Jahre, stellt sich Seneca die Frage, ob sich die im Trostbrief Angesprochene in ihrer Trauer nicht zu sehr aufgebe, unter ihr Niveau falle und das Trauern als eine Art fortdauernden Lustersatz kultiviere. Die eigentliche Tröstung Senecas setzt an diesem Punkt mit einem philosophisch begründeten Perspektivenwechsel auf den Verlust eines nahestehenden Menschen ein. Dabei werden grundlegende Fragen und gewichtige Argumente ins Spiel gebracht: Wen betrauert Marcia eigentlich – ihren Sohn oder sich selbst? Gefällt sie sich möglicherweise in der Rolle als Trauernde? Steht sie allein mit ihrem Schicksal da? Erleiden nicht viele andere ähnliche, vielleicht sogar schrecklichere Schicksalsschläge? Ist es ein ungerechtes Schicksal, das eigene Kind zu verlieren? Gibt es überhaupt Gerechtigkeit, bei die lebendige Entfaltung und Ausübung dieser Lebensäußerungen. Die Seele ist also »die erste Vollendung [...] eines natürlichen Körpers, der in Möglichkeit Leben hat, und zwar von der Art, wie es der organische ist«.[42] Aristoteles benennt, was dies denn nun heißt: Die Seele ist meilenweit davon entfernt, eine unabhängige Substanz (wie der Substanzendualismus meint) oder auch eine bloße Zier oder Eigenschaft zu sein.[43] Sie ist das Vermögen zu geistigen wie körperlichen Lebensäußerungen. »Wenn das der Möglichkeit nach Seiende, das *dynamei on*, als natürlicher Körper ganz aktualisierte Wirklichkeit, ganz beseelter Leib ist, herrscht keine Dualität« (Elm, 2001, S. 104).

Es sollte nicht übersehen werden, dass die ψυχὴ nicht Seele eines x-beliebigen Körpers ist. Der Körper ist organisch gebildet und keine Körpermaschine. Der beliebte Hinweis auf Hard- und Software ist wirklich nicht besonders erhellend, um die lebendige Leib-Seele-Ganzheit zu veranschaulichen. Es ist doch bekanntlich so, dass auf ein und derselben elektromechanischen Ausrüstung eines Computersystems ganz verschiedene Programme zum Einsatz kommen können. Die Seele wird aber nicht (wenn sich eine andere Gelegenheit bietet) einfach ausgewechselt oder erneuert. Sie ist stets die Form eines Stoffs, während für den Stoff gilt, dass er stets in Form steht. Abgesehen davon, dass ein PC seiner Vollzüge nicht gewahr werden kann und keinen Standpunkt hierzu einzunehmen in der Lage ist, offenbart sich das, was für dieses Programm denn nun typisch ist, nicht in der Hardware. Seelische Befähigungen schwirren nicht irgendwo im luftleeren Raum herum, sondern durchformen, wie Aristoteles hervorhebt, Ihre wie meine Organe. Die Form »requires a body with a certain kind of chemical constitution and a certain shape, and it cannot exist embodied in another kind of body« (Ross, 1971, S. 132). Die Seele ist auch nicht das Verhalten eines lebendigen Körpers.[44]

Der Vorzug der aristotelischen Seelenlehre

In aktuellen philosophischen Debatten wird nahegelegt, dass es entweder eine dualistische oder physikalistische Lösung des Verhältnisses von Leib und Seele

---

42 An. II 1, 412b 4ff.: εἰ δή τι κοινὸν ἐπὶ πάσης ψυχῆς δεῖ λέγειν, εἴη ἂν ἐντελέχεια ἡ πρώτη σώματος φυσικοῦ ὀργανικοῦ.

43 An. II 2, 414a 14ff.; vgl. An. I 1, 403a 3ff.

44 Es verwundert daher schon, dass William Jaworski die aristotelische Seelenlehre in eine gewisse Nähe zum Behaviorismus rückt. Vgl. Jaworski, 2011, S. 339; Jaworski, 2016, S. 215 u. 301ff.

geben müsse. Für Dualisten ist es dabei wichtig, zu betonen, mentale Lebensäußerungen seien nicht einfach reduzierbar oder gar eliminierbar auf physische Entitäten. Physikalisten meinen, es gebe nichts anderes als Materie. Problematisch ist die Überzeugung, dass es hiernach keine nicht-reduzierbaren mentalen Lebensäußerungen gibt. Im Hinblick auf die Dualisten ist fraglich, wie die Verbindung von mechanistischem Körper und körperlosem Geist überzeugend gedacht werden kann. Aristoteles geht einen anderen Weg, der versucht, dem gerecht zu werden, dass man Lebensäußerungen des Menschen nicht einfach in physische und mentale auftrennen kann.

Der Vorschlag des Stagiriten sieht so aus, dass es notwendige physische Bedingungen gibt. Er berücksichtigt also sehr wohl körperliche Aspekte. Zurückgewiesen werden hinreichende Bedingungen für das Vorliegen mentaler Lebensäußerungen.[45] Die aristotelische Seelenlehre unterstreicht einerseits sehr deutlich, dass Menschen Wesen aus Fleisch und Blut, also physische Wesen sind. Anderseits handelt es sich um eine nicht-reduktionistische Sicht auf den Menschen: Die Seele ist nicht auf Materie reduzierbar, eliminierbar oder gar ein Epiphänomen. Gegen die heute weit verbreitete Annahme, es genüge, Materialursachen angeben zu können, bezieht Aristoteles auch Form- und Zweckursachen in sein Denken ein. Es ist nicht möglich, alles in materielle Beschreibungen zu übersetzen.

Wenn wir das Leben ausschließlich mit einer mechanistischen Brille betrachten, bleiben wichtige Aspekte außen vor.[46] Die aristotelische Seelenlehre macht den Gedanken stark, dass all unsere seelischen Lebensäußerungen zu einem leibseelischen Organismus gehören und daher nur im Hinblick auf die Ganzheit des Lebewesens (sprich: Ihnen bzw. mir!) zu verstehen sind. Dass wir einen organi-

---

45 »Als Verwirklichung ist es [das seelische Leben] offenbar bereits von seinem Begriff her von einer zu verwirklichenden materiellen Basis abhängig und zwar nicht irgendeiner beliebigen, sondern einer, die als stofflicher Träger der einschlägigen Tätigkeiten geeignet ist: *dynamis* lässt sich natürlicherweise als ermöglichende Voraussetzung oder negative Vorbedingung (conditio sine qua non) auffassen« (Liske, 2003, S. 28).

46 Hegel beklagt, dass angesichts mechanistischer Deutungen des Lebendigen der Zugang zu einem aristotelischen Verständnis der Natur und des Lebens geradezu verloren gegangen sei und er erinnert angesichts dessen ganz richtig daran, in welcher Weise Kant die Vorstellung einer Entelechie für das Denken wieder fruchtbar zu machen versucht habe: »das Lebendige ist sich selbst Zweck, muß als Selbstzweck beurteilt werden. Zwar hat dies bei Kant nur die subjektive Form, als würde es gesagt behufs unseres subjektiven Räsonierens; aber es liegt doch das Wahre darin, ein Selbstzweck, der das Hervorbringende ist, sich hervorbringt, sich erreicht, und dies ist das Erhalten der organischen Gebilde. – Dies ist also die Entelechie, die Energie des Aristoteles« (Hegel, 2014, S. 177).

dem, was dem Menschen an Schicksalsschlägen widerfährt? Ist ihr Sohn zu früh verstorben? Oder hat er nicht beizeiten sein Leben so geführt, wie es von anderen vielleicht nie geführt wird? Die Argumentation Senecas dreht sich um diese Fragen und kommt schließlich zu einem entscheidenden Punkt: Dem Menschen ist mit dem Geschenk des Lebens immer auch der Tod mitgegeben. Warum sind wir uns dessen so wenig bewusst?

Die Intention dieser Trostschrift zielt auf die Entwicklung eines neuen Selbstverhältnisses der Trauernden zu sich selbst, aber auch auf ein weiter entwickeltes Verhältnis zur sozialen Umwelt. Wer sich derart lange in die Trauer vergräbt, gibt sich selbst auf und verliert die Achtung anderer, zuletzt die Achtung vor sich selbst. Er vergibt zudem die Chance, am sozialen Leben wieder aktiv teilzunehmen. Denn Marcia kann die Zuwendung, die der Verstorbene durch sie erfahren hatte, auch anderen Menschen zuteilwerden lassen und sie kann Aufgaben, die der Verstorbene wahrgenommen hatte, möglicherweise selbst ergreifen. Ihre lange verhärtete Trauer macht es ihr aber unmöglich, ihr Leben wieder in die Hand zu nehmen und sich wieder ins soziale Leben zu integrieren.

Dieser skizzierte Umgang mit der Trauer eines Menschen mag für unsere heutige Zeit befremdlich erscheinen. Was ist das für ein Trost, so wird man fragen, bei dem der Tröstende durch gezieltes Hinterfragen und zuratende Argumente den Sinn und die Berechtigung der Trauer des Gegenübers in Zweifel zieht? Ist es ein zielführender und hilfreicher Ansatz, mit rationalen Überlegungen eine überaus schwierige emotionale Situation eines Menschen aufzulösen? Doch halten wir kurz inne: Seneca geht es nicht um die Gemütsbewegung, die sich unmittelbar einstellt, wenn ein nahestehender Mensch stirbt. Die damit verbundenen körperlichen Regungen sind, wie Seneca an anderer Stelle deutlich gemacht hat (Ad Lucilium epistulae morales, 99, 18–21), dem Willen nicht unterworfen. Die Trostschrift richtet sich vielmehr an die fortdauernde, verhärtete Trauer, bei der der oder die Trauernde sich seinem Unglück ergibt. Erst in diesem Fall handelt es sich nach dem Verständnis Senecas um ein Beispiel verfehlter Lebensführung. Und genau hier setzt der Trost Senecas an. Der Sinn seiner Tröstung besteht nicht darin, Verständnis und Empathie für die Trauernde in ihrer bedauernswerten Situation zu zeigen. Vielmehr soll die Tröstung eine Brücke bauen, mit deren Hilfe sie wieder ins gute Leben zurückfindet.

In seinem Zugang zur Trauer tritt Seneca bereits als entschiedener Vertreter stoischen Philosophierens auf den Plan. Affekte – unter ihnen auch die Trauer – werden als widervernünftige Regungen der Psyche verstanden. Sie entstehen durch eine irrtümliche Sicht des Menschen auf seine Angelegenheiten. Bei rationaler Betrachtung der Dinge verändert sich hingegen der Affekt. Aus diesem

Grund versucht Seneca Marcia in ihrer Trauer durch die *ratio* zu erreichen. Als Stoiker geht er davon aus, dass eine nachhaltige Veränderung der emotionalen Verfassung der Trauernden allein durch Einsicht und Vernunft in die Wege geleitet werden kann. So kann der Mensch sich trotz der faktischen Abhängigkeit von äußeren schicksalshaften Ereignissen durch eine Veränderung der inneren Haltung davon befreien. Denn langfristig steht die Trauer dem Glück der Betroffenen im Wege. Das Glück aber ist der Endzweck, um den es im Leben geht.

Das Glück und das gelungene Leben

Wir sind damit an einem entscheidenden Punkt im Denken Senecas und der Stoa, ja des gesamten antiken Philosophierens angelangt: dem Glück. Dass es dem Menschen in seinem Leben um sein Glück geht, ist freilich eine Einsicht, die auch das heutige Leben im hohen Maße bestimmt. Jeder und jede sucht sein Glück und der Diskurs der Psychologie in all seinen vorwissenschaftlichen, wissenschaftlichen und praxisbezogenen Varianten trägt maßgeblich mit dazu bei, die Menschen bei ihrer Suche nach dem Glück zu unterstützen. Insofern könnte man meinen, dass diese Ausrichtung des Individuums auf sein Glück das moderne Subjekt mit dem Menschen der Antike verbindet. Doch dieser Schein trügt.

In der Antike wird der Gedanke des Glücks durch den Begriff der *eudaimonia* wiedergegeben. Die *eudaimonia*, und darin sind sich alle wesentlichen Ethiken der Antike einig (Horn, 1998), stellt den Endzweck, das *telos*, im Leben des Menschen dar. Sie steht für das Lebensglück, ebenso für das gelingende und das gute Leben. Alle Handlungen, alle Tätigkeiten sind letztendlich darauf ausgerichtet, *eudaimonia* zu erreichen, auch wenn sie, wie Aristoteles vermerkt, nicht direkt durch ein bestimmtes Tun bewirkt werden kann. Formal stimmen also die Philosophen Griechenlands und Roms darin überein, dass das menschliche Leben seinen Sinn im Streben nach *eudaimonia* hat. Material, das heißt bei der inhaltlichen Frage, worin die *eudaimonia* genau besteht, gehen die Ansichten jedoch zum Teil deutlich auseinander.

Im Vergleich der Standpunkte zur Frage und zur Bedeutung des Glücks für die menschliche Lebensführung fällt auf, dass im stoischen Denken einerseits eine sehr radikale Position eingenommen wird, die aber gleichzeitig eine enge Verbindung zum Gegenstand der Psychologie, nämlich zur Psyche, herstellt. Andererseits dürfte gerade die stoische Auffassung vom Glück am deutlichsten dem Verständnis des Lebensglücks in der Moderne zuwiderlaufen. Doch worum geht es konkret? Im Unterschied zu Epikur, der die *eudaimonia* im Wesentlichen über die Lust oder die Beseitigung von Unlust begreift, macht die Stoa das Lebensglück des Einzelnen nicht von der Lust oder Unlust, aber auch nicht von Widerfahrnissen oder sonstigen äußeren Ereignissen abhängig. Die *eudaimonia* liegt vielmehr in der Lebensführung des Menschen selbst beschlossen, genauer in seiner inneren Haltung sich selbst und der Welt gegenüber. Glück besteht dem stoischen Denken nach in der Freiheit vom äußeren Geschick, aber auch von den eigenen Trieben und Leidenschaften. Damit setzen sich die Stoiker von der Auffassung des von Aristoteles begründeten *peripatos* ab, demzufolge die *eudaimonia* des Menschen auch von äußeren Umständen wie der Einbettung des Einzelnen in das Gemeinwesen abhängt (Maurach, 2013, S. 117).

Seneca befindet sich inmitten dieses Disputs um das Glück, wenn er selbst der Frage nach dem Glück des Menschen nachgeht. Zunächst gibt er den griechischen Begriff der *eudaimonia* durch die lateinischen Ausdrücke *summum bonum*, *finis bonorum* und *vita beata* wieder. Zu letzterem Begriff existiert eine eigene Schrift von ihm. Dort wird das glückliche Leben, das gelungene und gute Leben, als Leben im Einvernehmen mit der Natur oder als Leben in Übereinstimmung mit der Natur des Menschen definiert.

> »Glücklich also ist ein Leben, übereinstimmend mit der eigenen Natur, das nicht anders zuteilwerden kann, als wenn zuerst der Geist gesund ist und in beständigem Besitz seiner Gesundheit, sodann tapfer und leidenschaftlich, ferner mit Haltung leidensfähig, gewachsen den Zeitumständen, mit seinem Körper und allem ihm Zusammenhängendem achtsam ohne Ängstlichkeit, dann in den anderen Dingen, die das Leben bereichern, sorgfältig ohne Überbewertung von irgendetwas, willens, zu nutzen des Schicksals Geschenke, nicht ihnen zu dienen« (De vita beata, III.3).

Diese Bestimmung verdient nähere Beachtung in mehrerlei Hinsicht. Zunächst stellt sich Seneca eindeutig in die Tradition der Stoa, wenn er als formale Voraussetzung des *summum bonum* den Gedanken der Übereinstimmung einführt. Chrysipp als Vertreter der älteren Stoa hatte das Leben im Einvernehmen mit der gesamten Natur des Kosmos sowie mit der Natur des Menschen selbst als Teil der Natur des Ganzen als Voraussetzung für den guten Fluss des Lebens benannt (Nickel, 2008, S. 655). Dabei darf nicht übersehen werden, dass als Natur des Kosmos dessen rationale Konstitution *(ratio perfecta)* betrachtet wird. Das Lebensglück als oberstes Ziel besteht nach dieser Lesart eben darin, die eigene Lebensführung an den Grundsätzen einer nach Gesetzen geordneten, harmonischen und vollendeten Natur auszurichten. Die Stoa denkt die Natur durch rationale Prinzipien bestimmt, demnach folgt auch das gute Leben der Einsicht und Vernunft.

Als Kern des glücklichen Lebens wird sodann der gesunde Geist *(mens sana)* (manchmal wird dies auch mit »gesunder Seele« übersetzt) genannt. Für Senecas Zugang zum Seelischen und zur Gesundung des Seelischen ist es kennzeichnend, dass er mit Metaphern aus der Medizin arbeitet. Auch hier orientiert er sich am Vorbild der älteren Stoa. Eine zu seiner Zeit wohl sehr bekannte Schrift Chrysipps mit dem Titel *Therapeutikos* widmet sich unter anderem der Frage, wie in rationaler Auseinandersetzung mit den Affekten die Gesundung der Psyche einhergeht (Dietsche, 2014, S. 86–97). Aufschlussreich ist in diesem Zusammenhang, dass im Naturbild der Stoa nicht nur eine metaphorische Analogie zwischen seelischen und körperlichen Vorgängen hergestellt wird. Vielmehr wird davon ausgegangen, dass physische und psychische Prozesse zwei Seiten derselben Medaille darstellen. Insofern ist es auch für Seneca selbstverständlich, dass ein gesunder Geist oder eine gesunde Seele mit bestimmten gesunden körperlichen Zuständen verbunden ist. Eine Gesundung der Seele im Sinne einer Befreiung von widervernünftigen Leidenschaften und Affekten durch die Mittel des *logos* entspricht auch im eigentlichen Sinn einer Gesundung zugehöriger physischer, mithin körperlicher Attribute.

Das Bild des Weisen, der in vollkommener Übereinstimmung mit der äußeren und eigenen Natur lebt und aufgrund seiner Beherrschung der Affekte als Fehlurteile Autarkie und damit auch die *eudaimonia* erlangt, hat die Philosophie der Stoa durchgehend in hohem Maße geprägt. Keiner der maßgeblichen Vertreter stoischen Philosophierens hat – soweit man heute weiß – von sich behauptet, ein Weiser im Sinne der Stoa zu sein. Gleichwohl war dies im stoischen Denken das von allen zu erstrebende Ziel, ein regulatives Handlungs- und Lebensideal gewissermaßen. Seneca, der sich selbst vor allem als Begleiter und Führer auf dem Weg zur Weisheit verstanden hat, rückt von dem Bild des Weisen der älteren und mittleren Stoa zwar nicht ab, jedoch differenziert er zwischen verschiedenen Stadien, die der Einzelne in seinem Streben nach Weisheit durchlaufen und dabei auch Unterstützung erhalten kann. An einer Stelle lobt er diejenigen, die sich überhaupt auf den Weg zur Weisheit begeben haben. Er nennt sie – wie im Übrigen auch sich selbst – *proficientes* (Fortschreitende) und hebt an ihnen hervor, dass sie sich ihre Fehlhaltungen bewusst zu machen versuchen und sich mit ihnen fortwährend gedanklich auseinandersetzen (Ad Lucilium epistulae morales, 16, 2). Gegenüber den in dieser Weise Lernenden gilt es, Nachsicht zu üben. Denn bereits durch das Offenlegen und geistige Durchdringen der eigenen Fehlhaltungen wird diesen bereits ein großer Teil ihrer abträglichen Wirkung genommen (ebd., 56, 10). Dies stellt den entscheidenden Schritt zur Gestaltung der Seele im Hinblick auf ihre Entwicklung zum Guten dar.

Dadurch, dass bei Seneca der eingeschlagene Weg zur Weisheit fast höher bewertet wird als der zu erreichende Endzustand, erhält das Philosophieren einen psychotherapeutischen Charakter. Psychotherapeutisch nicht nach dem heutigen Verständnis, sondern im Wortsinn, wonach der Vorangehende den *proficiens* auf dem Weg zur Vervollkommnung seiner Seele begleitet. Auf diesem Weg wird der Voranschreitende allmählich in stoisches Denken eingeführt. Dies lässt sich sehr gut an den moralischen Briefen Senecas nachvollziehen, die er an seinen Freund Lucilius gerichtet hat. Philosophieren in diesem therapeutischen Sinn wendet sich aber nicht nur der Frage des richtigen Erkennens zu, es geht auch um die Vermittlung und Einübung der stoischen Haltung und des damit verbundenen richtigen Handelns. Seneca hat selbst mehrfach betont, dass er das Wesen der Philosophie nicht im Wort, sondern in der Handlung sehe. »Sie formt und bildet den Geist, ordnet das Leben, regelt unsere Handlungen, zeigt uns, was zu tun und zu lassen ist, sitzt am Steuerruder und lenkt das Schiff durch die Fährnisse des Wogenschwalles« (ebd., 16, 3). Um in der Kunst, das eigene Leben zu führen, voranzukommen, bedarf es der psychologischen Begleitung. In Ergänzung zur Lebenskunst der griechischen Antike, wo die Sorge um sich durch bestimmte Anleitungen zum Handeln und durch das Einüben von entsprechenden Praktiken erfolgte, ist der Weg zum Weisen der Stoa vor allem durch die Konstitution eines bestimmten inneren Habitus gekennzeichnet. Auch Seneca setzte gemäß der stoischen Tradition auf das Erlernen und Einüben von bestimmten Praktiken, die zur Weisheit führen. Bestimmend ist jedoch der therapeutische Zugang zur Seele. Denn erst dort entscheidet sich, ob der Fortschreitende sein Lebensglück findet.

Die Stoa und Seneca gehen davon aus, dass dieses Lebensglück des Einzelnen von äußeren Bedingungen unabhängig ist. *Eudaimonia* stellt sich nur dann ein, wenn sich der Mensch von den Dingen, über die er nicht verfügt, unabhängig oder autark macht. Relevant für das gelungene und gute Leben sind allein die Tugenden wie die Klugheit, die Tapferkeit, die Mäßigung und die Gerechtigkeit. Insofern gibt es aus stoischer Sicht entweder das gute Leben, das dem Leben des Weisen entspricht, oder das schlechte, verfehlte Leben, das den Übeln der Welt verfallen ist. Das war schon die Position Zenons, der Gründerfigur der Stoa, und sie hat sich als wesentliche Einsicht bis in die Stoa der römischen Kaiserzeit erhalten. Nun spricht Seneca in der zitierten Definition des Glücks von Dingen, die zwar das Leben bereichern können, von denen der Weise sich jedoch nicht abhängig machen wird. Diese Dinge, die weder zum guten noch zum schlechten Leben zählen, werden in der Stoa *adiaphora* genannt. Es sind eben die Dinge, die keinen Unterschied im Hinblick auf ein geglücktes oder verfehltes Leben machen. Seneca nennt sie *media* oder *indifferentia*, wobei er in Anlehnung an Unterscheidungen der älteren Stoa zwischen *commoda*, den naturgemäßen Gütern wie Gesundheit, Freude, Frieden, und *incommoda*, den naturwidrigen Umständen wie Krankheit, Folter, Verlust von Angehörigen, Tod etc., differenziert. Für die *eudaimonia*, dem Lebensglück nach antiker Vorstellung, sind die *adiaphora* oder *indifferentia* nach durchgängiger Auffassung der Stoa nicht relevant. Warum nehmen sie aber im stoischen Denken doch eine wesentliche Rolle ein? An ihnen zeigt sich, ob der Einzelne sein Leben an den Tugenden ausrichtet oder nicht, ob er also ein gutes Leben führt oder nicht. Am Beispiel: Die Krankheit ist an sich eine indifferente Sache. Im Umgang mit ihr, im Ertragen und in der Standhaftigkeit zeigt sich allerdings das *summum bonum* des Erkrankten. Oder: Der Besitz eines großen Hauses und andere Reichtümer zählt nach Seneca zu den *commoda*. Ob jemand reich oder arm ist, ist allerdings für die Frage nach dem Glück im Leben irrelevant. In der inneren Haltung dazu, in einem gewissen Habitus jedoch zeigt sich wiederum, ob jemand die Weisheit erlangt hat, die zu einem gelungenen und guten Leben führt.

Wir sehen gerade in den zuletzt genannten Beispielen, wie sehr sich die *eudaimonia* der Stoa von modernen Glücksvorstellungen unterscheidet. Gesundheit, Besitz, Frieden, aber auch die Vervollkommnung von Fähigkeiten und die damit verbundene Selbstverwirklichung betrachten wir heute als wesentliche Voraussetzungen für individuelle und soziale Wohlfahrt. Für Seneca und die Stoa ist nichts davon für das Glück des Einzelnen von essenzieller Bedeutung. Wie wir gesehen haben, besteht das Glück in der Errichtung einer inneren Haltung, die das Individuum von äußeren Dingen und Ereignissen unabhängig macht. Dies bedeutet eine klare Aufwertung des Prinzips der Psyche. Dort, in seinem Inneren und im Abstand von äußeren Umständen, findet der Mensch sein Glück. Von innen her, aufgrund seiner seelischen Verfasstheit, entscheidet sich, ob dem Menschen sein Leben gelingt oder ob er es verfehlt. »Das höchste Gut sucht nicht draußen Hilfsmittel: im Innern wird es gepflegt, es besteht ganz aus sich selbst. Es beginnt dem Schicksal unterworfen zu sein, wenn es einen Teil seiner selbst draußen sucht« (ebd., 9, 1). Gleichwohl besitzen die genannten *indifferentia* einen Wert für das menschliche Leben, auch wenn sie zu dem angesprochenen inneren Glück nichts beitragen. Dies in zweifacher Hinsicht: Zum einen machen sie, wenn es sich um *commoda* handelt, das Leben angenehmer, zum anderen zeigt sich im Umgang mit ihnen, ob und inwiefern der Einzelne in seinem Leben jene Größe gewonnen hat, die ihn besonnen beim Besitz und unaufgeregt beim Verlust dieser Dinge handeln lassen.

Sicherheit und Seelenruhe

Voraussetzung für ein glückliches und gutes Leben sind nach Seneca vor allem zwei Dinge: die Freiheit von Affekten wie Begierde, Furcht, Trauer oder Zorn, die in aller Regel durch ein nicht zutreffendes Urteil über Dinge oder Ereignisse der Außenwelt hervorgerufen werden, und die innere Übereinstimmung mit sich selbst. Im ersten Fall bedarf es der Entwicklung einer starken inneren Haltung wie beim Weisen, der einen rationalen und besonnenen Umgang mit den Widerfahrnissen in seinem Leben pflegt. Damit einher geht der Aufbau eines Habitus, der entschlossenes Handeln ermöglicht. Im Unterschied zur Sokratischen Formel, nach der bereits Wissen Tugend ist und somit eine hinreichende Voraussetzung für richtiges Handeln darstellt, heißt es bei Seneca: *Non est beatus, qui scit illa, sed qui facit.* (Nicht ist glücklich, wer es weiß, sondern wer es tut; Ad Lucilium epistulae morales, 75, 7.) Damit soll zum Ausdruck kommen, dass allein das Wissen um das rechte Handeln noch nicht ausreicht, um es auch zu verwirklichen. Zu dieser ersten Stufe des Wissenserwerbs muss nach Seneca eine zweite Stufe hinzutreten: Das Wissen muss verinnerlicht, es muss zum Habitus werden. Dies kann durch Gewöhnung und Einübung erfolgen. Die entscheidende Stufe aber ist eine dritte: Der Habitus muss sich im Handeln verwirklichen und dort auch bewähren. Auch hierzu bedarf es fortwährender Übung (Hadot, 1969, S. 105).

Die Einübung und Gewöhnung verläuft umso erfolgreicher, desto widriger die jeweiligen Umstände sind. Der Weise zeigt seine wahre Stärke nicht unter günstigen Rahmenbedingungen, sondern im erbitterten Kampf gegen die Schläge des Schicksals. Auf die Frage, warum gerade vielen guten Menschen so viel Unheil begegne, antwortet Seneca, dass einem tapferen und tugendhaften Menschen eigentlich nichts Böses geschehen könne. Eher im Gegenteil: Der Gute nimmt den Fehdehandschuh des Schicksals auf und betrachtet dies als Gelegenheit zur Prüfung und Weiterentwicklung seines Charakters: *Calamitas virtutis occasio est* (De providentia, 4, 6). Seneca kommt zu der Einsicht, dass ihm nichts unglücklicher vorkomme als der Mensch, dem nichts Unheilvolles je begegnet ist. »Er hat nämlich keine Gelegenheit gehabt, sich auf die Probe zu stellen« (ebd., 3, 3). So suche sich das Schicksal gerade die Tapfersten als ebenbürtige Gegner (ebd., 3, 4).

Dem stoischen Weisen, der größtes Unheil mit Gelassenheit und Würde hinnimmt, wird oft völlige Empfindungslosigkeit (Apathie) nachgesagt. Diese vollendete Unverletzlichkeit der Seele trifft allerdings mehr die von der kynischen Schule vertretene Auffassung des Umgangs mit Affekten (Hadot, 1969, S. 131). Der stoische Weise besiegt das Unglück, aber er fühlt es, während der Kyniker es gar nicht empfindet. Seneca lässt keinen Zweifel daran, dass die größere Leistung dort besteht, wo empfundener Schmerz mit den Mitteln der *ratio* bekämpft wird, nicht dort, wo er gar nicht erlebt wird. Denn worin besteht die Tugend, wenn man etwas erträgt, das man gar nicht empfindet? Seneca unterscheidet in diesem Zusammenhang zwischen nicht dem Willen unterworfenen Gemütsbewegungen *(motus non voluntarii)* und Affekten, die aufgrund einer Zustimmung der Psyche zustande kommen. Zu den Gemütsbewegungen zählen der Schreck, Gliederzittern, Erblassen, Tränen, zu denen im Moment ihres Auftretens die Vernunft keinen Zugang hat. Es ist zwar möglich, bei vielen Gemütsbewegungen eine Veränderung durch Gewöhnung herbeizuführen, doch hierzu bedarf es ebenfalls der Einübung. Vor den Affekten wird sich jedoch der Weise schützen, da sie einer zustimmenden, aber irrtümlichen Einsicht über (vermeintliche) Anlässe und Gründe des Affekts entsprechen. Wer sich diese Zusammenhänge bewusst macht und rational durchdringt, wird den Affekt nicht mehr erleben oder zumindest der in ihm angelegten Handlungstendenz nicht folgen (müssen).

Neben der Freiheit von den Affekten, die dem Weisen die Sicherheit *(securitas)* gibt, sich gegenüber Bedrohungen und Schicksalsschlägen nicht ausgeliefert zu fühlen, existiert ein zweites Charakteristikum der ausgeglichenen, in sich ruhenden Psyche, das Seneca in einer seiner bekanntesten Schriften mit dem Titel *De tranquillitate animi* näher untersucht. Ausgangspunkt dieses Textes ist die Beschreibung des Seelenzustandes eines Freundes namens Serenus. Er äußert ein Unbehagen, das darin besteht, dass er zwar wisse, worin ein maßvolles und genügsames Leben bestehe, doch ertappe er sich dabei, vom rechten Weg immer wieder abzufallen. Der Freund bittet Seneca gegen dieses innere Schwanken der Seele um Abhilfe. Der um Rat Gefragte antwortet mit einem Gegenbild zu diesem unsteten Hin- und Herschwanken der Seele, nämlich ihrem Ruhen in einem bestimmten Gleichgewicht. Die Griechen hätten dieses Phänomen mit dem Wort *euthymia* beschrieben. Seneca selbst wollte dafür den Ausdruck *tranquillitas* verwenden. Mit seinem Freund will Seneca nun fragen, »wie die Seele stets in gleichmäßigem und günstigem Lauf gehen könne, mit sich selber einig sei, das Ihre freudig anschaue und diese Freude nicht unterbreche, sondern in ruhigem Zustand verharre, weder sich jemals überhebend noch niederdrückend« (De tranquillitate animi, II, 4). Genau diesen Zustand nennt Seneca *tranquillitas*, was mit »Seelenruhe« übersetzt werden kann, im Sinne der gegebenen Beschreibung jedoch besser als »Gelassenheit und Frohmut der Seele« zu bezeichnen wäre. Die *tranquillitas* bezieht sich im Unterschied zur Affektfreiheit, wo es einen klaren Bezug zur Außenwelt gibt, auf ein rein innerpsychisches Phänomen, nämlich jenes, welches der Freund Serenus als innere Unruhe beschreibt. Die Voraussetzung für die ausgeglichene und ihrer selbst frohe sowie mutige Seele ist die Übereinstimmung leitender Handlungsorientierungen sowie die innere Übereinstimmung mit sich selbst, die letztendlich auf der Konstanz der Urteile und Entscheidungen beruht, die der Handelnde trifft.

Die *tranquillitas animi* ist ein schon von Cicero, systematisch aber erst von Seneca in den Diskurs der Stoa eingebrachter psychologischer Begriff. Natürlich führt er die Tradition stoischen Denkens fort. Neben dem bereits genannten Bezug zur *euthymia* existiert eine semantische Verwandtschaft zu den Begriffen der *ataraxia* (Unerschütterlichkeit) und der *apathia* (Unempfindlichkeit). Hintergrund für den die gesamte Psyche erfassenden Status der *tranquillitas* ist der im stoischen Denken beheimatete Begriff des *hegemonikon*. Vor allem im Unterschied zu Platon begreifen die Stoiker die menschliche Psyche als eine Einheit. Sie verwerfen die Vorstellung mehrerer antagonistisch agierender oder funktionell unterschiedlicher Seelenteile zugunsten eines einheitlichen psychischen Ganzen – analog zum Kosmos des Naturganzen. Regiert wird die den gesamten Körper durchziehende, vor allem aber im Herzen lokalisierte Seele durch das sogenannte *hegemonikon*. Dabei handelt es sich um ein alle psychischen Prozesse umfassendes Prinzip, das die Seele in ihrer gesamten Tätigkeit lenkt.

Gemäß der Natur des Menschen, wonach so weit als möglich die Vernunft das Handeln des Einzelnen bestimmen sollte, wird auch das *hegemonikon* intellektualistisch gefasst. Dies trifft insbesondere auch dann zu, wenn die Psyche durch eine starke Leidenschaft beherrscht wird. In diesem Fall opponiert nicht ein affektiver Teil gegen den rationalen Teil der Seele. Vielmehr ist auch im Fall der Affizierung der Psyche durch die Leidenschaft das *hegemonikon* die leitende und urteilsbildende Instanz. Allerdings liegt den schädlichen Gefühlsregungen eine nicht zutreffende, unangemessene Einschätzung jener Situation zugrunde, in der sich das vom Affekt getriebene Individuum gerade befindet. Diesem Verständnis der Stoa folgend, begreift auch Seneca die Seele (den *animus* und die *ratio*, die beim Menschen den *animus* beherrscht) als Teil der kosmischen *ratio*. Der *animus* wird einheitlich gefasst, als Wahrnehmung, Überlegung, Wille und Handlungsantrieb in einem (Maurach, 2013, S. 59).

Versucht man vor dem Hintergrund modernen psychologischen Denkens den stoischen Begriff des *hegemonikon* näher zu verstehen, so wäre zunächst festzuhalten, dass die heute geläufige Trennung unterschiedlicher psychischer Funktionen wie dem Denken, dem Fühlen und dem Wollen nach stoischer Auffassung so nicht existiert. Zutreffender wäre vielmehr ein Bild, nach dem es sich bei psychischen Prozessen um umfassende ganzheitliche Vorgänge handelt, die sowohl rationale als auch emotionale Aspekte beinhalten. Kognitive, emotionale und motivationale Prozesse sind demnach nur verschiedene Seiten eines sonst homogenen psychischen Geschehens. Sucht man nach einem Grund für die gewissermaßen monistische Konzeption des Seelischen durch die Stoa, so wäre neben dem Umstand, dass der Mensch als Entsprechung eines zwar strukturierten, im Prinzip aber kohärenten Kosmos gedacht wird, folgendes Argument anzuführen: Die Stoa und in ihrer Gefolgschaft Seneca suchten den Handlungsraum, damit auch die Entscheidungsgewalt und Verantwortlichkeit des Menschen zu maximieren. Egal, was der Mensch aus welchen Gründen tut, er sollte dafür zur Rechenschaft gezogen werden können. Bei einem funktional strukturierten seelischen Haushalt fiele es leicht, sich im Fall einer Handlung aus dem Affekt aus der Verantwortung zu stehlen. Dies will der Stoiker vermeiden. Sofern keine unwillkürliche Körperregung vorliegt, hat der Mensch für sein Handeln Rede und Antwort zu stehen. Dies gilt auch im Fall eines Tuns aus Leidenschaft, denn hier regiert das *hegemonikon* den dem Handeln zugrundeliegenden einheitlichen psychischen Prozess. Im Lauf der Geschichte der Psychologie sind derart monistische Vorstellungen vom Seelischen immer wieder aufgetaucht, man denke beispielsweise an den Personalismus von William Stern. Eine führende Stellung im psychologischen Denken – so hat es den Anschein – haben sie allerdings zu keiner Zeit erhalten. Man wird daraus den Eindruck gewinnen, dass der herrschende psychologische Diskurs bis auf unsere Zeit den Menschen eher nicht als selbstbestimmt Handelnden begreift.

Vita activa und vita contemplativa

Die Frage nach der richtigen Lebensführung wurde in der Philosophie der Antike im Bezug auf idealtypisch unterschiedene Lebensformen behandelt. Durch Aristoteles bekannt ist die Dreiteilung der Lebensformen geworden: nämlich in das Leben, das nach Genuss strebt *(bios apolaustikos)*, das Leben der Praxis (*bios praktikos*, gemeint ist in erster Linie das politische Engagement) und das Leben, das sich der Wissenschaft widmet *(bios theoretikos)*. Durch die Stoa wurde eine vierte Variante ins Spiel gebracht, die *bios logikos* genannt wurde. Sie stellt eine Kombination aus dem *bios theoretikos (vita contemplativa)* und dem *bios praktikos (vita activa)* dar. Ein Leben, das nach Genuss strebt, wäre aus Sicht der Stoa ein verfehltes Leben. Die Synthese aus *vita contemplativa* und *vita activa* wird als kennzeichnend für das Leben des Weisen vorgestellt. Im Unterschied zu Aristoteles, der eine klare Präferenz für die Lebensform, die sich der Wissenschaft widmet, zum Ausdruck bringt, sieht die Stoa auch im Leben der Praxis, dem politischen

Leben, ein wichtiges, für die Weisheit des Menschen konstitutives Betätigungsfeld. Wer sich ausschließlich der *vita contemplativa* widmet, zieht sich aus dem öffentlichen Leben zurück. Dies wollte die Stoa vermeiden, denn gerade in der tätigen Auseinandersetzung mit anderen Menschen zeigt sich, wie weit jemand auf seinem Weg zur Weisheit gelangt ist.

Aus diesem Grund sagt auch Seneca: *Philosophia autem et contemplativa est et activa: spectat simul agitque.* (Die Philosophie aber ist zugleich theoretisch wie praktisch: sie betrachtet und handelt zugleich; Ad Lucilium epistulae morales, 95, 10.) Der Weise beschäftigt sich deshalb nicht allein mit Erkenntnisfragen, er beteiligt sich auch aktiv am gemeinschaftlichen Leben. Begründet wird dies ein weiteres Mal mit der Natur des Menschen, die sowohl zur Aktion als auch zur Kontemplation führt. »Die Natur hat uns zu beidem geschaffen, zum Betrachten wie zum Handeln« (De otio, V, 8). Die Begriffe *vita activa* und *vita contemplativa* werden bei den Stoikern in einem ganz bestimmten wertbezogenen Sinn verwendet (Hadot, 1969, S. 140). Weder geht es darum, in blindem Aktionismus irgendetwas zu tun, noch in der Muße sich völlig aus der Welt zu stehlen. Vielmehr ist das Verhältnis zu prüfen, in dem die jeweilige Lebensform zum *summum bonum* steht. So zeigt sich sowohl im theoretischen als auch im praktischen Leben das Gute oder die Tugend, die allein darüber entscheidet, ob das Leben gelingt.

Politische Beratung

Auch wenn Seneca im Alter – wohl auch aufgrund schwierigster Umstände am kaiserlichen Hof – sich mehr und mehr aus dem öffentlichen Leben zurückzog, um schreibend die Nachwelt an seinen Erfahrungen teilhaben zu lassen (Ad Lucilium epistulae morales, 8), hat er sich Zeit seines Lebens aktiv am öffentlichen Geschehen in unterschiedlichen Rollen beteiligt. Am bekanntesten wurde seine Beratungstätigkeit am Hof des jungen Kaisers Nero, wo er auf einige dessen politischer Entscheidungen mit großer Wahrscheinlichkeit bedeutenden Einfluss nahm. Es entstand in dieser Zeit eine Schrift über die Milde *(De clementia)*, die Seneca an den jungen Kaiser richtete. Wie einen Spiegel, so Seneca, will er ihm vor Augen führen, nicht wie er ist, sondern wie er sein wird, wenn er seine *natura* erreicht haben wird. Seneca lädt den Kaiser ein, in seiner Regierungstätigkeit Milde walten zu lassen, als eine Weise guten Handelns, das um seiner selbst willen geschieht. Auf ähnliche Weise hat Seneca die Wohltaten in seiner Schrift *De beneficiis* zu charakterisieren versucht: Auch Wohltaten erfolgen zweckfrei, sie haben ihren Wert in sich selbst. Sobald man eine Wohltat wie einen Kredit behandelt, zerstört man sie. Seneca trifft auf diese Weise eine klare Unterscheidung zwischen dem Wesen von Transaktionen mit Austauschcharakter und dem Wesen zwischenmenschlicher Beziehungen, die auf gegenseitigem uneigennützigem Wohlwollen beruhen.

Die Milde, die Seneca Nero ans Herz legt, stellt eine Wohltat dar. Gleichzeitig weiß Seneca, welche Folgen entstehen, wenn ein Herrscher mit nahezu unbeschränkter Machtbefugnis sein Handeln am Affekt des Zorns ausrichtet. Aus Wut und Raserei geschehen schreckliche Dinge, die Geschichte ist voller Beispiele davon, wie Seneca in seiner bekannten Schrift *De ira* zeigt. Dem stoischen Grundansatz folgend, wird dort der Zorn als Resultat eines Denkaktes bestimmt. Wut ist *voluntarium animi vitium* (De ira, Buch II, II, 2), eine dem Willen unterliegende Schwäche, da der *animus* keine der *ratio* entsprechende Haltung einnimmt, sondern einem fehlgeleiteten Urteil folgt, das durch Einsicht und Vernunft wieder in die rechte Bahn zurückgeführt werden kann. »Wenn also *ira* von *iudidicum* geleitet ist, kann sie auch durch *iudicium* beendet werden« (Maurach, 2013, S. 86).

Seneca ist allerdings an seiner Aufgabe, Nero das Handeln aus Zorn auszureden und ihn zur Milde anzuhalten, gescheitert. Auch wenn von Historikern betont wird, dass zu der Zeit, in der Seneca Nero beratend zur Seite stand, sich die Grausamkeiten während seines Regimes noch in Maßen hielten, können am Ansatz einer psychohygienisch orientierten Politikberatung Senecas prinzipielle Grenzen aufgezeigt werden. Seneca berät Nero wie seine Freunde im Rahmen einer Anleitung zur psychologisch orientierten Lebenskunst. Diese auf das Individuum zugeschnittene Beratung verkennt allerdings den Systemcharakter von Herrschaft. Hier bleibt Seneca deutlich hinter der Analyseebene zurück, wie sie etwa in der Schrift *Der Staat der Athener* von Aristoteles (oder einem seiner Schüler) knapp 400 Jahre zuvor bereits erreicht war. Es ist von Seneca keine staatstheoretische Schrift überliefert. Es ist auch nicht bekannt, ob er sich jemals Gedanken über die beste Regierungsform gemacht hat. Der psychologische Zugang zum Herrschenden, den Seneca jedenfalls für seine Beratungsintervention gewählt hat, in dem er Nero die Tugend der Milde als Selbstbeherrschung in der Machtausübung nahezubringen versucht hat, weist angesichts der Komplexität staatlichen Regierungshandelns defizitären Charakter auf. Soziale Systeme funktionieren nach eigenen Gesetzen, die Einflussmöglichkeiten des Einzelnen sind begrenzt. Gleichwohl wäre es übertrieben, würde man Seneca und der Stoa einen überzogenen Individualismus vorwerfen. Durch den hohen Rang, den die *vita activa* im stoischen Denken genießt, und durch den in einer ganzen Schrift Senecas sich durchziehenden Hinweis, dass sich das soziale Leben auf zwischenmenschliche Interaktionen stützt, die nicht dem Muster ökonomischer Austauschhandlungen folgen, sondern frei um ihrer selbst willen geschehen, wird deutlich, dass die *conditio humana* sozial verfasst ist. Der Mensch ist von Natur aus ein Wesen in Beziehung, ein Gemeinwesen. Im sozialen Miteinander trifft er auf Halt und Unterstützung, aber auch auf vielerlei Möglichkeiten, aktiv handelnd mit anderen sein Glück zu finden.

Schlussbetrachtung

Wurde durch die Philosophie der Stoa und insbesondere durch das Werk Senecas eine Tradition psychologischen Denkens begründet? Auch wenn es sich um keine Tradition handelt, die den heutigen Mainstream bestimmt, so glaube ich, dass wir diese Frage bejahen sollten. Im Zentrum stoischen Denkens steht der Einzelne auf seiner Suche nach dem Glück. In der Sorge um sein Wohl wird der Mensch als in hohem Maße selbstbestimmt und selbstverantwortlich begriffen. Dies bezieht sich nicht nur auf sein Handeln, sondern auch auf alle Affekte und Leidenschaften. Auf diesem Wege erarbeitet die Stoa eine Psychologie, die ihren Gegenstand, das Psychische, in enger Verbindung zur äußeren Natur des Kosmos sowie zur inneren Natur des Menschen sieht (Sichler, 2017). Die Psyche ist die entscheidende Instanz, die dem Individuum das Glück überhaupt erst ermöglicht. Sie wird als einheitliche kohärente Substanz gedacht, die das Individuum fast vollständig in seiner Ganzheit durchzieht. Denken, Fühlen und Wollen werden nicht unterschiedlichen Seelenfunktionen zugeordnet, sondern stellen zwar unterscheidbare, an sich aber eng miteinander verbundene Facetten ganzheitlicher psychischer Prozesse dar. Diese Konzeption erlaubt es, den Menschen in seiner Autonomie und Responsivität im handelnden Austausch mit der Welt maximal zu stärken.

Ergebnisse aus gegenwärtigen psychologischen Forschungsprogrammen scheinen diese Auffassung des Psychischen eher nicht zu bestätigen. Allerdings bewegen wir uns auf der Ebene psychologischer Diskurse, die durch Resultate der empirischen Wissenschaft meist nur am Rande tangiert werden. Interessanterweise findet man in der psychologischen Praxis eher Bezüge zum stoischen Menschenbild. So hat beispielsweise die kognitive Verhaltenstherapie, insbesondere der Ansatz der rational-emotiven Therapie nach Albert Ellis, auf die Stoa (in der Hauptsache auf Epiktet) Bezug genommen (Hoellen, 1986). Auch der Begriff der Emotionsregulierung und der emotionalen Intelligenz ist durch die Tradition der Stoa mindestens implizit mit geprägt worden, auch wenn es bei näherer Betrachtung ebenso deutliche Unterschiede zwischen diesen modernen Emotionspraktiken und dem stoischen Verständnis der Affekte gibt.

Natürlich sind wir heute zu Recht misstrauisch, wenn wissenschaftliches Denken mit normativen Ansprüchen verbunden wird. Die Stoa bezieht sich auf das Bild des Weisen, ein hohes regulatives, sicher auch diskussionswürdiges Ideal. Auf der anderen Seite weist gerade im Bereich der Psychologie jede Theorie und jedes Forschungsprogramm einen normativen Bezug auf. In der Auseinandersetzung mit Traditionen psychologischen Denkens sehe ich deshalb auch die Chance, die dort immer mitgedachte paradigmatische Auffassung vom Menschen und seinem Bezug zur Welt zu reflektieren. Dies betrifft die Profession der Psychologie in ihrem Kern. Psychologen und Psychologinnen in aller Welt sind im günstigen Fall auf unterschiedlichste Weise an der Herstellung individueller und sozialer Wohlfahrt beteiligt. Es sollte uns nicht gleichgültig sein, welche Vorstellungen von einem gelungenen und guten Leben ihre Tätigkeit leiten.

Literatur

Dietsche, U. (2014). *Strategie und Philosophie bei Seneca*. Berlin: de Gruyter.

Forschner, M. (1995). *Die stoische Ethik* (2. Aufl.). Darmstadt: Wissenschaftliche Buchgesellschaft.

Hadot, I. (1969). *Seneca und die griechisch-römische Tradition der Seelenleitung*. Berlin: de Gruyter.

Hoellen, B. (1986). *Stoizismus und rational-emotive Therapie (RET)*. Pfaffenweiler: Centaurus.

Horn, Ch. (1998). *Antike Lebenskunst. Glück und Moral von Sokrates bis zu den Neuplatonikern*. München: Beck.

Hossenfelder, M. (1995). *Philosophie der Antike. 3. Stoa, Epikureismus und Skepsis* (2. Aufl.). München: Beck.

Maurach, G. (2013). *Seneca. Leben und Werk* (6. Aufl.). Darmstadt: Wissenschaftliche Buchgesellschaft.

Nickel, R. (Hrsg.) (2008). *Stoa und Stoiker. Auswahl der Fragmente und Zeugnisse. Griechisch – Lateinisch – Deutsch*. 2 Bde. Düsseldorf: Artemis & Winkler.

Seneca (1995). *Philosophische Schriften. Lateinisch und Deutsch*. 5 Bde. Darmstadt: Wissenschaftliche Buchgesellschaft.

Sichler, R. (2017). Lebensführung am Leitfaden der Natur: Das Beispiel Seneca. *Psychosozial, 40*(2), 33–47.

Der Autor

Ralph Sichler, geb. 1960, Univ.-Doz. Dr. phil., Dipl.-Psych., Leiter des Instituts für Management und Leadership Development an der Fachhochschule Wiener Neustadt sowie Hochschullehrer für Angewandte Psychologie an der Sigmund Freud PrivatUniversität Wien. Forschungsschwerpunkte: Kulturpsychologie, Arbeits-, Organisations- und Personalpsychologie, Psychologie der Führung, philosophische Grundlagen der Psychologie.

Einsicht und Leidenschaft

Thomas von Aquin über die Gefühle des Menschen[1]

Maximilian Forschner

Thomas schreibt in einem umfangreichen Traktat über die Gefühlsregungen des Menschen *(passiones animae)*. Die Abhandlung umfasst 26 Quaestionen der *Summa theologiae* (I–II, qu. 22–48) und gliedert sich in einen generellen Teil, der die Frage nach dem seelischen Träger, eine Grundunterscheidung und die Frage nach der sittlichen Qualität der Emotionen behandelt (qu. 22–25), und in einen speziellen Teil, der sich mit den einzelnen Emotionen der Liebe, des Hasses, des Verlangens, der Abneigung, der Freude, der Trauer, der Hoffnung, der Verzweiflung, der Furcht, der Kühnheit und des Zorns befasst (qu. 26–48).

Die Emotionen im Allgemeinen

Thomas unterscheidet zunächst verschiedene Bedeutungen von *passio*, jenem Wort, mit dem er das in der aristotelischen und stoischen Affektenlehre verwendete griechische Wort *pathos* übersetzt, und das im deutschen Sprachgebrauch mit verschiedenen (je für sich unzulänglichen) Ausdrücken, mit »Emotion«, mit »Affekt«, mit »Gefühl« und mit »Leidenschaft« wiedergegeben wird.

Im weiten Sinn genommen hat *passio* die Bedeutung von Erleiden. In dieser Bedeutung ist *passio* eine Grundbestimmung jedes endlich-geschöpflichen Seienden: das heißt jedes Seienden, das Potenzialität in sich trägt und durch Einwirkung von außen verändert werden kann; das aus dem Zustand, etwas der Möglichkeit nach zu sein, in den Zustand, es wirklich zu sein, durch die Einwir-

1 Überarbeitete Fassung des Kapitels 4.2 *Die Emotionen* meines Buches *Thomas von Aquin* (Forschner, 2006, S. 67–80).

kung eines ihm Äußerlichen überführt werden kann. *Passio* in diesem weiten Sinn verstanden meint also eine Veränderung eines Seienden, die für dieses Seiende (primär) Widerfahrnischarakter hat.

In einem engeren Sinn will Thomas die Rede von *passio* auf das Erleiden sinnenhaften Lebens bezogen wissen, das aus Leib und Seele zusammengesetzt ist. Von vier Gesichtspunkten aus verleiht Thomas dann diesem engeren Begriff der *passio* ein markanteres Profil:

(a) Dem Sprachgebrauch entspricht es häufiger und besser, unter *passio* ein Erleiden des Sinnenwesens zu verstehen, das von einem seiner natürlichen Verfassung Entgegengesetzten und Schädlichen, nicht von einem Angenehmen und Nützlichen ausgelöst wird und seinen Zustand in bestimmter Hinsicht verschlechtert; denn mit dem Wort *passio* haben wir primär eine Veränderung eines Sinnenwesens von einem natürlichen Zustand in einen naturwidrigen Zustand im Auge. Allerdings trifft dies nicht auf jede Form von *passio* zu.

(b) Zur *passio* gehört, dass, wie gesagt, der wesentliche Ausgangspunkt der Veränderung *außerhalb* liegt, nicht von einem inneren Prinzip herrührt. Der Ausgangspunkt einer *passio* (eines Sinnenwesens) ist also eine Wahrnehmung oder eine physische Einwirkung; er stellt demnach etwas Unwillkürliches dar.

(c) *Passio* bedeutet ferner, dass die Veränderung das *ganze* Lebewesen betrifft, dass Leib und Seele davon betroffen sind.

(d) *Passio* besagt schließlich, dass die von außen initiierte Veränderung heftig ist und intensiv sich auswirkt, dass sie nicht eine kaum merkliche Veränderung für das Subjekt der Veränderung darstellt.

Passiones kommen dem Lebewesen zu, insofern es ein »Kompositum« aus Leib und Seele ist. Die Seele als Form des Leibes hat Passionen, zum einen, insofern Körperveränderungen bestimmter Art (Berührungen, Schläge, Verletzungen, Erkrankungen) in massiver Weise auf die Seele rückwirken; zum anderen, insofern die Seele mittels des Leibes sich äußert, ihre Tätigkeiten ausübt und in dieser Ausübung behindert oder beeinträchtigt wird.

Nach dem Gesichtspunkt dieses zweifachen wirkursächlichen Verhältnisses der Seele zum Körper unterscheidet Thomas körperliche und seelische Passionen. Dabei sind körperliche Passionen solche, die aufseiten des eine Veränderung erleidenden Subjekts vom Körper ausgehen und in der Seele ihre Wirkung und ihr Ziel finden und seelische solche, in denen die Seele durch eine Wahrnehmung oder einen Gedanken eine Erregung bzw. Erschütterung erfährt und von der Seele eine Rückwirkung ausgeht, die zu einer (unwillkürlichen) körperlichen Veränderung führt. Der Ursprung der Passion im Subjekt in dem einen oder in dem anderen Teil des »Kompositums« und die Rückwirkung auf den zweiten Bestandteil ist also der Gesichtspunkt für diese Unterscheidung.

Diese durchaus sinnvolle Unterscheidung hinsichtlich der kausalen Struktur von Passionen sollte allerdings nicht den Blick verstellen dafür, dass Thomas unter *passio* wesentlich ein psychisches Phänomen versteht, das mit einer körperlichen Veränderung *(transmutatio corporalis)* verbunden ist. In seiner Sprache ausgedrückt: Der Form nach ist der Affekt etwas Psychisches, eine Gemütsbewegung, der Materie nach eine körperliche Veränderung. Und die Affekte gehören als psychisches Phänomen nicht primär dem Erkenntnisvermögen, sondern dem sinnlichen Begehrungsvermögen an: dem *Begehrungsvermögen*, weil sie Reaktionen hervorrufen bzw. motivieren, weil durch eine *passio* das Subjekt zu dem hingezogen bzw. hingetrieben wird, was Sache des Handelnden ist (vgl. S. theol. I–II, qu. 22 a. 2 co.); dem *sinnlichen* Begehrungsvermögen, weil eine körperliche (sowohl naturale wie spirituale) Veränderung sich nicht in den Akten des Willens *(appetitus intellectivus)*, sondern nur in denen des sinnlichen Strebens *(appetitus sensitivus)* findet, da sinnliches Streben sich über leibliche Organe vollzieht, Willensakte als rein geistige Akte jedoch nicht (ebd., qu. 22 a. 3 co.).

Nun gliedert Thomas sinnliches Streben in eine Widerstände angehende, überwindende und fliehende *(appetitus irascibilis)* und in eine Gegenstände einfachhin und direkt begehrende, genießende oder erleidende Form *(appetitus concupiscibilis)* (vgl. dazu Brungs, 2002, S. 19–83). In beiden Formen ist das Ziel des Strebens das sinnlich Gute, aber es ist das Ziel unter verschiedener Hinsicht. Im einen Fall ist das Objekt das sinnlich erfahrbare einfachhin Erstrebenswerte oder Meidenswerte, im anderen Fall das Erstrebens- oder Meidenswerte, insofern es mit Schwierigkeiten verbunden ist (vgl. S. theol. I, qu. 81 a. 2 co.). Entsprechend der Gliederung des sinnlichen Strebevermögens in verschiedene Potenzen der einfachhin begehrenden und der »muthaften«, eine Angriffs- oder Fluchtbewegung tragenden Form sind auch die Emotionen beider Formen verschieden. Objekt des Begehrens und Genießens (des *concupiscere*) ist das in der sinnlichen Auffassung als gut Empfundene, also das Lustvolle und Angenehme, Objekt der Aversion und des Schmerzes bzw. Trauerns in diesem Bereich das sinnlich Unlustvolle und Schmerzhafte bzw. der Verlust von Lustvollem. Diejenigen Emotionen also, die direkt und schlechthin auf das Erreichen des sinnlich Guten oder das Vermeiden des sinnlich Schlechten gerichtet sind, spielen im Bereich des Begehrungsvermögens, des *appetitus concupiscibilis*. Den Gegenstand »mutartigen« Strebens hingegen bildet im Bereich der *anima sensitiva* sinnlich Gutes oder

Schlechtes, sofern die Gewinnung oder Vermeidung bzw. Abwehr schwierig oder hart ist und Mühe bereitet.

Während zum Beispiel das seelische Erfasst- und Bewegtsein im sexuellen Verlangen oder in Liebeslust eindeutig *passiones* des konkupiszihlen Strebens darstellen, gehören Regungen der Kühnheit und Furcht, der Hoffnung und Verzweiflung eindeutig der iraszihlen Form sinnlichen Strebens zu. Bei vielen Affekten indessen, die wir im Alltag zu unterscheiden und mit eigenem Namen zu bezeichnen gewohnt sind, ist die Zuordnung zu einer der beiden Potenzen auf den ersten Blick nicht so eindeutig und naheliegend wie in den genannten Fällen. Gleichwohl glaubt Thomas, die Zuordnung in einer stimmigen systematischen Gliederung vollziehen zu können.

In seiner Grundunterscheidung konkupiszibler von iraszihlen Affekten ist Thomas Platon und Aristoteles verpflichtet. Sein Versuch, die Vielzahl unterschiedlicher *passiones* auf vier »Grundaffekte« zurückzuführen, nimmt die nacharistotelischen Systematisierungstendenzen des Hellenismus, speziell die der Stoa auf, die die Vierzahl von Grundaffekten in Ansatz brachte.

Die Stoiker unterschieden, nach dem Aspekt der Attraktion und Aversion (bzw. des als gut oder schlecht Empfundenen) und dem Aspekt der Zeit (d. h. der Gegenwart oder Zukunft des als gut oder schlecht Empfundenen), die Grundaffekte »Lust« *(hedonē)* und »Schmerz« *(lypē)*, »Begierde« *(epithymia)* und »Furcht« *(phobos)*. Thomas unterscheidet ganz ähnlich und nach gleichen Gesichtspunkten die Grundaffekte der »Lust/Freude« *(gaudium)* und des »Schmerzes«/der »Trauer« *(tristitia)*, der »Hoffnung« *(spes)* und der »Furcht« *(timor)* (vgl. S. theol. I–II, qu. 25 a. 4 co.). Und er macht »Lust/Freude« und »Schmerz/Trauer« zu den konkupiszihlen, sowie »Hoffnung« und »Furcht« zu den iraszihlen Grundaffekten. Dabei kommen die beiden Paare nicht beziehungslos nebeneinander zu stehen.

Die *vis irascibilis* ist dem (höheren) Sinnenwesen zur Beseitigung der Hindernisse gegeben, die sich seinem Streben nach Lust, und über dieses nach Selbst- und Arterhaltung entgegenstellen. Deshalb sind die Affekte des »mutartigen« Strebens hingeordnet auf die Affekte des begehrenden Strebens.

Gaudium (Lust, Vergnügen, Freude) und *tristitia* (Trauer, Schmerz, Leid) sind deshalb die grundlegenden und umgreifenden, das gesamte Gefühlsleben beherrschenden Regungen des Seelischen, das sich unmittelbar in leiblichen Veränderungen Ausdruck verschafft. Nicht nur sind sie Gefühlsregungen des sinnlichen Begehrens, wenn dieses gegenwärtiges Gut oder Übel erwartet oder empfindet oder in ihnen »ruht«, sie begleiten auch sinnliches Streben, wenn dieses »in angestrengter Bewegung« zur Vermeidung oder Überwindung von

Übeln im Blick auf ein Gut gerichtet ist; ist doch zukunftsgerichtetes sinnliches Streben seinerseits lustvoll oder schmerzhaft oder eine Mischung von beidem.

Die iraszibļen Emotionen »Furcht« und »Hoffnung« haben auf nachgeordnete Weise Prinzipcharakter, weil in ihnen Bewegungen von Emotionen *auf etwas hin* bzw. *von etwas weg* terminieren: Hinsichtlich des Guten entspringt die iraszible Bewegung in der Liebe, schreitet fort zum Verlangen und endet in der Hoffnung; hinsichtlich des Übels entspringt sie im Hass, schreitet fort zur Abkehr bzw. Fluchtbewegung und endet in der Furcht.

Trotz wichtiger systematischer Anleihen folgt Thomas in seiner Affektenlehre im Wesentlichen nicht der Stoa, sondern Aristoteles (vgl. Ricken, 1976, Kap. IV; Forschner, 1995, Kap. VIII; 2018, 224–244). Für die Stoiker sind Affekte sittlich qualifizierte Regungen, und zwar Gefühlsregungen, die zu ihrem Kern ein falsches Werturteil haben: Etwas (Vergangenes und als solches) Gegenwärtiges oder Erwartetes wird für uneingeschränkt gut oder schlecht gehalten, was es nicht ist. Affekte sind so gesehen *per definitionem* etwas Negatives, etwas genuin Menschliches, und als solches etwas, was zwar nicht *ad hoc*, aber doch prinzipiell in der Hand des Menschen ist. Der stoische Weise hat keine Affekte. Das prinzipiell Unkontrollierbare etwa der leiblichen Lust- oder Schmerzempfindung oder des Erschreckens wird in einen Bereich des Erlebens verwiesen, der das Gefühlsleben des Weisen nicht berührt (vgl. dazu den Beitrag von Sichler in diesem Band).

Thomas hingegen sieht in Emotionen seelische Phänomene verbunden mit leiblichen Bewegungen und Veränderungen, die ihrem Schwerpunkt nach im *appetitus sensitivus* anzusiedeln sind. Da sinnliches Streben Mensch und Tier gemeinsam ist, sind Emotionen etwas, was der Mensch mit den Tieren teilt. Und insofern Emotionen unwillkürliche Bewegungen des Gemüts sind, liegen sie jenseits der (Verantwortung und der) Moral.

Dies ist freilich nur die halbe Wahrheit, wenn man bedenkt, dass nach Thomas die menschliche *Geistseele* in gewisser Weise auch die sinnlichen Kräfte überformt und leitet. Was im Bereich der *anima sensitiva* des Menschen geschieht, ist jedenfalls zum Teil nicht unabhängig von seiner Sprachfähigkeit, von seiner Zustimmung zu Urteilen, von seiner Fähigkeit zu vernunftgeleitetem Streben. Die *passiones animae* sind für Thomas beim Menschen Phänomene, die im Zwischenbereich von Vorsprachlichem und sprachlich Bestimmtem, von Freiheit und Unfreiheit, von animalischer Unschuld und menschlicher Verantwortung anzusiedeln sind. Der Mensch kann sich zu seinen unwillkürlichen Gefühlsregungen verhalten; er kann sie kontrollieren, er kann sie bilden und verbilden; er ist über Selbstformungsprozesse für sie in gewissen Grenzen, allerdings nur in Grenzen verantwortlich.

Auf die Frage, ob in den *passiones animae* moralisch Gutes oder Schlechtes sich finde, antwortet Thomas:

> »[Die] *passiones animae* können zweifach betrachtet werden: einmal für sich, zum andern, insofern sie dem Befehl der Vernunft und des Willens unterliegen. Wenn sie nun für sich betrachtet werden, danach also, dass sie gewisse Bewegungen des nicht-rationalen Strebens sind, dann findet sich in ihnen nichts, was moralisch gut oder schlecht genannt werden könnte; denn dieses hängt von der Vernunft ab [...]. Wenn sie aber betrachtet werden unter der Hinsicht, dass sie der Weisung der Vernunft und des Willens unterliegen, so ist in ihnen moralisch Gutes oder Schlechtes: Denn sinnliches Streben ist der Vernunft selbst und dem Willen näher als die äußeren Glieder. Deren Bewegungen und Akte sind moralisch gut oder schlecht, insofern sie willentlich sind; umso mehr können dann auch die *passiones animae*, insofern sie willentlich sind, moralisch gut oder schlecht genannt werden. Man nennt sie aber willentlich, entweder aufgrund dessen, dass sie vom Willen geboten werden, oder aufgrund dessen, dass sie vom Willen nicht verhindert werden. [...] Es ist also zu [...] sagen, dass diese *passiones animae* für sich betrachtet Menschen und anderen Tieren gemeinsam sind; insofern sie aber ihre Weisung von der Ratio erhalten, sind sie den Menschen eigentümlich« (S. theol. I–II, qu. 24 a. 1 co. u. ad 1).

Das Beispiel der Furcht

Im Folgenden soll anhand des Beispiels der Furcht eine Interpretation der wesentlichen Züge eines Grundaffekts durch Thomas geboten werden. Dies deshalb, weil mir einerseits die Affektenlehre des Thomas einen hohen Aktualitätswert zu besitzen scheint und weil andererseits die Theorie der Furcht (vor dem Tode) im Gebäude seiner Philosophie und Theologie (anders als bei Aristoteles) eine zentrale und selten deutlich genug gesehene Stelle einnimmt.

Für Thomas ist Furcht eine seelische Regung, die der iraszibIen Form sinnlichen Strebens angehört. Furcht als spezieller Affekt besitzt ein spezielles Objekt, unter das alles fällt, wovor wir uns *in concreto* fürchten. Das Wovor der Furcht ist ein vermeintlich nahes, gewichtiges kommendes Übel, dem man nur schwer zu entkommen oder kaum widerstehen zu können meint, ein Übel, das auszuhalten bzw. zu überwinden die Kraft des Fürchtenden zu übersteigen scheint (S. theol. I–II, qu. 41 a. 1 co.: *obiectum timoris est malum futurum difficile, cui resisti non potest*).

Dass es überhaupt so etwas wie Furcht gibt, hat Voraussetzungen. Furcht haben nur Wesen, die etwas (wahrnehmend oder denkend) erstreben, das heißt, die darauf aus sind, etwas zu bewahren oder zu erlangen, und die gleichwohl nicht in der Lage sind, über das Erstrebte in eigener Macht zu verfügen. Und erstrebt wird das, was man mag. Alles Streben gründet in der Zuneigung zu etwas bzw. in der Bejahung von etwas als gut. Mit anderen Worten: Furcht hat zur Basis die Liebe, und zwar die Liebe eines Wesens, das des Objekts seiner Liebe nicht mächtig ist. Thomas zitiert Augustinus: »Wir fürchten nur, dass wir, was wir lieben, sei es als Erlangtes verlieren, sei es als Erhofftes nicht erlangen« (S. theol. I–II, qu. 42 a. 1 obi. 2). Nun ist der Ausgangspunkt allen Strebens die Selbstliebe, will sagen der Sachverhalt, dass ein Lebewesen vorgängig zu allem Erstreben von etwas Bestimmtem in der Welt sein eigenes Sein als etwas Gutes erfährt und empfindet. Die universal beobachtbare Tendenz alles Lebendigen zur Selbsterhaltung (und zur Arterhaltung) gründet in einer fundamentalen Pro-Einstellung alles Lebendigen zum eigenen Dasein, zum artspezifischen Sosein, zur eigenen Species. Fundamental ist diese Pro-Einstellung auch für den Menschen in dem Sinn, als sie vor und unabhängig von aller Überlegung und Entscheidung von Natur in ihm vorhanden und gefühl- und impulshaft am Werk ist. Thomas spricht deshalb von einem natürlichen Verlangen zu sein (*desiderium naturale essendi*, S. theol. I–II, qu. 41 a. 3 co.), mit seiner Ausrichtung auf das Gut des Seins, dem eine natürliche Furcht vor dem natürlichen Übel, der Verletzung und Vernichtung des Seins, dem Zerfall, dem Tod entspricht.

Thomas unterscheidet zwischen einer naturalen Furcht *(timor naturalis)*, die bezogen ist auf die drohende physische Verletzung oder Vernichtung (das *malum corruptivum*) und einer nichtnaturalen Furcht *(timor non naturalis)*, die bezogen ist auf *mala contristativa*. Unter diesen versteht er drohende Übel, die uns Kummer, Sorge, Bedrückung bereiten und die uns schmerzen bzw. traurig machen, wenn sie eingetreten sind (S. theol. I–II, qu. 41 a. 3 co.). Das *malum corruptivum* steht im Gegensatz zum Gut des bloßen Naturstrebens; *mala contristativa* dagegen sind Übel, die dem widersprechen, was wir (aufgrund unserer Sprachfähigkeit) wünschen und wollen (S. theol. I–II, qu. 42 a. 2 co.). Im Unterschied zwischen naturaler und nichtnaturaler Furcht dokumentiert sich also die Differenz zwischen Mensch und Tier. Wovor Menschen sich fürchten und fürchten können, ist ungleich mehr und zum Teil von anderer Art, als was Tieren Furcht erregt. Naturale Furcht ist im biologischen Selbst- und Arterhaltungstrieb sowie in der sinnlichen Wahrnehmung bedrohlicher Objekte bzw. Objektlagen verankert und auf sie beschränkt. Nichtnaturale Furcht bezieht sich auf die vermeinte Bedrohung aller (tatsächlichen oder vermeintlichen) Güter, die der Mensch als sprachfähiges Wesen erstreben, besitzen und verlieren kann.

Menschliche Rationalität wirkt so gesehen furchtsteigernd und furchtvermehrend; aber sie bietet auch Mittel zur Befreiung von Furcht. Nichtnaturale Furcht hängt wesentlich von Meinungen ab, sowohl von Meinungen über das, was tatsächlich drohen mag, als auch über das, was als wertvoll erscheint. Meinungen sind über Vernunft kontrollierbar; und der Wille ist das, was in unserer Hand ist; die nichtnaturale Furcht als Frucht der Rationalität scheint durch die rechte Vernunft auch in gewisser Weise beherrschbar zu sein. Die Frage ist nur, so Thomas, inwieweit das durch die Ratio geweckte sinnliche Empfinden und Streben der Vernunft gehorcht (*inquantum appetitus inferior obedit rationi*, S. theol. I–II, qu. 42 a. 4 co.).

Bei der Beantwortung dieser Frage gilt es nach Thomas zu beachten, dass, erstens, Leiblichkeit und Sinnlichkeit dem Geist gegenüber heterogene und eigendynamische Dimensionen der menschlichen Person sind und vom Geist als Intellekt und Wille nicht völlig absorbiert werden können; dass zum Zweiten in menschlicher Affektivität Leiblichkeit, Sinnlichkeit und Geist ineinander verwoben sind; und dass, drittens, jeder Affekt in seinem Wesen eine Regung des sinnlichen Strebens ist, die auch beim Menschen am unmittelbarsten und stärksten durch sinnliche Wahrnehmung ausgelöst und in Gang gehalten wird (vgl. S. theol. I–II, qu. 41 a. 1 obi. 3).

Die enge Bindung von Emotion und Affekt an Sinnlichkeit und Wahrnehmung hat auch beim Menschen zur Folge, dass ohne »Kultur« der Einbildungskraft Furcht natürlicherweise dem Grad der Abstraktheit der Vorstellung und der zeitlichen Ferne des vorgestellten Übels entsprechend abnimmt und sich verflüchtigt. Deshalb ist etwa das Auftreten von Todesfurcht an die Wahrnehmung bzw. an manifeste Indizien lebensbedrohlicher Umstände gebunden, obgleich wir alle schon verhältnismäßig früh in unserem Leben wissen, dass wir einmal sterben werden. Was weit entfernt zu sein scheint, fürchtet man nicht (vgl. S. theol. I–II, qu. 42 a. 2 co.). Dies hindert nicht, dass wir auch ohne unmittelbare Todesfurcht aufgrund von Gedanken den Tod fliehen, und dass der (wiederholte) Gedanke an den Tod uns traurig stimmt (vgl. Summa contra gentiles = S. c. G. III, 48). Denn der Tod ist nicht nur das *malum corruptivum* ihrer leiblichen Existenz; der Tod bleibt auch untilgbar (in diesem Leben) ein bedrückendes *malum contristativum* der menschlichen Person; dies deshalb, weil die Geistseele des Menschen nach Thomas nicht etwa, wie in platonisch-neuplatonisch-augustinischem Verständnis, die Befreiung von den »Banden« des Leibes ersehnt, sondern nur in der Leiblichkeit ihre artspezifische Erfüllung und Vollendung erreichen kann (vgl. S. c. G. II, 68). Der menschliche Geist will als *forma corporis* natürlicherweise keine Trennung vom Leib (vgl. S. theol. I–II, qu. 41 a. 3 obi. 1) und findet im impliziten oder expliziten Bewusstsein seines unausweichlichen Todes deshalb auch kein vollkommenes Glück in diesem Leben.

Die menschliche Sinnlichkeit ist vom menschlichen Geist geprägt; der menschliche Geist ist auf die Sinnlichkeit verwiesen. Doch wir sind nicht in der Lage, mit unseren Sinnen alles zu tun, was wir wollen. Und umgekehrt agiert und reagiert unsere Sinnlichkeit mitunter schneller und anders als wir wollen.

> »Es kommt aber auch vor, dass eine Bewegung des sinnlichen Strebens auf ein Erfassen der Einbildungskraft oder der Sinne hin unvermittelt plötzlich hervorgerufen wird; dann liegt diese Bewegung außerhalb der Herrschaft der Vernunft, obgleich sie von der Vernunft hätte verhindert werden können, wenn sie sie vorausgesehen hätte. Deshalb sagt Aristoteles in Politik I, 3 Mitte, dass der Verstand dem iraszibilen und konkupisziblen Streben vorsteht, aber nicht in despotischer Herrschaft, die eine Herr-Knecht-Beziehung darstellt, sondern in politischer und königlicher Herrschaft, die sich auf Freie bezieht, die nicht vollständig der Herrschaft unterworfen sind« (S. theol. I–II, qu. 17 a. 7 co.).

Thomas gibt in diesem Passus deutlich zu verstehen, dass der Mensch nicht unbegrenzt Herr seines sinnlichen Fühlens und Strebens ist. Er gibt ferner einen Hinweis, wie diese Herrschaft ausgeweitet werden kann. Er deutet schließlich an, dass Gefühle, also auch Furcht, teleologisch bzw. normativ anthropologisch gesehen ein Eigenrecht besitzen.

Die Furcht, so schreibt Thomas im Zusammenhang der Frage, ob man sich vor künftiger Furcht fürchten könne,

> »ergibt sich teils aus äußerer Ursache, teils unterliegt sie unserem Willen. Sie resultiert aus äußerer Ursache, insofern es sich um eine *passio* handelt, die der unwillkürlichen Vorstellung *(phantasia)* eines drohenden Übels folgt. Und demnach kann jemand Furcht haben vor künftiger Furcht: nämlich dass ihm unausweichliche Furcht drohe wegen des Hereinbrechens eines gewaltigen Übels. Sie unterliegt aber unserem Willen, insofern das niedere Streben dem Willen gehorcht; und von daher kann der Mensch die Furcht vertreiben. In dieser Hinsicht kann man keine Furcht vor künftiger Furcht haben« (S. theol. I–II, qu. 42 a. 4 co.).

Die gewaltige Größe eines Übels oder sein plötzliches Hereinbrechen sind es, die einem Menschen unvermeidlich Furcht bereiten können; nämlich dann, wenn die unvermittelt erfahrene Bedrohung keine gedankliche Verarbeitung der Gefährdung und keine Abschätzung der Möglichkeiten zu seiner Vermeidung oder

Überwindung zulässt. Thomas spricht von der Furcht angsterfüllter Verwunderung *(admiratio)* angesichts eines drohenden Übels, dessen Ausmaß und Ende abzusehen der Verstand eines Menschen nicht zureicht (vgl. S. theol. I–II, qu. 41 a. 4 co.). Er unterscheidet davon die lähmende Furcht des Entsetzens *(stupor)* angesichts eines ungewohnten Übels, das uns plötzlich bedrängt und deshalb in unserer Einschätzung gewaltig erscheint (ebd.). Und er spricht schließlich von der dumpfen, zur Tatenlosigkeit verurteilenden Angst vor Schicksalsschlägen *(agonia)*, die unvorhersehbar über uns hereinbrechen können (ebd.). Diesen zwei bzw. drei Arten von Furcht ist gemeinsam, dass sie (zunächst) den Einsatz der geistigen und der physischen Kräfte zur Erfassung, Abwehr und Bekämpfung des drohenden Übels oder zur Flucht vor ihm lähmen. Dabei gilt für Thomas grundsätzlich, dass durch intensive gedankliche Vorwegnahme des Übels die Furcht vor ihm sich mindern lässt (*ex praemeditatione minuitur timor futuri mali*, S. theol. I–II, qu. 42 a. 5 co.).

Im Rahmen der *conditio humana* ist niemals auszuschließen, dass uns nie Dagewesenes widerfährt. Aber der Kreis des gänzlich Ungewohnten ist durch Erfahrung und Einbildungskraft erheblich zu begrenzen. Und was die Schicksalsschläge angeht, so betrifft ihre Unvorhersehbarkeit das Ob, das Wann und das Wo, nicht aber in gleicher Weise das Was. Denn im Grundsätzlichen ist dem Erfahrenen bekannt, was einen Menschen in seiner leiblichen und seelischen Verfassung an Übel und Leid treffen kann, mögen die Umstände des Lebens noch so sehr variieren und die kausalen Faktoren im Einzelnen undurchschaubar sein.

Es gibt drohende Übel, die, wenn auch mit Schmerzen, dadurch bewältigt werden, dass man sie erfasst und als solche, weil unvermeidlich, hinnimmt. Und es gibt Übel, für die man, wenn man sie kennt, wirksame Abwehr- und Heilmittel bereitstellen kann. Beide Möglichkeiten greifen nicht, wenn das Übel uns plötzlich und unvorbereitet bedrängt.

> »Denn erstens trägt dieser Umstand dazu bei, dass das drohende Übel uns größer erscheint. Alles Leibliche nämlich, ob gut oder übel, erscheint geringer, je mehr es bedacht wird ... Zum zweiten aber trägt der Umstand, dass etwas plötzlich und ungewohnt auftritt, zur Schwäche des sich Fürchtenden bei: insofern es die *remedia* vereitelt, die der Mensch zur Abwehr und Vertreibung künftigen Übels bereitstellen kann« (S. theol. I–II, qu. 42 a. 5 co.).

Gewiss mag ungewollte oder gewollte Unkenntnis drohender Übel Furcht erst gar nicht entstehen und den Menschen relativ sorgenfrei leben lassen. Insofern trifft zu, dass das Übel unter Umständen aufgrund sorgfältiger Erwägung schrecklicher wird (vgl. ebd. ad 3). Aber dies gilt nur vorläufig. Das latente ignorierte bzw. verdrängte Übel gleicht dem Feind im Hinterhalt; seine Macht über uns wird größer und in ihrer Wirkung grauenvoller, je mehr es ihm gelingt, uns über sich und seine Präsenz im Unklaren zu belassen (ebd.). Zudem gilt, dass Furcht auch durch Furcht bewältigt werden kann. So lässt erlebte Todesfurcht bzw. die *praemeditatio mortis* die Furcht vor geringeren Übeln verblassen. Und die Furcht des Menschen vor Gott, »insofern er geistige oder körperliche Strafen zufügen kann«, vermag die Furcht vor der Sanktionsgewalt irdischer Mächte zu schwächen (S. theol. I–II, qu. 42 a. 1 co.). Ohnehin besitzt die Furcht vor gravierenden Übeln, die, wenn eingetreten, irreversibel sind bzw. kaum eine Beseitigung möglich erscheinen lassen, das größte Gewicht (S. theol. I–II, qu. 42 a. 6 co.).

Furcht kann, das bringen die eben genannten Gedanken uns nahe, auch positive Aspekte aufweisen. Zwar sprechen wir von *passio* bzw. Affekt im engeren Sinn nur, wenn die gemeinte Gemütsregung für ihren Träger ein irgendwie negatives Widerfahrnis *(aliquod nocumentum)* darstellt (S. theol. I–II, qu. 41 a. 1 co.). Gleichwohl gehört die nichtrationale Seite menschlichen Fühlens und Strebens unaufhebbar zur menschlichen Person und hat im Rahmen eines spezifisch menschlichen Lebens eine sinnvolle Funktion. Nur im Vernunftrahmen kommt Sinnlichkeit zur vollen Entfaltung und nur über Akte der Sinnlichkeit führt der Mensch ein vernünftiges Leben. Das Eigenrecht der Sinnlichkeit betont Thomas mit der erwähnten Übernahme der aristotelischen Metapher politischer bzw. königlicher Herrschaft des Intellekts über das sinnliche Streben. Gedacht ist an eine Herrschaft nach Art eines Vormunds, der auch im Interesse des Unmündigen tätig ist.

In der Furcht geht es dem Menschen von Natur aus um sein individuelles, artspezifisches Dasein und das Heil der Dinge, die zum unbehinderten Vollzug dieses Daseins gehören (S. theol. I–II, qu. 42 a. 2 ad 3). Aus der Furcht um den Verlust eines Gutes erwächst die wachsam tätige Sorge um seine Erhaltung, wie etwa jener, der seine Gesundheit zu verlieren fürchtet, über die Furcht sie sorgsam behütet (S. theol. I–II, qu. 42 a. 4 obi. 1). Furcht hat also (ganz generell) im Leben von Sinnenwesen ihre sinnvolle Funktion, insofern die Bewahrung der Güter des Lebens wachsam tätige Sorge erfordert. Diese Funktion kann sie natürlich nur erfüllen, wenn sie nicht blinder, die Seele verwirrender Affekt ist, sondern die Aufmerksamkeit bzw. die Vernunfttätigkeit gerade erregt und sich durch die geschärften Sinne bzw. klare Vernunft ihrerseits leiten lässt.

Furcht für sich ist dem Menschen kein guter Ratgeber. Wahr ist, dass alle Emotionen, wenn sie ein gewisses Maß überschreiten, den Menschen in seinem Urteilen und vernünftigen Verhalten beeinträchtigen (S. theol. I–II, qu. 44 a. 2

ad 2). Aber es gehört gerade zu den markanten Wirkungen der Furcht, dass sie uns die Nähe und den Rat der Anderen suchen lässt. Denn einerseits ist es Bestandteil ihrer Struktur, dass man sich von einem großen Übel bedroht sieht, dem man allein nur schwer entrinnen zu können meint. Andererseits ist Furcht ihrem Wesen nach mit einem Rest an Hoffnung verbunden, dass die bedrohliche Lage einen Ausweg kennt. Wer ohne jede Hoffnung ist, fürchtet auch nichts mehr; er empfindet in der Regel Angst, bedrückende Trauer oder ohnmächtige Verzweiflung.

Nicht erst Kierkegaard oder Heidegger, bereits Thomas unterscheidet, seinerseits vor dem Hintergrund einer langen Tradition, zwischen Furcht und Angst. Angst ist nach Thomas eine Form des seelischen Schmerzes, näherhin des inaktiven Traurigseins, der das Herz zusammenschnürenden Bedrängnis, des lähmenden Entsetzens, kurz: eine Beschwerung des Geistes *(aggravatio animi)*: »Der spezifische Effekt der Trauer *(tristitia)* besteht in einer gewissen ›Flucht des Strebens‹ *(fuga appetitus)*. [...] So beschwert die Angst *(anxietas)* derart den Geist, dass [ihr] keine Zuflucht mehr ersichtlich ist; deshalb wird sie mit anderem Namen ›Enge/Bedrängnis *(angustia)*‹ genannt« (S. theol. Ia–II qu. 35 a. 8 co.). Ein Übel, das nahe und unausweichlich erscheint, wird in der Angst als bereits gegenwärtig erlebt. Deshalb, so Thomas (mit Aristoteles, Rhetorik II, 5, 1383 a), haben die, die zur Hinrichtung geführt werden, keine Furcht mehr vor dem Tod. Bezieht Furcht sich doch auf ein nahe bevorstehendes Übel in Verbindung mit einer gewissen Hoffnung, dem Übel zu entrinnen (vgl. S. theol. I–II, qu. 42 a. 2 co.). (Zum Thema Angst im Unterschied zur Furcht bei Thomas vgl. Brungs, 2002, S. 144–176).

Furcht ist ein Zeichen dafür, dass man verletzbar ist und etwas zu verlieren hat. Mit rechter Vernunft verbundene Furcht macht den Menschen aufmerksam und human. Thomas diskutiert diesen Aspekt der Furcht unter der Frage, ob Furcht den Menschen *consiliativus* mache (S. theol. I–II, qu. 44 a. 2). Nun kann ›*consiliativus*‹ sowohl »Rat suchend« als auch »sich gut beratend« bedeuten. Dass Menschen in Furcht den Rat Anderer suchen, liegt auf der Hand. Im Blick auf die Fähigkeit hingegen, sich gut zu beraten, tut weder große Furcht noch irgendeine andere intensive Gemütsregung gut. Denn einem erregten und aufgewühlten Menschen erscheinen die Dinge anders als sie in Wahrheit sind: dem Zornigen ungerechter, dem Verliebten schöner, dem sich Fürchtenden schrecklicher. Der Affekt trübt das Urteilsvermögen; je stärker er ist, umso mehr. Wenn aber die Furcht so stark ist, dass sie den Menschen Rat suchend macht, und so schwach, dass sie seinen Verstand eher erregt als verwirrt, dann trägt sie dazu bei, mit sich und anderen gut zu Rate zu gehen. Das Entsprechende gilt für das

Handeln (vgl. S. theol. I–II, qu. 44 a. 4 co.). Ja, die positive Funktion der Furcht erschöpft sich nicht darin, die Menschen aufmerksamer, kommunikativer, überlegter handeln zu machen. In analoger Weise gilt bereits für (höhere) Tiere, dass Furcht ihre Sinne schärft, die Nähe von Artgenossen suchen und sie vorsichtig agieren lässt.

Angsterfüllte Verwunderung angesichts eines unabsehbar großen Übels *(admiratio)* mag Menschen zunächst sprachlos und handlungsunfähig machen. Sie erschüttert sie jedenfalls in der gedankenlosen Selbstverständlichkeit ihrer Lebensführung und wirft sie auf das Grundsätzliche ihres Daseinsverständnisses zurück. Auf diese Weise kann, wie Thomas meint, durch sie ausgelöste gewaltige Furcht der Beginn des Philosophierens sein. Die fundamentale Erschütterung des Gefühls der *admiratio*, die dem Menschen angesichts eines überwältigenden Gutes oder Übels widerfährt, wird zum Ausgangspunkt radikaler Forschung und Reflexion. Diese kann, wie Thomas meint, zur Gottesliebe führen, die alle Furcht vor Übeln, die Natur, Schicksal und Menschen uns zufügen können, schwächt und erträglich macht (vgl. S. theol. I–II, qu. 42 a. 1 co.; qu. 43 a. 1 ad 1).

Literatur

Brungs, A. (2002). *Metaphysik der Sinnlichkeit. Das System der Passiones Animae bei Thomas von Aquin.* Halle a. d. Saale: Hallescher Verlag.

Forschner, M. (1995). *Die stoische Ethik. Über den Zusammenhang von Natur-, Sprach- und Moralphilosophie im altstoischen System* (2. Aufl.). Darmstadt: Wissenschaftliche Buchgesellschaft.

Forschner, M. (2006). *Thomas von Aquin.* München: Beck.

Forschner, M. (2018). *Die Philosophie der Stoa. Logik, Physik und Ethik.* Darmstadt: Wissenschaftliche Buchgesellschaft.

Pasnau, R. (2002). *Aquinas on Human Nature.* Cambridge: Cambridge University Press.

Ricken, F. (1976). *Der Lustbegriff in der Nikomachischen Ethik des Aristoteles.* Göttingen: Vandenhoeck & Ruprecht.

Torrell, J.-P., O. P. (1998). *La »Somme de théologie« de Saint Thomas d'Aquin.* Fribourg: Éditions Universitaires de Fribourg.

Torrell, J.-P., O. P. (2002). *Initiation à Saint Thomas. Sa personne et son œuvre* (2. Aufl.). Fribourg: Éditions Universitaires de Fribourg.

Der Autor

Maximilian Forschner, geb. 1943, Studienabschlüsse in Katholischer Theologie und in Philosophie. Promotion zum Dr. phil. bei Helmut

Kuhn 1972 an der Ludwig-Maximilians-Universität in München, Habilitation für das Fach Philosophie 1980 an der Friedrich-Alexander-Universität Erlangen-Nürnberg; 1980–1982 Lehrstuhlvertretungen in Heidelberg und Erlangen, 1982–1985 Ordinarius für Philosophie an der Universität Osnabrück/Abteilung Vechta, 1985–2008 Ordinarius für Philosophie an der Universität Erlangen-Nürnberg, seit 2008 Emeritus. Publikationen zur Philosophie der Antike, des Hochmittelalters und der Aufklärung, zur Anthropologie, Ethik, Rechts- und Sozialphilosophie.

Musik und Sprache in der Psychologie Johann Friedrich Herbarts

Methodologische Bemerkungen

Nadia Moro

»Das am meisten Interessante ist dasjenige, was an Unbestimmtheit und Schwankung am meisten leidet.«

Johann Friedrich Herbart

Plädoyer für Herbarts Philosophie

Im Jahr 1876 konnte der Leipziger Mathematiker, Astronom und Philosoph Moritz Wilhelm Drobisch Herbart »als eine[n] der hervorragendsten Philosophen unseres Jahrhunderts« preisen. Herbart habe »sich unvergängliche Verdienste um die *Fortbildung* der Philosophie erworben« und seine gründlichen Untersuchungen und Methoden seien »mustergiltig«. Dass, wie der »klügste ›Schüler‹ Herbarts« (Pettoello, 2000, S. 24) erklärte, Herbarts Resultate »in der überwiegenden Mehrzahl einen bleibenden Werth behalten« (Drobisch, 1876, S. 4), wird jedoch heutzutage den meisten Philosophen und Pädagogen äußerst fragwürdig, vielen Historikern der Philosophie, Psychologie und Pädagogik bloß übertrieben erscheinen: Die Zeiten, in denen »eine Lobrede auf *Herbart*« und »eine Anpreisung seines Systems« überflüssig schienen, sind jedenfalls vergangen (ebd., S. 4).

Drobischs Ansatz war darauf gerichtet, Herbarts »Ehrenplatz [...] in der Entwickelungsgeschichte der neueren Philosophie« dadurch *nachzuweisen*, dass dessen Stellung zu theoretischen sowie ethisch-praktischen Problemen infrage gestellt und neu geprüft wird (ebd., S. 4). Sollen Herbarts Denken und Verdienste heutzutage gewürdigt werden, so wird ein ebenso gründlicher und kritischer Ansatz in der Philosophie-, Psychologie- und Pädagogikgeschichte benötigt.

Auf Herbarts Philosophie und Psychologie aus heutiger Sicht einzugehen, beinhaltet zum einen, ihre produktiven Anstöße für die Auseinandersetzung mit aktuellen Theorien ans Licht zu bringen, und zum andern, die enge Beziehung nachzuweisen, die für ihn zwischen Philosophie und Psychologie in erkenntnistheoretischer Perspektive besteht. Herbart gilt für viele seiner Interpreten als ein Meister des klaren Denkens; ein Philosoph, der methodologische Strenge und Folgerichtigkeit verlangt, um wissenschaftliche Zuverlässigkeit aller Schwärmerei entgegenzusetzen; ein Intellektueller, der sich eingehend und kritisch mit Theorien und Systemen auseinandersetzt, um konstruktiv neue Gedanken zu entwickeln und neu zu philosophieren (SW VII, S. 118)[1]. Herbart ist ein Mensch, der die Wissenschaft, ihre Strenge und Gründlichkeit »für das beste Auge« hält, »was Menschen haben, um ihre Angelegenheiten zu betrachten« (SW II, S. 8).

Doch Strenge und Gründlichkeit hatten ihren Preis: Herbart selbst stellte fest, dass er »während eines vollen Viertel-Jahrhunderts ankämpfend wider Wind und Strom, [...] nur mit äußerster Anstrengung [s]eine Richtung habe behaupten können« (SW V, S. 181). Seine philosophischen und psychologischen Theorien haben zwar im Laufe des langen 19. Jahrhunderts beträchtlichen Einfluss entfaltet: Zu verweisen wäre beispielsweise auf Lotze, Trendelenburg, Lazarus, Steinthal, Cohen, Frege und schließlich Husserl. Aber sein Denken ist dann in Vergessenheit geraten, eine Vernachlässigung, die sich nicht zuletzt der idealistischen Philosophiegeschichtsschreibung und einer einseitigen Betonung des Pädagogen Herbarts verdankte (Pettoello, 1986, S. XIII; Maigné, 2002, S. 51–54; Maigné, 2005, S. 7–8).

Verschiedene Veröffentlichungen zeugen von einem neuerweckten Interesse an Herbarts Philosophie, Psychologie und an einigen technischen Aspekten derselben – wie der Synechologie, das heißt der Theorie des Kontinuums und des intelligiblen Raums (E. C. Banks, W. Ehm) – in wissenschaftstheoretischer Perspektive (V. Matarese) und in Anlehnung an Kant (F. Beiser).

Unter Philosophie versteht Herbart Metaphysik, Psychologie, Naturlehre, allgemeine und angewandte Ästhetik, praktische Philosophie sowie Pädagogik in ihrem engen Zusammenhang. Diesem systematischen Zusammenhang muss jede Lektüre Herbarts Rechnung tragen. Herbart selbst hat wiederholt ausdrücklich klargestellt, dass die Pädagogik von der Philosophie abhängig ist (Bellerate, 1970, S. 226). Zudem besteht für Herbart die Aufgabe der Philosophie darin, Begriffe zu bearbeiten und auf diese Weise der Frage nach den Beziehungen zwischen

1 Im Text wird mit dem Kürzel SW, gefolgt von Band- und Seitenangaben, auf die von Kehrbach und Flügel besorgte Ausgabe der Sämtlichen Werke Herbarts (Herbart 1887–1912) verwiesen.

verschiedenen Theorien, Methoden und Wissenschaften nachzugehen. So lässt sich Philosophie als übergeordnete Disziplin rechtfertigen, also als kritische Begriffsanalyse in Hinblick auf die wissenschaftliche Begründung von Metaphysik, Ästhetik, Psychologie und Pädagogik. Für diese Grundlegung sind zwei Aspekte des Herbart'schen Denkens von besonderer Bedeutung: seine relationale Methodologie und sein funktionalistischer Pluralismus.

Dass Herbarts Pluralismus und Funktionalismus zukunftsweisend und näherer Betrachtung wert sind, stellt man fest, wenn man weniger häufig gelesenen Texten wie der *Allgemeinen Metaphysik*, der *Psychologie als Wissenschaft*, der *Allgemeinen praktischen Philosophie*, seinen Lehrbüchern und der *Kurzen Enzyklopädie*, den *Hauptpunkten der Metaphysik*, den *Gesprächen über das Böse* und der *Analytischen Beleuchtung des Naturrechts und der Moral* etc. mehr Aufmerksamkeit schenkt.

Eine derart umfassende Rekonstruktion Herbarts bringt die Fruchtbarkeit seines Denkens auf der Grundlage textkritischer Vergleichung und systematisch übergreifender Lektüre seiner Texte zutage. Ziel dieser Auseinandersetzungen ist es, nicht bloß exakte historische Rekonstruktionen zu liefern, sondern auch die aktuelle Relevanz von Herbarts System zu diskutieren. Lange Zeit galt Herbarts Metaphysik als veraltete, vorkantische oder gar abstruse Lehre der Substanz (wie z. B. bei O. Liebmann, C. Caselmann, B. Schwenk und zuletzt bei W. Huemer und C. Landerer). Auf der Grundlage einer geschichtsphilosophischen und theoretischen Kontextualisierung wurde insbesondere von Renato Pettoello (1986 u. 1991) der funktionalistische Charakter von Herbarts Metaphysik deutlich hervorgehoben (Pettoello, 2000 u. 2012). Eine solche Lektüre kehrt die tradierte Darstellungsweise um. Dennoch scheinen die metaphysischen Probleme häufig noch »das Ansehn wilder Bestien« zu haben, die es bereits für Herbart zu »zähmen« galt (SW IX, S. 245). Jede produktive Deutung Herbarts müsste seine Philosophie und Psychologie in den Mittelpunkt rücken und sich mit der funktionalistischen Lesart auseinandersetzen.

Eine solche Lesart ist dadurch gekennzeichnet, dass auf die gegenseitige Bestimmung von logisch-gedanklichen und empirisch-gegebenen Momenten in der begrifflichen Bearbeitung und der Konstruktion von Theorien Wert gelegt wird. Als wesentlich erweist sich die Erklärung des Zusammenhangs zwischen Methoden und Gegenständen, Philosophie und Einzelwissenschaften als Beziehungssysteme. Dieser Ansatz geht auf Ernst Cassirers Theorie der Begriffsbildung zurück, in der Begriffe nicht abstrahiert, sondern durch den Prozess der Umbildung bestimmter Formen der Beziehungen im gegliederten System von unterschiedlichen gedanklichen Funktionen geformt werden (Cassirer, 1910, S. 3–34).

Cassirers Sicht stimmt mit Herbart auch in Hinblick auf den damit implizierten Pluralismus überein, da für beide Denker dieser Prozess nicht lediglich in der Wissenschaftsentwicklung, sondern vielfältig in allen Kulturformen und deren Produkten nachweisbar ist.

Es waren eben diese Aspekte, die Herbarts Wirkungsgeschichte in der theoretischen Philosophie positiv bestimmt haben (Maigné, 2007), wie zum Beispiel von Jakob Friedrich Fries, Friedrich Eduard Beneke und dem Mathematiker Bernhard Riemann gezeigt wurde (insbesondere von R. Pettoello und E. Scholz). Darüber hinaus lässt sich die funktionalistische Deutung nicht nur auf Ontologie, Metaphysik im engeren Sinne und Methodologie übertragen (Pettoello, 2000 u. 2001; Matarese, 2015 und Valore, 2008), sondern auch auf deren angewandten Teil, die Psychologie, sowie auf Ästhetik (Maigné, 2002; 2007; Moro, 2012) und praktische Philosophie (Pettoello, 2005).

Auf dem funktionalistischen Verständnis Herbarts aufbauend und Herbarts Anliegen gemäß, beziehe ich mich im Folgenden auf Herbarts Theorien von den Tonverhältnissen und Kategorien, wie sie in erkenntniskritischer Perspektive in der *Psychologie als Wissenschaft* (1824/25) und in den Aufsätzen *Psychologische Bemerkungen zur Tonlehre* aus dem Jahr 1812, *Über die Wichtigkeit der Lehre von den Verhältnissen der Töne, und vom Zeitmaasse, für die gesammte Psychologie*, *Über die Tonlehre* und *Über Kategorien und Konjunktionen* aus den *Psychologischen Untersuchungen* aus den Jahren 1839/40 dargelegt werden. Darin würdigt Herbart die entscheidende Rolle sowohl der Musik und der harmonischen Verhältnisse als auch der Sprache für die gradweise Konstituierung der Gegenständlichkeit in der Wahrnehmung und in der kategorialen Tätigkeit. Auf diesem Wege will Herbart in Kants Sinne unsere Erkenntnisbegriffe einer philosophischen Kritik unterziehen und somit ihre Geltung prüfen. Und er zielt darauf ab, über Kant hinausgehend, den dynamischen Charakter von Formen und Kategorien nachzuweisen. Nur so kann nach Herbart die Möglichkeit der Synthesis dargelegt und das Erkenntnisproblem überhaupt gelöst werden. Es gilt, an Herbarts psychologischer Untersuchung über Tonverhältnisse und Sprache die philosophische Aufgabe der Psychologie aufzuzeigen, um so ihren historischen und systematischen Stellenwert zu rekonstruieren.

Herbart über Kant hinaus: Philosophie und Psychologie

Herbart vertritt eine dynamische Auffassung von Erfahrungsformen, Kategorien und der Synthesis. Eine solche Auffassung ist dazu bestimmt, über Kants statisches Verständnis des Apriori hinauszureichen, die Lehre der Seelenvermögen abzuschaffen und der begrifflichen Entwicklungsfähigkeit im Erkenntnisprozess gerecht zu werden. Erst dadurch werde Kants kritisches Unternehmen konsequent ausgeführt; erst dadurch würden »die Kategorien ihre Bestimmung in dem Erfahrungskreise haben« (SW XI, S. 341).

Hierzu erweist sich die Kritik (im Kantischen Sinne) vorhandener Erkenntnisbegriffe, wie sie in der wissenschaftlichen Praxis Verwendung finden, als wesentlich. Daran setzt die analytische, ja epistemologische Funktion der Philosophie an, die Herbart unter anderem in seiner Definition von Philosophie als »Bearbeitung der Begriffe« zum Ausdruck bringt. Diese Bearbeitung besteht in der gedanklichen Ergänzung der Erfahrung mit dem Zweck der Erkenntnis im theoretisch-wissenschaftlichen sowie im ästhetisch-wertenden Bereich. Anders als bei Kant konvergieren nach Herbart Philosophie und Linguistik in dieser begrifflich-kritischen Analyse: Indem der Ursprung der Begriffe zurückverfolgt wird, wird die geistige Tätigkeit in der Sprache und sprachlichen Handlung[2] wie in einem Spiegel betrachtet. Daher geht Herbart der Frage nach den Kategorien und der Objektivität auch in der Psychologie nach, die er als angewandte Metaphysik versteht.

Damit erlangt die Psychologie bei Herbart eine zentrale epistemologische Bedeutung. Herbarts Psychologie ist eine philosophische Psychologie. Als angewandte Metaphysik kommt ihr die Funktion zu, Erfahrung zu verstehen und mit Bezug auf die normativen Ansprüche der Logik zu berichtigen, damit sie überhaupt Gegenstand des Denkens werden kann. »Metaphysik ist die Wissenschaft der Begreiflichkeit der Erfahrung« (SW VII, S. 132) und bezweckt »eine Construction von Begriffen, welche, wenn sie vollständig wäre, das Reale darstellen würde, wie es dem, was geschieht und erscheint, zum Grunde liegt« (SW VIII, S. 12). Die vielen Konjunktive in dieser Aufgabenformulierung verweisen darauf, dass die begriffliche Arbeit an der Erfahrung nicht ein für alle Mal vollbracht werden kann, sondern sie ist auf den Prozess des Erfahrens selbst angewiesen. Das Reale, das in der Psychologie erklärt wird, besteht in den kognitiven Funktionen, die in der Wahrnehmung, der sprachlichen Handlung und den Erkenntnisvorgängen involviert sind.

2 »Au cours de ce processus de constitution du Moi, l'action joue un rôle très important, le langage n'étant qu'un cas particulier de comportement actif« (Formigari, 1994, S. 183). Herbarts These, »das Sprechen [sei] ursprünglich eine Art des Handelns« (SW VI, S. 154), ist wesentlich für Formigaris Deutung des dynamischen Verhältnisses zwischen Sprache, Denken und Subjektivität.

Für die Untersuchung dieser kognitiven Funktionen wird eine neue Methodologie benötigt, denn um den Stand der Psychologie am Anfang des 19. Jahrhunderts war es aus Herbarts Sicht sehr schlecht bestellt. Daran sei selbst Kant mit seinem kritischen Unternehmen gescheitert. Deswegen nennt Herbart sich einen »Kantianer aus dem Jahr 1828«, weil es seinem Vorgänger an der nötigen Ausrüstung gefehlt habe (vgl. SW V, S. 426): »Ganz ohne mathematisches Werkzeug darf der Wanderer nicht sein« (ebd., S. 231).

Erst die mathematische Begriffsbildung durch die Infinitesimalrechnung ermöglicht die wissenschaftliche Begründung der Psychologie als Teil der Metaphysik, denn erst die Anwendung der Mathematik macht echte Verallgemeinerung, als Bedingung von Wissenschaftlichkeit, möglich. Die herkömmliche Vermögenslehre, auf die sich Kant irrigerweise noch gestützt habe, bietet Herbart zufolge gerade keine Allgemeinheit, sondern lediglich empirisch-deskriptive Verallgemeinerungen, denen kein Erklärungswert zukommen kann. Von der mathematischen Erfassung psychischer Vorgänge hängt nicht nur deren Erklärbarkeit, sondern auch deren Kalkulierbarkeit und Prüfbarkeit ab. So ist Herbart überzeugt, durch die Aufklärung der musikalischen Harmonie seine mathematische Psychologie bestätigen zu können, entsprechen doch seine Formeln den Tonverhältnissen, wie diese mit Gewissheit in der (klassischen) Musiklehre ermittelt worden sind.

Tonverhältnisse stellen zugängliche Sachverhalte dar. Die ersten, einfachen Formeln in Herbarts Psychologie lassen sich (relativ) unproblematisch auf sie anwenden (Moro, 2006). Doch erweist sich Erfahrung, und zwar die »gesamte Erfahrung«, die Herbarts Basis ausmachen soll (SW V, S. 183), als allzu breit, ihre Dimensionen als allzu komplex, um von einem Philosophen allein vollständig durchdrungen werden zu können. Daher schließt Herbart nicht die gesamte Erfahrung, sondern lediglich ein zweites System von zusammenhängenden Tatsachen in seine Analyse ein: »Die Tonlehre dient den ersten Elementen zur Bestätigung«, aber die Richtigkeit von Erklärungen »der Reihenform, der Negation, der Gewissheit und Ungewissheit« wird erst »durch die Sprachlehre« bestätigt (SW XI, S. 288). Die Strukturen der Sprache dienen so einerseits als Erklärungsgrund, andererseits erfüllen sie unabhängig von dieser Erklärungsfunktion auch einen heuristischen Zweck.

Der Ursprung der Formen und die Rechtfertigung der Erkenntnis durch deren genetische und logische Analyse stehen im Mittelpunkt von Herbarts Untersuchung. Die Antwort, die Kant auf die Hauptfrage nach der Möglichkeit gültiger Erkenntnis überhaupt gegeben hatte, und zwar die »Synthesis a priori«, fordert Herbarts Rückfrage heraus: »Kann man das Erkenntnisvermögen kritisieren, wenn man den *Proceß* des Erkennens ganz und gar verkennt?« (SW V, S. 427) Wiederum bringt es die Suche nach einer Antwort mit sich, »dass die Kantischen Kategorien in eine viel weitere Sphäre der Untersuchung müssen versetzt werden« (SW XI, S. 285). Der Schwierigkeit einer solchen Untersuchung wird von Herbart durch die Verbindung analytischer und synthetischer Verfahren begegnet.[3] Dazu benötigt er »Fingerzeige«, oder präziser »ganze Systeme von Thatsachen [...], die man nicht vereinzeln kann«, und innerhalb deren man »die Gedankenbewegung, die von den innern Verbindungen der Vorstellungsmasse abhängt, als ein Object fassen, und vorlegen [kann], als ob es ein stehender Gegenstand wäre« (ebd., S. 286).

Die Reihenform als grundlegende Verbindungsform allen Vorstellens und das »Charakteristische« aller Reihenformen – »das *Zwischen*« – konnte Herbart am Beispiel der psychologischen Analyse der Harmonie erklären (Moro, 2012, S. 83–148). Dank der inneren mathematischen Struktur musikalischer Verhältnisse konnte er die Reproduktionsgesetze, nach denen die Vorstellungsreihen zustande kommen, in Formeln darstellen. Daher konnten musikalische Tatsachen »für die Theorie zu Prüfsteinen dienen« (SW XI, S. 315). Ähnliche Analysen können auf Konsonanten in der Sprache angewendet werden und auf diese Weise lassen sich sprachliche Gesetze psychologisch ermitteln (ebd., S. 287). Untersuchungen über Zusammensetzungen komplexerer Natur (wie sie im Denken stattfinden) und deren Erkenntniswert betreffen aber nicht bloße Reihenformen, sondern vielmehr ihre »Evolution« und mehrfache Reproduktion in das ganze »Gefüge der Vorstellungsmasse« (ebd., S. 285–286). Der Grundbegriff des Zwischen als »der wahre Ursprung aller Reihenformen« (SW VI, S. 104) trägt zur Konstitution nicht nur räumlicher Verhältnisse bei, sondern auch zur Konstitution der »Analoga« des Raumes, »die man bis in die Logik und Sprachlehre hinein verfolgen kann. Jedermann weiss, dass die Präposition[e]n durchgehends auf räumliche und zeitliche Verhältnisse hinweisen« (SW XI, S. 176).

Die Art und Weise, wie Reihenformen konstituiert und miteinander verbunden werden, hängt für Herbart mit der psychischen Mechanik zusammen, über

3 Es sei an dieser Stelle an die unübliche Darstellungsfolge von Herbarts psychologischem Hauptwerk erinnert: Zunächst veröffentlicht er den synthetischen Teil als ersten Band seiner *Psychologie als Wissenschaft*; ein Jahr später folgt der analytische Teil als zweiter Band. Diese Reihenfolge rechtfertigt Herbart mit der Natur und Schwierigkeit des Stoffes, die allerdings die ständige Durchdringung analytischer und synthetischer Untersuchungen methodologisch unerlässlich macht.

die das Erfahren erfolgt. Diese Mechanik kann in ihren einfacheren Verläufen an den Tonverhältnissen mathematisch bestimmt und auf komplexerer Ebene in der Sprache analytisch zurückverfolgt werden.

Musikalische Verhältnisse: Psychologie und Mathematik

Eine »Probe [...] einer bessern Psychologie« soll der knappe Aufsatz *Psychologische Bemerkungen zur Tonlehre* vom Jahr 1812 sein, in dem Herbart – kaum in Königsberg auf Kants Lehrstuhl angekommen – die Ergebnisse jahrelanger Untersuchungen auf der Grundlage seiner bereits entwickelten Metaphysik und Psychologie erklärt. Polemisch wendet sich Herbart gegen seine ästhetisch bewanderten Zeitgenossen und plädiert für »*genau bestimmte ästhetische* Urtheile«, welche »als ein ursprünglich *mannigfaltiges* Wissen« gelten und somit eine »Summe von Prinzipien« zur Begründung einer wissenschaftlichen Ästhetik enthalten. Als die einzige Kunst, »die wirklich ihre Grundregeln kennt« (SW III, S. 116f.), wird die Musik zum vorbildlichen Gegenstand exakter ästhetischer und psychologischer Forschungen.

Bereits in diesem frühen, nicht erschöpfenden Text hat Herbart die Bestätigung der Prinzipien seiner mathematisierten Psychologie anhand von musikalischen Analysen im Blick. Eine psychologische Bestimmung von Intervallgrößen stellt für Herbart ein starkes Argument gegen Kants Annahme apriorischer Formen dar und hat daher vornehmlich eine philosophische Bedeutung. Gegen die Vermögenspsychologie, die Kant vertreten hat, spielt Herbart die »Tonlehre« und deren psychologische Erklärbarkeit aus. Gleichzeitig beabsichtigt er die Aufstellung einer genuin psychologischen Untersuchung musikalischer Verhältnisse, die von der physikalischen Analyse schwingender Körper vollkommen unabhängig ist. Als Bezugspunkt gilt nicht das körperliche Ohr, sondern das »musikalische Ohr« (ebd., S. 108), die »musikalische Phantasie« sowie »*allgemeine* und *nothwendige*, folglich *keinesweges* empirische Regeln« im »Zusammenhang musikalischer Gedanken« (ebd., S. 100f.).

Ausgehend von der eindimensionalen, kontinuierlichen Tonlinie wendet Herbart die vielschichtigen Begrifflichkeiten seiner Psychologie an. Wichtig ist die Analyse des Übergangs »von unendlich kleiner zu völliger Hemmung« (ebd., S. 103): Sie ermöglicht die Ermittlung diskreter Werte der Tonlinie entlang, die den Verhältnissen psychologischer Größen exakt entsprechen. Hier wendet Herbart die in der Metaphysik erarbeitete Methode der Beziehungen auf psychologische Größen und Kräfte an, welche er »Quantum Gleichheit«, »Gegensatz«, »Quantum Nötigung zum Eins-Werden« und »Hemmung« nennt und in Verbindung mit Schwellenformeln berechnet.

Herbart verfährt hypothetisch und nimmt an, dass »die Octave den Punkt der vollen Hemmung bezeichne« (ebd., S. 107). Dieser Satz ist lediglich psychologisch zu lesen und impliziert keineswegs, dass die Oktave harmonisch keine Konsonanz oder Identität zweier Töne sei. Der Bestimmung aller anderen Intervalle folgt die »Erklärung der reinen Akkorde«, die für Herbart als das »interessantest[e] Problem« gilt (ebd., S. 108), das ebenfalls anhand von Rechnung und Brechung von Tönen in Gegensatz- und Gleichheitsteile angegangen wird. Verminderter Dreiklang, Unterschied zwischen Dur und Moll und die Auflösung von Dissonanzen folgen in der Abhandlung und führen zur Betrachtung sukzessiver Töne in den Tonleitern.

Durch die Berechnung des exakten Verhältniswertes der Quinte zum Grundton wird »die Güte der gleichschwebenden Temperatur bestätigt« (ebd., S. 111), die nicht lediglich als »Nothbehelf« gelten kann, sondern der »musikalischen Phantasie« entspricht (ebd., S. 102) und nun eine psychologische Erklärung erlangt. Gleichzeitig soll die gleichschwebende Temperatur der Bestätigung von Herbarts psychologischen Grundsätzen dienen.

Herbarts Ansatz zur psychologischen Untersuchung der Tonverhältnisse ist sowohl von Psychologen als auch von Ästhetikern stark kritisiert worden, nicht zuletzt deswegen, weil die Auffassung der Oktave als volle Hemmung harmonisch gedeutet wurde. Darüber hinaus wurden Herbarts Abhandlungen musikalischen Inhalts allzu oft (mit Ausnahme von Bagier, 1911) nicht, wie Herbart verlangte, »in Verbindung mit der allgemeinen Metaphysik, und mit Zuziehung eines mannifgaltigen Calcüls« (ebd., S. 102) gelesen, wodurch ihre philosophische Komplexität nicht richtig erfasst wurde. Die Bedeutung von Herbarts abschließender »Vergleichung« zwischen Tonlehre und praktischer Philosophie hat später zu Auseinandersetzungen unter Herbartianern (z. B. Zimmermann, 1873; Hostinský, 1883) und zur Gegenüberstellung von abstraktem und konkretem Formalismus in der Ästhetik geführt.

Bemerkenswert ist die Erwähnung von »Versuchen« an Musikinstrumenten (SW III, S. 101) sowie einer »Bestätigung« und »Prüfung« durch die Wahrnehmung (ebd., S. 108). Herbart hat später das Experimentieren mit Menschen aus den Methoden der Psychologie zwar ausgeschlossen (SW IV, S. 304), aber dies kommt offenbar nicht einer schlichten Ablehnung des Experimentierens gleich.

Das Ziel von Herbarts späteren *Psychologische[n] Untersuchungen* aus dem Jahr 1839 besteht in der »Auswahl der Thatsachen« oder, besser, »ganze[r] Systeme von Thatsachen« (SW XI, S. 47f.) zur genauen Erprobung seiner psychologischen Theorie. Es geht noch einmal um Intervalle und Akkorde, aber auch um das Zeitmaß, deren Untersuchung die Unzulänglichkeit rein physikalischer Erklärungen darlegen soll. Doch es ist keineswegs Herbarts Ziel, Ästhetik auf Psychologie zu reduzieren, im Gegenteil besteht sein Anliegen darin, an anerkannten, objektiven ästhetischen Formen die Leistungsfähigkeit seiner Psychologie zu erproben.

In der Vorrede wird Herbarts Anspruch klar, die mathematische Begriffsbildung seiner *Psychologie als Wissenschaft* fortzuentwickeln. Daher ist es nicht überraschend, dass er im Abschnitt *Ueber die Wichtigkeit der Lehre von den Verhältnissen der Töne, und vom Zeitmaasse, für die gesammte Psychologie* Kritik an Kants Auffassung apriorischer Formen und dessen Trennung von Sinnlichkeit und Verstand übt. Herbart setzt konstruktiv eine neue Untersuchung synthetischer Urteile a priori an, wobei er ästhetische Urteile, deren Regeln genau festgestellt sind, als »bleibend geworden[e] Product[e] des menschlichen Vorstellens« ansieht, die der Psychologie einen festen Untersuchungsgegenstand bieten. Als solche gelten das Zeitmaß und »die Zusammenstellungen einfacher Töne« in Intervallen, Akkorden und Tonfolgen (ebd., S. 51f.).

Von Anfang an wird die Frage nach der gleichschwebenden Temperatur und deren Übereinstimmung mit dem »musikalischen Denken« aufgeworfen (ebd., S. 53). Letzteres spielt Herbart gegen den »Empirismus des leiblichen Hörens« sowie gegen die Bevorzugung physikalischer Gegebenheiten, insbesondere der Schwingungsverhältnisse, aus (ebd., S. 54). Diese seien nicht imstande, eine Reihe harmonischer Phänomene (wie das Verbot von Parallelquinten oder den Unterschied zwischen Dur und Moll) zu erklären. Hierfür wird die Psychologie benötigt, welche an der Tonlehre wiederum eine wichtige Bestätigung der Schwellenformel gewinnen soll. In dieser Hauptformel der Psychologie sind diejenigen Kräfteverhältnisse berechnet, welche unter Vorstellungen vorhanden sein müssen, damit zwei stärkere Vorstellungen eine schwächere auf die Bewusstseinsschwelle drängen. An Intervallen, Akkorden und der Auflösung von Dissonanzen bewährt sich die Formel, wie Herbart bereits 1806/1808 in den *Hauptpunkte[n] der Metaphysik* und erneut 1812 behauptet hatte und nun eingehender ausführt. Es folgt eine Erläuterung von psychologischen Begriffen wie Spannung, Hemmung, Reihenbildung und Verschmelzung und deren Anwendung auf das Zeitmaß.

Im Abschnitt *Ueber die Tonlehre* wird der Argumentationsgang quasi mathematisch durch eine Aufeinanderfolge von Tatsachen, Folgerungen, Sätzen, Beweisen, Fragen und Anmerkungen ausgeführt. Wie 1812 geht Herbart vom Tonkontinuum aus und sucht nach Maßstäben innerhalb der Oktaven. Einzelne

Punkte (die Töne) auf der Tonlinie betrachtet er nun so, als besäßen sie »*eine Ausdehnung in die Länge*« (ebd., S. 71), die er geometrisch an einer Reihe von Figuren darstellt und die ihm als Basis für seine begriffliche Analyse dient. Erneut gilt die Oktave psychologisch als das »Intervall des vollkommenen Gegensatzes« (ebd., S. 73), innerhalb dessen alle anderen Intervalle durch die Berechnung psychologischer Größen (wie Gleichheit, Gegensatz, Hemmung und Verschmelzung) abgeleitet und mit physikalischen Bestimmungen verglichen werden. Hierbei »[verwandeln sich] die geometrischen Verhältnisse der Physiker für die Musik in arithmetische« durch Logarithmen (ebd., S. 70). Es steht für Herbart fest, dass musikalisches Denken sowie unmittelbares Empfinden hauptsächlich bleiben, während psychologische Ableitungen und Erklärungen nur insofern »wirklich eins zum andern hinzugedacht, wenn auch nicht leiblich gehört wird«, gelten (ebd., S. 76). Entsprechend führt er alle Fragen nach dem Harmonischen reiner Akkorde sowie nach Dissonanzen auf die zuweilen komplexen Mechanismen der Berechnung von Größen zurück: Es handelt sich um ein methodologisch begründetes Verfahren, das auf Herbarts Metaphysik verweist und wo »dasjenige als abgesondert« dargestellt wird, »was man abgesondert nicht hören kann, aber, *als wäre abgesondert*, denken muss« (ebd., S. 83), um eine konsequente Erklärung herbeizuführen.

Die gleichschwebende Temperatur führt Herbart als Bestätigung seiner Berechnungen an (ebd., S. 53f.) und erklärt sie wiederholt als dem musikalischen Denken angemessen (ebd., S. 77, 87). Doch von psychologischen Gründen, und zwar von der »Verschiedenheit in der Art, den reinen Accord zu bestimmen« (SW XI, S. 88), rührt nach Herbart sogar die Tatsache her, dass »die Musik bey einiger Abweichung von der strengen Reinheit [...] noch verständlich und selbst wohlklingend bleibt« (ebd., S. 88).

Wie die Tonleitern versteht Herbart die Melodie als abhängig von der Harmonie, und zwar so, dass »eine mögliche Folge von Harmonien hinzugedacht werden« muss, um »musikalische Bedeutung« zu erzeugen (ebd., S. 103, 118). In der kurzen Behandlung des Kontrapunkts werden vor allem psychologische Gründe für verbotene Oktaven, Quinten und Terzen gesucht. Der »richtige Vortrag« gilt Herbart zwar als »Bedingung richtiger Auffassung«, wird aber erst für die Gefühle wesentlich, die beim Zuhörer entstehen (ebd., S. 117). Die Analyse der Tonlehre schließt ein Vergleich zwischen Ton- und Farbkontinuum ab, bei dem die qualitative Eigentümlichkeit musikalischer Strukturen wie der Oktave von einer neuen Perspektive aus hervorgehoben wird.

Herbart zieht ausschließlich das tonale Tonsystem und die entsprechende Theorie in Betracht. Im Vergleich zum Aufsatz aus dem Jahr 1812 wird 1839 die mathematische Komponente gestärkt und die Analyse auf die Ergebnisse der *Psychologie als Wissenschaft* gestützt. Insbesondere der Begriff der Verschmelzung ist zentral in Herbarts Psychologie und Musikpsychologie; mit Carl Stumpf beginnend, wurde dieser Begriff jahrzehntelang theoretisch reflektiert und experimentell zur Erklärung von Konsonanz und Dissonanz vielfältig eingesetzt. Damit rückten akustische Phänomene in den Fokus psychologischer und philosophischer Untersuchungen.

1812 und 1839 untersucht Herbart musikalische Strukturen vornehmlich um der Bestätigung mathematisch-psychologischer Formeln seines kognitiven Modells willen. Um sie zu verstehen, dürfen die theoretischen Grundlagen und zuweilen die Technizismen von Herbarts Metaphysik und Psychologie nicht vernachlässigt werden (vgl. Bagier, 1911). Selbst wenn die Formeln kritisierbar sind, ist die Mathematik bei Herbart kein äußerliches Verfahren, sondern erweist sich als ein theoretisches Werkzeug zur Begriffsbildung, wie auch Herbarts Auseinandersetzung im Briefwechsel mit dem Leipziger Mathematiker und Astronomen Moritz Wilhelm Drobisch bezeugt.

Darüber hinaus können Herbarts tonpsychologische Aufsätze zur Deutung seiner ästhetischen Betrachtungen im *Lehrbuch zur Einleitung in die Philosophie* und in der *Kurze[n] Enzyklopädie* herangezogen werden. Die Musiktheorie gilt ihm als Kunstlehre, deren Prinzipien vorbildhaft ausgearbeitet sind. Daher dient sie als Modell nicht bloß für andere Kunstlehren und die praktische Philosophie, sondern auch zur Aufstellung einer allgemeinen wissenschaftlichen Ästhetik, die pluralistisch in der Objektivität ursprünglicher ästhetischer Urteile gründet (Volpicelli, 1985). Musikalische Urteile sind zwar ästhetisch unmittelbar und notwendig und daher gültig; bei Herbart werden sie aber auch psychologisch erklärbar. Dadurch hat sich Herbarts Ansatz tatsächlich für die Entwicklung des Formalismus und einer erfahrungsorientierten Ästhetik als bahnbrechend erwiesen (Blaukopf, 1995).

Denken und Sprechen: Kategorien

Wie Lia Formigari (1994, S. 179–189) und Carole Maigné (2005, S. 153–162) gezeigt haben, misst Herbart der Sprache eine zentrale Rolle in seinem philosophischen System bei: Sprache dient sowohl der kritischen Analyse unserer Erkenntnisbegriffe als auch der gradweisen Konstituierung der Gegenständlichkeit. Beides gilt der Berichtigung und Vollendung von Kants kritischer Philosophie und entspricht Herbarts ureigenem Anliegen. Anhand seiner Untersuchungen über Sprache und Grammatik übt Herbart Kritik an Kants transzendentaler Logik und führt zugleich eine dynamische Auffassung der kategorialen Formen sowie der Synthesis ein. Dieser Aspekt von Herbarts Überlegungen zur Sprache verstärkt die These von Inge und Jürgen Pohl, dass Herbarts »Ausführungen zum Sprachursprung im zeitgeschichtlichen Kontext revolutionär [sind], denn er beschreibt den Menschen als Entwicklungsprodukt der Natur« (Pohl & Pohl, 1997, S. 117).

Nachdem Herbart die Reihenform als die grundlegende Art der Verknüpfung von Vorstellungen eingeführt und mathematisch behandelt hat, geht er auf komplexere Bildungen und deren Entwicklung ein: auf Vorstellungsmassen. Die »Construction einer Vorstellungsmasse« folgt zwar den üblichen psychologischen Gesetzen – zum Beispiel erwähnt Herbart die Hemmung, die aus entgegengesetzten Reihengliedern stammt und in der Erklärung von Harmonie und Zeitmaß eine wesentliche Rolle spielt. Doch bringt sie etliche Schwierigkeiten mit sich. Beispielsweise kommt eine »Gestaltung« in Betracht, bei der mehrere Reihen reproduziert werden, sich mehrfach an verschiedenen Gliedern kreuzen und mehrdimensionale Strukturen entstehen lassen. Eine solche Gestaltung, die am »Evolutionsvermögen« von Vorstellungsreihen teilhat, tauchte bereits in der nicht unproblematischen Erklärung vom Raum als »d[er] einzige[n] völlig ausgearbeitete[n] Reihenform« auf (SW IV, S. 255).

Auf Gestaltung beruft sich Herbart erneut, wenn es darum geht, »das sonderbare Missverhältniss zwischen der Sprache, welche genöthigt ist alle Worte in die *gerade* Linie einer Zeitreihe zu stellen, und der, davon vielfach abweichenden, *innern Construction der Gedanken*« zu erklären (SW XI, S. 297). Sprache beschränkt das Denken, indem sie es ausgestaltet.

> »Gesetzt, die Gedankenfäden, welche durch die Sprache sollen bezeichnet werden, seyen auch geeignet, mehrfach von einem Puncte auszugehn, und in einander zurückzulaufen, ja einander hemmend zu begegnen: so muss die Sprache nicht bloss den Vorrath des Gedachten mit Namen belegen, sondern auch ihre unpassende Form der gerade fortgehenden Zeitreihe verbessern« (ebd., S. 298).

Denn der Gedanke ist für Herbart die Verbindung von Subjekt, Prädikat, Objekt, Nebenbestimmungen und Konjunktionen, die in der Satzform ausgedrückt wird (ebd., S. 309); durch die Reihenfolge der Worte im Satz lässt sich aber die Ordnung der Gedanken nicht erklären (ebd., S. 310).

Aus methodologischer Perspektive ist dies genau der Punkt, an dem die heuristische Funktion der Sprache ansetzt. Herbart konnte seine Lehre der Reihenformen noch auf den Wortbildungsprozess ausdehnen (wie er am Beispielswort ›Hamburg‹ zeigt; ebd., S. 287–297[4]) und dabei systematisch, ja mathematisch vorgehen. Im Übergang vom einzelnen Wort auf ganze Sätze und Perioden stößt er auf die Schwierigkeit, mehrere Dimensionen in der einen Dimension der Wortreihe darzustellen. Dies ist eine Leistung, die das Verhältnis von Sprechen und Denken wesentlich bedingt, aber methodisch erst aus den mannigfachen Produkten der verschiedenen Sprachen regressiv zu rekonstruieren ist. Daher unterbricht Herbart die mathematisch-systematische Behandlung und wendet sich »analytischen Betrachtungen« zu, »welche die Grammatik veranlassen kann, indem sie auf die Formen der Gedankenverknüpfung aufmerksam macht« (ebd., S. 298). Dabei sollte klar sein, dass, dem Kantischen Unternehmen gemäß, Herbart nicht lediglich Formen der Gedankenverknüpfung aufsucht, sondern auch Erkenntnisbegriffe.

Herbarts Aufsatz *Über Kategorien und Konjunktionen* definiert Formigari als »un petit essai qui devait préfigurer le projet d'une grammaire raisonnée construite sur des fondements psychologiques« (Formigari, 1994, S. 187). Diese psychologische Untersuchung bietet eine dynamische Theorie der kognitiven »Functionen unseren Geistes« (SW XI, S. 328) und ist zugleich ein Versuch, die epistemologische Kluft zwischen Aristoteles und Kant zu überbrücken, indem ihre Verfahren gegeneinander ausgespielt werden.

> »In der Sprache liegen die Conjunctionen als Formen der Gedanken-Verknüpfung; in der Sprache suchte Aristoteles die Kategorien als Erkenntnissbegriffe; dem Anschein nach ganz verschiedene Dinge. Allein die Kantischen Kategorien bilden einen Übergang. Erkenntnissbegriffe wollen sie seyn, ähnlich den Aristotelischen; aber auch Formen der Verbindung. Durch die Art, wie sie aufgesucht wurden, stehn sie mit jenen im offenbaren Gegensatze« (SW XI, S. 284).

»Alle Sprachen der Welt [... können] immer nur einen unvollkommenen Ausdruck für die Struktur der Vorstellungsmassen liefern« (ebd., S. 328f.). Doch keineswegs impliziert Herbart hiermit eine Rechtfertigung von Kants Kritik an Aristoteles, dieser habe nichts als eine »Rhapsodie« von Elementarbegriffen »ohne alles Princip« unter dem Namen Kategorien zusammengetragen, die

4 Formigari (1994, S. 186) hebt den innovativen Aspekt von Herbarts Untersuchung zu Sprachlauten und Worbildung hervor: »La mise en évidence de la rétroaction de la vocalité sur la dynamique mentale [...] comporte une réhabilitation de la matérialité du son verbal qui était étrangère aux théories du langage de l'époque.«

»mehr für einen Wink für den künftigen Nachforscher, als für eine regelmäßig ausgeführte Idee gelten« könne (Kant, 1783, S. 192–194). Vielmehr soll Kants Verfahren durch die psychologische Sprachanalyse berichtigt werden. Denn seine »metaphysisch[e] Deduktion«, welche »den Ursprung der Kategorien a priori überhaupt durch ihre völlige Zusammentreffung mit den allgemeinen logischen Functionen des Denkens« dartut (Kant, 1787, S. 153; B 159), basiert für Herbart auf der völligen Verkennung der Reihenform als Grund aller Synthesis. Transzendentale Logik sei ja die unpassendste Benennung für eine »philosophische Untersuchung über den Sprachbau, der das blosse *Aneinanderreihen der Worte* zu verbessern sucht, damit die wahre Configuration der Gedanken zu erkennen sey« (SW XI, S. 329).

Daher setzt sich Herbart mit Konjunktionen auseinander, wie Formigari betont: »En montrant l'irréductibilité des conjonctions aux fonctions logiques de l'intellect, Herbart apporte une objection substantielle contre la logique transcendantale de Kant« (Formigari, 1994, S. 188). Gegen die Starre von Kants Kategorientafel hebt Herbart die charakteristische Verschiedenheit, Unbestimmtheit und Schwankung hervor, die den sprachlichen Tatsachen, insbesondere den Konjunktionen innewohnen. Anders als in der musikalischen Harmonie sind im sprachlichen Periodenbau lediglich Beispiele anzutreffen, denen unmittelbar keine Allgemeinheit zukommt. Hingegen kann man Beispielen »immer noch andre Beyspiele entgegensetzen«. Deswegen »muss die Theorie eintreten, um das Wesentliche vom Zufälligen, das Ursprüngliche von den Umbildungen zu unterscheiden«. Sprachliche Tatsachen sind solche, »die von der Theorie ihre Auseinandersetzung erwarten« (SW XI, S. 315). Diesen wechselseitigen Verweis auf Tatsachen und Theorie oder auf Analysis und Synthesis versteht Herbart nicht als zirkulär, sondern als unerlässliche Methode, Erfahrung durch das Denken zu ergänzen und somit neue gültige Erkenntnis zu erlangen.

Die Theorie, die zur Untersuchung der Sprache beiträgt, ist psychologisch und betrifft die Mechanik und die relative Größe von steigenden und sinkenden Vorstellungen. Wie bereits bei Tonverhältnissen festgestellt wurde, bestimmen die entgegengestellten Prozesse der Verschmelzung und Hemmung immer die Bildung von Reihenformen. Wenn »die Verschmelzung durch irgend einen Umstand erschwert und verzögert wird«, kommt die *logische* Form des Urteils wirklich, *psychologisch* vor (SW VI, S. 126). Dem, was Subjekt, Prädikat und Kopula im logischen Urteil sind, entsprechen psychologisch jeweils eine »zuerst vorhandene Vorstellung, vielleicht schon im Sinken begriffen«, eine steigende Vorstellung und »der Ausdruck derjenigen Veränderung der Gemüthslage, welche sich in der Verschmelzung ereignet« (ebd., S. 126). Während die Logik das

Gedachte untersucht, ist »der Lauf des Denkens« ein psychologisches Problem (ebd., S. 125).

Der Vorstellungslauf ist nach Herbart zwar mechanisch, aber nicht deswegen passiv. Er beinhaltet bestimmte, regelmäßige Verhältnisse.[5] Denn

> »das Sprechen ist eine *Arbeit*. Wie diese von einer Vorstellungsmasse abhängt, in welcher der Begriff des Zweckes herrscht und beharrt, während die Vorstellungen der successiv anzuwendenden Mittel in einer bestimmten Folge ablaufen: so auch muß der ganze auszusprechende Gedanke dem Sprechenden beständig vorschweben, doch so, daß die hineingehörigen Theilvorstellungen [...] sich in einer regelmäßigen Succession entwickeln. Dies muß mannigfaltigen Einfluß auf die Gedanken selbst haben. [...] Gerade so, wie überhaupt jede Arbeit dadurch in einen regelmäßig fortlaufenden Zug gebracht wird, daß in jedem Augenblick das Schon-Vollführte unterschieden wird von dem noch zu Vollbringenden« (ebd., S. 154–155).

Nach Herbart ist »die ganze Bewegung der Vorstellungen [...] nur ein Schwanken mit geringem Übergewicht der einen über der andern« (SW XI, S. 317). Daraus ergibt sich ein Grund dafür, dass zum Beispiel die »Grenzbestimmung« zwischen verschiedenen Konjunktionen eher »disputabel« – und müßig – ist (ebd., S. 315). Herbart kombiniert die analytische Auseinandersetzung mit der Verwendung von Konjunktionen in ausgewählten mehrsprachlichen Beispielen mit der Vergleichung von Konjunktionen im Griechischen, Lateinischen und Deutschen. Er stellt schließlich fest: »Die Sprachen unterscheiden sich mehr durch häufigern oder seltern Gebrauch, als durch die Bedeutung der Worte«

5 »In dem Augenblick des Aussprechens hebt sich die Vorstellung gerade dessen, was eben jetzt ausgesprochen wird, zu einer Höhe im Bewußtseyn, auf der sie allein steht, indem sie für diesen Augenblick allem Übrigen den Zugang zum Worte versperrt. Auf dieser Höhe kann sie sich nicht nur nicht halten, sondern sie sinkt auch unfehlbar um so tiefer zurück, je mehr Gewalt sie gegen die übrigen Vorstellungen ausgeübt, oder je mehr sie nach unserm gewohnten Ausdrucke, dieselben in Spannung gesetzt hat. Nach ihr erhebt sich die jetzt am meisten gespannte, oder durch den herrschenden Hauptgedanken hervorgetriebene, nun um so freyer, da das vorige Steigen jener, sie nicht mehr hindert. So kommt nach und nach an alle die Reihe, ausgesprochen zu werden. Und die ganze Reihe wird Gegenstand der innern Wahrnehmung, indem die ausgesprochenen Worte und der Sinn, den sie als Worte geben können, gleichsam wieder aufgefangen wird von der nämlichen Vorstellungsmasse, welche in diesen Worten, passender oder unpassender, vollständiger oder unvollständiger, ihren Ausdruck gefunden hat« (SW VI, S. 155).

(ebd., S. 307). Diese Betonung des »mehr oder weniger« ist typisch für Herbarts Psychologie. Sie hängt mit der mathematischen Begriffsbildung zusammen, weil gerade die Infinitesimalrechnung als Methode eingesetzt wird, um die veränderlichen Verhältnisse zwischen Vorstellungen auszudrücken. Darüber hinaus lässt sich die Untersuchung des mehr oder weniger im Vorstellungslauf auf eine funktionalistische Auffassung der geistigen Leistungen zurückführen, mit der psychische Prozesse wesentlich als Variationen und Wechselwirkungen verstanden werden. Hierin liegt ein wichtiger Beitrag Herbarts zur Philosophie und Psychologie seiner Zeit.

Herbart geht auch auf Kants Verweis auf die Urteilsform (als »Einheit, worin sich das Prädikat dem Subjecte anfügt«) ein und deutet die Verschiedenheit der Funktionen des Denkens nach Quantität, Qualität, Relation und Modalität sprachlich und psychologisch aus, um die Kategorienlehre überhaupt zu erweitern. Als wichtigste Funktionen unseres Geistes nennt Herbart das Bejahen, Verneinen, Entscheiden, Bedingen und Annehmen (ebd., S. 328), wobei er gegen Kant behauptet, dass in der Psychologie kein »Anspruch auf Vollständigkeit« in Bezug auf die Kategorien bestehen kann (ebd., S. 327). Kategorien seien vielmehr an vielerlei Faktoren gebunden, nicht zuletzt an bestimmte Sprachen.

Doch, anders als Friedrich Adolf Trendelenburg annahm, kommt »der Standpunkt der Kategorienlehre« bei Herbart nicht bloß »zu einer untergeordneten Bedeutung« (Trendelenburg, 1846, S. 349). Der Umstand, dass Herbart Erfahrungsbegriffe und deren Erfahrungsgebrauch psychologisch durch die Mechanismen der Verschmelzung und Hemmung, der Reihenbildung und Gestaltung erklärt, impliziert nicht, dass die (Kantische) Bestimmung der Kategorien als Erkenntnisbegriffe aufgehoben sei. Denn erstens verweist Herbart auf die allgemeine Metaphysik und die methodologisch geleitete Überschreitung (oder Ergänzung) des Gegebenen im Erfahrungsgebrauch, um die Gültigkeit der Kategorien zu begründen. In dieser Hinsicht ist die allgemeine Metaphysik wiederum eine notwendige Grundlage für die Psychologie als Wissenschaft – als angewandte Metaphysik – und für die Aufstellung psychologischer Erklärungen. Zweitens versteht Herbart die metaphysisch, mathematisch und erfahrungsgemäß fundierte Psychologie als Kritik wirklicher Erkenntnisprozesse. Psychologie ist dazu bestimmt, die Vorstellungsmechanik zu beschreiben, um sie besser durch logische, gedankliche Ergänzungen zur Bearbeitung gültiger Begriffe leiten zu können.

Musik und Sprache sind für Herbart Gegenstände, die die Reform von Kants transzendentaler Ästhetik und Analytik erforderlich machen. Neben Raum und Zeit bestehen nämlich die Formen der Harmonie, welche in der ästhetischen Erfahrung unmittelbar beurteilt werden und doch psychologisch erklärbar sind. Die

Kategorien werden im Laufe der Erfahrung und des sprachlichen Handelns entwickelt. In Musik und Sprache weist Herbart die Untrennbarkeit von Wahrnehmung und Urteil nach; ihre Analyse dient der Widerlegung der scharfen Kantischen Trennung zwischen Sinnlichkeit und Verstand. Methodisch betrachtet, haben Musik und Sprache aber unterschiedliche Funktionen innerhalb von Herbarts Psychologie. An den harmonischen Verhältnissen, deren Geltung durch Ästhetik und Musiktheorie gewährleistet ist, werden die einfacheren mathematischen Formeln der Mechanik des Geistes bestätigt. Der Sprache kommt hingegen eine heuristische Funktion zu, die die Weiterentwicklung der Psychologie als Wissenschaft ermöglichen soll. Schließlich trägt die sprachliche Analyse gleichzeitig zur Ausarbeitung einer strengen Philosophie bei, die zugleich der Mannigfaltigkeit und Wechselhaftigkeit des Gegebenen gerecht wird. Denn Herbarts psychologische Theorien von Harmonie und Sprache sind vor allem ein philosophischer Versuch, das Zustandekommen und Werden der Erfahrung im Handeln ideell – das heißt durch theoretische Fiktionen und Konstruktionen wie den mathematischen Aufbau der Vorstellungsdynamik – zu ergänzen.

Literatur

Bagier, G. (1911). *Herbart und die Musik mit besonderer Berücksichtigung der Beziehungen zur Ästhetik und Psychologie.* Langensalza: Beyer.

Bellerate, B. M. (1970). *La pedagogia in J. F. Herbart. Studio storico-introduttivo.* Roma: Università Salesiana.

Blaukopf, K. (1995). *Pioniere empiristischer Musikforschung. Österreich und Böhmen als Wiege der modernen Kunstsoziologie.* Wien: Hölder-Pichler-Tempsky.

Cassirer, E. (1910). *Substanzbegriff und Funktionsbegriff. Untersuchungen über die Grundfragen der Erkenntniskritik.* Berlin: Cassirer.

Drobisch, M. W. (1876). *Über die Fortbildung der Philosophie durch Herbart. Akademische Vorlesung zur Mitfeier seines hundertjährigen Geburtstags gehalten zu Leipzig am 4. Mai 1876.* Leipzig: Voss.

Formigari, L. (1994). *La sémiotique empiriste face au Kantisme. Trad. par M. Anquetil.* Liège: Mardaga.

Herbart, J. F. (1887–1912). *Sämtliche Werke. In chronologischer Reihenfolge.* Hrsg. von K. Kehrbach & O. Flügel. 19 Bde. Langensalza: Beyer.

Hostinský, O. (1883). *Uiber [sic] die Bedeutung der praktischen Ideen Herbart's fuir [sic] die allgemeine Aesthetik.* Prag: Řivnáč.

Kant, I. (1783). *Prolegomena zu einer jeden künftigen Metaphysik, die als Wissenschaft wird auftreten können.* Riga: Hartknoch. Wiederabdruck in I. Kant, *Werke in sechs Bänden.* Hrsg. von W. Weischedel, Bd. III. Darmstadt: Wissenschaftliche Buchgesellschaft, 1983.

Kant, I. (1787). *Critik der reinen Vernunft.* Zweyte hin und wieder verbesserte Auflage. Riga: Hartknoch. Wiederabdruck in I. Kant, *Werke in sechs Bänden.* Hrsg. von W. Weischedel. Bd. II. Darmstadt: Wissenschaftliche Buchgesellschaft, 1983.

Maigné, C. (2002). J. F. Herbart. Pédagogie humaniste et critique du sujet. *Le Télémaque, 21*, 51–64.

Maigné, C. (2005). Le réalisme rigoureux de J.-F. Herbart. In J. F. Herbart, *Les points principaux de la métaphysique* (S. 7–162). Paris: Vrin.

Maigné, C. (2007). *Johann Friedrich Herbart.* Paris: Belin.

Matarese, V. (2015). A structuralist perspective on the problem of objecthood: Herbart's realism without object. *Methode. Analytic Perspectives, 3*, 167–183.

Moro, N. (2006). *Der musikalische Herbart. Harmonie und Kontrapunkt als Gegenstände der Psychologie und der Ästhetik.* Würzburg: Königshausen & Neumann.

Moro, N. (2012). *Estetica trascendentale in musica. La psicologia del suono di J. F. Herbart e C. Stumpf.* Milano: Mimesis.

Pettoello, R. (1986). *Idealismo e realismo. La formazione filosofica di J. F. Herbart.* Firenze: La Nuova Italia.

Pettoello, R. (1991). Herbart, Schelling und Fichte. Eine Auseinandersetzung. In E. E. Geißler (Hrsg.), *Johann Friedrich Herbart. »Der beste Pädagoge unter den Philosophen und der beste Philosoph unter den Pädagogen«* (S. 57–76). Bonn: Universität Bonn.

Pettoello, R. (2000). Scatole quadrangolari e recipienti vuoti. Genesi psicologica delle categorie e forme dell'esperienza nella critica di Herbart a Kant. *Rivista di storia della filosofia, 55*, 5–25.

Pettoello, R. (2001). L'objet et ses limites: réalité et infinitésimal chez J. F. Herbart. *Cahiers de Philosophie de l'Université de Caen, 36*, 11–30.

Pettoello, R. (2002). La realtà dell'apparenza e i modi di dire l'essere. Il realismo senza oggetto di J. F. Herbart. In S. Poggi (Hrsg.), *Le leggi del pensiero tra logica, ontologia e psicologia. Il dibattito austro-tedesco, 1830–1930* (S. 35–64). Milano: Unicopli.

Pettoello, R. (2005). Il formalismo dell'etica di Herbart. In G. Giordano (Hrsg.), *Filosofia ed etica. Studi in onore di G. Cotroneo* (S. 367–382). Soveria Mannelli: Rubbettino.

Pettoello, R. (2012). Una ginnastica dello spirito. In ders. (Hrsg.), *J. F. Herbart. Punti principali della metafisica* (S. 7–36). Milano: Mimesis.

Pohl, I. & Pohl, J. (1997). J. F. Herbart beim Wort genommen. *Germanistisches Jahrbuch Ostrava/Erfurt, 2*, 117–132.

Trendelenburg, F. A. (1846). *Geschichte der Kategorienlehre. Zwei Abhandlungen.* Berlin: Bethge.

Valore, P. (2008). *La struttura logico-analitica dell'ontologia herbartiana.* Milano: CUSL.

Volpicelli, I. (1985). *J. F. Herbart e l'estetica.* Milano: Marzorati.

Zimmermann, R. (1873). *Über den Einfluss der Tonlehre auf Herbart's Philosophie.* Wien: Gerold.

Die Autorin

Nadia Moro, geb. 1981, Studium der Philosophie an der Università degli Studi di Milano und an der Carl-von-Ossietzy Universität Oldenburg; 2009 Promotion mit einer Dissertation über Philosophie und Psychologie bei Johann Friedrich Herbart und Carl Stumpf; seit 2014 Assistant Professor of Philosophy an der National Research University Higher School of Economics in Moskau. Forschungsschwerpunkte: Fragen des Realismus, der Erfahrung und Erkennbarkeit in der Nachkantischen Philosophie.

Ernst Heinrich Weber in der Kultur seiner Zeit

Horst-Peter Brauns

Diese Studie zielt in erster Linie darauf ab, mit einem Kulturbegriff einen Geltungsanspruch zu verbinden. Angesichts der in kulturpsychologischen Untersuchungen häufig betonten Bedeutungsvielfalt des Wortes Kultur gewiss ein gewagtes, aber – wie mir scheint – durchaus auch ein zu wagendes Unternehmen. Es sieht vor, von einem explizierten Kulturbegriff des 19. Jahrhunderts auszugehen, eine mit ihm kompatible kulturpsychologische Konzeption heranzuziehen und auf einen zeitgenössischen Referenten anzuwenden. Dieses Verfahren, mit dem durch Individualisierung die Geltungsbegründung kulturpsychologischer Aussagen erreicht wird, lässt sich in weiteren, begriffsgeschichtlich fundierten Studien bis in die Gegenwart hinein bezüglich seiner Tragfähigkeit befragen.

Zum Begriff der Kultur um 1800

Semantische Erläuterungen des Wortes Kultur im frühen 19. Jahrhundert stehen zumeist in einer Traditionslinie mit jener Stelle in Ciceros *Gespräche[n] in Tusculum*, an der »cultura« im Sinne von Bebauung, Anbau, Pflege humanpsychologisch übertragen wird: »Wie ein Acker, auch wenn er fruchtbar ist, ohne Pflege [sine cultura] keine Frucht tragen kann, so auch die Seele ohne Belehrung. Jedes ist ohne das andere wirkungslos. Pflege der Seele ist aber die Philosophie [cultura autem animi philosophia est]« (Cicero, 1984, S. 125). Halten wir ein psychologisch-pädagogisches, interaktiv-kausales und prozessuales Bedeutungsmoment fest, so treffen wir darauf auch bei Kant, ergänzt durch pflichtgemäße moralische Zweckbestimmung mit gesellschaftlichem Bezug: Ein Kulturträger vollzieht den »Anbau seiner Naturkräfte (Geistes-, Seelen- und Leibeskräfte)«.

Sie dienen ihm »als Mittel zu allerlei möglichen Zwecken«, geleitet von der »Pflicht [...] gegen sich selbst«, zugleich dem »Gebot der moralisch-praktischen Vernunft« folgend, »seine Vermögen anzubauen«. Dabei »begreift [Kultur] unter sich die Belehrung und Unterweisung« und verwirklicht dadurch den »gesellschaftlichen Wert des Menschen« (Kant, 1798, S. 580ff.).

Während Lossius (1803, S. 75) zusammenfassend in Kultur »Anbauung oder Bildung« von Talenten nach Regeln bzw. »Erhöhung, Veredlung und überhaupt Vervollkommnung der Kräfte«, auch moralischer, erkennt, differenziert Krug (1827, S. 305ff.) den Kulturbegriff aus. Vor dem Hintergrund der traditionellen Bedeutungsmomente »Bebauung oder Bearbeitung des Bodens« sowie »Entwickelung oder Ausbildung des innern und äußeren Menschen (Cultur des Geistes und des Körpers)« fügt der Nachfolger Kants das Bestimmungsstück der Bildung von Anlagen »um sein eigner Bildner zu werden« hinzu. Ohne die körperliche Komponente zu vernachlässigen, ist diese Form von Autonomie humanspezifisch zu verwirklichen durch Verstandes-, Herzens- und Geschmacksbildung. Wird die dementsprechende »intellectuale [...], moralische [... und] ästhetische Cultur« erreicht, entsteht das Desiderat, eine harmonische Verbindung innerhalb der Trias herzustellen. All dieses Geschehen basiert auf einer »Bildungskraft«, dem »Streben« bzw. dem »Trieb« des menschlichen Geistes nach seiner Bildung, wobei er sich im Verlaufe dieser Tätigkeit selbst verstärkt. Seitens der Gesellschaft steht funktional dafür die Einrichtung der »Bildungsanstalt« bereit. Ihr obliegt die Pflicht, den Jugendlichen »ebenmäßig« so zu fördern, dass er befähigt wird, als Erwachsener »fortwährend sein eigner Bildner in demselben Ebenmaße zu werden«, woraus Bildungsstufen oder »Grade der Cultur« sowie »Arten der Cultur« oder Bildungskreise resultieren. Konkrete Beispiele dafür gibt Krug nicht. Das wollen wir an späterer Stelle nachholen. Jedoch legt Krug terminologisch fest, die beiden Ausdrücke »Cultur« und »Bildung« »gleichgeltend« zu gebrauchen. Zu dieser Kulturkonzeption anzumerken ist schließlich ihre Gegenstellung zum Rousseau'schen Ansatz, der Kultur konträr als schädliche Abweichung von einer glücklichen natürlichen Bestimmung des Menschen auffasst und Alternativen dazu weitestgehend abwertet.

Aus Krugs Explikation zusammenfassend hervorzuheben verbleibt somit der entwicklungspsychologische Aspekt, der das psychologisch-pädagogische Bedeutungsmoment ergänzt, die Einführung des individualisierenden Agens einer sich selbst verstärkenden und zunehmend autonom verselbstständigenden Bildungskraft, das molare Konzept der Harmonisierung neben der den gesellschaftlichen Bezug konkretisierenden Einrichtung der Bildungsanstalt.

Zur kulturpsychologischen Konzeption Jakobs

Die begriffsgeschichtlich nachhaltig hervortretende implizite Psychologisierung des Kulturverständnisses wird im ausgehenden 18. Jahrhundert von einer expliziten Aufnahme in die Systematik der Empirischen Psychologie begleitet, wo es inhaltliche Vertiefung erfährt. »Von der künstlichen Bildung oder Cultur des Menschen« schreibt Jakob (1795, S. 389ff.), der mit der zweiten Auflage seines Buches *Grundriss der Erfahrungs-Seelenlehre* gegenüber der ersten von 1791 einem »ganz neuen Plane« folgt. Danach zerfällt das Gesamtgebiet der Seelenlehre in die beiden ungleichen Teilbereiche »Physiologie des menschlichen Geistes« und »Pathologie des menschlichen Geistes«, wobei in erstere unter anderem die aus Complexion, Naturell, Temperament und Charakter bestehenden natürlichen menschlichen »Eigenschaften und Kräfte« gehören (ebd., S. 381). Diese für alle Menschen gleiche Grundausstattung manifestiert sich in graduellen und verhältnismäßigen Unterschieden, jedoch »haben auch die äußern Dinge und Verhältnisse einen großen Einfluß auf Bestimmung und Bildung der Menschen«, welche ihrerseits »Verschiedenheit [...] hervorbringen« (ebd., S. 386). Hinzukommt als weiterer Faktor der Wille mit seinem »großen Einfluß [...] auf alle Kräfte des Menschen«, sodass dieser »durch sich selbst, als auch durch andere nach gewissen Zwecken gebildet oder cultivirt werden [kann], indem die Kräfte nach gewissen Zwecken eingerichtet und gewöhnt oder vervollkommnet werden« (ebd., S. 389). Höchster Zweck sowohl für den Einzelnen als auch für Erziehung im Ganzen ist Moralität, worauf »die ganze Cultur angelegt werden« muss (ebd., S. 390). Angesichts der vier natürlichen Grundkräfte keine leichte Aufgabe, sodass sich »die Erziehungskunst [...] als eine sehr schwere Kunst« erweist, der indes eine Reihe von einschlägigen »pädagogischen Schriften« zu Hilfe kommt (ebd.).

Unsere bisherige Darlegung von Jakobs kulturpsychologischer Konzeption folgte drei Auflagen seines weit verbreiteten *Grundriß der Erfahrungs-Seelenlehre* der Jahre 1791 bis 1810 (Jakob, 1791, 1795, 1810). Zu diesem vor allem für die universitäre Lehre verfassten Werk hat Jakob in St. Petersburg 1814 in seiner Eigenschaft als »russisch-kaiserlicher Collegienrath« die Resultate seiner »Lectüre und [...] eignen Nachdenkens über Psychologie, so wie [...] sie zwanzig und mehrere Jahre hintereinander in Vorlesungen in Halle« von ihm vertreten wurden, in einem »Commentar dem Publico« übergeben (Jakob, 1814, S. 8). Die dort für uns vorfindbaren Ergänzungen seien wie folgt zusammengefasst: Als zentrale Prämisse des Abschnittes »Von der Cultur des Menschen« wird sein gesellschaftliches Eingebundensein vorausgesetzt. Er »kann nur in Gesellschaft gedeihen. Bedarf schon seine Erhaltung einer geselligen Verbindung, so ist seine Vervollkommnung ohne

Gesellschaft gar nicht möglich«, das heißt, allenfalls in »einem Gemeinwesen oder Staate« realisierbar. Der Staat wiederum übt – sozusagen als gesonderte globale Einheit – in engeren oder entfernteren Zusammenhängen zahlreiche Einflüsse aus. Zum Beispiel dadurch, »wie er das rechtliche Verhältniß der Bürger nebeneinander bestimmt«, die »Grundsätze« der Güterverteilung und Vererbung, Gewerbefreiheit und Verwaltung der Gerechtigkeit, den »Umlauf der Gedanken durch Mund und Schrift« sowie »die Unterrichtsanstalten«. Einflüsse dieser Art gehören zugleich zu jenen Ursachen, »welche den Menschen zu demjenigen Grade der Cultur führen, auf welchem er sich befindet« (ebd., S. 506f.). Dass Vollkommenheit unter diesen Bedingungen unerreichbar erscheint, heißt aber nicht, sie als Ideal gänzlich zu verwerfen. Vielmehr verbleibt, sich ihr zu nähern. Dazu sollte das Staatswesen stets sowohl die Arbeit an seinen »Subsistenzmitteln« aufrechterhalten als auch den dafür geleisteten Einsatz mit persönlichem Freiraum belohnen. Nicht minder vorteilhaft ist für Jakob die »Gemeinschaft mit anderen Völkern« durch »leichte Communication untereinander«. Sie wird zweifelsfrei sichtbar am Entwicklungsstand Europas im Vergleich zu den schon durch ihre geopolitische Lage benachteiligten asiatischen Staaten. Völlig abwegig sind Befürchtungen, »Fremde« würden »vermeintliche Verderbniß [...] ins Land bringen«. Ihre Anwesenheit wird vielmehr »durch die unzähligen Vortheile tausendfach vergütet, welche durch das Niederreißen der Nationalvorurtheile, [...] durch die Annahme des Guten und Feinen anderer Nationen gestiftet wird« (ebd., S. 511ff.).

In der bisherigen kulturpsychologischen Argumentationskette stand die nach Vervollkommnung strebende staatliche Gesellschaft als Agens von Einflüssen auf ihre Mitglieder im Vordergrund. Letztere werden verstärkt mit einer zweiten Argumentationskette in den Blick genommen, um zu verdeutlichen, wie es die Gesellschaft aufgrund der Beschaffenheit des Einzelnen einrichtet, für seine Ausbildung zu sorgen, um damit auch zur Vervollkommnung beizutragen.

»Den Aeltern [...] gebührt die erste Erziehung« des Einzelnen – wie historische Beispiele hinreichend belegen –, »deren Begriffe muß [jedoch] der Staat durch Unterricht aufklären« (ebd., S. 506f.). Dabei besteht das generelle Ziel, dem Einzelnen im Dienste von Zweckmäßigkeiten »zum freyen Gebrauch seiner Kräfte« zu verhelfen. Diese liegen sämtlich in dem von der obigen Erfahrungsseelenlehre eingeführten Quadrupel aus Complexion, Temperament, Naturell und Charakter, für die sich je spezielle Maßnahmen eignen. Als sinnvoll für Körperbildung kommen all jene Fertigkeiten infrage, welche den Einzelnen zur Ausführung willentlicher Vornahmen befähigen. Zweckdienlich offen und pflichtbereit müssen sie sein, nicht etwa selbst-zweckdienlich eingeschränkt. Für ihren Erwerb empfehlen sich vor allem ausdauernde motorische Übungen. Je länger sie letztlich ausgeführt werden können, »desto leichter wird es [...], was Klugheit und Pflicht gebieten, zu übernehmen«. Mittel der Wahl gegen überschießendes Temperament gleich welcher Art sind Disziplin sowie der Einsatz von »Vorstellungen gegen das Temperament«, zum Beispiel den Melancholiker »zur Munterkeit gewöhnen« oder den Sanguiniker »zur Fixirung seiner Gedanken« anhalten. Das Naturell mit seinen Begabungen und »Erkenntniskräften« wird »durch Unterricht geweckt und gestärkt«. Um effektiv zu sein, soll dieser keine Materialsammlungen anbieten, sondern solche Begriffe auswählen und nahebringen, die sich allgemeiner handhaben lassen, »das Selbstdenken wecken und schärfen« und fernerhin für den Reiz neuer Gegenstände empfänglich machen. Diese Begriffe finden sich – wie vielerlei positive Erfahrungen zeigen – in altsprachlichen Texten. Erziehung und Unterricht haben dort ihre Grenzen, wo es um moralische Bildung bis hin zum Charakter geht. Ihn können beide »nicht geben«, wohl aber können beide daran mitwirken, ihn vorzubereiten durch die Gewöhnung an Eigenschaften, die »mit einem moralischen Charakter zusammenstimmen«, sowie durch das Herstellen des moralischen Gefühls – einschließlich Hochachtung der Pflicht –, und zwar anhand von Beispielen »im wirklichen Leben und aus der Geschichte« (ebd., S. 508). Ob und inwieweit derart Gebildete sich auch später in ihrem eigenen Leben vorbildhaft verhalten, indem sie den Lehrstoff umsetzen, wird uns noch beschäftigen.

Vorerst dürfen wir in einem Zwischenresümee vermerken: Die oben festgestellte implizite Psychologisierung des Kulturverständnisses, die mit expliziter Aufnahme des Kulturbegriffs in die Systematik der Empirischen Psychologie einhergeht, erfährt bezüglich Staat, Individuum und Beziehungsgefüge eine differenzierte psychologische Vertiefung. Diese um 1800 vorliegende kulturpsychologische Konzeption ist mit dem oben im Text eingeführten korrespondierenden Kulturbegriff kompatibel. Zwischen beiden besteht vor allem aufgrund der kongruenten zentralen Begrifflichkeiten Bildung und Trieb bzw. Kraft keine Inkommensurabilität. Hieran schließen sich zumindest zwei Fragen an: die nach tragfähiger Bewährung bzw. Geltungsbegründung im historischen Kontext sowie die nach dem epistemischen Zugewinn, der mit der Durchführung der Konzeption im Vergleich mit anderen historiografischen Ansätzen wie etwa dem rein psychologiegeschichtlichen verbunden ist.

Historische Individualisierung der kulturpsychologischen Konzeption

Der Bewährungsfrage mit ihrer geltungsbegründenden Funktion wollen wir – wie eingangs angekündigt – anhand eines zeitgenössischen Referenten nachgehen.

Unsere Wahl ist, insbesondere in Abhängigkeit vom verfügbaren Quellenmaterial und den Ergebnissen psychologiegeschichtlicher Untersuchungen, auf Ernst Heinrich Weber (1795–1878) gefallen – einer Forscherpersönlichkeit des 19. Jahrhunderts, deren wissenschaftshistorische Relevanz ihre Repräsentativität für ihre Population übersteigen dürfte.

Bildungsstufe Elternhaus

Webers Bildungsgang – oder kulturelle Laufbahn – beginnt, wie bei Jakob vorgegeben, bei den Eltern: Vater Michael Weber, Professor der Theologie, übernimmt die gesamte frühe Erziehung, erteilt Religions- sowie Lateinunterricht und verfasst 1800 ein »Lateinisches Gesangbuch für meine Kinder« (M. Weber, 1800). Der 22-jährige Ernst Heinrich Weber bekennt in einer autobiografischen Notiz, er schulde seinen Eltern so viel »verbis exprimere nequeo« (Weber, 1817, S. XXVII). Im Testament des Vaters finden sich Lebenserfahrungen und -regeln, zum Beispiel »Liebe bricht Gold«, seinem Sohn Ernst Heinrich ruft er 1824 nach: »Du hast Deinen jungen Brüdern ein herrliches Beispiel gegeben [...], sie werden an Dir wie an einem Vater hängen«, der wiederum gelobt, im Leben mit seinen Brüdern stets treu zusammenzuhalten, »wie auch die Schicksalswege ausfallen sollten« (Wiederkehr, 1967, S. 13). Berufliche Stellung und äußere Lebensverhältnisse der Eltern begünstigen Freundschaften mit der Professorenfamilie Langguth, die eine umfangreiche naturhistorische Sammlung unterhält, sowie mit dem für Präzisionsexperimente bekannten Ernst Florens Friedrich Chladni, dem Forschungsertrag nach wahrscheinlich der bedeutendste Physiker, den Deutschland um die Wende des 18. zum 19. Jahrhundert hervorgebracht hat (Stichweh, 1984). Diese erste Phase »gesellschaftlichen Eingebundenseins« und »geselliger Verbindung« verlässt Weber mit zwölf Jahren, um die Bildungsstufe Schule auf der »Chur-Sächsischen Fürsten- und Landesschule« in Meißen zu betreten.

Bildungsstufe Schule

Sensu Jakob ist die Schule eine der »Unterrichtanstalten«, mit denen der Staat nach für ihn relevanten »Grundsätzen« individualisierend kulturellen Einfluss ausübt. Zentrales Mittel dafür ist der aus normativen Vorgaben bestehende staatliche Kodex einer Schulordnung. Die für Weber maßgebliche *Erneuerte Schulord-*

nung für die drey Chursächsischen Fürsten- und Landesschulen von 1773 offenbart ihre Funktionalität für die Individualisierung staatlicher Ziele bereits durch ihre Gliederung in die Kapitel »Von dem Amte des Lehrers überhaupt, des Rectors und der übrigen Lehrer, von dem Unterrichte in der Religion, in den Sprachen und in den Künsten und Wissenschaften, von der Übung im Schreiben, von den Examinibus, von der Zucht sowie Vorschrift für die Knaben« (Vormbaum, 1864). Bis ins Einzelne gefasst, erhalten Schüler, Lehrer und Schulleitung Anweisungen für ihr Verhalten im Rahmen der Institution: Zum Beispiel sollen Schüler bei Tische »nicht eilfertig oder hastig essen«, ein Lehrer hat sich »in den ihm vom Rector angewiesenen Stunden zur rechten Zeit und wenigstens 8 Minuten nach dem Schlage der Uhr« einzufinden, »das Haupt der Schule soll [...] ein Mann sein, der genugsame Gelehrsamkeit, Ansehen und Erfahrung besitze«, um »sowohl nützlich zu lehren als klüglich zu regieren«. Über diese »Zivilisierungen« hinaus sind selbstverständlich allgemeinere Leitbegriffe zu vermitteln, welche einerseits schulintern, andererseits in der späteren staatlichen Lebenswelt der Schüler als Erwachsene gelten: Fundamental sei es, den Schülern »mit aller Macht« einzuprägen, »daß die Religion, der Eid, die Gesetze, die wichtigsten und größten Dinge in der Welt sind«. Die nicht allein hierin erkennbare christliche Akzentuierung der Ordnung ist aus ihrer Entstehung verstehbar. Zwar wurde sie auf kurfürstlichen Befehl erlassen, ihr Entwurf ging allerdings auf einen Auftrag des Kirchenrates an Johann August Ernesti zurück, der, über das Geheime Consilio an die Stände weitergegeben, daraufhin überarbeitet und nochmals der höchsten Behörde abschließend vorgelegt wurde. Die staatlich vermittelte christliche Prägung verdeutlicht sich auch in didaktischen Vorgaben, die bis ins individuelle Erleben von Lebenszufriedenheit reichen: Lehrer haben »zum wahren Christentume [...] Gelehrsamkeit und guten Sitten anzuleiten«, um »dadurch [...] wahrhaftig glücklich, auch dem Vaterlande brauchbar« zu werden, erreichbar »mit Ernste, Treue, Lust und Frucht«, zugleich arbeitend am »eigenen Herzen und Leben«, im Glauben und Andere einschließenden »Gebeten«. Religionsunterricht ist das erste Fach, um unter anderem klarzustellen, dass »alle Kunst, Wissenschaft und Gelehrsamkeit ohne Religion, Gottseligkeit und -tugend, eitel und vergänglich« sind und nur auf dem Boden der »wahren Frömmigkeit« glücklich zu machen vermögen; diesen Boden zu bereiten, dienen das tägliche Frühgebet sowie »zum thätigen Christentume« anzuwendende Bibellesung; »die Glaubenslehren mit den Lebenspflichten verbinden«, lautet zusammenfassend das übergeordnete Lehrsoll für den Lehrer (ebd., S. 13–47).

Das Hauptgewicht der weiteren Unterrichtsinhalte liegt auf Sprachen: Außer »der Sprache unsers Vaterlandes« sind Latein, Griechisch und Hebräisch im Angebot sowie Französisch neben anderen neuen Sprachen, wobei die sogenannten alten Sprachen auch dahingehend gelehrt werden, um aus ihnen Wichtiges und Nützliches für das aktuelle Leben – insbesondere für die »Bildung des Herzens« – zu entnehmen. Einen vergleichsweise schmalen Raum erhält der Unterricht in den »Künsten und Wissenschaften«. Anfänge in Philosophie und Mathematik sind zu machen, mit der »Erklärung der menschlichen Seele« ist zu beginnen, sind darin doch »die Gründe der Vernunft- und Sittenlehre enthalten«. Gleiches gilt für die »Lehre von den allgemeinen Begriffen der Dinge überhaupt«, gemeint ist hiermit vermutlich die Metaphysik. Erst danach kommen Vernunftlehre, Theologie sowie Teile der Logik zum Zuge (ebd.).

Dem soeben skizzierten inhaltlichen Lehrprogramm, dem »guten Unterricht«, steht »eine gute Zucht« der Schüler zur Seite. Den Lehrern »als das beste und schönste Stück ihres Amtes« anempfohlen, dient sie auch dem Ziel, »christliche und brauchbare Gelehrte, und dem Vaterlande gute Bürger zu ziehen«. Nicht mit Zwang und Strafe, sondern »die wahre Zucht« ist zu üben »mit aller Weisheit und Klugheit«, die »dem Sinne der heil. Schrift und der weisesten Männer des Altertums gemäß ist«. Wenn möglich, soll zudem in diesem Kontext an passenden Stellen die Überlegenheit der christlichen Religion, die dem Göttlichen gegenüber zu erbringende »Hochachtung und Liebe« sowie eine Lebensführung mit Gebet, Gottesdienst, »Gehorsam [...], Mäßigkeit, Geduld, Arbeitsamkeit, Sparsamkeit und Wirthlichkeit« thematisiert werden. Gewöhnung erleichtert, all dies zu verinnerlichen als dauernde Pflichten »gegen Gott, die Obrigkeit, Eltern und alle Menschen«. Und zwar umso mehr, sofern »Lust zum Gehorsam«, Einsicht in Pflicht als Wohltat »zur wahren Wohlfahrt« und ihre tägliche Prüfung hinzukommen. Indes macht fehlende Pflichterfüllung Befehlen und »ohne alle Nachsicht« Befehlserfüllung nötig, »denn wer nicht Gehorsam gelernet hat, der ist dem gemeinen Wesen nichts nütze und allezeit schädlich«. Dennoch kommt trotz aller Vorgaben und Vorschriften »Böses thun« vor, das zwar gesetzliches Bestrafen unausweichlich nach sich zieht, was aber dennoch stets mit dem Ziel der Besserung des Bestraften auszuführen ist (ebd.).

Weber war nach alledem auf seiner ersten institutionellen Bildungsstufe Schüler im Rahmen der Schulordnung eines aufgeklärten Ständestaates, in deren schwerpunktmäßig sprachlich ausgerichtetem Lehrplan individualisierte Bildungsziele instrumentell für ein späteres staatstragendes christliches Bürgerleben konzipiert sind. Getreu der Maxime, »Glaubenslehre mit Lebenspflichten verbinden«, fördert die Schulordnung massiv im Bereich geistiger Bildungsformen die auf Webers »Naturell« fußende »intellectuale« und »moralische Cultur«, während Geschmacksbildung, das heißt, »ästhetischer Cultur«, eine eher untergeordnete Rolle zukommt (ebd.). Im Bereich sozialen Verhaltens herrschen normative Vorgaben bei strikter Kontrolle unter negativem reinforcement vor.

Während seiner Schulzeit erbringt Weber weit überdurchschnittliche Leistungen, sodass er nach dem dadurch ermöglichten Entlassungsverfahren der Landesschule schon 1811 in seine zweite institutionelle Bildungsstufe, dem Studium der Philosophie und Medizin an der Universität Wittenberg, eintreten kann.

Bildungsstufe Universität

Die Medizinische Fakultät der Universität Wittenberg besaß nach ihrer Neuordnung – wie sich Friedensburgs (1917) *Geschichte der Universität Wittenberg* entnehmen lässt – mit bekannten Fachvertretern besetzte Lehrstühle für innere und äußere Medizin, Anatomie, Physiologie, Botanik und Naturgeschichte. Ergänzend bestand das Angebot, »sich über das Ganze der Philosophie [...] in Kursen zu unterrichten« und sich in Ethik und Praktischer Philosophie mit der für das »Berufsleben der höheren Stände« notwendigen allgemeinen philosophischen Schulung vertraut zu machen (ebd., S. 606). Davon hat Weber unter anderem als Hörer bei Johann Georg Klotzsch Gebrauch gemacht, dessen moralische Glaubenslehre im Rahmen einer »moralischen Anthropologie« keine Pflichten des Menschen gegen sich selbst, sondern nur Pflichten gegen andere anerkennt. Nach seiner medizinischen Promotion 1815 und seiner Promotion an der Philosophischen Fakultät 1817 kann Weber sein Studium kriegsbedingt in Leipzig fortsetzen, unter anderem bei Ernst Platner und Johann Christian Rosenmüller, mit dem Physiker Ludwig Wilhelm Gilbert in Verbindung treten und zwei Jahre später nach kurzer ärztlicher Tätigkeit mit einer vergleichenden anatomischen Arbeit unter Anwendung Cuvier'scher Überlegungen habilitieren. Seinen ersten Ruf nach Bonn lehnt er ab, er bleibt a. o. Professor für vergleichende Anatomie bis zur Einrichtung einer anatomischen Werkstatt mit Übernahme des Ordinariats für Anatomie, zu dem später das Ordinariat für Physiologie hinzukommen wird. In diesen Rollen ist Weber bis 1866 (Ordinariat für Physiologie) bzw. 1871 (Ordinariat für Anatomie) in Lehre und Forschung tätig, dokumentiert in seinen 325 Vorlesungen vom Sommersemester 1817 bis zum Sommersemester 1875 sowie in der Liste seiner Veröffentlichungen (Almanach, 1852, S. 203–211). Diese Liste enthält nicht nur Arbeiten in seinem Studienfach Medizin, wo noch heute auf seine eminenten anatomischen und sinnesphysiologischen Untersuchungen verwiesen wird, sondern auch in Physik und Psychologie. Stichweh (1984, S. 203) hebt in seiner Physikgeschichte das von Weber mit seinem jüngeren Bruder Wilhelm nach vierjähriger Arbeit 1825 publizierte »erste ›klassische‹ Buch der deutschen Physik im 19. Jh.« hervor, die *Wellenlehre auf Experimente gegründet oder über die Wellen tropfbarer Flüssigkeiten mit Anwendung auf die Schall- und Lichtwellen*« (Weber & Weber, 1825). Ebbinghaus (1907, S. 182) stellt fest:

> »Als E. H. Weber im Jahre 1829 die anscheinend kleinliche Neugier hatte, wissen zu wollen, mit welcher Feinheit an verschiedenen Stellen der Haut zwei getrennte Berührungen eben als solche erkannt werden können [...] und mit welcher Genauigkeit wir zwei auf die Hand gelegte Gewichte gegeneinander abzuwiegen vermögen ... geschah mehr für den wahren Fortschritt der Psychologie als durch alle Distinktionen, Definitionen und Klassifikationen der Zeit etwa von Aristoteles bis Hobbes zusammengenommen.«

Die von Weber hierbei in multifaktoriellen metrisch-quantitativen Experimenten an mehreren Sinnesmodalitäten erhobenen Daten hat Fechner später mathematisiert in dem von ihm so genannten Weber'schen Gesetz zum Ausdruck gebracht (Fechner, 1858, S. 15; Weber 1834; Weber, 1835). Das aus den Untersuchungen extrahierte Paradigma (im Sinne Thomas Kuhns) enthält unter anderem die Komponenten Relativität menschlicher Wahrnehmung sowie Genauigkeit experimenteller Messung (Brauns, 1996, S. 35).

Ordnet man Webers auf der Bildungsstufe Universität als Hochschullehrer eingebrachten Leistungen, zu denen auch Bemühungen um Verbesserung der Medizinerausbildung und instruktivere Studientexte gehören, sowie seine wissenschaftsgeschichtlich innovativen Beiträge dem Krug'schen Konzept einer »intellectualen Cultur« zu, erhebt sich die Frage, ob und inwieweit seine individuelle Lebenswelt auch andere »culturelle« Formen enthält.

Bildungskreise

»Ästhetischer Cultur« ist Webers Jahrzehnte lange Angehörigkeit zum *Universitätssängerverein zu St. Pauli in Leipzig* zuzurechnen. Ihm kann Weber auf dem Hintergrund seiner frühkindlichen Gesangsübungen mit den lateinischen Texten seines Vaters nach strenger Aufnahmeprüfung schon als junger Hochschullehrer beitreten und 35 Jahre als pflichtbewusster Vorsteher dienen (Roitzsch, 1897). Der Verein ehrt ihn an seinem Grabe mit einem »comitat in corpore« sowie der Darbietung seiner Lieblingslieder.

Über die wissenschaftliche Gemeinschaft hinaus »dem gemeinen Wesen [...]

nütze« durch Wohltat »zur wahren Wohlfahrt« und damit letztlich auch zu der des Vaterlandes wirkt Weber seit 1815 als Mitglied der *Polytechnischen Gesellschaft zu Leipzig*. In einer historischen Aufarbeitung dieser Vereinigung, die das Ziel hatte, »Gewerbe und Industrie dadurch zu fördern, daß [...] Ergebnisse moderner Naturwissenschaft« direkte Anwendung erfahren, stellt Wußing (1997, S. 370) fest: »Führende Leipziger Gelehrte – unter ihnen [...] Ernst Heinrich Weber (Medizin) – waren lange Jahre als Direktoren und Vizedirektoren [...] tätig und haben deren Arbeit inhaltlich und organisatorisch« durch den Einsatz szientifischer Kompetenzen »geprägt«.

Als eine über die beruflichen Pflichten hinausgehende Pflichterfüllung gegenüber anderen, verbunden mit einem Beitrag zur »Erhöhung des Nationalruhms«, lässt sich Webers Beteiligung an der Gründung der *Königlich Sächsischen Gesellschaft der Wissenschaften zu Leipzig* verstehen. In dem von ihm mit zwölf Kollegen, unter ihnen sein Bruder Wilhelm, eingereichten Gründunggesuch heißt es: Alleinige Aufgabe von Professoren sei nicht Hochschulunterricht, vielmehr hätten sie »auf Erweiterung der Wissenschaften bedacht zu seyn«, und zwar indem sie »die Resultate ihrer Forschungen in gehaltreichen [...] Abhandlungen« niederlegen. Daraus ließe sich ersehen, welche »wissenschaftlichen Kräfte« die Universität und ihr Land besitzt, die »zur Erhöhung des Nationalruhms« beitragen. Dies umso mehr, als die »vorzüglichsten Forscher« der Gesellschaft »nur die rein theoretische Wissenschaft betreiben«, wodurch letztere die wünschbare Aufwertung erfahre (Lea & Wiemers, 1996, S. 98f.). Als eines der »maßgebenden Mitglieder«, im Besonderen »als ein Mitglied von hohen Qualitäten und ohne Tadel«, nennen Lea und Wiemers Weber, der von 1848 bis 1874 das Amt des Sekretärs versah. Ebenfalls in die soeben angedeutete gesellschaftspolitische Richtung gehen Webers Rolle als Vertreter der Universität beim Landtag, dem er unter anderem »Vorschläge zur Vervollkommnung der wissenschaftlichen Anstalten an der Universität Leipzig« unterbreitet sowie seine Hilfe für die sogenannten *Göttinger Sieben*, denen auch sein Bruder Wilhelm angehörte. Ihn unterstützend, lässt er 1837 wissen, dass »große Freude [...] allen Wohlgesinnten die öffentliche Erklärung der sieben Professoren gemacht« habe. In einem späteren Rückblick hält er fest: »Das Beispiel der sieben Göttinger Professoren hat viele für Wahrheit und Recht erwärmt. Der Verlust ihrer Stellung in Göttingen machte es ihren Freunden [...] möglich, sich durch Tat als Teilnehmer ihrer Gesinnung zu bekennen« – auch das hat Weber getan. Gesellschaftliche Anerkennung wird ihm sowohl durch Ehrenmitgliedschaften als auch durch vielerlei Auszeichnungen und Orden bis hin zum *pour le mérite* zuteil (ebd.).

Das Bild von Webers Lebenswelt bliebe unvollständig, würde man nicht auch Einblick in deren privatere Sphäre nehmen. Als Quelle dazu dienen die von Meischner-Metge (2004) herausgegebenen Fechner-Tagebücher. In den erhalten gebliebenen Resten der Aufzeichnungen des lebenslangen Freundes aus den Jahren 1828–1879 begegnen wir einem regen interfamiliären Verkehr unter den Mitgliedern der wissenschaftlichen Gemeinschaft. Wir erfahren von privaten Ereignissen in Webers Familie, Festtagsbesuchen, Webers extremen Fußwanderungen, regelmäßigen Treffen mit befreundeten Hochschullehrern wie dem »Weberkränzchen«, Diskussionen über aktuelle Ereignisse und wissenschaftliche Probleme, von gemeinsamen Reisen und nicht zuletzt von geselliger Unterhaltung durch das Erzählen von Anekdoten. In unserem Zusammenhang zu erwähnen ist Fechners Nachschrift eines Gesprächs mit seinem Neffen und Biografen Johannes Emil Kuntze, in dem es um die Nachfolge des Philosophen Weisse geht und das uns Aufschluss über Webers späteres Verhältnis zur Philosophie liefert. Fechner bemerkt: Die Herbart'sche Schule habe durch »Weber keinen neuen Freund gewonnen«; Weber habe ihn gerade besucht, er habe in den Ferien eine Gesamtausgabe von Herbarts Werken ausgeliehen, sich aber »weder an Methode noch an Resultaten erbaut«. Auch sei Weber beileibe kein Kantianer, er halte »Kant für den Haupturheber der jetzigen philosophischen Sprach- und Begriffsverwirrung, indem er eine neue Terminologie eingeführt, die sogar ein Wörterbuch zu seiner Philosophie nöthig gemacht habe. Aber ein Feind der Philosophie ist W. doch nicht, nur die Philosophie, wie sie gegenwärtig gemeinhin betrieben wird«, liege ihm fern (Meischner-Metge, 2004, S. 722).

Insgesamt gesehen finden wir in Webers privater Lebenswelt vor allem Austauschbeziehungen mit persönlichen, familiären und beruflichen Inhalten zwischen Personen gleicher Bildungsstufe in demselben Bildungskreis vor, in die auch die jeweiligen Familienmitglieder einbezogen sind. Demgegenüber richten sich Webers Mitgliedschaften in der *Polytechnischen Gesellschaft* und der *Gesellschaft der Wissenschaften* primär auf Nutzen für andere sowie deren Wohlergehen – ein Handlungsgesamt, dem ein entsprechendes generelles Pflichterleben und -bewerten unterliegen dürfte. Dasselbe kommt auch in seiner Mitgliedschaft im ästhetisch ausgerichteten Sängerverein zum Ausdruck, in dem er zusätzliche administrative Funktionen übernimmt.

Zwischenresümee

Unsere Anwendung eines historischen Kulturbegriffs mit seinen Unterbegriffen in Verbindung mit einer kompatiblen kulturpsychologischen Konzeption liefert allenfalls auf einen oberflächlichen Blick hin die Rekonstruktion des Lebenslaufs einer Einzelperson in ihrer Zeit. Genauere Betrachtung zeigt nämlich, dass sich diese Individualisierung nicht aus einer durchgängigen Individuumzentrierung ergibt. Sie vollzieht sich vielmehr in einer zeiterstreckten Sequenz von Interaktionen aus ständigen Bezügen auf gesellschaftliche bildungsaffine und damit kulturelle Instanzen. Dabei zeigt der werdende Kulturträger auf den von ihm durchlaufenen Bildungsstufen zunächst eine eher rezeptive Mitwirkung. Indem sich allerdings deren Anteil zugunsten des selbstbestimmten Anteils zunehmend verringert, kann er später in den von ihm aufgesuchten Bildungskreisen eigenaktiver und sein eigener Bildner werden. Er ist in der Lage, proaktiv zweckgeleitet zum Nutzen anderer zu handeln, zumal die gesellschaftliche Umwelt entsprechende Realisations- und Reinforcementbedingungen bereithält. Schon von daher kann ein kulturpsychologischer Ansatz eine umfassendere Synthesis historischen Geschehens bieten als eine rein epistemisch ausgerichtete fachgeschichtliche Betrachtung; gerade auch dann, wenn dort inter- und intraindividuelle oder gesellschaftliche Kontextualisierungen weitgehend ausbleiben. Abschließend wollen wir daher versuchen, Webers wissenschaftliches Handeln in Form seiner innovativen sensumetrischen Experimente stärker als bisher in einen soziokulturellen Zusammenhang zu bringen.

Webers wissenschaftliches Handeln im soziokulturellen Kontext

Den Ausgangspunkt der hier anzustellenden Gedankenfolge bildet das unter rein psychologiegeschichtlicher Betrachtung nach den Kuhn'schen Kriterien extrahierte Weber'sche Paradigma mit dem Wert Genauigkeit experimenteller Messung. Den paradigmatischen Bestandteil ›Wert‹ entwickelt Kuhn aus der Voraussetzung, dass »wissenschaftliches Wissen das Produkt sehr spezieller Gruppen ist, dass viele Eigenschaften des von diesen Gruppen produzierten Wissens nur mit Rekurs auf Spezifika dieser Gemeinschaft verständlich gemacht werden können« – wobei diese Besonderheit »vor allem eine Besonderheit der Werte« ist, die dort »soziale Geltung haben« (Hoyningen-Huene, 1989, S. 148ff.). Soziale Geltung, das heißt intersubjektiven Konsens, besitzen Werte einer wissenschaftlichen Gemeinschaft aufgrund individueller Entscheidungen ihrer Mitglieder. Sie erfolgen im Rahmen einer gewissen Unbestimmtheit von Werten, da diese unterschiedlich interpretierbar sind. Mit der These, wonach die Anwendung eines Wertes auch »vom bewertenden Individuum« abhängig ist, unterscheidet sich

Kuhn von jenen traditionellen wissenschaftstheoretischen Konzeptionen, die lediglich logisch zwingende Entscheidungen zulassen. Mehr noch: Tatsächliche Werturteile können »von Wissenschaftler zu Wissenschaftler variieren«, da sich darin verschiedenste Faktoren geltend machen. Persönlichkeitsmerkmale greifen ein; zudem »die je besondere fachliche Erfahrung [...]; darüberhinaus spielen außerwissenschaftliche Überzeugungen religiöser, sozialer, philosophischer und sogar nationaler Art eine Rolle« (ebd., S. 151). Aber dennoch beinhaltet ein Werturteil ein »Wertmoment«, das auch für andere Spezialisten verbindlich ist. Aus der damit aufgerufenen kulturpsychologischen Perspektive hat ein solches Wertmoment weder einen wissenschaftsinternen Ursprung noch ist es auf den szientifischen Geltungsbereich beschränkt. Es erhält vielmehr Verbindlichkeit in der gesellschaftlichen Lebenswelt über Bildungsstufen, auf denen Wertmomente kraft staatlicher Vorgaben angeboten, vertreten und durch geeignete Maßnahmen anerzogen werden. Als effektive Einrichtungen dafür stehen Unterrichtanstalten bereit. In unserem Fall zeigt ein Rückblick in die weiter oben im Text besprochene Schulordnung, wie Genauigkeit zu jenen Lehrinhalten zählt, welche als imperative Leitbegriffe für eine faktische Umsetzung in der Lebenswelt der Erwachsenen aufbereitet und durch Ausführungsbestimmungen gesichert werden sollen. Von daher liegt die Annahme nahe, dass Weber als erfolgreicher Absolvent der Fürstenschule auch den Leitbegriff Genauigkeit in Werturteile bezüglich seines wissenschaftlichen Handelns einbezogen hat. Dieser Handlungsraum bietet nicht nur dafür hinreichend Platz, sondern darüber hinaus auch Raum für die faktische Umsetzung weiterer imperativer sozialer Leitbegriffe, die die Schulordnung aufgelistet hat. Sie sind wesentliche Teile von in der Lebenswelt des Erwachsenen zu verwirklichenden außerwissenschaftlichen Überzeugungen religiöser und sozialer Art, die sich dort auch als Lehr- und Lernziele nebst Ausführungsbestimmungen wiederfinden. Man geht mithin wohl kaum zu weit, wenn man jene Leitbegriffe, welche mit einem breiteren, über die Bildungsinstitution bis in das soziale Lebensfeld reichenden Geltungsanspruch versehen sind, als sich über verschiedene Bildungskreise erstreckende, generellere soziokulturelle Verhaltensnormen auffasst, in deren Bereich auch wissenschaftliches Handeln selbst in Form von Experimentieren fällt.

Eine strikte Kausalbeziehung zwischen staatlich sanktionierten curricularen Lehrinhalten und individuellem Handeln kann und soll in dieser Zusammenhangsbehauptung nicht unterstellt werden. Dazu ist der Erklärungsabstand zwischen den auf verschiedenen Analyseebenen liegenden Relaten zu weit. Es bietet sich allerdings an, nach weiteren zwischen den Analyseebenen mediierenden Relationen zu suchen, um den übergreifenden Zusammenhang zwischen kulturhistorischer und psychologiegeschichtlicher Betrachtung in dem hier ausgewählten Zeitraum durchsichtiger zu machen.

Literatur

Almanach der Kaiserlichen Akademie der Wissenschaften (1852). *Ernst Heinrich Weber* (S. 203–211). Wien: Braumüller.

Brauns, H.-P. (1996). Ernst Heinrich Weber und das Paradigma seiner sensumetrischen Experimente. In H. Gundlach (Hrsg.), *Untersuchungen zur Geschichte der Psychologie und Psychotechnik* (S. 25–44). München: Profil.

Cicero, M. T. (1984). *Gespräche in Tusculum.* Darmstadt: Wissenschaftliche Buchgesellschaft.

Ebbinghaus, H. (1907). Psychologie. In P. Hinneberg (Hrsg.), *Kultur der Gegenwart* (Teil I, VI, S. 123–246). Berlin: Teubner.

Fechner, G. T. (1858). Das psychische Maß. *Zeitschrift für Philosophie und philosophische Kritik, 32,* 1–14.

Friedensburg, W. (1917). *Geschichte der Universität Wittenberg.* Halle: Niemeyer.

Hoyningen-Huene, P. von (1989). *Die Wissenschaftsphilosophie T. S. Kuhns.* Wiesbaden: Vieweg.

Jakob, L. H. (1791). *Grundriss der Erfahrungs-Seelenlehre.* Halle: Hemmerde und Schwetschke.

Jakob, L. H. (1795). *Grundriß der Erfahrungs-Seelenlehre* (2. Aufl.). Halle: Hemmerde und Schwetschke.

Jakob, L. H. (1810). *Grundriß der Erfahrungs-Seelenlehre* (4. Aufl.). Halle: Hemmerde und Schwetschke.

Jakob, L. H. (1814). *Ausführliche Erklärung des Grundrisses der Empirischen Psychologie.* Leipzig: Hartmann.

Kant, I. (1798). *Die Metaphysik der Sitten.* Königsberg: Nicolovius.

Krug, W. T. (1827). *Allgemeines Handwörterbuch der philosophischen Wissenschaften. Erster Band.* Leipzig: Brockhaus.

Lea, E. & Wiemers, G. (1996). Die Gebrüder Weber und ihr Anteil an der Gründung der Königlich Sächsischen Gesellschaft der Wissenschaften zu Leipzig. In dies., *Planung und Entstehung der Sächsischen Akademie der Wissenschaften zu Leipzig 1704–1846* (S. 98–107). Göttingen: Vandenhoeck & Ruprecht.

Lossius, J. C. (1803). *Neues philosophisches allgemeines Reallexikon.* Erfurt: Rudolphi.

Meischner-Metge, A. (2004). *Gustav Theodor Fechner: Tagebücher 1828–1879.* Stuttgart: Steiner.

Roitzsch, E. (1897). Der Universitätssängerverein St. Pauli in Leipzig. *Neue Zeitschrift für Musik, 93,* 382–383.

Stichweh, R. (1984). *Zur Entstehung des modernen Systems Wissenschaftlicher Disziplinen: Physik.* Frankfurt: Suhrkamp.

Vormbaum, R. (1864). Erneuerte Schulordnung für die Chursächsischen drey Fürsten- und Landesschulen, Meißen, Grimma und Pforta. In *Die Evangelischen Schulordnungen des 18. Jhs.* (S. 13–47). Gütersloh: Bertelsmann.

Weber, E. H. (1817). Ernestus Henricus Weber. In G. Hermann, *De Mythologia Graecorum Antiquissima Dissertatio* (S. XXVII-XXVIII). Lipsiae: Litteris Staitzii.

Weber, E. H. (1834). *De pulsu, resorptione, auditu et tactu – Annotationes anatomicae et physiologicae.* Leipzig: Köhler.

Weber, E. H. (1835). Ueber den Tastsinn. *Archiv für Anatomie, Physiologie und wissenschaftliche Medicin*, 152–159.

Weber, E. H. & Weber, W. (1825). *Wellenlehre auf Experimente gegründet oder über die Wellen tropfbarer Flüssigkeiten mit Anwendung auf die Schall- und Lichtwellen*. Leipzig: Fleischer.

Weber, M. (1800). *Lateinische Gesaenge für studirende Jünglinge zur Belebung ihrer geselligen Freude (u.) Lateinisches Gesangbuch für meine Kinder*. Wittenberg: Tzschiedrich.

Wiederkehr, K. (1967). *Wilhelm Eduard Weber*. Stuttgart: Wissenschaftliche Verlagsgesellschaft.

Wußing, H. (1997). Zur Gründungsgeschichte der Polytechnischen Gesellschaft zu Leipzig 1825–1827. In J. Dauben et al. (Hrsg.), *History of mathematics: states of the art* (S. 363–376). San Diego: Academic Press.

Der Autor

Horst-Peter Brauns, geb. 1940, Studium der Psychologie und Philosophie an den Universitäten Hamburg, Freiburg und Berlin (FU). Dipl.-Psych., Promotion, Habilitation an der FU Berlin, derzeit korporatives Mitglied; zahlreiche Publikationen über experimentelle und psychologiegeschichtliche Untersuchungen; aktueller Schwerpunkt Psychologieentwicklung seit dem 16. Jh.

Gustav Theodor Fechner

Psychophysik, Panpsychismus und »experimentale Ästhetik«

Peter Zekert

Das Erscheinen der *Elemente der Psychophysik* Gustav Theodor Fechners im Jahr 1860 gilt bis heute als Geburtsstunde der experimentellen Psychologie. Doch der Leipziger Gelehrte hat ein wesentlich breiteres Werk hervorgebracht, mit umfangreichen Schriften im Bereich der panpsychistischen Naturphilosophie und der Ästhetik, die weit weniger Beachtung und Anerkennung fanden. In jüngerer Zeit allerdings avanciert der Panpsychismus in der Philosophie des Geistes und selbst unter Neurowissenschaftlern zu einer akzeptierten und verbreiteten Position. Zugleich erlebt Fechners Ansatz einer experimentell verfahrenden »Ästhetik von unten« in Form der »Neuroästhetik« eine bisher nicht dagewesene Konjunktur. Im Folgenden sollen deshalb die Grundzüge und engen Zusammenhänge zwischen Psychophysik, Panpsychismus und experimenteller Ästhetik beschrieben werden, mit besonderer Berücksichtigung der Relevanz Fechner'scher Positionen für aktuelle Debatten in Psychologie, Neurowissenschaft und Ästhetik.

Die Begründung der Psychophysik als erste »exacte Lehre von den functionellen oder Abhängigkeitsbeziehungen zwischen Körper und Seele« (Fechner, 1860, Bd. 1, S. 8) bereitete den Weg für die Entstehung der naturwissenschaftlich-experimentell arbeitenden Psychologie. Das an der Physik orientierte Forschungsprogramm lieferte erstmals Verfahren, um auf dem Weg korrelativer Messungen mathematisch exakt ausdrückbare Gesetzmäßigkeiten der Beziehung zwischen physischer und psychischer Welt zu finden. Für Geschichte und Selbstverständnis der Psychologie war es ein folgenreicher Moment, der heute nicht nur positiv beurteilt wird: Werbik und Benetka sehen in der Entscheidung für die Physik als Leitwissenschaft in ihrer Streitschrift »Kritik der Neuropsychologie« (Werbik & Benetka, 2016) eine der frühen Ursachen für die problematische Stellung der

Psychologie als Disziplin. Dass das gesamte Feld heute in so starker Weise von den Neurowissenschaften dominiert werde, führen sie unter anderem auf diese historische Wegentscheidung zurück. Denn in der Folge habe die Psychologie stets etwas sein wollen, das sie nicht ist – eine exakte Wissenschaft, deren Vorgehensweise und Ergebnisse ähnliche Präzision und Objektivität erreichen könnte wie die der »hard sciences«. Dagegen plädieren die Autoren dafür, Psychologie im Sinne einer interpretierenden Kulturwissenschaft zu begreifen und stellen das »Beharren auf dem Experiment als zentraler Forschungsmethode« (ebd., S. 95) infrage.

Physik als Leitwissenschaft der Psychologie, Messung und Exaktheit in der Welt subjektiver Empfindung – das ist genau besehen tatsächlich nicht selbstverständlich. Es gibt also gute Gründe, historische Hintergründe und Einflüsse auf Fechners Weg zur Psychophysik auch heute noch einmal genauer zu betrachten.

Doch es ist nicht allein diese Seite seines Schaffens, die für aktuelle Diskussionen von Belang ist. Auch das zwischenzeitlich weitgehend in Vergessenheit geratene Werk abseits der *Elemente* erhält heute neue Aufmerksamkeit. Damit erfüllt sich das Anliegen vieler Fechner-Forscher, die gegenüber einer meist auf die naturwissenschaftlichen Leistungen verengten Rezeption seit Langem die Vielfältigkeit des Werkes betonten (z. B. Lennig, 1994). Denn Fechner war nie »nur« Naturwissenschaftler. Als Denker stets zwischen allen Stühlen, verfasste er ein umfangreiches naturphilosophisches Werk, betätigte sich als Übersetzer, Literat und Kritiker und schuf eine Ästhetik, die erstmals versuchte, die Schönheitsempfindung auf empirischem Weg zu analysieren. Die Aufspaltung in eine »seriöse« naturwissenschaftliche Seite und einen bestenfalls als Kuriosität angesehenen Rest beklagte Fechner schon 1862 in seinem Tagebuch:

> »Bei den Naturforschern haben Schriften wie Nanna, Zend-Avesta und über die Seelenfrage nicht eben dazu beigetragen, meinen Ruf zu erhöhen, und wenn sie doch andre Schriften von mir, wie die Atomenlehre, Psychophysik und Abhandlungen in den Societätsschriften gelten lassen müssen, so scheint es, daß sie zweierlei Wesen in mir annehmen, wovon sie nur das eine der Beachtung wert finden« (Fechner, 2004, Bd. 1, S. 423).

Dem Interesse am Psychophysiker stand also seit jeher eine gewisse Geringschätzung des Philosophen und Ästhetikers Fechner gegenüber. Wie im Weiteren zu beschreiben sein wird, werden gerade diese Werkbereiche heute wiederentdeckt, sodass eine zusammenhängende Betrachtung des Gesamtwerks in seinen Implikationen für aktuelle Fragen geboten erscheint.

Entstehung und Grundzüge der Psychophysik

Bevor einige Grundzüge des Forschungsprogramms der Psychophysik skizziert werden, lohnt ein Blick auf Biografie und Zeithintergrund, um einige der besonderen Einflüsse und Ereignisse im Leben Fechners hervorzuheben, die den Weg zur Entwicklung der Psychophysik bereiteten. Wer also war Gustav Theodor Fechner? Er wurde 1801 in Großsärchen in der Lausitz – heute Żarki Wielkie, Polen – als Sohn eines Pfarrers geboren und begann im Alter von 16 Jahren in Leipzig ein Studium der Medizin. Hierbei erlebte er früh eine weltanschauliche Krise, die zu dieser Zeit – in der Literaturwissenschaft spricht man mitunter von der »Weltschmerzperiode«[1] – viele junge Menschen traf. Fechner erinnert sich später:

> »Über mein medicinisches Studium war ich zum völligen Atheisten geworden, religiösen Ideen war ich entfremdet; ich sah in der Welt nur ein mechanisches Getriebe« (zit. n. Kuntze, 1892, S. 39f.).

In der Sinnkrise entdeckte er 1820 die romantische Naturphilosophie Lorenz Okens für sich. Das *Lehrbuch der Naturphilosophie* (Oken, 1809) des Jenaer Professors machte größten Eindruck auf ihn:

> »Ein neues Licht schien mir auf einmal die ganze Welt und Wissenschaft von der Welt zu erleuchten; ich war wie geblendet davon« (zit. n. Kuntze, 1892, S. 39).

Nach Oken las er auch Schelling und Steffens. Was Fechner bei diesen Philosophen fand, war der Gedanke einer grundlegenden Einheit der Welt. Die Natur war hier kein toter Mechanismus, sondern eine Erscheinungsform des Geistes. Zwar lenkten Fechner Übersetzungsarbeiten naturwissenschaftlicher Standardwerke, die er nach dem Studium im Auftrag ausführte, wenig später wieder in eine, wie er schreibt, »exaktere Bahn«. Doch der Einfluss des naturphilosophischen Erweckungserlebnisses sei ihm »in der Ansicht einer einheitlichen Gipfelung und geistigen Durchdringung der Natur [...] verblieben« (ebd., S. 39).

Vom medizinischen Studium zeigte sich Fechner enttäuscht, einzig die Vor-

---

1 Zum religiösen Hintergrund des Weltschmerzes vgl. Sengle (1971–80, Bd. 1, S. 26ff.). Für Sengle (ebd., S. 28) ist eindeutig, »daß wir den tiefsten Grund des Weltschmerzes in der Unsicherheit bezüglich letzter Wert- und Sinnfragen zu suchen haben. Es fehlt in dieser Zeit Klarheit darüber, was Individuum und Gemeinschaft, Mensch und Sache, Seele und Welt zusammenhalten und in Ordnung bringen soll«.

lesungen bei dem Physiologen Ernst Heinrich Weber weckten größeres Interesse. Er schloss 1822/23 ab, praktizierte aber nie als Arzt. Stattdessen leistete er Bedeutendes als experimentell verfahrender Naturwissenschaftler zunächst auf dem Gebiet der Physik und Elektrochemie. 1834 wurde er zum ordentlichen Professor für Physik an der Universität Leipzig berufen. Bald folgte jedoch ein schwerer Einschnitt: Bei 1838 begonnenen sinnesphysiologischen Experimenten zog sich Fechner eine schwere Schädigung der Augen zu. In den Untersuchungen zu »optischen Nachbildern«, die auftreten, wenn für einen Moment direkt in die Sonne oder eine andere starke Lichtquelle geblickt wird, hatte er als seine eigene Versuchsperson fungiert. Es kam zu einer teilweisen Erblindung und ab Dezember 1839, wohl auch infolge allgemeiner Überanstrengung, zu einer schweren gesundheitlichen Krise, die mit Lichtscheu und äußerster innerer Überreizung einherging. Sein Professorenamt musste er niederlegen und wurde pensioniert. Erst nach fast vier Jahren, am Ende des Jahres 1843, trat eine Genesung ein.

Die schwere Krankheit kann, wenn nicht als Auslöser[2], dann doch in mehrfacher Weise als Katalysator auf dem Weg hin zu Psychophysik und Panpsychismus gesehen werden: Zunächst war durch die Augenschädigung der Weg zurück in die Physik verwehrt, wie Fechner später in seinem Tagebuch beschreibt:

> »Ohne scharfen Gebrauch der Augen [...] ist ja kein Heil in der Physik zu finden. Da es mir nun nicht ferner vergönnt war, mich auf fruchtbare Weise mit der Betrachtung der äußeren Natur zu beschäftigen, ward ich von selbst getrieben, mich um so mehr zu der inneren zu wenden, die mit jener in so mannichfacher Beziehung steht, da es zumal von jeher meine Neigung war, von der einen auf die andere hinüberzublicken« (Fechner, 2004, Bd. 1, S. 398).

Über die nun folgenden Jahrzehnte bis zu seinem Tod im Jahr 1887 erfolgte die Ausarbeitung der Psychophysik, der panpsychistischen Lehre der »Allbeseelung« sowie in den späten Lebensjahren die Anwendung psychophysischer Prinzipien auf die Welt ästhetischer Empfindung.

Noch in anderer Hinsicht war die Krankheit ein Impulsgeber für die Gene-

2 Tatsächlich können wohl spätestens die Experimente zur Farbwahrnehmung als Beginn der Entwicklung gelten. Der Psychologe Wilhelm Wirth, der Fechners Ansatz fortführte, hielt zudem fest, dass er bei der Durchsicht eines Notiz-Folianten Fechners aus der Zeit vor 1840 auf »viel Psychologisches« und auch das Stichwort »physikalische Psychologie« gestoßen sei. Vgl. Meischner-Metge, 2004, S. XXI. Der Foliant selbst wurde bei einem Bombenangriff 1944 zerstört.

se der Psychophysik: Auf der Suche nach einem Ausweg aus der Überreiztheit begann Fechner etwas, das er als »ascetische Übungen« (Fechner, 2004, Bd. 1, S. 193; zit. n. Baranowski, 2012, S. 26) bezeichnete – introspektive Versuche, die Kontrolle über den eigenen Gedankenlauf wiederzugewinnen. Im Tagebuch sind sie detailreich dokumentiert:

> »ich setzte ferner eine andere Uebung noch fort [...] die darin besteht, meine Gedanken mit Gewalt zu zerstreuen [...] Bald suche ich gar nichts zu denken, bald nur die Außendinge auf mich einwirken zu lassen, bald das Denkvermögen ohne anderen Gedanken als die Absicht dazu sozusagen in den Vorderkopf, die Kopfhöhe oder den Hinterkopf zu treiben; jedenfalls aber nie einen fortgeführten Gedankengang zustande kommen zu lassen« (ebd., S. 26).

Heute würde man diese Übungen vielleicht als eine Art der Achtsamkeitsmeditation beschreiben. Teilweise gingen sie in systematischere Experimentalsituationen über, bei denen Fechner die erzwungene sensorische Deprivation nutzte, um eine bestimmte Empfindungsart isoliert zu betrachten. Hierbei sprach er ausdrücklich von »Versuchen« oder »Versuchszeit« und hielt Auffälligkeiten protokollarisch fest:

> »Heute früh ging ich, wie gewöhnlich, eine Stunde lang mit verbundenen Augen im Garten, indem ich mir vornahm, so viel möglich gar nichts zu denken, sondern blos das Ohr und Gehirn dem sinnlichen Eindruck der einzelnen hörbaren Töne passiv preis zu geben [...]. Sehr beträchtlich war bei diesen Versuchen der Einfluss der Aufmerksamkeit auf die Perception der Töne« (Fechner, 2004, Bd. 1, S. 66).

Die aus Not begonnenen »ascetischen Übungen« könnten dem späteren experimentellen Vorgehen vorgegriffen haben. Mit Sicherheit jedoch haben sie das Nachdenken Fechners über die Gesetzmäßigkeiten des Empfindens befördert und konzentriert.

Ein wichtiger theoretischer Bezugspunkt für die Entwicklung der Psychophysik ist das Werk Johann Friedrich Herbarts, mit dem Fechner nachweislich bereits in der Zeit vor der Krankheit vertraut war.[3] Entgegen Kants Diktum,

---

3 Vgl. Heidelberger, 1993, S. 45. Als Beleg zitiert Heidelberger einen Anhänger Herbarts, den Leipziger Mathematiker und Philosophen Moritz Wilhelm Drobisch, der berichtet, Herbarts Werk 1824 durch Fechner kennengelernt zu haben. Leipzig sei, so Heidelberger, zudem »das Zentrum der deutschen Herbart-Schule« gewesen.

dass es eine wissenschaftliche Psychologie nicht geben könne[4], hatte Herbart in seinem *Lehrbuch zur Psychologie* (Herbart, 1816) und insbesondere der zweiteiligen Programmschrift *Psychologie als Wissenschaft* (Herbart, 1824/25) versucht, eine Mathematisierung des Psychischen nach dem Vorbild der exakten Wissenschaften zu etablieren. Dass in der Welt des Gefühls »alles als kommend und gehend, als schwankend und schwebend; mit einem Worte, als etwas, das stärker und schwächer wird« zu beschreiben sei, verstand er dabei im Gegensatz zu Kant nicht als Hemmnis, sondern gerade als Ansatzpunkt für diese Mathematisierung, denn »in jedem der eben gebrauchten Ausdrücke liegt ein Grössenbegriff« (Herbart, 1824, Bd. 1, S. 18).

Allerdings forderte Herbart zwar, die »Statik und Mechanik des Geistes« (Herbart, 1816, S. 11) in mathematischen Verhältnissen abzubilden, lehnte das Experiment als Mittel der Gewinnung solcher Zusammenhänge jedoch ab. Die Erforschung des Seelischen blieb bei ihm ein durch Spekulation und Intuition geleitetes Projekt. Fechner teilte die Orientierung an der Physik, bestand aber auf der empirischen Messung und dem Experiment als Ausgangspunkt. In der Folge äußerte sich Fechner in der Regel kritisch zu Herbart, festigte dabei jedoch gerade im Widerspruch zu ihm seine eigene Position (vgl. Heidelberger, 1993, S. 48–50). Eine weitere theoretische Quelle stellen auch die Schriften Hermann Lotzes dar, die Fechner sich während der Krankheitsjahre vorlesen ließ. Lotzes Ablehnung des Vitalismus teilte er ebenso wie die gleichzeitige Verteidigung einer Besonderheit des Seelischen (vgl. dazu den Beitrag von Wolfradt in diesem Band).

Fechner entwickelte als Antwort auf die Leib-Seele-Frage früh einen Seelenbegriff, bei dem physiologischer Körpervorgang und subjektives Erleben als lediglich zwei unterschiedliche Erscheinungsweisen der gleichen Sache gesehen werden. Weder ist das eine dabei reduzierbar auf das andere, noch handelt es sich im Sinne des Descart'schen Dualismus um zwei getrennte Welten, die kausal in ungeklärter Weise (und mit ebenso unklarer Priorität) aufeinander einwirkten. Stattdessen gebe es eine einzige »Substanz«, die auf unterschiedlichen Stand-

---

4 Nach Kant ist Psychologie nur als individuelle introspektive, nicht als »eigentliche« Wissenschaft denkbar. Von einer solchen könne nur in dem Maße gesprochen werden, in dem »darin Mathematik anzutreffen sei« (vgl. Kant, 1998 [1786], S. 14). Anders als in den äußeren Erscheinungen sei in denen der Seele »alles im kontinuierlichen Flusse und nichts Bleibendes« (Kant, 1998 [1781], Bd. 2, S. 384). Als solche seien Regungen des subjektiven Erlebens quantifizierenden Messungen daher nicht zugänglich und eine rationale Psychologie nicht möglich.

punkten verschieden erscheint: von außen betrachtet als physisches Phänomen und von innen als psychische (Selbst-)Erscheinung.[5] Die Unterscheidung von Geist und Materie wird damit zu einer Frage der Blickrichtung.

Fechners Position, die ihre Vorläufer in der Philosophie von Spinoza und Leibniz hat, wurde später als »Psychophysischer Parallelismus« zu einer beherrschenden Sichtweise in der zweiten Hälfte des 19. Jahrhunderts, wobei er als »Kampfbegriff und Ausweis der neuen Wissenschaftlichkeit« (Wegener, 2009, S. 283) bei der Etablierung der noch jungen Disziplinen Neurologie und Psychologie eingesetzt wurde. Fechner selbst verwendete diesen Begriff allerdings nicht und sprach häufiger von der »Identitätsansicht«, eine Formulierung, die noch von der Beeinflussung durch Schelling und Oken zeugt (Heidelberger, 2000, S. 53f.). In der Tat gelangte Fechner früh zu dieser Sicht. Bereits 1823 sprach er in seiner Habilitationsschrift *Prämissen einer allgemeinen Theorie der Organismen* von einer Parallelität zwischen Seele und Körper und merkte den für ein künftiges Forschungsprogramm entscheidenden Punkt an – aus der Annahme ließe sich die Möglichkeit ableiten, das unbekannte Eine aus dem bekannten Anderen zu konstruieren: »Parallismus strictus existit inter animam et corpus, ita ut ex uno rite cognito, alterum construi posit.« In der Übersetzung von Mai Wegener: »Es existiert ein strenger Parallelismus zwischen Seele und Körper, so dass aus dem einen, soweit erkannt, das andere konstruiert werden kann« (Fechner, 1823, S. 23; zit. n. Wegener, 2009, S. 284). Nach der Krankheit führte er den Gedanken umfangreich und systematisch in *Zend Avesta* (Fechner, 1851) aus, einer naturphilosophischen Schrift, die bereits als Zusatz ein Kapitel *Kurze Darlegung eines neuen Prinzips mathematischer Psychologie* enthält. Damit ist die wichtigste Voraussetzung für die Entwicklung der Psychophysik als exaktem Forschungsprogramm gegeben: Ein Parallelismus zwischen körperlichen und seelischen Regungen, der es erlauben sollte, wie Fechner später im Tagebuch formulierte, »die geistige Intensität [...] als eine Function der körperlichen, d. h. der lebendigen Kraft des Körpers, darstellen [zu] lassen« (Fechner, 2004, Bd. 1, S. 409).

Es fehlten nur noch ein Verfahren, um die subjektiven Erscheinungen auf etwas materiell Realisiertes und damit Messbares zu beziehen, sowie eine Skala, um das Maß der Empfindung in standardisierbaren Einheiten auszudrücken. Fündig wurde Fechner hierbei bei dem ihm bereits seit dem Medizinstudium bekannten Leipziger Professor Ernst Heinrich Weber. Weber hatte experimentelle Untersuchungen zum Beispiel zum Heben von Gewichten angestellt, in denen bei

5 Es handelt sich nach Heidelberger (2000, S. 54) um einen »ontologischen Monismus« mit »Dualität der Perspektive«.

konstantem Ausgangsgewicht anhand von unterschiedlichen Vergleichsgewichten jener Zuwachs an Reizintensität bestimmt werden sollte, der als eben merklich empfunden wird. Aus den von Weber (1834) publizierten Daten formulierte Fechner das *Weber'sche Gesetz*, das besagt, dass der Schwellenwert des gerade noch bemerkbaren Reizunterschiedes in einem konstanten Verhältnis zum Ausgangswert des Reizes steht. Damit zeigte Fechner erstens, dass sich Gesetzmäßigkeiten der Psyche experimentell finden und mathematisch exakt beschreiben lassen. Zweitens operationalisierte er die von Weber entdeckten Unterschiedsschwellen für die gesuchte Skaleneinteilung. Zur Einheit der Skala der Empfindungsintensität wurde die (erlebte) Intensitätszunahme bei einer (exakt messbaren) Erhöhung der Reizstärke um den Betrag einer Unterschiedsschwelle.

Schließlich gelang Fechner am 22. Oktober 1850 ein Durchbruch: die Formulierung der psychophysischen Maßformel $\gamma = k \cdot \log \beta/b$, die das Verhältnis zwischen Stärke eines Reizes und Intensität der Empfindung als logarithmische Abhängigkeit beschrieb.[6] Fechner selbst fasste ihren Inhalt so zusammen:

> »In Worte übersetzt, lautet die Maßformel: Die Größe der Empfindung (γ) steht im Verhältnisse nicht zu der absoluten Größe des Reizes (β), sondern zu dem Logarithmus der Größe des Reizes, wenn dieser auf seinen Schwellenwert (b) [...] bezogen wird [...], kurz, sie ist proportional dem Logarithmus des fundamentalen Reizwertes« (Fechner, 1860, Bd. 1, S. 43).

Die Empfindungsgröße erwies sich demnach als in gesetzmäßiger Weise mit der physischen Reizstärke verbunden, und zwar nicht linear, sondern logarithmisch gedämpft. In den folgenden zehn Jahren prüfte Fechner den Ansatz in zahlreichen Experimenten für verschiedene Sinnesmodalitäten. 1860 präsentierte er die Ergebnisse in seinem zweibändigen Hauptwerk *Elemente der Psychophysik* und begründete damit die Psychophysik als Disziplin. Durch Fechners bahnbrechenden Fund und die verschiedenen, in diesem Werk beschriebenen Methoden zur Schwellenbestimmung wurde ein experimenteller, messender Zugang zum Psychischen etabliert. Damit gelang, was Kant und auch Herbart noch für unmöglich gehalten hatten. Wilhelm Wundt und andere legten in Fechners Nachfolge die weiteren Grundlagen für die Entwicklung der Experimentalpsychologie als Disziplin.

---

6 Benetka (2002, S. 45) hebt den wichtigen Punkt hervor, dass Fechner dieses Gesetz nicht experimentell herleitete, sondern zunächst spekulativ formulierte und erst im Nachhinein verifizierte.

Neben der bis hierhin beschriebenen »äußeren Psychophysik«, die das Verhältnis von Reiz und Erleben betrifft, enthalten die »Elemente« auch spekulative Erwägungen über eine »innere Psychophysik«, die die Verbindung zwischen Reiz, körperlicher Reaktion (also sensorisch-neuronalem Prozess) und Erleben umfasst. Als deren Grundlage vermutete Fechner eine resonante Anregung zwischen oszillatorischen äußeren Reizen und ebensolchen Prozessen im Körper:

> »Die wichtigsten Sinnesreize, der Licht- und Schallreiz, sind oszillatorischer Natur, und wie sie auf Oszillationen ruhen, regen sie auch unstreitig oszillatorische Vorgänge in uns an, deren Amplitude und Periode mit der der äußeren Oszillationen in Beziehung steht« (Fechner, 1860, Bd. 2, S. 198).

Mit der Interaktion von Schwingungsmustern erklärte Fechner später nicht nur Phänomene des Gedächtnisses[7] oder den Wechsel von Schlaf und Wachen[8], sondern auch ästhetische Phänomene, bei denen die »Wohlgefälligkeit« darauf zurückzuführen sei, dass etwa ein Farbenmuster oder eine Tonfolge mit den Schwingungen der Nerven »zusammenstimme« (Fechner, 1876, Bd. 1, S. 79).

Die äußere Psychophysik hat nach wie vor ihren festen Platz in der Geschichte des Faches. Doch auch was Fechner spekulativ über innere Psychophysik als »Oszillationshypothese« entwickelte, erscheint im Rückblick erstaunlich treffsicher.[9] Ebenso ist der Psychophysische Parallelismus eine Denkfigur, die nach der Wende zum 20. Jahrhundert als explizite Position zwar aus den Debatten verschwand, heute jedoch vor dem Hintergrund der Konjunktur der bildgebenden Neurowissenschaften wieder »stumm gegenwärtig« ist als »allgemein bereit

---

7 »Die neu erzeugten Schwingungen nehmen unter dem Einflusse der von früheren Schwingungen hinterlassenen Einrichtungen von selbst die Form der früheren an« (Fechner, 1882, S. 297).

8 »Schlaf und Wachen hängen unstreitig an einer größeren Oszillation der lebendigen Kraft unserer psychophysischen Bewegungen. […] Mehr als wahrscheinlich hängt auch jede Empfindung insbesondere an irgendwelchen nur sehr kleinen Oszillationen psychophysischer Tätigkeit. Falls die Tatsache der Schwelle in das Elementare reicht, können diese Oszillationen nur während eines Teiles der Zeit über der Schwelle sein […]; da ihre Geschwindigkeit periodisch bis auf Null herabkommt« (Fechner, 1860, Bd. 2, S. 62f.).

9 Wie oszillatorische Synchronisation oder Überlagerung der Aktivitätswellen verschiedener Frequenzen Informationen kodieren und Wahrnehmungen, Lernvorgänge und andere kognitive Funktionen beeinflussen, ist Gegenstand aktueller Forschung mit EEG und MEG. Natürlich sind diese Prozesse nicht identisch mit den von Fechner postulierten Vorgängen. Aber eine gewisse Wesensverwandtschaft lässt sich nicht übersehen.

liegende Formulierung des Verhältnisses von Körper und Seele«[10], wie die Wissenschaftshistorikerin Mai Wegener (2009, S. 278) schreibt. Die Psychophysik und der Psychophysische Parallelismus bleiben damit aktuell. Ihre zum Teil spekulative Herkunft und der Einfluss der romantischen Naturphilosophie werden dabei häufig ignoriert; sie verweisen jedoch darauf, dass die Ideen Fechners nicht allein naturwissenschaftlichem Denken entsprangen, sondern der produktiven Verknüpfung breit gestreuter wissenschaftlicher Interessen.

Panpsychismus

Da Fechner im Empfindungsleben lediglich die andere Seite des Materiellen sah, lag es nahe, ein solches nicht nur bei den Menschen und Tieren zu vermuten. Der Vorstellung eines rudimentären pflanzlichen Bewusstseins widmete er 1848 die umfangreiche Schrift *Nanna oder über das Seelenleben der Pflanzen*. Sein Anliegen war es, »ihnen eine eigene Seele beizulegen und ihren Verkehr mit dem Lichte psychisch auszulegen« (Fechner, 1848, S. VIII).

Schon damals stand Fechner damit auf verlorenem Posten. Um die Jahrhundertmitte herrschte Konsens darüber, dass Pflanzen nicht fühlen. Physiologen und die Mehrheit der botanischen Forscher sahen das Empfinden bereits als Produkt der Nerven an. Da Pflanzen über diese nicht verfügen, erübrigte sich die Diskussion um ein mögliches botanisches Gefühlsleben. Trotz heftiger Kritik, insbesondere durch den anerkannten Botaniker Schleiden, hielt Fechner unbeirrt an seiner Ansicht fest und baute sie später aus zur Theorie der »Allbeseelung«. Unter *Anknüpfungspunkt der Psychophysik an Naturphilosophie und Religion* widmete er ihr sogar ein eigenes Kapitel in den *Elementen der Psychophysik* (Fechner, 1860, Bd. 2, Kap. XLV, S. 526–543). Hier wird die innere Psychophysik im Sinne einer Kosmologie gedeutet, in der eine Kontinuität der Empfindung, mit Schwingungen und Wellen als materieller Erscheinungsweise, das gesamte Universum durchzieht.

Wer zum ersten Mal von der Sichtweise des Panpsychismus hört, wird sicher eine eher historische als aktuelle Bedeutung annehmen. Tatsächlich aber wird die

10 Vor dem Hintergrund der gewaltigen Konjunktur der »Forschungsansätze, die zu psychischen Prozessen den ›nervösen Parallelvorgang aufsuchen‹«, scheine die Parallelitäts-Annahme »eher implizit als eine allgemein bereit liegende Formulierung des Verhältnisses von Körper und Seele mitzulaufen. […] Die Figur des Parallelismus ist im heutigen Diskurs somit eher stumm gegenwärtig; als widerlegt gilt sie nicht« (Wegener, 2009, S. 278).

Position heute von einer Vielzahl renommierter Philosophen vertreten. Varianten werden etwa von Thomas Nagel (1979), David Skrbina (2005) und Galen Strawson (2006) als eine mögliche Antwort auf die Frage nach dem »hard problem of consciousness«[11] betrachtet, also auf die Frage, wie das Bewusstsein aus der Materie entsteht. Von diesen und weiteren Autoren (z. B. auch Spät, 2010 u. Koch, 2012) wurde die Position in zahlreichen Aufsätzen und Buchveröffentlichungen entwickelt.[12]

Bemerkenswerterweise vertritt mit Christof Koch auch ein bekannter Hirnforscher einen – als »scientifically refined« (Keim, 2013) bezeichneten – Panpsychismus. Der Leiter des *Allen Institute for Brain Science* in den USA, eines der weltweit führenden Standorte für neurobiologische Grundlagenforschung, bekennt sich zu dieser Position unter anderem in seinem 2012 erschienenen Buch *Consciousness: Confessions of a romantic reductionist* (Koch, 2012). Koch arbeitet zudem mit dem Psychiater Giulio Tononi an einer testbaren Theorie des Bewusstseins, der *Integrated Information Theory* (Tononi, et al. 2016), aus deren Axiomen panpsychistische Schlüsse gezogen werden können.

Der Panpsychismus ist heute nach der *Stanford Encyclopedia of Philosophy* die wichtigste Konkurrenz-Position zur vorherrschenden Doktrin des Emergentismus.[13] Die beiden Positionen geben unterschiedliche Antworten auf die Frage nach der Herkunft des Bewusstseins. Die Ansicht des Emergentismus ist, dass ein komplexes System wie das Gehirn Bewusstsein entwickeln kann, obwohl die Einzelbausteine – wie Atome, Proteine, Synapsen, Nervenzellen – für sich selbst keine mentalen Eigenschaften haben. Das würde heißen, dass es für die nichtmentale Materie nur ausreichend komplexer Kombination bedarf, um diese Eigenschaften zu entwickeln. Das Mentale wäre dann keine eigene Welt, aber auch nicht wie bei Fechner eine fundamentale Eigenschaft, sondern als nachgeordnete Funktion der Materie lediglich eine Art Nebenprodukt von Komplexität.

Im Gegensatz dazu geht der Panpsychismus in seinen verschiedenen Varianten davon aus, dass auch bei größter Komplexität keine Eigenschaften aus dem Nichts entstehen, sondern die einzelnen Bausteine diese schon im Ansatz in sich

11 David Chalmers prägte diese Formulierung in seinem einflussreichen Aufsatz *Facing up to the problem of consciousness* (Chalmers, 1995), der zu einer Wiederentdeckung des Themas nicht nur in der Philosophie führte.

12 Einen Überblick bieten die Sammelbände von Skrbina (2009) und Brüntrup & Jaskolla (2017).

13 Abgesehen von dualistischen und idealistischen Positionen. Vgl. dazu Seager, Goff & Allen-Hermanson (2015)

tragen müssen. Da das Mentale unstreitig existiert, ziehen Panpsychisten die radikal erscheinende Schlussfolgerung, dass einfachste Partikel demnach selbst schon eine mentale Seite haben und Bewusstsein bereits in den materiellen Bausteinen angelegt sein muss. Eine Art Empfindungsfähigkeit wäre so, wenn auch in rudimentärer Form, in jedem materiellen System zu vermuten. Das entspräche im Ergebnis Fechners Ansicht von Materie und Geist als Erscheinungsweisen ein und derselben Sache, also dem Psychophysischen Parallelismus. Es wird damit deutlich, dass die Diskussion um den Panpsychismus, zu dessen wichtigsten Vertretern Fechner im 19. Jahrhundert gehörte, keine fernliegende historische Kuriosität ist, sondern aktuelle Relevanz in der heutigen neurowissenschaftlichen Forschung und Philosophie des Geistes besitzt.

Die »experimentelle Ästhetik«

Das Feld, auf dem Fechners Schaffen derzeit seine größte Konjunktur erlebt, ist jedoch die Ästhetik. Der aus der Psychophysik bekannten Vorgehensweise folgend, versuchte er, auch dieser traditionell deduktiven Disziplin eine empirische Grundlage zu geben. In der zweibändigen *Vorschule der Ästhetik* – der Titel ist von Jean Paul (1804) entlehnt – stellte er den Ansatz 1876 vor. Die zwei Bände der *Vorschule* werden von Fechner nicht als großer Systementwurf präsentiert, sondern, zum Teil auch unter Rückgriff auf ältere Schriften, als eine nicht allzu streng systematische Zusammenstellung von Ideen, Überlegungen und Grundbegriffen für eine »Ästhetik von Unten«, die er von der philosophischen »Ästhetik von Oben« abgrenzte. Statt neue Definitionen, Einteilungen und Regeln des Schönen aufzustellen wie seine Vorgänger, sollten »ästhetische Tatsachen« (Fechner, 1876, Bd. 1, S. 5), konkrete objektiv belegbare Relationen mit einer experimentellen Vorgehensweise ins Visier genommen werden. Dabei sei eine übergreifende »Ästhetik von Oben« im Sinne eines begrifflichen Systems von Definitionen zwar als Projekt der Zukunft durchaus denkbar, jedoch nur aufsetzend auf zuvor zu leistende empirische Forschung. Bis dahin, schreibt Fechner polemisch, »scheinen mir alle unsre Systeme philosophischer Ästhetik Riesen mit tönernen Füßen« (ebd., S. 1).

Das Forschungsprogramm, das er dagegen setzte, soll hier kurz umrissen werden. Im Anschluss wird die Geschichte des ersten größeren Feldversuchs erzählt und auf neuere Entwicklungen wie die »Neuroästhetik« eingegangen.

Zunächst definierte Fechner die Basisbegriffe, von denen sein Programm ausgehen sollte. Während für Herbart in seiner Ästhetik »Gefallen« und

»Missfallen« im Zentrum gestanden hatten, sah Fechner diese als noch weiter rückführbar auf »Lust« und »Unlust« an, die demnach die grundlegenden »ästhetischen Gefühle« darstellen (ebd., S. 8–12). Den Vorgang der ästhetischen Wirkung unterteilte er in zwei »Factoren der Schönheit« (ebd., S. 118): zum einen die reine Wahrnehmung des unmittelbaren Sinneseindrucks als »directer Factor« und zum anderen den hinzukommenden »associierten Factor«, durch den erst die Zuweisung der »Mitbestimmungen« Lust und Unlust erfolgt.

Fechner nennt sechs »ästhetische Principien« des Zustandekommens ästhetischer Eindrücke: Das »Princip der ästhetischen Schwelle« besagt, dass auch in der Ästhetik die Registrierung eines Eindrucks erst ab einer gewissen Intensitätsschwelle beginnt. Nach dem »Prinzip der ästhetischen Hülfe oder Steigerung« folgt dabei aus dem »widerspruchslosen Zusammentreffen von Lustbedingungen« (ebd., S. 51) ein überproportional gesteigertes Lustempfinden. Drei »Formalprincipien« erläutern, wie bestimmte formale Konflikte die ästhetische Wirkung zerstreuen können bzw. formale Kohärenz die Wirkung erhöht.[14] Die größte Bedeutung hat jedoch das »aesthetische Associationsprincip«, nach dem ästhetisches Urteilen ganz wesentlich vom »associierten Factor« bestimmt wird.[15] Ohne die von ihnen aktivierten Assoziationen würden unmittelbare Sinneseindrücke bedeutungslos bleiben. Wald und See wären dann etwa lediglich grüne und blaue Flecken im Sichtfeld. Erst die »Resultante« der Vorstellungen und Erinnerungen, die sich an sie knüpfen, erzeuge den Gesamteindruck: »Jedes Ding [...] ist für uns geistig charakterisiert durch eine Resultante von Erinnerungen an Alles, was wir je bezüglich dieses Dinges und selbst verwandter Dinge [...] erfahren, gehört, gelesen, gedacht, gelernt haben« (ebd., S. 93).

---

14 Dies sind das »Prinzip der einheitlichen Verknüpfung des Mannigfaltigen«, das »Prinzip der Widerspruchslosigkeit« und das »Prinzip der Klarheit« (Fechner, 1876, Bd. 1, S. 53ff.). Aus diesen Prinzipien ergeben sich auch Empfehlungen an die Künstler: Durch geeignete Zusammenstellung und Komposition der »Anknüpfungspunkte der Associationen« kann der Künstler die ästhetische Wirkung erhöhen, indem er Wirklichkeit so gestaltet, dass die real vorhandenen ideellen Beziehungen besonders konfliktfrei sichtbar sind. Vgl. Ritzer, 2003, S. 140f.

15 Die einzige Ausnahme hiervon stellt die Musik dar, bei der der direkte Faktor überwiegt (Fechner, 1876, Bd. 1, S. 158ff.) und die Fechner nur knapp behandelt, was mit seiner nach eigener Einschätzung »großen Unwissenheit in musikalischen Dingen« erklärt werden kann. Vgl. hierzu Fechners Brief an Bettina von Arnim vom 15. Mai 1853; Gustav-Theodor-Fechner-Gesellschaft Leipzig, 2001.

Was dabei mitaktiviert wird – Fechner nennt etwa das Beispiel einer Orange, die automatisch an Italien und alles, was damit zusammenhängt, erinnert: der Süden, die Sonne, die Antike –, verbindet sich also zu einer Lustempfindung von bestimmter Intensität. Vorstellungsinhalte verknüpfen sich dabei assoziativ und unterschiedlich fest miteinander. Anschaulich wird dies mit dem Bild des »Gewebes« erklärt:

> »Schlagen wir einen Punkt eines gespannten Gewebes irgendwo an – unser gesamter Vorstellungszusammenhang aber ist so einem Gewebe vergleichbar – so zittert das ganze Gewebe, nur die Punkte am stärksten, die dem angeschlagenen Punkte zunächst liegen und durch die stärksten und gespanntesten Fäden damit zusammenhängen« (ebd., S. 111).

Im Weiteren widmet sich Fechner vor allem den Methoden der künftigen induktiv-empirisch verfahrenden Ästhetik. Gegenstand der Analyse konnte dabei nur die Seite der äußeren Psychophysik sein.[16] Um objektivierbare, der Messung zugängliche Aspekte zu isolieren, mussten vor allem nicht kontrollierbare und individuelle Einflussgrößen, Störfaktoren also, minimiert werden. Möglichkeiten zu dieser Minimierung beschrieb Fechner bereits in *Zur experimentalen Ästhetik* aus dem Jahr 1871:

> »Direct kann man den Grad der Wohlgefälligkeit oder Missfälligkeit [...] nicht messen [...], aber man kann das Mass andershin übertragen, indem man die Personen zählt, die dem einen und die dem anderen Verhältnisse [...] bei gleicher Möglichkeit der Wahl den Vorzug geben« (Fechner, 1871, S. 44).

Der methodische Zugang erfolgt also über die Statistik. Fechner unterscheidet hierfür verschiedene Gruppen von Präferenztests: die Methode der Wahl, die Methode der Herstellung und die Methode der Verwendung:

> »Nach der ersten lässt man viele Personen zwischen den hinsichtlich ihrer Wohlgefälligkeit zu vergleichenden Formen oder Formverhältnissen wählen, nach der zweiten das nach ihrem Geschmack Wohlgefälligste durch sie selbst herstellen, nach

16 Da es keinen experimentellen Zugang zur inneren Psychophysik gab, musste Fechner sich zur Erklärung der inneren Ursachen ästhetischer Wirkung auf spekulative Erwägungen beschränken, die sich um den Resonanzbegriff und ein »Zusammenstimmen« der äußeren und inneren Schwingungen drehen. Vgl. Fechner, 1876, Bd. 1, S. 79.

der dritten misst man im Gebrauche vorkommende Formen oder Formverhältnisse« (Fechner, 1876, Bd. 1, S. 190).

Die *Vorschule* enthält verschiedene Beispiele für die Anwendung dieser Vorgehensweise, Untersuchungen etwa zu dem als besonders wohlgefällig geltenden Verhältnismaßes des Goldenen Schnitts (ebd., S. 184) oder den synästhetischen Farbeindrücken durch verschiedene Vokale (ebd., S. 315). Das umfangreichste praktische Experiment jedoch betraf die Malerei: 1871 (also chronologisch vor dem Erscheinen der *Vorschule*) bot sich Fechner die Gelegenheit für einen größeren Feldversuch. Hintergrund war der sogenannte Holbeinstreit um ein von Hans Holbein dem Jüngeren 1526 gemaltes Madonnenbildnis, das eines der wichtigsten Werke im Bestand der Dresdener Gemäldegalerie darstellte. Allerdings gab es noch eine zweite Fassung, die im Residenzschloss in Darmstadt aufbewahrt wurde. Im 19. Jahrhundert entbrannte ein kunsthistorischer Disput darüber, welches Bild das Original sei. Um den Streit zu entscheiden, wurden beide Gemälde 1871 in Dresden nebeneinander gezeigt. Die führenden Kunsthistoriker der Zeit reisten an, um sie in Augenschein zu nehmen. Schließlich wurde die Darmstädter Madonna für echt erklärt. Fechner nutzte die Gelegenheit für ein, wie er es nannte, »öffentliches ästhetisches Experiment« (ebd., S. VI). Vom 15. August bis zum 15. Oktober 1871 führte er mittels eines auf der Ausstellung ausgelegten Albums eine Publikumsbefragung durch. Fechner fragte ausdrücklich nicht nach Echtheit, sondern wollte wissen, welches Bild und welcher Madonnenkopf einen »vorteilhaftern, ansprechendern, werthvollern Eindruck auf den Beschauer macht« (Fechner, 1872, S. 6). Erfragt wurden auch der volle Name und weitere Angaben zur Person (Titel, Stand). Das Ziel dieser Bemühungen war eine Art »Ästhetische Statistik« (ebd., S. 9) statt der Aufzeichnung einzelner Kennerstimmen.

Dem Unternehmen war allerdings kein großer Erfolg beschieden. Bei Weitem nicht genügend Personen nahmen teil – von knapp 12 000 Besuchern gab es lediglich 113 Eintragungen, von denen nur 35 halbwegs auswertbar waren. Fechner sah sich zudem heftigsten Angriffen der Kunstpresse ausgesetzt (ebd., S. 13f.). Viele warfen ihm vor, er hätte das Echtheitsurteil der ungebildeten Masse überantwortet, was er ausdrücklich nicht wollte. Dem gleichen Missverständnis erlagen aber auch viele der Besucher, was die gewonnenen Daten für sein Anliegen mehr oder weniger unbrauchbar machte. Offenbar wurde die recht umfangreiche Aufgabenstellung von den Teilnehmern nicht genau genug gelesen. Fechner musste sein Projekt vorerst für gescheitert erklären. Zugleich äußerte er die Hoffnung, dass aus dem Misserfolg praktische Lehren für Nachfolge-Experimente gezogen werden könnten, da er überzeugt war »dass man den Gesichtspuncten, aus denen es unternommen worden, noch einmal mehr Gerechtigkeit wird widerfahren lassen« (ebd., S. 24).

Tatsächlich erfuhr Fechners Modell bereits wenige Jahre nach seinem Tod eine erste Popularitätswelle im literarischen Naturalismus. Gefeiert wurde die *Ästhetik von unten* gegen Ende der 1880er Jahre besonders von den Programmatikern der Bewegung, wie Wilhelm Bölsche (vgl. Ritzer, 2003, S. 143). Zudem entwickelte sich im ausgehenden 19. sowie im Verlauf des 20. Jahrhunderts das breit gefächerte Feld der Psychologischen Ästhetik. Obwohl auf Fechners Vorstoß in der etablierten, philosophisch-kunstwissenschaftlich orientierten Ästhetik zunächst mit empörter Ablehnung reagiert worden war, erfreute sich der empirische Zugang zu Beginn des 20. Jahrhunderts für einige Zeit großer Beliebtheit. In den Jahrzehnten darauf verlor er allerdings wieder an Anziehungskraft.[17] Die weitere Entwicklung und Aufspaltung des Fachs kann hier nicht im Einzelnen dargestellt werden. Einen Überblick geben Christian Alleschs *Geschichte der Psychologischen Ästhetik* und *Einführung in die Psychologische Ästhetik* (Allesch, 1987 u. 2006). Heute gibt es laut Allesch (2008, S. 6) viele spezialisierte Subdisziplinen mit einer Reihe von »Partialästhetiken«, etwa für Literatur und Sprache, Musik und Klangerleben oder Medienästhetik, aber keine »gemeinsame theoretische Klammer«.

Im 20. Jahrhundert mag einen auch Pierre Bourdieus Kunstsoziologie an Fechners Versuche ästhetischer Feldforschung erinnern.[18] Bourdieu baute für Untersuchungen wie *Die feinen Unterschiede* (Bourdieu, 1987) ebenfalls auf Befragungen, um die Vorlieben unterschiedlicher sozialer Klassen und Bildungsschichten zu analysieren. In seinem späten Buch *Die Regeln der Kunst* (Bourdieu, 1999) formulierte er dann Anfang der 1990er Jahre den Anspruch, die ganze als

17 Unter anderem deshalb, weil sich komplexe ästhetische Reize nur schwer in experimentalpsychologische Versuchsabläufe einpassen ließen (vgl. Allesch, 2008, S. 4).

18 Dass sich Bourdieu dabei nirgendwo ausdrücklich auf Fechner bezieht, könnte mit der »vorsätzlichen Amnesie« zu tun haben, durch die Bourdieu in der Nachschrift seiner Untersuchung über *Die feinen Unterschiede* (Bourdieu, 1987, S. 756) rechtfertigt, dass »in diesem Geschmack und Kunst gewidmetem Text kein einziger Rekurs auf die Tradition der philosophisch-literarischen Ästhetik zu finden ist«. Natürlich eine »Auslassung mit Vorbedacht«: Wie Fechner vermeidet es Bourdieu sehr bewusst, die Erhebungen mit Diskussion der ästhetischen Theorie zu vermengen und so Gefahr zu laufen, die Richtung und Unvoreingenommenheit des empirischen Forschers zu verlieren. Beide nehmen die traditionellen Positionen zwar pflichtschuldig zur Kenntnis und setzen sich mit ihnen auseinander, beide trennen diese Abschnitte aber vom eigentlichen Kern ihrer Untersuchungen ab.

unfruchtbar empfundene Begriffsbildung der akademischen Ästhetik durch eine empirische Theorie zu ersetzen. Wie bei Fechner zog dies einiges an Abwehr auf sich. So schrieb etwa der Literaturwissenschaftler Karl-Heinz Stierle (1999) in einer Rezension für die Wochenzeitschrift *DIE ZEIT*: »Offensichtlich glaubt Bourdieu noch immer, wovon man in den sechziger Jahren einmal geträumt hat, an die Soziologie als Meisterwissenschaft, die die Möglichkeiten aller übrigen Wissenschaften begründet.«

Damals scheint es also noch die Soziologie gewesen zu sein, die überzogene Deutungsansprüche stellte (oder der man das jedenfalls unterstellte). Dies wäre eine interessante Parallele zur heutigen Debatte um die Neurowissenschaft und könnte vielleicht einen Ansatz für einen historischen Vergleich bieten.

Die eigentliche Popularitätsexplosion der empirischen Ästhetik ist jedoch ein Phänomen des 21. Jahrhunderts. Der Fechner'sche Ansatz kehrt dabei in Gestalt der »Neuroästhetik« zurück. Die Entwicklung des heute florierenden Forschungsgebietes geht auf die Zeit um die Jahrtausendwende zurück. Es war zunächst vor allem der auf das visuelle System des Gehirns spezialisierte Londoner Hirnforscher Semir Zeki, der in diesen Jahren begann, für eine neurowissenschaftliche Erforschung der Kunst zu werben: »The future field of what I call neuroesthetics will, I hope, study the neural basis of artistic creativity and achievement, starting with the elementary perceptual process« (Zeki, 2001, S. 52). Dahinter stand die Annahme, »that all human activity is dictated by the organization and laws of the brain: that therefore, there can be no real theory of art and aesthetics unless neurologically based« (Zeki, 2002, S. 54).

Seitdem gibt es eine beständig zunehmende Fülle an Publikationen zum Thema, wie bereits eine bloß kursorische Suche nach dem Begriff »Neuroaesthetics« in Publikationsdatenbanken zeigt. Zeki (2010) und andere Hirnforscher wie Eric Kandel (2012) haben ihre neurobiologische Sicht auf die Künste zudem in erfolgreichen populärwissenschaftlichen Büchern dargelegt. Auch die Presse berichtet gern über das neue Forschungsgebiet. Die Neuroästhetik profitiert dabei zugleich von der Faszination für Kunst und dem aus kommunikationswissenschaftlichen Erhebungen bekannten, persuasiven Vorteil der Hirnforschung, den diese durch die Anschaulichkeit ihrer Visualisierungen und die relative Einfachheit ihrer Erklärungen genießt.[19]

Die Popularität des empirischen Ansatzes schlägt sich auch in Institutionalisierungen nieder. Der bislang größte Schritt zur Etablierung einer Ästhetikfor-

19 Zum Umgang der Wissenschaftsberichterstattung mit bildgebenden Verfahren wie der funktionellen Magnetresonanztomographie vgl. Zekert, 2010, S. 136ff.

schung in der Tradition Fechners erfolgte 2012 mit der Gründung eines neuen *Max-Planck-Instituts für Empirische Ästhetik* in Frankfurt am Main. Einer der Initiatoren, der Germanist Wolfgang Klein, erklärte in einem Interview die Stoßrichtung wie folgt:

> »Der Wissenschaftler fragt nicht: Was ist Schönheit? Er fragt: Was halten bestimmte Leute für schön? Die erste Frage ist eine Scheinfrage, auf die es keine Antwort gibt. Die zweite lässt sich mit den Methoden der Wissenschaft bearbeiten« (Horeis, 2013, S. 68).

Klein verzichtete dabei auch nicht auf den Vorwurf, dass »die spekulative Betrachtung der Ästhetik in zwei Jahrtausenden nicht ernsthaft vorangekommen« sei, wie man es ähnlich auch schon bei Fechner, den Naturalisten oder Bourdieu las. Verantwortlich dafür sei das »klassische geisteswissenschaftliche« Instrumentarium der bisherigen Ästhetik-Forschung – »interpretierend, nicht empirisch oder experimentell« (ebd., S. 68). Den Fechner'schen Ansatz hob Klein ausdrücklich als eine positive Ausnahme hervor.

Das Max-Planck-Institut hat heute drei Abteilungen: eine für Literatur, in der unter anderem das Konzept einer literature »from below« verfolgt wird (Knoop et al., 2016), sowie eine für Musik und für Neurowissenschaften. In vielfacher Weise bezieht man sich dabei auf Fechner als Vordenker. So findet sich sein Porträt an prominenter Stelle auf der Homepage des Institutes, in einer Reihe mit Aristoteles und Kant.[20] Auch die daneben platzierte Leitfrage »Was gefällt wem warum?« erinnert sicher nicht zufällig an Fechner'sche Formulierungen.[21] Während die historisch-philosophisch ausgerichtete Ästhetik heute unter Bedeutungsverlust und Stellenkürzungen leidet – einer Sparmaßnahme zum Opfer fiel etwa 2007 der einzige Lehrstuhl für Ästhetik in Sachsen am Institut für Kulturwissenschaften der Universität Leipzig –, erfreut sich der empirische, an Fechners frühen Pionierleistungen orientierte Zugang also großer Popularität und Förderung.

Allerdings wird inzwischen auch vermehrt Kritik laut. So unterzogen der Hirnforscher und Künstler Bevil Conway und der Musikwissenschaftler Alex-

---

20 www.aesthetics.mpg.de, abgerufen am 15.01.2017.

21 Etwa: »Von Aesthetikern und Kunstrichtern erfährt man überhaupt immer nur, was gefallen soll; auch die Thatsache aber, was wirklich gefällt, hat ihren Wert, um so mehr, wenn sie sich mit der Thatsache verbindet, wem es gefällt und unter welchen Umständen es gefällt« (Fechner, 1872, S. 10).

ander Rehding die bis dahin unter dem Label »Neuroästhetik« erschienene Literatur einer kritischen Sichtung. Hierbei stellten sie eine Tendenz zu allzu großem Vertrauen auf bildgebende Verfahren und ein Operieren mit einem vage definierten Schönheitsbegriff fest, der die Vergleichbarkeit der experimentellen Ergebnisse beeinträchtige (Conway & Rehding, 2013). Die vermeintliche »Scheinfrage« einer exakten Definition von Schönheit kehrt also schließlich auch für die Neuroästhetik wieder. Hinzu kommen für die Autoren auch grundsätzlichere Zweifel, ob mit der naturwissenschaftlich-reduktionistischen Methode überhaupt Einsichten von Belang über Kunst zu gewinnen seien. Ähnliche Bedenken äußerten auch Christian Allesch (2008, S. 6f.), demzufolge die Erklärung der erlebten inneren Vorgänge im Moment ästhetischer Empfindung von der Hirnforschung auch mit neuen technologischen Möglichkeiten nicht zu fassen sein werde, und Philipp Ball, der in einem Meinungsbeitrag für *Nature News* mit dem herausfordernden Titel *Neuroaesthetics is killing your soul* schrieb:

> »what will a neuroaestetic ›explanation‹ consist of anyway? Indications so far are that it may be along these lines: ›listening to music activates reward and pleasure circuits in brain regions such as the nucleus accumbens, ventral tegmental area and amygdala‹. Thanks, but no, thanks. [...]. There are certain to be generalities in art and our response to it, and they can inform our artistic understanding and experience. But they will never wholly define or explain it« (Ball, 2013).

Wie das letzte Beispiel zeigt, hat die Diskussion eine grundsätzliche Dimension und gewinnt, nicht anders als zu Fechners Zeiten, schnell an Schärfe. Die erste Streitschrift gegen die Neuroästhetik dürfte also nicht lange auf sich warten lassen.

Gustav Theodor Fechners vielseitiges Werk strahlt heute mehr denn je in die unterschiedlichsten Bereiche zwischen Natur- und Geisteswissenschaft aus. Jedes der drei beschriebenen Felder bietet interessante Bezüge zu aktuellen Fragen und Debatten, die sich zur weiteren Vertiefung eignen würden. Dabei ist es besonders Fechners Schaffen abseits der Psychophysik, das heute neue Aktualität gewinnt. Der Panpsychismus, zu dessen wichtigsten Vertretern er im 19. Jahrhundert gehörte, entwickelt sich in der Philosophie des Geistes zur vieldiskutierten Alternative zum Modell des Emergentismus. Zugleich findet eine Wiederbelebung von Fechners Vision einer Ästhetik als exakter Wissenschaft statt, die wesentlich von der Euphorie über neue technologische Möglichkeiten der Hirnforschung getragen wird. Ob die großen Ansprüche der damit etablierten »Neuroästhetik« einlösbar sein werden, bleibt abzuwarten.

Literatur

Allesch, C. G. (1987). *Geschichte der Psychologischen Ästhetik*. Göttingen: Hogrefe.

Allesch, C. G. (2006). *Einführung in die Psychologische Ästhetik*. Wien: Wiener Universitäts-Verlag WUV.

Allesch, C. G. (2008). *Resonanz als Sinnbild ästhetischer Erfahrung*. Vortrag im Rahmen des Braunschweiger Ästhetik-Kolloquiums »Resonanz«, 22.05.2008. https://www.uni-salzburg.at/fileadmin/oracle_file_imports/1751270.PDF.

Ball, P. (2013). *Neuroaesthetics is killing your soul*. Nature News, 22.03.2013. www.nature.com/news/neuroaesthetics-is-killing-your-soul-1.12640 [letzter Zugriff 15.01.2017].

Baranowski, A. (2012). *Abwehr von Transzendenz. Gustav Theodor Fechner und der animalische Magnetismus*. Leipzig: Superbia.

Benetka, G. (2002). *Denkstile der Psychologie. Das neunzehnte Jahrhundert*. Wien: Wiener Universitäts-Verlag WUV.

Bölsche, W. (1887). Vischer und Fechner als Ästhetiker. *Die Gegenwart, 40*, 215–217.

Borgard, T. (1999). *Immanentismus und konjunktives Denken. Die Entstehung eines modernen Weltverständnisses aus dem strategischen Einsatz einer »psychologia prima« (1830–1880)*. Tübingen: Niemeyer.

Bourdieu, P. (1987). *Die feinen Unterschiede. Kritik der gesellschaftlichen Urteilskraft*. Frankfurt: Suhrkamp.

Bourdieu, P. (1999). *Die Regeln der Kunst: Genese und Struktur des literarischen Feldes*. Frankfurt: Suhrkamp.

Brauns, H.-P. (2010). Die Entstehung der Psychophysik – eine individualhistorische Studie G. Th. Fechners. In A. Meischner-Metge (Hrsg.), *Gustav Theodor Fechner – Werk und Wirkung. Ehrensymposium aus Anlass seines 200. Geburtstages und 8. Fachtagung der Fachgruppe Geschichte der Psychologie der Deutschen Gesellschaft für Psychologie* (S. 148–157). Leipzig: Leipziger Universitätsverlag.

Brüntrup, G. & Jaskolla, L. (Hrsg.) (2017). *Panpsychism: Contemporary perspectives*. Oxford: Oxford University Press.

Chalmers, D. (1995). Facing up to the problem of consciousness. *The Journal of Consciousness Studies, 2*(3), 200–219.

Conway, B. R. & Rehding, A. (2013). Neuroaesthetics and the trouble with beauty. *PLoS Biol, 11*(3): e1001504. https://doi.org/10.1371/journal.pbio.1001504.

Fechner, G. T. (1823). *Praemissae ad theoriam organismi generalem*. Leipzig: Staritz.

Fechner, G. T. (1848). *Nanna oder über das Seelenleben der Pflanzen*. Leipzig: Voss.

Fechner, G. T. (1851). *Zend-Avesta oder über die Dinge des Himmels und des Jenseits. Vom Standpunkt der Naturbetrachtung*. 3 Bde. Leipzig: Voss.

Fechner, G. T. (1860). *Elemente der Psychophysik*. 2 Bde. Leipzig: Breitkopf und Härtel.

Fechner, G. T. (1871). *Über die Aechtheitsfrage der Holbein'schen Madonna: Diskussionen und Acten*. Leipzig: Breitkopf und Härtel.

Fechner, G. T. (1871). *Zur experimentalen Aesthetik*. Bd. 6, Nr. 9 der Abhandlungen der Mathematisch-Physischen Classe der Königl. Sächsischen Gesellschaft der Wissenschaften. Leipzig: S. Hirzel.

Fechner, G. T. (1872). *Bericht über das auf der Dresdner Holbein-Ausstellung ausgelegte Album. Mit einigen persönlichen Nebenbemerkungen von Gustav Theodor Fechner.* Leipzig: Breitkopf und Härtel.

Fechner, G. T. (1876). *Vorschule der Aesthetik.* 2 Bde. Leipzig: Breitkopf und Härtel.

Fechner, G. T. (1882). *Revision der Hauptpuncte der Psychophysik.* Leipzig: Breitkopf und Härtel.

Fechner, G. T. (2004). *Tagebücher 1828 bis 1879.* 2 Bde. Hrsg. von Anneros Meischner-Metge. Leipzig: Steiner.

Gustav-Theodor-Fechner-Gesellschaft Leipzig e. V. (Hrsg.) (2001). *Gustav Theodor Fechner. CD-ROM.* Leipzig.

Heidelberger, M. (1993). *Die innere Seite der Natur. Gustav Theodor Fechners wissenschaftlich-philosophische Weltauffassung.* Frankfurt: Klostermann.

Heidelberger, M. (2000). Fechner und Mach zum Leib-Seele-Problem. In A. Arndt & W. Jaeschke (Hrsg.), *Materialismus und Spiritualismus. Philosophie und Wissenschaften nach 1848* (S. 53–67). Hamburg: Meiner.

Herbart, J. F. (1834 [1816]). *Lehrbuch zur Psychologie* (2. verb. Aufl.). Königsberg: Unzer.

Herbart, J. F. (1824/25). *Psychologie als Wissenschaft, neu gegründet auf Erfahrung, Metaphysik und Mathematik.* 2 Bde. Königsberg: Unzer.

Horeis, H. (2013). Wenn wir scheitern, dann bei etwas Großem. Interview mit Wolfgang Klein. *Bild der Wissenschaft, 2,* 68–70.

Ingensiep, H. W. (2011). *Geschichte der Pflanzenseele. Philosophische und biologische Entwürfe von der Antike bis zur Gegenwart.* Stuttgart: Kröner.

Jean Paul (1804). *Vorschule der Ästhetik, nebst einigen Vorlesungen in Leipzig über die Parteien der Zeit.* Hamburg: Perthes.

Kandel, E. (2012). *Das Zeitalter der Erkenntnis: Die Erforschung des Unbewussten in Kunst, Geist und Gehirn von der Wiener Moderne bis heute.* München: Siedler.

Kant, I. (1998 [1781]). *Kritik der reinen Vernunft.* In ders., Werke in sechs Bänden. Hrsg. von Wilhelm Weischedel. Bd. 2. Darmstadt: Wissenschaftliche Buchgesellschaft.

Kant, I. (1998 [1786]). *Metaphysische Anfangsgründe der Naturwissenschaft.* In ders., Werke in sechs Bänden. Hrsg. von Wilhelm Weischedel. Bd. 5. Darmstadt: Wissenschaftliche Buchgesellschaft.

Keim, B. (2013). A neuroscientist's radical theory of how networks become conscious. (Interview mit Christof Koch). *Science,* 14.11.2013. https://www.wired.com/2013/11/christof-koch-panpsychism-consciousness [letzter Zugriff 21.11.2017].

Knoop, C. A., Wagner, V., Jacobsen, T. & Menninghaus, W. (2016). Mapping the aesthetic space of literature »from below«. *Poetics, 56,* 35–49.

Koch, C. (2012). *Consciousness: Confessions of a romantic reductionist.* Cambridge, MA: MIT Press.

Kuntze, J. E. (1892). *Gustav Theodor Fechner. Ein deutsches Gelehrtenleben.* Leipzig: Breitkopf und Härtel.

Lennig, P. (1994). *Von der Metaphysik zur Psychophysik. Gustav Theodor Fechner (1801–1887). Eine ergobiographische Studie* (Beiträge zur Geschichte der Psychologie, Bd. 8). Frankfurt: Peter Lang.

Meischner-Metge, A. (2004). Vorwort. In G. T. Fechner, *Tagebücher 1828 bis 1879.* 2 Bde (S. V-XXXVIII). Leipzig: Steiner.

Nagel, T. (1979). *»Panpsychism« in Nagel's mortal questions.* Cambridge: Cambridge University Press.

Oken, L. (1809). *Lehrbuch der Naturphilosophie.* 3 Bde. Jena: Frommann.

Ritzer, M. (2003). Bild und Sinn. Fechners Ästhetik und ihre Rezeption im 19. Jahrhundert. In U. Fix (Hrsg.), *Fechner und die Folgen außerhalb der Naturwissenschaften. Interdisziplinäres Kolloquium zum 200. Geburtstag Gustav Theodor Fechner* (S. 131–152). Tübingen: Niemeyer.

Seager, W., Goff, P. & Allen-Hermanson, S. (2017). Panpsychism. *Stanford Encyclopedia of Philosophy.* https://plato.stanford.edu/entries/panpsychism/ [letzter Zugriff 21.11.2017].

Sengle, F. (1971–1980). *Biedermeierzeit. Deutsche Literatur im Spannungsfeld von Restauration und Revolution 1815–1848.* 3 Bde. Stuttgart: Metzler.

Skrbina, D. (2005). *Panpsychism in the west.* Cambridge, MA: MIT Press.

Skrbina, D. (Hrsg.) (2009). *Mind that abides. Panpsychism in the new Millenium.* Amsterdam: John Benjamins.

Spät, P. (2010). *Panpsychismus: ein Lösungsvorschlag zum Leib-Seele-Problem.* Dissertation, Universität Freiburg.

Stierle, K. (1999). Glanz und Elend der Kunstsoziologie. *DIE ZEIT,* Nr. 34 (19.08.1999).

Strawson, G., et al. (2006). *Consciousness and its place in nature. Does physicalism entail panpsychism.* Charlottesville, VA: Imprint Academic.

Tononi, G., Boly, M., Massimini, M. & Koch, C. (2016). Integrated information theory: from consciousness to its physical substrate. *Nature Reviews Neuroscience, 17,* 450–461.

Weber, E. H. (1834). *De pulsu, resorptione, auditu et tactu – Annotationes anatomicae et physiologicae.* Leipzig: Köhler.

Wegener, M. (2009). Der psychophysische Parallelismus. Zu einer Diskursfigur im Feld der wissenschaftlichen Umbrüche des ausgehenden 19. Jahrhunderts. *NTM Zeitschrift der Geschichte der Wissenschaften, Technik und Medizin, 17,* 277–316.

Werbik, H. & Benetka, G. (2016). *Kritik der Neuropsychologie. Eine Streitschrift.* Gießen: Psychosozial-Verlag.

Zekert, P. (2010). Hirn oder Geist? Die Rolle der Medien im Streit um Hirnforschung, Menschenbild und Willensfreiheit. In S. Jaros (Hrsg.), *Science: Who Cares? Ein studentisches Kolleg fragt nach dem Wert von Wissenschaft für die Gesellschaft* (S. 131–140). Magdeburg: Meine.

Zeki, S. (2001). Artistic creativity and the brain. *Science, New Series,* Vol. 293, No. 5527 (6. Juli 2001), 51–52.

Zeki, S. (2002). Neural concept formation & art. Dante, Michelangelo, Wagner. *Journal of Consciousness Studies, 9*(3), 53–76.

Zeki, S. (2010). *Glanz und Elend des Gehirns: Neurobiologie im Spiegel von Kunst, Musik und Literatur.* München: Reinhardt.

Der Autor

Peter Zekert, geb. 1987, Magister-Abschluss in den Fächern Germanistik, Journalistik und Kunstgeschichte, Wissenschaftlicher Mitarbeiter am Cécile und Oskar Vogt-Institut für Hirnforschung des Universitätsklinikums Düsseldorf sowie am Institut für Neurowissenschaften und Medizin (INM-1) und Institute of Complex Systems (ICS-6) des Forschungszentrums Jülich; Public Relations Referent des Europäischen Human Brain Projects, darüber hinaus verantwortlich für Kommunikation zu Themen aus Strukturbiologie und Alzheimerforschung.

Zur Konzeption der Psychologie bei Hermann Lotze

Uwe Wolfradt

> Selbsterkenntnis
> Warum ist selbst sich kennen so schwer? Weil der nur der wahre
> Mensch ist, welcher sich rasch jeder Gelegenheit zeigt.
> Diesen sehen die Andern; dir selber bleibst du verborgen,
> Wie du dich linkisch und starr, wie du gewandt dich benahmst.
> Und du tröstest dich nun mit dem präparierten Gemüte,
> Welches die andern nicht sehn, wenn es dich selber entzückt.
>
> *Rudolph Hermann Lotze (in Falckenberg, 1901, S. 192)*

Einleitung

Hermann Lotze gehört zu den vergessenen Psychologen des 19. Jahrhunderts. Stanley Hall (1914) zählte ihn zu Recht noch Anfang des 20. Jahrhunderts zu den Begründern der modernen Psychologie (neben Wilhelm Wundt, Gustav Theodor Fechner und Hermann von Helmholtz). Mit verschiedenen neueren Publikationen von Reinhardt Pester (1997), Lothar und Helga Sprung (2002) oder der beachtlichen Biografie von William Woodward (2015) scheint ein neues Interesse für diesen großen Psychologen des 19. Jahrhunderts aufzukommen. Im eigentlichen Sinne schuf Lotze keine philosophische oder psychologische Schule, obgleich er mit seinem Denken die neu entstehende empirische Psychologie nachhaltig beeinflusste. Von der Medizin und Pathologie kommend, interessierte ihn schon früh das Wechselverhältnis zwischen physischen Prozessen und seelischen Zuständen. Zunächst aus medizinisch-pathologischen und philosophisch-metaphysischen Überlegungen schuf er eine eigene Konzeption der Psychologie und entwickelte diese zu einer Anthropologie weiter. Im Folgenden soll zunächst kurz Lotzes Lebenslauf nachgezeichnet werden, denn biografische Prägungen stellen nicht nur bei ihm eine wichtige Grundlage zum Verständnis seines Denkens dar. Sodann soll kurz die Situation der Psychologie in der ersten Hälfte des 19. Jahrhunderts skizziert werden. Aufbauend darauf soll das Entstehen des Psychologie-Konzeptes bei Lotze nachgezeichnet werden. Hierbei kommt Lotzes Verständnis des psychologischen Mechanismus sowie den Überlegungen zum Zusammenhang zwischen Körper und Geist (psychophysische Wechselwirkung) eine wesentliche Rolle zu. Ferner sollen seine Lokalzeichentheorie sowie seine Bedeutung für die Entwicklung des Wertebegriffs in Philosophie und Psychologie behandelt werden. Schließlich soll die Wirkung von Lotzes psychologischen Überlegungen auf andere Disziplinen kurz dargestellt werden.

Zur Biografie von Hermann Lotze

Rudolph Hermann Lotze wurde vor gut 200 Jahren am 21. Mai 1817 in Bautzen geboren. Sein Vater Karl Friedrich Lotze war Militärarzt, die Mutter Karoline (geb. Noack) Tochter eines Dresdner Schulhalters. Lotze wuchs in Zittau auf und besuchte dort von 1828 bis 1834 das humanistische Gymnasium, wo er eine sehr gute altphilologische und literarische Ausbildung erhielt. In der Jugendzeit entstanden auch erste Werke der Poesie (als Beispiel das 1840 veröffentlichte Gedicht *Selbsterkenntnis*, das dem vorliegenden Text vorangestellt ist). Nach seinem Abitur besuchte er vom Sommersemester 1834 bis zum Wintersemester 1837/38 die Universität Leipzig, an der er Philosophie und Medizin studierte. Hier war Christian Hermann Weiße sein Philosophielehrer, der zuerst als Hegelianer, dann als Spätidealist mit Bezugnahme auf Immanuel Kant zu einem bedeutenden Vertreter des spekulativen Theismus wurde. Lotze hielt sich von den Schülern Johann Friedrich Herbarts, Moritz Wilhelm Drobisch und Gustav Hartenstein, fern und besuchte bei Weiße Lehrveranstaltungen zur Ästhetik, Geschichte der Philosophie und Religionsphilosophie. In der Medizin (Physiologie) wie in der Physik wurde er durch Ernst Heinrich Weber und Gustav Theodor Fechner nachhaltig beeinflusst. Ebenso gehörte der Halle'sche Anatom Alfred Volkmann zu seinen Lehrern und persönlichen Ratgebern. 1838 promovierte Lotze zunächst in Philosophie (1. März 1838), dann in Medizin (17. Juli 1838, *De futurae Biologiae principiis philosophicis*). Danach praktizierte Lotze ein halbes Jahr als Arzt in Zittau, ehe er 1840 Privatdozent für Philosophie in Leipzig wurde (Habilitation 1840: *De summis continuorum*). Dort las er bis 1844 Physiologie, Psychologie und Anthropologie. Nach der Publikation der *Metaphysik* (Lotze, 1841) erreichte ihn ein Ruf an die Universität Dorpat, er nahm jedoch in Leipzig ein Extraordinariat an. 1844 wurde er an die Universität Göttingen berufen, vorher hatte er einen Ruf nach Marburg abgelehnt. Im gleichen Jahr heiratete er und gründete eine Familie, aus der vier Söhne hervorgingen. Lotze hatte in Leipzig und Göttingen enge Kontakte zu Kollegen und Schülern. In Leipzig war er Mitglied des Freitagskränzchens im Hause seines Freundes Fechner. Sein Göttinger Haus, die sogenannte Kaffeemühle, wurde ebenfalls zu einem Ort des akademischen Austausches. Lotze war häufig von Krankheiten geplagt und fuhr zur Kur nach Wiesbaden. Er unternahm darüber hinaus nur wenige Reisen, etwa in die Schweiz und nach Italien. 1875 verstarb seine Frau Ferdinande. 1877/78 wurde er Prorektor der Göttinger Universität, 1876 wurde er zum Geheimen Regierungsrat ernannt. 1880, mit 63 Jahren, nahm er einen Ruf an die Universität Berlin an (mit Unterstützung von Eduard Zeller und Hermann von Helmholtz). Im April 1881 zog er nach Berlin. Nur wenige Monate später, am 1. Juli 1881, starb Lotze dort an einer Lungenentzündung. Er wurde in Göttingen beigesetzt. Dort wurde sein Schüler Georg Elias Müller Lotzes Nachfolger (zur Biografie ausführlich: Falckenberg, 1901; Rehnisch, 1906; Pester, 1997).

Der historische Kontext der Psychologie in der ersten Hälfte des 19. Jahrhunderts

Die Psychologie stand in der ersten Hälfte des 19. Jahrhunderts (1830–1850) im Spannungsfeld zwischen Philosophie und Naturwissenschaften (Physiologie und Medizin). Bereits im 18. Jahrhundert (1732 und 1740) fand Christian Wolff zur Unterscheidung zwischen einer rationalen Psychologie (*psychologia rationalis*), die deduktiv psychische Phänomene in Metaphysik und Philosophie verankern wollte, und einer empirischen Psychologie (*psychologia empirica*), die induktiv psychische Phänomene aus Erfahrungstatsachen ableitete (Dessoir, 1897, S. 67). Gegen Ende des 18. Jahrhunderts bildete sich eine Erfahrungsseelenlehre heraus, die eine theoretische Verknüpfung der physiologischen Sinnestatsachen (Empfindungen) mit Metaphysik und Philosophie (geistig-seelischen Vorstellungen) suchte (z. B. *Grundriß der Erfahrungs-Seelenlehre* von Ludwig Heinrich Jakob, 1791). Brauns und Mayer (2001) betonen in ihrem Überblicksbeitrag die enge Verbindung der Erfahrungsseelenlehre zur Anthropologie als Wissenschaft vom Menschen, die sich in jener Zeit noch stark an Physiologie und Medizin orientierte. Sie arbeiten als zentrale Problemstellung der Psychologie im 19. Jahrhundert heraus, das Bestreben nach Einheit und Interdisziplinarität zusammenzuführen.

Zahlreiche Werke zur Psychologie fanden bald Beachtung: 1816 Johann Friedrich Herbarts *Lehrbuch zur Psychologie* (1834 Wiederauflage), 1820/21 Jakob Friedrich Fries' *Handbuch der psychischen Anthropologie*, 1833 Friedrich Eduard Benekes *Lehrbuch der Psychologie als Naturwissenschaft*, das mehrere Auflagen erreichte. Daneben schrieben verschiedene Autoren zu Themen der Psychologie wie beispielsweise die Hegelianer Karl Rosenkranz (*Psychologie oder Wissenschaft vom subjectiven Geist*, 1843 [1837]) oder Johann Eduard Erdmann (*Grundriss der Psychologie*, 1843 [1840]) wie auch Carl Gustav Carus (*Psyche. Zur Entwicklungsgeschichte der Seele*, 1846). Diese Arbeiten sind noch vom Gedanken der Interdisziplinarität getragen und versuchen die Psychologie sowohl als induktive als auch als deduktive Wissenschaft zu verstehen, die den Anspruch hat, in enger Anlehnung an Philosophie und Anthropologie das Leben des Menschen aus einer fachübergreifenden Perspektive zu verstehen (z. B. bei Carus, vgl. Brauns & Mayer, 2011, S. 71). Die rationale Psychologie wurde zunehmend von einer empirischen Psychologie verdrängt. Neue Entdeckungen in der Medizin, so in der Neurophysiologie (Sinnesleistungen), der Neuroanatomie (Aufbau des Gehirns) und der Psychiatrie, regten die psychologische Modellbildung in der Philosophie an. Neben Lotze waren es Gustav Theodor Fechner und Franz Brentano, die eine überzeugende erkenntnistheoretische Verknüpfung zwischen naturwissenschaftlichen und philosophischen Denkweisen unabhängig von den Richtungen spezifischer Schulen suchten (Pester, 1989, S. 21). Die Psychologie hatte vor ihrer eigentlichen Institutionalisierung noch keinen akademischen Platz gefunden und suchte nach einem eigenständigen Wissenschaftsprogramm. Sie bewegte sich zwischen philosophischer Weltauffassung und Methode der Interpretation von Natur und Gesellschaft (Pester, 1997, S. 185). In diesem Kontext ist es bemerkenswert, dass Lotze in seiner Psychologie, bestimmt durch den Wunsch, die Einheit des Bewusstseins zu begründen, den Spagat zwischen Metaphysik und Philosophie auf der einen und Medizin und Physiologie auf der anderen Seite versuchte. Ganz zentral hierbei ist seine ganzheitliche Seelenkonzeption, die sich von einer Physiologie der Seele zu einer Psychologie und Anthropologie des Menschlichen und der Natur wandelte.

Das Entstehen der Psychologie-Konzeption von Hermann Lotze

Lotze ist zunächst in den 1840er Jahren mit kleinen Aufsätzen und Rezensionen in den *Hallischen Jahrbüchern für deutsche Wissenschaft und Kunst* sowie in

Handwörterbüchern der Physiologie für die Fachöffentlichkeit in Erscheinung getreten. Schon früh bekämpfte Lotze den energetischen Vitalismus in der Medizin und Philosophie, da er glaubte, dass die Lebenskraft als Quelle des Psychischen mystischen und metaphysischen Erklärungen Tür und Tor öffnen würde (*Leben. Lebenskraft*, 1843a). Nicht auf Lebenskraft, sondern auf einer rational nachvollziehbaren Anordnung der Dinge in Form von Gesetzmäßigkeiten (der Physik oder Chemie) beruht Lotze zufolge das Leben (Lang, 1913, S. 11). Komplexe Lebensprozesse lassen sich daher niemals auf nur eine einfache zufällige Ursache zurückführen (Annahme Lotzes vom Satz der vielen Ursachen). In seinem Beitrag *Allgemeine Pathologie und Therapie als mechanische Naturwissenschaften* (1842) bezog er deutlich Stellung gegenüber dem »Gesetz der spezifischen Sinnesenergien« von Johannes Müller, nach dem die Qualität der Wahrnehmung nicht durch den äußeren Reiz, sondern durch die Beschaffenheit des gereizten Sinnesorgans bestimmt ist. Lotze verwarf in enger Anlehnung an Friedrich Wilhelm Joseph Schelling und Johann Christian Reil diese Art der energetischen Konzeption und wies auf die unterschiedliche Verwendung des Kraftbegriffs in der Physik und der Physiologie hin (vgl. auch Woodward, 1975, S. 150). Lotze stand in seiner Wechselwirkungstheorie über das Verhältnis des Geistigen zum Physischen dem psychischen Neovitalismus dennoch sehr nahe, indem er beispielsweise bei seiner essenzialistischen Betrachtung der Seele eine psychische Kraft (z.B. vermittelt durch eine Idee) annimmt und damit zu erklären versucht, wie die Seele mittels dieser Kraft auf den Körper einwirkt (Lang, 1913, S. 58).

Lotze bewegte sich in seiner geistigen Entwicklung von der Pathologie zur Physiologie, von der Physiologie zur Psychologie und von der Psychologie zur Philosophie und Anthropologie, wobei die Psychologie als zwischen der geistigen, auf innere Zustände bezogenen Perspektive der Philosophie und der mechanistischen Konzeption in der Physiologie stehend aufgefasst wurde (Orth, 1986, S. 20). Hierbei versucht Lotze die Verknüpfung zweier Organismus-Konzepte: zum einen des Modells des Mechanismus, des gesetzmäßigen zielorientierten Zusammenwirkens der Elemente der Natur und des Seelenlebens (teleologische Naturauffassung), und zum anderen des Denkbildes des Mikrokosmos, des organisch lebendigen Körpers (Lang, 1913, S. 27). In seiner Auffassung von den Elementen der Natur (Atomistik) verfolgte er, ähnlich zu Leibniz (Monadenlehre) und Spinoza (Pantheismus), die Annahme von körperlichen Uratomen, die ausdehnungslose immaterielle Kraftzentren von psychischer Natur darstellen und damit beseelt sind. Atome und Seelen sind also keine unabhängigen Substanzen, sondern Aktionen oder Modifikationen des einen geistigen Urgrundes der Welt. Dies entspricht ganz Lotzes christlich-religiösen Anschauungen als Protestant, die ihn mit Fechner verbanden. Sein Schüler Carl Stumpf (1918, S. 13) bezweifelte in diesem Kontext allerdings die theoretische Nähe zu Leibniz und schrieb hierzu: »Und so ist wohl anzunehmen, daß Lotze im wesentlichen selbständig seine neue pantheistisch gefärbte Monadologie geschaffen hat und alle ihre Anklänge an Leibniz in diesem Sinne historisch zufällig sind.« Vielmehr sei er stärker durch den Idealismus von Immanuel Kant und von seinem Lehrer Weiße geprägt: »Die Apriorität der Anschauungs- und Denkformen, die synthetischen Urteile a priori, die Möglichkeit und Notwendigkeit einer Ergänzung des Wissens durch einen philosophischen Glauben – das waren doch alles auch seine Überzeugungen, auf die er nachdrücklich immer wieder zurückkam« (ebd., S. 13f.). Lotze bestreitet selbst die Verbindung zu Leibniz (wie auch zu Spinoza), räumt aber eine gewisse Ähnlichkeit ein (Brief von 1872 an den Herbart-Schüler Strümpell; Falckenberg, 1901, S. 85). Ganz im Gegensatz zu Spinoza, aber auch zu Schelling, ist das Verhältnis des Idealen zum Realen bei Lotze kein identisches, sondern ein teleologisches, das heißt die Erscheinungen sind nicht mit den Wirkungen in der Natur gleichzusetzen, sondern folgen in ihren Wirkungen eigenen gesetzmäßigen Bedingungen (Wentscher, 1925, S. 98). Erich Becher (1917, S. 326) sieht wiederum eine Verbindung Lotzes zu Leibniz: »Kein Wunder daher, wenn Lotzes Philosophie der Leibnizschen vor allem nahe steht. Das gilt für manche Grundbegriffe und Fundamentallehren, insbesondere für die allgemeine Grundanschauung, die den Mechanismus des Naturgeschehens anerkennt, ihm jedoch den geistigen Grund, Sinn und Zweck der Welt, überordnet.« Hierbei bleibt allerdings völlig unbestimmt, wie stark Lotze sich mit Leibniz' Denken auseinandersetzte. Unterschiede zu Leibniz (z. B. bezüglich des Verhältnisses zwischen Körper und Seele) verdeutlichen, dass Lotze wohl aufgrund eigener Überlegungen zu ähnlichen Auffassungen wie Leibniz gelangt ist (Simon, 1904, S. 64). Eine inhaltliche Nähe Lotzes zu Spinoza scheint hingegen wesentlich wahrscheinlicher. Lotze suchte eine Verbindung zwischen Idealismus (Hegel, Schelling) mit seiner Orientierung am ideell Seienden und Realismus (Herbart) mit seiner Hinwendung zu Erfahrung und wirklich Gegebenem. Von Herbart übernahm er daher die Methode der Beziehungen, den Zusammenhang des Gegebenen begrifflich auf seine unbestimmten Wurzeln zurückzuführen (regressive Interpretation), das heißt die Gegensätzlichkeit der Begriffe durch ihre Bezüglichkeit zu anderen Begriffen und Bedingungen zu mindern (Lotze, 1841, S. 5). Hier bedurfte es des ›ganzen Geistes‹ des Schelling'schen Idealismus, der die unbewusste Basis für die Gewissheit der Entscheidung darüber vermittelt, wann die Widersprüchlichkeit der Begriffe aufgelöst scheint (Bamberger, 1924, S. 49f.).

Grundlegende Überlegungen zu einer Psychologie

Hermann Lotze wurde bis 1855 nicht zu den Philosophen, sondern zu den Physiologen gerechnet (Pester, 1989, S. 19), da er die psychologischen Prozesse über physiologische Mechanismen zu erklären versuchte. Es waren Lotzes Schriften *Instinct* (1844), *Seele und Seelenleben* (1846), *Medicinische Psychologie* (1852) und Teile des *Mikrokosmus* (1923 [1856], Bd. I), die wesentliche Beiträge zur Psychologie enthielten. Lotze sah die Psychologie, beginnend von Descartes' Unterscheidung von ›res extensa‹ und ›res cogitans‹, in einem grundlegenden Problem gefangen: Was ist der Gegenstand der Psychologie und welche Methoden sind angemessen, um ihn auch tiefgründiger zu erschließen? Die Wissenschaft kann, so Lotze, durch ein eingeschränktes Beobachten zu einer überzogenen Reduziertheit geistiger Phänomene und damit zu einer Verarmung ihrer eigentlichen Vielheit führen. Hiernach ist es schwierig, die Phänomene bezüglich ihrer Komplexität und ihres Reichtums ganzheitlich zu rekonstruieren (Lotze, 1846, S. 142f.). Gegen die einseitig rationalistische Tendenz des Idealismus (z. B. bei Tetens und Kant), die das Denken noch vor das Fühlen und Wollen stellt, setzt Lotze eine Einheit des Bewusstseins. Die Seele, die sich im Bewusstsein zeigt, wird daher ebenfalls als einheitlich verstanden, auch wenn sie dies nicht immer und gänzlich ist (wie in Fällen des Vergessens und Wiedererinnerns). Ein einheitliches Bewusstsein erfordert als Träger ein einheitliches Subjekt. Die einheitliche Seele wiederum steht einem vielheitlichen Körper gegenüber (Powers, 1892, S. 41f.). Letztendlich geht es Lotze um eine wissenschaftliche Psychologie, die Ganzheit, Einheit und Universalität des Seelenlebens betont. Lotze sucht einen ›teleologischen Idealismus‹. Getragen von dieser teleologischen Naturauffassung vertritt er die Vorstellung, dass allen Elementen der Natur eine Gesetzmäßigkeit innewohnt, die eine Richtung in der Ausbildung der Gestaltung vorgibt. Hierbei wirken zufällige wie gesetzmäßige Faktoren zusammen, die, einem Mechanismus folgend, eine ganzheitliche Anordnung der Elemente in der Natur wie im Seelenleben ermöglichen (Lang, 1913, S. 80). Der Vorstellung Hegels einer höheren Vernunftidee (Panlogismus) als oberster Sinn des Weltprozesses setzt er seinen Panethizismus mit dem Guten als dem wahrhaft Seienden entgegen. Lotze versteht die Psychologie nicht als Naturwissenschaft und zeigt theoretische Vorbehalte gegenüber dem Aufkommen simplifizierender Konzepte des Materialismus und Naturalismus (im Sinne von Friedrich Albert Langes »Psychologie ohne Seele«) (Pester, 1997, S. 209). Hierzu schreibt Lotze (1894 [1881], S. 58): »Ein Materialismus daher, welcher dennoch behauptete, aus bloßen physischen Zuständen oder Bewegungen körperlicher Atome könne das geistige Leben hervorgehen, würde eine völlig leere Annahme sein, und ist auch in dieser Form schwerlich jemals ernstlich aufgestellt worden«. Die Materie ist uns nach Lotze (1852, S. 64) vollkommen unverständlich (hier spricht er vom dunkelsten und »unsichersten Erzeugnis unserer Reflexion«), sie ist etwas Sekundäres, das seine Wurzeln im Geiste hat. Letztendlich gehe es den Naturwissenschaften nur um die Materialität, das heißt um die Eigenschaften, die der Materie anhaften (als Form des Verhaltens). In seiner spiritualistischen Konzeption, die die Psychologie als Wissenschaft des Geistes betrachtet, unterscheidet er eine *cognitio rei*, die Natur des Gegenstandes in seinem ideellen Gehalt in unmittelbarer Anschauung und Nachempfindung (Poesie, religiöser Glauben), vom eigentlichen Geist, von einer *cognitio circa rem*, den äußeren Relationen der Dinge, der Materie. Während der Geist als lebendiges und aktives Gebilde einen Zugang des Verstehens und Nachempfindens erhalte, bleibe die Materie als ein Totes und Ruhendes der Erkenntnis verschlossen (Pester, 1997, S. 188). Die Materie bleibt »in allen unsern Anschauungen ein vollkommen dunkler Kern, der in einem hellen Netze von Relationen sich hin und her bewegt, nach Gesetzen, die wir allerdings grossentheils kennen« (Lotze, 1852, S. 58). Das Psychische, der Geist, lässt sich ihm zufolge verstehen, das Physische, die Materie, hingegen nur erklären (Dilthey, 1990 [1894]). In Lotzes spiritualistischer Lehre ist die Seele nicht ein materieller Stoff, sondern der Stoff wird zur Seele gemacht (Lotze, 1852, S. 80). Das Verstehen sieht Lotze als »intellektuelle Anschauung«, die durch die Wissenschaft nicht zu ersetzen ist. Der Geruch einer Blume erschließt sich demnach nicht durch den chemischen Gehalt der Blume, sondern wird als eigener Wert empfunden. Wissenschaftliche Psychologie setzt bei Lotze da an, wo die intellektuelle Anschauung vom Wesen der Seele in einen formellen Begriff überführt wird, der es ermöglicht, den Mechanismus des seelischen Lebens in seiner Beziehung zu den Bestandteilen der Welt zu erklären. Die Psychologie, so Lotze, soll »die Erläuterung des Zustandekommens jeder psychischen Erscheinung aus allen ihren einzelnen Bedingungen« erbringen (1852, S. 66f.). Und weiter schreibt er zum Gegenstand der Psychologie: »Der Gebrauch, der von den allgemeinen Kategorien oder Elementen des Geistigen gemacht wird, ist unser wahrer Gegenstand, und ihn zu erforschen, haben wir klare und bestimmte Begriffe über die formelle Existenz jenes idealen Inhalts nöthig, dessen intensives Wesen wir allerdings nur durch eine intellectuelle Anschauung wahrnehmen können« (ebd., S. 68f.).

Lotze (1894 [1881], S. 5) unterscheidet grundlegend zwischen drei Typen der Psychologie: (1) deskriptive oder empirische Psychologie: Analyse durch Beobachten der Bestandteile und ihrer Verknüpfungen; (2) erklärende, mechanische oder metaphysische Psychologie: Feststellung der Bedingungen, durch welche psychische Prozesse in Struktur und Verlauf hervorgebracht werden; und (3) ideale oder spekulative Psychologie: Sinn und Funktion des Seelenlebens. Insbesondere der metaphysischen Psychologie kommt eine besondere Bedeutung im Denken Lotzes zu: Die Metaphysik der Seele ist der deskriptiven Psychologie übergeordnet, sie erforscht die Natur des Subjektes des psychischen Lebens sowie die Kräfte und Bedingungen, die dieses Leben hervorbringt und steuert (Becher, 1917, S. 327). Ziel der idealen oder spekulativen Psychologie ist es, zu klären, welchen Sinn und welche Funktion die Seele in der Welt erfüllt. In enger Orientierung am Idealismus Hegels, Schellings und Fichtes vermeidet Lotze Spekulation zu Fragen der Unsterblichkeit der Seele oder der Willensfreiheit und bemüht sich diese Probleme von der wissenschaftlichen Psychologie fern zu halten. In seiner metaphysischen Psychologie versucht er beides: eine substanzialistische Konzeption der Seele (immaterielle Substanz) als Grund und Träger geistiger Tätigkeiten (Vorstellen, Fühlen, Wollen) sowie eine aktualistische Perspektive, die ein einheitliches Bewusstsein ermöglicht. Er vertritt einen monistischen Idealismus, durch den, so Becher (1917, S. 328), »die körperlichen Substanzen zu bloßen Aktionen des göttlichen Weltgrundes« werden. Und weiter: »Die Einzelseele entsteht als eine solche Aktion des geistigen Weltgrundes, wenn dieser durch Bildung eines körperlichen Keims zu ihrer Erzeugung angeregt wird.« Den psychischen Tätigkeiten liegen Lotze zufolge verschiedene Vermögen zugrunde. Aber anders als bei Herbart, der die Beziehung der Seelenvermögen zu ihren Wirkungsweisen unklar lässt, begreift Lotze Vermögen als spezifische Dispositionen (Prozesse des Gedächtnisses und Verstandes), die eine Dynamik entfalten können.

Deutlich von der metaphysischen Psychologie wird die wissenschaftliche Psychologie abgegrenzt, die nach Lotze folgende Aufgaben hat: (1) eine dialektische Ableitung der psychischen Phänomene sowie deren Deutung für den Weltsinn als Ganzes; (2) eine empirische wie theoretische Analyse der Entwicklungsstufen des Seelenlebens bei Tieren wie Menschen mit dem Ziel einer holistischen Betrachtung der Seele; (3) eine Physiologie der Seele unter Berücksichtigung der physikalischen und mechanischen Verhältnisse, an deren Beobachtung man gebunden ist; (4) die Begründung einer Mechanik des geistigen Prozesses, um den wesentlichen Inhalt der Seele und die gesetzmäßigen Wirkungsweisen spezifizieren zu können; (5) eine Psychologie der Individualitäten, das heißt Unterschiede zwischen Personen bezüglich spezifischer Persönlichkeitsmerkmale zu bestimmen; und (6) ein Verständnis der Ahnungen bezüglich der Seelen im Ganzen der Welt (Lotze, 1846, S. 264; Pester, 1997, S. 190).

Die Seele stellt nach Lotze eine »metaphysische Illusion« dar – sie kann als ein »einfaches und gleichgültiges, sonst bestimmungsloses Substrat« verstanden werden, das Phänomene wie Vorstellen, Fühlen und Wollen hervorbringt (Lotze, 1844, S. 22). Seele wird von ihm ausschließlich innerweltlich, das heißt subjektiv verstanden, als »aktives immaterielles Prinzip der Wirkungen«, das die psychologischen Tatsachen erklären soll (Pester, 1997, S. 192). Lotze unterscheidet zwischen Form, dem phänomenalen Ausdruck, und Inhalt, den abgeleiteten Gesetzmäßigkeiten der Seele. Seele wie auch Substanz stehen ihm zufolge für eine dynamische Aktivität oder einen Prozess, der nach einer bestimmten Ordnung erfolgt, das heißt indem eine Erscheinung oder eine Wirkung von der Seele ausgeht. »Nicht durch eine Substanz sind die Dinge, sondern sie sind dann, wenn sie einen Schein der Substanz in sich zu erzeugen vermögen«, schreibt Lotze (1841, S. 87). Der Aktivitätshypothese kommt in seiner Psychologie hierbei ein besonderer Stellenwert zu. Lotze betont in diesem Kontext drei Aspekte psychischer Erscheinungen: (1) die völlige Unvergleichbarkeit physischer und geistiger Zustände; (2) die Einheit des Bewusstseins; und (3) die dem Beseelten zugeschriebene freie Lebendigkeit, das heißt Bewegungen anzufangen, zu denen es keinen Grund gibt (Willensfreiheit) (Lotze, 1846, S. 4; Pester, 1997, S. 191). Etwas unklar bleibt das Verhältnis zwischen Seele und Bewusstsein, das nach Lotze nicht eines der Identität ist. Vielmehr ist Bewusstsein nur eine Äußerung der Natur der Seele (Lotze, 1852, S. 465). Pieth (1911) betrachtet diese Trennung des Bewusstseins von der Seele (als ein Ergebnis ihrer Wirkung) als ein grundlegendes Problem in der Psychologie Lotzes, eine Einheit zwischen Seele und Bewusstsein postulieren zu können.

Lotze beschäftigte sich auch mit der Verortung der Seele im Körper. Dabei spricht er der Seele eine räumliche Ausdehnung ab, sie habe jedoch einen Ort im Raum, von dem aus sie eine Wirkung ausübe (Lotze, 1894 [1881], S. 65; vgl. auch Baerwald, 1905, S. 58). Nach Lotze ist die Seele an einer Vielzahl von Stellen im Gehirn zu finden, die in unmittelbarer Wechselwirkung mit physischen Prozessen stehen. Er kritisiert die Lokalisationstheorien (z. B. Phrenologie) und akzeptiert nur für die Sprache eine lokale zerebrale Zuordnung. Das Gedächtnis versteht Lotze als Fähigkeit oder Vermögen der Seele und verankert es nicht im Gehirn, auch wenn neuronale Erkrankungen zu einer Verminderung der Gedächtnisleistungen führen können (sekundäre rückwirkende Verstärkung). In Anlehnung an Leibniz sieht er in den Gedächtnisspuren eine unbewusst-seelische Natur wirken. Die Annahme des Unbewussten (etwa als unbewusste Vorläufer einer bewussten Empfindung) spielt für Lotze allerdings im Laufe seines Schaffens immer weniger eine Rolle (Baerwald, 1905, S. 58f.). Wentscher (1925, S. 87) fasst zusammen: »Der Seele ist nichts überlassen als die Bewegungen entweder zu wollen oder nicht zu wollen, keineswegs aber ist sie selbst der Maschinist dabei.«

Zu Hermann Lotzes Konzept des Mechanismus in der Psychologie

In Anlehnung an Herbarts Vorstellungsmechanik bemüht sich Lotze um eine Gesetzmäßigkeit der psychischen Erscheinungen. Im Unterschied zu Herbart, der in seiner Seelenmechanik das Zustandekommen willkürlicher Bewegungen durch Assoziationsbildung erklärt, betont er die Bedeutung des Mechanismus der Reflexbewegung. Herbarts Begriffe von Kraft und Gegensatz der Vorstellungen (vgl. dazu den Beitrag von Moro in diesem Band) konnte Lotze per Introspektion empirisch nicht belegen (z. B. Verschwinden oder Verdunkeln von Vorstellungen im Bewusstsein; Lotze, 1894 [1881], S. 21; vgl. auch Haeger, 1891, S. 73). Ferner bemängelt er an der Theorie Herbarts die enge Orientierung an dem Ideal einer mathematischen Physik, die dem Gegenstand mit künstlichen Formeln seiner Meinung nach nicht gerecht würde (vgl. zur Bedeutung der Herbart'schen Psychologie für Lotze, Drobisch, 1859). Demgegenüber komme der Physiologie eine methodische Vorbildrolle zu. Insbesondere hebt Lotze im Gegensatz zu Herbart den Stellenwert von Gefühlen und Stimmungen für die Assoziation und Reproduktion von Vorstellungen hervor. Gefühle unterteilt Lotze qualitativ in Lust und Unlust, und versteht sie als Ergebnis der harmonischen oder konflikthaften Beziehung von Reiz und Nerventätigkeit. Das Gefühl sei zudem wichtig für das Selbstbewusstsein, das heißt für Selbsterkenntnis (Bild von sich selbst) und Selbstgefühl (Gefühl, das mit der eigenen seelischen Aktivität verknüpft ist) (Lotze, 1894 [1881], S. 51). Aus den Gefühlen können sich Triebe entwickeln, wenn Gefühle wie Unlust sich mit Vorstellungen im Gedächtnis verbinden, die bei Unlust fortlaufend reproduziert werden. Hiervon sind die Willenshandlungen zu trennen, die einen Willensimpuls (›ich will‹) erfordern, ohne eine Voraussicht des Tuns (›ich werde‹), das im Triebbewusstsein begründet sein kann. Mechanik und Willensfreiheit (Indeterminismus) stehen in seinem Denken in keinem Widerspruch (Woodward, 2006, S. 170).

Im Gegensatz zu Helmholtz geht Lotze allerdings nicht den Weg zu einer experimentellen Psychologie (Becher, 1917, S. 326), da er die Psychologie nicht in der Naturwissenschaft verankert sieht (wie der Materialismus), obgleich er die Erkenntnisse der Naturwissenschaft (Physiologie) als Grundlage der Psychologie für notwendig erachtet. Die phänomenologische Beobachtung, Analyse und Beschreibung des Seelischen (Bestandteile und Formen der Verbindung) müssen Vorrang vor dem Experiment erhalten. Das Konzept des Mechanismus beschreibt hier ein Funktionsprinzip, mit dem Lotze die jeweiligen physiologischen, psychologischen, ästhetischen und logischen Besonderheiten erklären möchte.

Lotze ordnet die Mechanismen in eine Stufenfolge, wobei sie von Stufe zu Stufe immer komplexer werden: (1) der physikalische, (2) der psychisch-physikalische bzw. physiologische, (3) der physisch-psychische und (4) der psychische Mechanismus. Die physiologische Psychologie behandelt die Mechanismen (2) und (3). Psychologie ist bei Lotze Psychophysiologie (Physiologie des geistigen Lebens), da bei höheren geistigen Leistungen physisch-psychische Mechanismen als Nervensysteme (sympathisches und zerebrospinales System) zusammenwirken (Lotze, 1844, S. 239; Pester, 1997, S. 195). Empfindungen entstehen dabei nach einer spezifischen Stufenfolge, wie Pester (1997) zusammenfassend feststellt: (1) Einwirkung physischer Bewegungen als äußerer Reiz auf einen lebendigen Körper; (2) Transformation der vielgestaltigen äußeren Reize in einfachere innere Vorgänge bzw. in Änderungen physikalischer Zustände der sensiblen Nerven; (3) Fortleitung dieser Zustände als ein rein physikalisches Geschehen zu den Zentralorganen; (4) Umwandlung jener Prozesse in bestimmten Abschnitten des Zerebrospinalsystems in einen anderen (zunächst) rein physischen Prozess der Erregung; (5) Wechselwirkungen der Erregungen des Nervensystems mit der Seele; (6) die einfache Empfindung selbst, das heißt das bewusste Empfinden einer einfachen Sinnesqualität als rein psychischer Zustand. Von (4) auf (5) erfolgt nach Lotze die »Transsubstantiation des Physischen in Geistiges« (Lotze, 1852, S. 178; Pester, 1997, S. 199).

Theoretische Überlegungen zum psychophysischen Zusammenhang

Im Gegensatz zu Fechner, der den psychophysischen Parallelismus verteidigte – die *Elemente der Psychophysik* (Fechner, 1860) erschienen acht Jahre später als die *Medicinische Psychologie* –, vertritt Lotze das Kausal-Modell der psychophysischen Wechselwirkung. Gegen Fechner betont Lotze die Unabhängigkeit der Psyche von der physischen Determination (Wentscher, 1925, S. 103). Für ihn reicht das Erklärungsmodell der Physik für die Psychologie nicht aus: »Das Psychische in seiner Entstehung nach den Analogien physischer Mechanik begreifen zu wollen, bedeutet, das völlig eigenthümliche Gebiet des geistigen Lebens nach einem ihm fremden Modell zu construieren« (Lotze, 1879, S. 532). Der Körper wirkt auf die Seele beim Entstehen der Empfindungen, die Seele auf den Körper bei einer Willenshandlung. Er betont im Sinne des Energieerhaltungssatzes, dass bei der Einwirkung des Körpers auf die Seele die physische Energie in psychische Energie überführt werde und umgekehrt die psychische in physische Energie, wenn die Seele auf den Körper wirke (Lotze, 1852, S. 93). Lotze vertritt die idealistische Auffassung, dass die mechanistisch-materielle Welt nur eine Erscheinung der in ihrem Wesen geistigen Wirklichkeit ist (Pester, 1989, S. 30). Das Materielle ist demnach nur sekundär und abhängig gegenüber dem Geistigen.

Das Psychische setzt nach Lotze physische Vorgänge voraus, wobei sich erstere nicht vollständig aus letzteren ableiten lassen, da sie unterschiedlicher Natur sind. Ebenso lassen sich Bewegungszustände der Materie nicht mit den unvergleichbaren inneren Zuständen der Seele erklären. Die Unkenntnis bezüglich dieses Zusammenhangs hebt allerdings nicht die Existenz dieser Beziehung auf. Hierzu Lotze (1852, S. 77): »Wir können also nicht angeben, wie es ein materieller Bewegungsreiz, der unseren Körper trifft, anfangen mag, um einen psychischen Zustand zu erzeugen.« Er erkennt deutlich die Grenzen der Erklärung im Leib-Seele-Problem: Er versucht ein naturwissenschaftliches Denkmodell, eine methodologische Theorie, ohne die Wechselwirkung zwischen physiologischen und psychologischen Prozessen gänzlich erklären zu müssen. Psychisches ist ihm zufolge eine Funktion des Physischen, die durch die gesetzmäßige Verbindung von äußeren Reizen zur einer ›Veranlassung‹ innerer seelischer Zustände führt. Die genaue kausale Verbindung bleibt uns verschlossen: »Wir erkennen eine Schranke der Erkenntnis an, gleich sehr, weil wir das Geständnis der Unwissenheit einem willkührlichen Traume vorziehn, als weil wir diese Frage einem spätern möglichen Fortschritte der Erkenntnis offen zu halten wünschen« (ebd., S. 78). Lotze versucht okkasionalistisch die psychophysische Wechselwirkung zu erklären, das heißt etwas vermittelndes Drittes schafft eine Verbindung. Wenn aus Materie eine Form der Erscheinung wird, ist sie der Seele ein gleichartiges Gebilde und kann mit ihr in Beziehung treten. Hierzu schreibt er:

> »Denn der Weg dieser Wechselwirkung ist nun nicht mehr der, dass die Seele auf die Materie, sofern sie Materie ist, Einfluss äussert; sie wirkt vielmehr als übersinnliches Wesen zunächst auf jenes andere übersinnliche Reale, welches ausserdem, dass es der Seele homogen ist, noch um anderen Bedingungen willen für uns den Schein des materiellen Daseins gibt. Umgekehrt greift die Materie nicht mit den Bewegungskräften, die sie als solche für unsere Auffassung zu besitzen scheint, in die Seele über, sondern vermöge jener inneren Wirksamkeiten, die ihr als Realem angehören, und die nur, wo sie zwischen Stoff und Stoff wirken, für unsere Auffassung wiederum die Form räumlich bewegender Kräfte annehmen. Die Materie, so wie wir sie wahrzunehmen glauben, können wir nur für einen Schatten halten; ein übersinnliches Reales ist auch in ihr der substantielle Kern, welcher den Schatten wirft« (Lotze, 1852, S. 79).

Wie dieser »Schatten« eines Körpers aber zu einer bewegenden Kraft wird, kann Lotze (ebd., S. 79) nicht beantworten. »Gehen daher psychische Ereignisse aus physischen hervor, so entspringen sie doch nicht diesen selbst [...].«

Die Lokalzeichentheorie und Raumwahrnehmung

Die Lokalzeichentheorie von Lotze, zuerst beschrieben in der *Medicinischen Psychologie* (Lotze, 1852, S. 334), fand größte Beachtung in der Psychologie und Physiologie der damaligen Zeit (z.B. bei Helmholtz). In Auseinandersetzung mit dem »Gesetz der spezifischen Sinnesenergien« von Johannes Müller sucht Lotze eine Erklärung für die Wahrnehmung des Raumes. Lange galt in der Raumtheorie die Auffassung Kants, nach der die raum-zeitliche Welt nicht wahrgenommen werden kann ohne Berücksichtigung apriorischer Kategorien. Demgegenüber versucht Lotze eine empiristische psychophysiologische Erklärung, wie die dreidimensionale Metrik des phänomenalen Raumes auf der Grundlage einer zweidimensionalen Abbildung der Objekte auf der Retina begreifbar wird. Bewusstsein, wie Seele, ist nach Lotze (ebd., S. 327) kein ruhender Spiegel, sondern – wie bereits dargelegt – als Tätigkeit zu begreifen. Der Prozess der Raumwahrnehmung kann daher als Rekonstruktion äußerer Objekte im Bewusstsein verstanden werden. Lotze verwendet den Begriff des Lokalzeichens, um eine psychologische Erklärung für die Entstehung des Raumbewusstseins zu bieten. Er versteht unter Lokalzeichen eine Art Mittel, über das physiologische Sinnesreize in Raumwerte umgewandelt werden. Pester (1989, S. 30) stellt hierzu fest:

> »Seiner Auffassung zufolge verschwindet die räumliche Ordnung der die Empfindungen veranlassenden äußeren Objekte im Prozeß der Wahrnehmung und der Weiterleitung über die Nerven. Sie wird als neue innerliche Raumwelt von der aktiven Seele wiedererzeugt. Damit innere und äußere Raumwelt einander entsprechen, braucht die ›Seele‹ gewisse ›Merkzeichen‹, die sie bestimmten Gesichts- und Tastempfindungen zuzuordnen lernen muß.«

In seiner Schrift *Über den psychologischen Ursprung der Raumvorstellung* verdeutlicht Stumpf (1873), dass Raumvorstellungen mittels Erfahrungen (z.B. die Schätzung von Distanzen) durch unmittelbare intensive Empfindungen entstehen und nicht indirekt über Qualitäten wie Lokalzeichen rekonstruiert werden (die ganzheitliche Analyse ist der Synthese einzelner Elemente vorgeordnet).

Hermann Lotze als Vordenker einer Wertephilosophie

Lotze kann als der Wegbereiter einer Wertephilosophie wie einer Wertepsychologie gesehen werden. Lotze (1856, S. 275) schreibt im ersten Band seines Werkes *Mikrokosmos*, »daß in jenem Gefühl für die Werte der Dinge und ihrer Verhältnisse unsere Vernunft eine ebenso ernst gemeinte Offenbarung besitzt, wie sie in den Grundsätzen der verstandesmäßigen Forschung ein unentbehrliches Werkzeug der Erfahrung hat«. Damit kommt dem Wert eine wichtige Bedeutung als Quelle der psychologischen Erkenntnis zu. Messer (1915 u. 1930) verdeutlicht, dass der apriorische Gehalt des Werteempfindens besonders in der südwestdeutschen Schule des Neukantianismus auf fruchtbaren Boden fiel. Insbesondere über Wilhelm Windelband, der 1870 bei Lotze promovierte, fand die Wertelehre Lotzes Eingang in das philosophische und psychologische Denken. Lotze war, vermittelt über Hegel und Leibniz, zu der Vorstellung gelangt, dass es eine höhere Sinndeutung des Wirklichen gibt, das heißt, dass neben das Seiende das Seinsollende (das Geltende) tritt (Lotze, 1843b, S. 180). 1846 schreibt er hierzu, dass

> »das, was geschieht, zunächst aus dem zu erklären sei, was ist; dasjenige was ist, stehe nicht auf eigenen Füßen, sondern erhalte Form und Werth seines Daseins allein von dem, was gleichzeitig ist und um seines inneren Werthes willen sein soll, [...] oder mit anderen Worten von demjenigen, dessen Dasein anzunehmen wir nicht durch irgend eine Forderung der Erfahrung, sondern zugleich durch die Würde seines eigenen Inhalts aufgefordert werden« (Lotze, 1846, S. 246f.).

Auch bei Münsterberg (1908) nimmt das Sollende als Merkmal von Werten eine wichtige Rolle ein, um deren sittlichen Gehalt zu beschreiben. Mit Windelband wird die Metaphysik von Lotze in eine transzendentale Denk- und Sprachweise übersetzt, so Troeltsch (1922), der darlegt, dass sich »die Verwandlung der Kantischen Vernunftideen in geltende Werte und die Zusammenschließung von Gesetzen und Individuen in dem Gedanken eines durch Werte bestimmten All-Lebens« vollziehe (zit. n. Ollig, 1979, S. 55f.). In einer Arbeit von Pierson (1988, S. 116) wird der Wertebegriff bei Lotze als »a universal and objective guiding principle or animate Geist present in all of the truly unique and autonomous parts of experienceable reality« definiert. Der Wert bezieht sich auf etwas Gegebenes in der Welt (objektive Dimension), welches wir sinnlich erfassen können (subjektive Dimension). Durch folgende Merkmale zeichnen sich Werte nach Lotze aus: (1) Objektivität: Werte sind in allen Dingen der Welt inhärent (»Von dem eigenen Wert der Dinge werden wir vielmehr bezwungen.«; Lotze, 1923 [1856],

Bd. 1, S. 320); (2) Affektivität: Werte als objektive Sinneseindrücke gelangen über Gefühle (Lust-Unlust) zum Geist (»vielmehr ist jenes spezifische Gefühl unmittelbar die unteilbare Übertragung des Wertes«; ebd., S. 319); (3) Einzigartigkeit: Jede Werterfassung ist wirklich, unwiederholbar einzigartig und setzt die jeweiligen Werte immer in ein Verhältnis zu einem absoluten Wertmaßstab (dem höchsten universellen und unveränderbaren Guten) (Pierson, 1988, S. 118). Die ethische Verankerung der Werte in einem zweckgerichteten Absoluten ermöglicht in Werten das Wertvollste (als höchstes Gut) in der Welt zu erkennen. Es gehört zu den Leistungen Lotzes, dem, was als ›Absolutes‹, ›Gott‹, ›sittliche Weltordnung‹, ›Zweck‹ oder ›Sinn‹ genannt wurde, den Begriff ›Wert‹ gegeben zu haben; oder, um mit Bamberger (1924, S. 62) zu sprechen: »Der Wertbegriff bei Lotze ist die ›Kategorie‹, mit der sich besser ›sagen‹ und treffender ›aussprechen‹ läßt, was man mit anderen Kategorien schon vorher zu sagen und auszusprechen versucht hat.«

Zur Wirkungsgeschichte des psychologischen Denkens Hermann Lotzes

Nach dem Tode Lotzes beschäftigten sich bis 1914 zahlreiche Dissertationen mit seinem Werk (Pester, 1997 führt 100 Doktorarbeiten zu Lotze auf). Die philosophische Übergangsphase von 1880 bis 1920 wurde gar als ›the Lotzean period‹ bezeichnet (Orth, 1986, S. 9). William Woodward (2006 u. 2015) arbeitet in verschiedenen Publikationen den Einfluss Lotzes auf den amerikanischen Pragmatismus heraus (etwa auf James, Peirce und Dewey). Beispielsweise fanden Lotzes Überlegungen zum freien Willen, zur ideomotorischen Handlung und zur psychologischen Bedeutung der Emotionen Eingang in die Psychologie und den subjektiven Pragmatismus von William James (Kraushaar, 1936; Hookway, 2009). Insbesondere war es der Philosoph George Santayana, der durch seine in Berlin begonnene Dissertation *Lotze's System of Philosophy* (1890 an der Harvard University eingereicht), Lotzes Ideen in der amerikanischen Philosophie bekannt machte (Kuntz, 1972). Pester (1997, S. 341) konstatiert eine eminent heuristische Wirkung von Lotzes Philosophie auf andere Wissenschaften. Dies betrifft die Vorbereitung einer Entwicklungsmechanik (Wilhelm Roux), einer Religionsgeschichte (Friedrich Max Müller), einer Musiktheorie (Eduard Hanslick) oder einer Mengenlehre (Georg Cantor). In der Psychologie profitierten von seinem Denken seine Schüler Carl Stumpf, Erich Becher, Georg Elias Müller, aber auch Wilhelm Wundt, Franz Brentano und Wilhelm Dilthey. Die Begründer

der Völkerpsychologie, Heymann Steinthal und Moritz Lazarus, griffen ebenfalls Ideen von Lotze auf. Lotze gilt – wie bereits dargelegt – als Begründer der Wertephilosophie und wurde von der südwestdeutschen Schule des Neukantianismus als deren Stammvater angesehen. Das reiche Werk Hermann Lotzes hat die Entwicklung der Psychologie entscheidend weitergebracht. Sprung und Sprung (2002, S. 272) nennen Lotze in diesem Zusammenhang zu Recht einen »Mann des Übergangs«, der als Vertreter einer idealistisch-monistischen Seelenkonzeption zwischen »Philosophie und methodisch kontrollierter empirischer Psychologie« stand. Gerade seine Überlegungen zum Zusammenhang zwischen neuronal-physiologischen Grundlagen und psychischen Prozessen sind auch heute noch für die Diskussion um das Leib-Seele-Problem in den Neurowissenschaften aktuell.

Literatur

Baerwald, L. (1905). *Die Entwicklung der Lotzeschen Psychologie.* Dissertation. Philosophische Fakultät, Friedrich-Alexander-Universität Erlangen. Breslau: Fleischmann.

Bamberger, F. (1924). *Untersuchungen zur Entstehung des Werteproblems in der Philosophie des 19. Jahrhunderts.* Halle/Saale: Niemeyer.

Becher, E. (1917). Hermann Lotze und seine Psychologie. *Die Naturwissenschaften, 5,* 325–334.

Beneke, E. (1845). *Lehrbuch der Psychologie als Naturwissenschaft* (2., vermehrte und verbesserte Aufl.). Berlin: Mittler.

Brauns, H.-P. & Mayer, S. (2001). Einheit und Interdisziplinarität in der Psychologie des 19. Jahrhunderts. *Psychologie und Geschichte, 9,* 60–84.

Carus, C. G. (1846). *Psyche. Zur Entwicklungsgeschichte der Seele.* Pforzheim: Flemmer & Hoffmann.

Dessoir, M. (1897). *Geschichte der Neueren Deutschen Psychologie* (2. Aufl.). Berlin: Duncker.

Dilthey, W. (1990 [1894]). Ideen über eine beschreibende und zergliedernde Psychologie. In ders., *Gesammelte Schriften. Fünfter Band. Die geistige Welt. Einleitung in die Philosophie des Lebens* (S. 136–240). Stuttgart: Teubner.

Drobisch, M. W. (1859). Über Lotzes psychologischen Standpunkt. *Zeitschrift für Philosophie und philosophische Kritik, 34,* 1–41.

Erdmann, J. E. (1843 [1840]). *Grundriss der Psychologie. Für Vorlesungen* (3., sehr veränderte Aufl.). Leipzig: Vogel.

Falckenberg, R. (1901). *Hermann Lotze. Erster Teil: Das Leben und die Entstehung der Schriften nach Briefen.* Stuttgart: Frommann.

Fechner, G. T. (1860). *Elemente der Psychophysik.* 2 Bde. Leipzig: Breitkopf & Härtel.

Fries, J. F. (1820–21). *Handbuch der psychischen Anthropologie oder der Lehre von der Natur des menschlichen Geistes.* 2 Bde. Jena: Cröckersche Buchhandlung.

Haeger, A. (1891). *Lotzes Kritik der Herbartschen Metaphysik und Psychologie.* Dissertation. Philosophische Fakultät, Universität Greifswald. Greifswald: Kunike.

Hall, S. (1914). *Die Begründer der Modernen Psychologie. Lotze, Fechner, Helmholtz, Wundt.* Leipzig: Meiner.

Herbart, J. F. (1816). *Lehrbuch zur Psychologie.* Königsberg: Unzer.

Hookway, C. (2009). Lotze and the classical pragmatics. *European Journal of Pragmatism and American Philosophy, 1*, 1–9.

Jakob, L. H. (1791). *Grundriß der Erfahrungs-Seelenlehre.* Halle: Hemmerde & Schwetschke.

Kraushaar, O. F. (1936). Lotze's influence on the psychology of William James. *Psychological Review, 43*, 235–257.

Kuntz, P. G. (1972). Santayana and Lotze. *Southern Journal of Philosophy, 10*, 115–121.

Lang, P. (1913). *Lotze und der Vitalismus.* Dissertation an der Friedrich-Wilhelm-Universität zu Bonn. Bonn: Ludwig.

Lotze, R. H. (1841). *Metaphysik.* Leipzig: Weidmann.

Lotze, R. H. (1842). *Allgemeine Pathologie und Therapie als mechanische Naturwissenschaften.* Leipzig: Weidmann.

Lotze, R. H. (1843a). Leben. Lebenskraft. In R. Wagner (Hrsg.), *Handwörterbuch der Physiologie mit Rücksicht auf physiologische Pathologie* (Bd. 1, S. IX-LVIII). Braunschweig: Vieweg.

Lotze, R. H. (1843b). Logik. Leipzig: Weidmann'sche Buchhandlung.

Lotze, R. H. (1844). Instinct. In R. Wagner (Hrsg.), *Handwörterbuch der Physiologie mit Rücksicht auf physiologische Pathologie* (Bd. 2, S. 191–209). Braunschweig: Vieweg.

Lotze, R. H. (1846). Seele und Seelenleben. In R. Wagner (Hrsg.), *Handwörterbuch der Physiologie mit Rücksicht auf physiologische Pathologie* (Bd. 3, S. 142–264). Braunschweig: Vieweg.

Lotze, R. H. (1852). *Medicinische Psychologie oder Physiologie der Seele.* Leipzig: Weidmann (Nachdruck Amsterdam: Bonset, 1966).

Lotze, R. H. (1923 [1856]). *Mikrokosmos. Ideen zur Naturgeschichte und Geschichte der Menschheit.* 3 Bde. Leipzig: Meiner.

Lotze, R. H. (1879). *System der Philosophie (Zweiter Theil). Metaphysik. Drei Bücher der Ontologie, Kosmologie und Psychologie.* Leipzig: Hirzel (Nachdruck Hildesheim: Olms, 2004).

Lotze, R. H. (1894 [1881]). *Grundzüge der Psychologie. Diktate aus den Vorlesungen* (5. Aufl.). Leipzig: Hirzel.

Messer, A. (1915). Zur Wertepsychologie. *Archiv für die Gesamte Psychologie, 34*, 157–188.

Messer, A. (1930). *Wertphilosophie der Gegenwart.* Berlin: Junker & Dünnhaupt.

Münsterberg, H. (1908). *Philosophie der Werte. Grundzüge einer Weltanschauung.* Leipzig: Barth.

Ollig, H.-L. (1979). *Der Neukantianismus.* Stuttgart: Metzler.

Orth, E. W. (1986). R. H. Lotze: Das Ganze unseres Welt- und Selbstverständnisses. In J. Speck (Hrsg.), *Grundprobleme der großen Philosophen. Philosophie der Neuzeit IV. Lotze. Dilthey. Meinong. Troeltsch. Husserl. Simmel* (S. 9–51). Göttingen: Vandenhoeck & Ruprecht.

Pester, R. (1989). Einleitung. In R. H. Lotze (Hrsg.), *Kleinere Schriften zur Psychologie.* Berlin: VEB Verlag der Wissenschaften.

Pester, R. (1997). *Hermann Lotze. Wege seines Denkens und Forschens. Ein Kapitel deutscher Philosophie- und Wissenschaftsgeschichte im 19. Jahrhundert.* Würzburg: Königshausen und Neumann.

Pierson, G. N. (1988). Lotze's concept of value. *The Journal of Value Inquiry, 22*, 115–125.

Pieth, W. (1911). Kritik der Lotzeschen Psychologie in der Analyse ihrer Grundlagen. *Archiv für systematische Philosophie, 17*, 461–472.

Powers, J. H. (1892). *Kritische Bemerkungen zu Lotze's Seelenbegriff.* Dissertation. Philosophische Fakultät, Georg-August-Universität Göttingen. Göttingen: Dieterich.

Rehnisch, E. (1906). Zur Biographie Hermann Lotzes (Anhang). In H. Lotze, *Grundzüge der Ästhetik (Diktate)* (2. Aufl.) (S. 86–128). Leipzig: Hirzel.

Rosenkranz, K. (1843 [1837]). *Psychologie oder die Wissenschaft vom subjectiven Geist* (2. sehr verbesserte Aufl.). Königsberg: Bornträger.

Simon, E. H. (1904). *Lotzes Verhältnis zu Leibniz.* Dissertation. Alexander-Universität Erlangen. Leipzig: Hoffmann.

Sprung, L. & Sprung, H. (2002). Wurde Hermann Lotze (1817–1881) in der Geschichte der Psychologie zu Recht vergessen? An der Schwelle vom philosophischen Empirismus zur empirischen Psychologie. *Psychologie und Geschichte, 10,* 271–282.

Stumpf, C. (1873). *Über den psychologischen Ursprung der Raumvorstellung.* Stuttgart: Hirzel.

Stumpf, C. (1918). Zum Gedächtnis Lotzes (geb. 21. Mai 1817). *Kant-Studien, 22,* 1–26.

Stumpf, C. (1928). *William James nach seinen Briefen. Leben. Charakter. Lehre.* Berlin: Pan.

Troeltsch, E. (1922). *Der Historismus und seine Probleme. Erstes Buch: Das logische Problem der Geschichtsphilosophie.* Tübingen: Mohr.

Wentscher, M. (1925). *Fechner und Lotze. Geschichte der Philosophie in Einzeldarstellungen,* Bd 36. München: Reinhardt.

Woodward, W. R. (1975). Hermann Lotze's critique of Johannes Muller's doctrine of specific sense energies. *Medical History, 19,* 147–157.

Woodward, W. R. (2006). Lotze, the self, and American psychology. *Annals of the New York Academy of Sciences, 291,* 168–177.

Woodward, W. R. (2015). *Hermann Lotze. An intellectual biography.* Cambridge: Cambridge University Press.

Der Autor

Uwe Wolfradt, geb. 1961, Studium der Psychologie, Ethnologie, Sinologie, Verhaltensbiologie und Psychologie an den Universitäten Bonn und Freiburg i. Br.; Promotion in Psychologie (1996), Habilitation in Psychologie (2001) und Promotion in Ethnologie (2009); seit 2009 außerplanmäßiger Professor am Institut für Psychologie der Martin-Luther-Universität Halle-Wittenberg. Forschungsschwerpunkte: Kulturpsychologie, Dissoziative Aspekte der Persönlichkeit, Theoretische Psychologie und Geschichte der Psychologie.

Franz Brentano – revisited

(Nach-)Wirkungen auf die Psychologie

Gerhard Benetka

Über Brentano zu schreiben, birgt die Möglichkeit zu einer Selbstbegegnung; genauer zu einer Wiederbegegnung mit einer vor mittlerweile achtzehn Jahren verfassten Studie (Benetka, 1999). Was viele Fakten, aber auch so manche Einschätzungen betrifft, kann sich die nachstehende Arbeit auf diesen Vorgängertext berufen. Allerdings wird hier die Frage, ob und wie man Brentano heute noch mit Gewinn lesen kann, kritischer beantwortet als damals. Man darf nicht vergessen, dass Brentano bei all seinen Beiträgen zur Psychologie zuallererst Philosoph geblieben ist; ein Philosoph, dessen Hauptarbeitsgebiet im Sinne von Aristoteles die Erste Philosophie (πρώτη φιλοσοφία), also die *Metaphysik* war. Vor neunzehn Jahren zu wenig beachtet blieb also der Umstand, dass hinter Brentanos Beschäftigung mit der Psychologie und auch mit der Logik letztlich immer metaphysische Probleme gestanden haben: Wie nämlich die Existenz Gottes oder, wie es gleich zu Beginn der *Psychologie vom empirischen Standpunkte* heißt, ein »Fortbestand des psychischen Lebens nach dem Zerfalle des Leibes« (Brentano, 1874, S. V) logisch korrekt denkbar seien. Mauro Antonelli (2008) hat in seiner kundigen Einleitung zum ersten Band der Neuausgabe von Brentanos gedruckt erschienenen Werken mit Recht auf diese hübsche Dialektik hingewiesen: dass der Metaphysiker seine Metaphysik in einer metaphysikfreien, das heißt rein erfahrungswissenschaftlich verfassten Psychologie fundieren wollte. Von der Möglichkeit einer einseitigen Ablösung der Psychologie von der Metaphysik hat Antonelli in diesem Zusammenhang gesprochen – aber auch davon, dass Brentano sich vor allem auch dafür interessierte, zu zeigen, dass und wie die metaphysikfreie Psychologie wieder auf metaphysische Probleme hinführt. Und trotzdem: Es wird sich erweisen, dass Brentano vielerlei Positives in der Psychologie angestoßen hat – wenn auch das, was er selbst dazu ausgeführt hat, aus heutiger Sicht (d. h. aus kulturpsychologischer Perspektive) eher wenig relevant ist. Brentano hat also der Psychologie einige vielversprechende Wege gewiesen; die Pfade, die er für sich abgegangen ist, sind – anders als bei Wilhelm Wundt etwa – dann doch nur mehr aus philosophiehistorischen Gründen von Interesse.

(1) Was mich damals, 1999, als eben habilitierten Universitätsdozenten unter anderem umgetrieben hat, war mein Erstaunen darüber, dass akademische Psychologen sich so wenig für Psychologie interessieren. Ich wusste von diesem unsäglichen Symposion, an dem amerikanische Psychologen – führend unter ihnen der damals einflussreichste Fachhistoriker Edwin G. Boring – sich inmitten des Krieges zusammengefunden haben, um Bridgmans Idee der »operationalen Definition« theoretisch unbestimmter Begriffe in der Physik für die Psychologie zu entdecken (Boring et al., 1945). Der Missbrauch des Operationismus in der Psychologie hat in der Folge zu einer wahren Flut von Studien geführt, in denen die theoretischen Begriffe – die Variablen – sich in immer der gleichen Art gehandhabt finden: Das psychische Phänomen, das interessiert, wird in die Untersuchung eingeführt, »operationalisiert« durch den bloßen Verweis auf das Manual des Instruments, mit dem man dieses Phänomen erfasst hat. So ließen sich Dinge untersuchen, über deren Sinn sich die Forscher nicht lange aufzuhalten brauchten: Angst ist das, was mit meinem Erhebungsinstrument als Angst gemessen wird. Man ahnt, worauf das hinausläuft: Es gibt wohl eine große Menge von Psychologen, die in dieser Art über Angst gearbeitet haben, ohne nur einen einzigen ernsthaften Gedanken darauf verschwendet zu haben, was das eigentlich ist: Angst.

(2) Franz Brentano wurde am 16. Jänner 1838 in einem aufgelassenen Benediktinerinnen-Kloster, dem Kloster Marienberg bei Boppard am Rhein geboren. Aufgewachsen ist er in einer konservativ-katholischen Familie im bayerischen Aschaffenburg. Im Wintersemester 1856/57 nahm er in München seine Universitätsstudien auf, in den Folgejahren setzte er sie in Würzburg, Berlin und Münster fort. 1862 reichte er an der Philosophischen Fakultät in Tübingen die Schrift *Von der mannigfachen Bedeutung des Seienden nach Aristoteles* als Dissertation ein, im Juli desselben Jahres wurde er zum Dr. phil. promoviert. Nach theologischen Studien in München und im theologischen Seminar in Würzburg empfing er im August 1864 die Priesterweihe. 1866 habilitierte er sich mit einer Schrift über die *Psychologie des Aristoteles* an der philosophischen Fakultät der Universität Würzburg.

1869 arbeitete Brentano für die Fuldaer Bischofskonferenz eine Stellungnahme aus, in der er sich gegen die von Pius IX. angestrebte Erklärung der Unfehlbarkeit des Papstes aussprach. Nach der Verkündung des Infallibilitätsdogmas durch das I. Vatikanische Konzil im Juli des darauffolgenden Jahres begann er sich – an der grundsätzlichen Wahrheit kirchlicher Glaubenssätze zweifelnd (vgl. Stumpf, 1919, S. 108–118) – mehr und mehr von der Katholischen Kirche zu entfernen. Am 24. März 1873 legte er schließlich sein ein Jahr zuvor in Würzburg noch als Priester – gegen den Widerstand einer Majorität aus protestantisch und antiklerikal-aufgeklärt gesinnten Professoren (ebd., S. 120) – erhaltenes Extraordinariat für Philosophie zurück und am 11. April – dem Karfreitag – sein Priesteramt nieder. Von einer Paris-Reise auf den Familienwohnsitz in Aschaffenburg zurückgekehrt, machte er sich an die Fertigstellung seiner *Psychologie vom empirischen Standpunkte* (Brentano, 1874).

Im Jänner 1874 wurde Brentano – seine Abkehr von der Kirche war trotz seiner auf seine Familie Rücksicht nehmenden Verschwiegenheit längst publik geworden – gegen den Widerstand klerikal-konservativer Kreise auf ein philosophisches Ordinariat an die Universität Wien berufen. Einer glänzenden akademischen Zukunft des asketisch lebenden, sich in seiner knappen Freizeit dem Ersinnen geistreicher Rätselgedichte (1879) und dem Schachspiel widmenden Philosophen (unter anderem hat Brentano ein Reiseschach erfunden [Husserl, 1919, S. 162] und zur Schachtheorie publiziert; Brentano, 1900 u. 1901) schien nichts mehr im Wege zu stehen – selbst sein im April 1878 schriftlich erklärter Austritt aus der Katholischen Kirche nicht.

Nur zwei Jahre später sah Brentano seinen Wirkungsmöglichkeiten an der Universität jedoch enge Grenzen gesetzt. Am 16. September 1880 heiratete er die aus einer reichen jüdischen Bankiersfamilie stammende Ida von Lieben. Weil nach cisleithanischer Rechtssprechung – nicht aber, worauf Brentano später immer wieder hinwies, nach dem Wortlaut des Gesetzes – die Eheschließung ›ehemaliger‹ Priester ungültig war, hatte Brentano die ›österreichische‹ Staatsbürgerschaft und damit auch seine Professur an der Wiener Universität zurückgelegt, um in Leipzig mit seiner Braut den Bund der Ehe zu schließen. Unmittelbar nach der Hochzeit kehrte er wieder nach Wien zurück, wo er noch Anfang Oktober als Privatdozent bestätigt wurde. Die erhoffte Wiederernennung zum Ordinarius blieb ihm allerdings – ein Zeichen der wiedererstarkten Macht klerikal-konservativer Kräfte – verwehrt. Die nächsten 15 Jahre musste der frühere Ordinarius als Privatdozent lehren.

1895 – im März des Vorjahres war seine Frau, noch keine vierzig Jahre alt, verstorben – verließ Brentano, verbittert ob der Behandlung, die ihm widerfahren war, Österreich. 1896 erwarb er die italienische Staatsbürgerschaft und ließ sich – den akademischen Verkehr mit Schülern vermissend – in Florenz nieder. Ende 1897 heiratete er die Erfinder-Tochter Emilie Rueprecht.

Brentanos Augen wurden immer schlechter. Eine Operation in Wien blieb 1903 ohne Erfolg. 1907 erblindete er. 1914 wurde ihm in seiner Zurückgezogenheit eine letzte wissenschaftliche Ehrung zuteil: Die Berliner Akademie der Wissenschaften wählte ihn zu ihrem korrespondierenden Mitglied. Nach der Kriegserklärung Italiens an Österreich-Ungarn und an das Deutsche Reich übersiedelte der überzeugte Pazifist, der als italienischer Staatsbürger weder seine deutsche noch seine österreichische Heimat betreten durfte, 1915 nach Zürich, wo er am 17. März 1917 verstarb.

Zwei Zusätze seien gestattet:

1. dass Freud bei Brentano Vorlesungen gehört hat, ist allgemein bekannt (Brauns & Schöpf, 1989). Unter Nicht-Freudianern weniger bekannt ist der Umstand, dass Freud die Schwägerin von Brentanos Frau, Anna von Lieben, behandelt hat. Unter dem Pseudonym Cäcilie von M. wird von ihr in den Studien über Hysterie berichtet (Breuer & Freud, 1970 [1895], S. 143–148).
2. dass Brentano seinen Abgang aus Wien im Dezember 1894 in einer Serie von Artikeln in der *Neuen Freien Presse* begründet hat (Brentano, 1895). »Meine letzten Wünsche für Österreich« – drei sind es gewesen: mehr Dankbarkeit der erste, die Änderung des Eherechts der zweite (vgl. dazu z. B. auch Brentano, 1896); der dritte passt zwar nicht recht in die Reihe, ist aber aus psychologiegeschichtlicher Sicht der eigentlich interessante: nämlich die Einrichtung eines experimentalpsychologischen Laboratoriums an der Wiener Universität, um die, wie wir heute wissen, sich Brentano schon zwanzig Jahre zuvor unmittelbar nach seiner Berufung nach Wien vergeblich bemüht hatte (Brentano, 1929 [1893]; insbes. S. 51) – fünf Jahre *vor* Wundts Gründung des Leipziger Laboratoriums also.

(3) Jetzt zum Systematischen, zu Brentanos Grundlegung der Psychologie, zunächst zum fachgeschichtlichen Kontext: der durch den Niedergang der sogenannten Systemphilosophie bedingten »Identitätskrise« der Philosophie an den deutschen Universitäten. Im Zuge des Entstehens neuartiger »prozedural definierter Forschungswissenschaften« (Schnädelbach, 2012, S. 19), die ihren Anspruch auf Wissenschaftlichkeit eben nicht mehr über die Integrierbarkeit von empirischen Tatbeständen in ein übergeordnetes philosophisches System, sondern über die Hervorbringung von Wissen über rational zu begründende, von

einer Gemeinschaft an Fachgelehrten geteilten Forschungsmethoden bestimmten, hat die deutsche Philosophie um die Mitte des 19. Jahrhunderts ihre Position als ›Königin der Wissenschaften‹ eingebüßt. Die nachfolgende Identitätskrise war »keine bloß ideale, d. h. keine bloß auf die Auseinandersetzung zwischen Ideen beschränkte Angelegenheit«: Letztlich war die »soziale Basis des Philosophie-Unterrichts« – die Legitimation, letztlich die Finanzierung von Lehrstühlen – durch den unaufhaltsamen Aufstieg der neuen Forschungswissenschaften bedroht (Benetka & Slunecko, 2015, S. 21). Die Philosophie versuchte zu retten, was zu retten war: zunächst eben auch dadurch, dass sie etwas von dem neuen Forschungsgeist der Einzelwissenschaften in sich aufzunehmen suchte. Das ist der intellektuelle Nährboden, dem schließlich die Psychologie als Einzelwissenschaft entwachsen ist: aus der Überführung forschungswissenschaftlicher Methoden in den Kontext der Philosophie (vgl. dazu Benetka, 2002).

Auch Brentanos Grundlegung der Psychologie ist als Antwort auf die schwierig gewordene Lage der Philosophie zu lesen. Ihr argumentativer Angriffspunkt lässt sich anhand der Wiener Antrittsvorlesung *Über die Gründe der Entmutigung auf philosophischem Gebiete* (Brentano, 1929 [1874]) gut rekonstruieren. Brentano zeigte darin, erstens, dass das allgemeine Misstrauen gegenüber der zeitgenössischen Philosophie berechtigt sei, und, zweitens, dass dieses berechtigte Misstrauen nichts auszusagen vermag über die Möglichkeit einer wissenschaftlichen Erneuerung der Philosophie. Gelöst wird diese nur scheinbare Aporie, indem zunächst postuliert wird, dass alles Philosophieren auf psychischen Akten, auf »psychischen Zuständen« sich gründet. Damit ist die Psychologie – jenes Teilgebiet, das sich die Untersuchung der psychischen Zustände zur Aufgabe macht – zur Grundlagendisziplin der Philosophie avanciert. Die wissenschaftliche Erneuerung der Philosophie hat also mit der wissenschaftlichen Erneuerung der Psychologie zu beginnen. Wie aber soll eine solche Erneuerung der Psychologie möglich sein? Brentanos Argument ist aus Comtes Überlegungen zur hierarchischen Ordnung der Wissenschaften nach dem Grad der Allgemeinheit ihrer Gegenstände entlehnt:

> »Wenn wir die verschiedenen allgemeinen theoretischen Wissenschaften, die Mathematik, die Physik, die Chemie, die Physiologie, nebeneinander stellen: so finden wir, dass sie eine Reihe bilden, in welcher jedes frühere Glied abstrakter als das nachfolgende ist. Der Gegenstand der später genannten Wissenschaft ist verwickelter, und zwar in der Art, dass die Phänomene, die Gegenstand der früher genannten sind, sich bei ihr durch neue Elemente und Bedingungen komplizieren« (Brentano, 1929 [1874], S. 92–93).

»Früher« und »später« sind nicht metaphorisch, sondern buchstäblich, also historisch gemeint: Weil jede später genannte Wissenschaft von der früher genannten abhängig ist, muss sie im historischen Vergleich gegenüber dieser als weniger entwickelt, als »zurückgeblieben« erscheinen. Was zu tun bleibt, ist, die Psychologie in die historische Fächerreihe aufzunehmen: Wie die Chemie eine entwickelte Physik voraussetzt, so eine wissenschaftliche Psychologie die Entwicklung der Physiologie. Damit ist klar gemacht, erstens, dass, weil die Physiologie selbst ja noch eine junge Wissenschaft ist, es nicht wundernimmt, dass eine wirklich wissenschaftliche Psychologie bislang noch nicht entstehen konnte; zweitens aber, dass die künftige Entwicklung einer solchen wissenschaftlichen Psychologie eng an die Physiologie gebunden sein wird.

Man ist erstaunt, dass dieser Gedankengang eben nicht einmündet in den späteren Mainstream der positivistischen Psychologie nach Wundt (Benetka, 2002, S. 101–148). Worauf Brentano hinaus will, ist etwas völlig anderes, als Ebbinghaus, Müller und all die anderen positivistischen Psychologen in den nachfolgenden Jahrzehnten wollten (und was heute neurowissenschaftlich orientierte Psychologen immer noch wollen): nicht auf eine von der Philosophie verselbstständigte und dabei letztlich fest in der Biologie verwurzelte Psychologie; sondern auf die Sicherung der Fundamente für eine wissenschaftlichen Erneuerung der Metaphysik. Wir werden später noch sehen, wie in diesem Programm das Verhältnis von Physiologie und Psychologie zu explizieren ist.

(4) Brentano hat seine *Psychologie vom empirischen Standpunkte* (Brentano, 1874), wie erwähnt, in den Monaten vor seiner Übersiedelung nach Wien fertiggestellt. Die darin intendierte Grundlegung bedeutet: Darstellung des Gegenstands der Psychologie und Darstellung ihrer Methode.

Die Psychologie ist, so bestimmt Brentano zu Anfang seines Buches (ebd., S. 10), »die Wissenschaft von den psychischen Phänomenen«, »die Naturwissenschaft« ist die Wissenschaft von den »physischen Phänomenen«. Weil die Differenz zwischen »psychischem Phänomen« und »physischem Phänomen« für Brentano zunächst nur über die je verschiedene Weise der Auffassung des Phänomens zu definieren ist, steht am Beginn eine Erörterung der »Erfahrungsgrundlagen« der Psychologie.

Zum Begriff »Phänomen«: »Phänomen«, »Erscheinung«, wird, wie Brentano sagt, zumeist »im Gegensatze zu dem wahrhaft und wirklich Seienden gebraucht«. Für die Naturwissenschaft scheint diese Sprachregelung völlig unproblematisch zu sein: Von den Gegenständen der sogenannten »äußeren Wahrnehmung« haben wir nämlich »kein Recht zu glauben, dass sie so, wie sie uns erscheinen, auch in Wahrheit bestehen. Ja sie bestehen nachweisbar nicht außer uns. Sie sind im Gegensatze zu dem, was wahrhaft und wirklich ist, bloße Phänomene« (ebd., S. 10–11). Eben das trifft für die Gegenstände der »inneren Wahrnehmung« aber nicht zu: Denn niemand könne ernsthaft daran zweifeln, »ob der psychische Zustand, den er in sich wahrnehme, sei, und ob er so sei, wie er ihn wahrnehme« (ebd., S. 12). Brentano setzt also »Erscheinung«, »Phänomen«, gerade nicht im Kantischen Sinne: also als etwas, hinter dem sich »in unnahbarem Versteck« das »Ding an sich« verbirgt (Kraus, 1924, S. LXXVII). Unter einem physischen Phänomen ist zunächst nichts als eine sinnliche Qualität gemeint – Farben, Töne etc., also etwas, wie Brentano meint, bloß phänomenal Existierendes. Unter »psychischem Phänomen« hingegen wird etwas verstanden, das nicht phänomenal, sondern »unzweifelhaft wirklich« existiert: ein innerer Zustand, eine innere Tätigkeit: »Erkenntnis, Freude, Begierde bestehen wirklich; Farbe, Ton, Wärme nur phänomenal und intentional« (Brentano, 1874, S. 120). Farben, Töne, Wärme etc. sind daher nur »Zeichen von etwas Wirklichem, was durch seine Einwirkung ihre Vorstellung erzeugt. Aber sie sind deshalb kein entsprechendes Bild dieses Wirklichen, und geben von ihm nur in sehr unvollkommenem Sinne Kenntnis. [...] Die Wahrheit der physischen Phänomene ist, wie man sich ausdrückt, eine bloß relative Wahrheit.« Dagegen die Phänomene der »inneren Wahrnehmung«: Diese sind »wahr in sich selbst. Wie sie erscheinen – dafür bürgt die Evidenz, mit der sie wahrgenommen werden –, so sind sie auch in Wirklichkeit« (ebd., S. 24–25).

(5) An dieser Stelle ist einzuhaken. Ist es nicht merkwürdig, wenn man sagt, dass eine Farbe ein *physisches* Phänomen ist? Was Brentano meint, ist, dass »äußere Wahrnehmung« in diesem Fall auf einem Vorstellen einer sinnlichen Qualität beruht, das letztlich auf einen transzendenten Vorgang, auf einen Vorgang in der Außenwelt verweist. Sehen und Hören bedeutet also nichts anderes als das Vorstellen von etwas Gesehenem bzw. von etwas Gehörtem. Aber sind Sehen und Hören nicht psychische Phänomene und als solche Gegenstand der Psychologie? Im Kontext der – im Übrigen erkenntnistheoretisch sehr interessanten – Passagen aus der *Psychologie vom empirischen Standpunkte*, in denen Brentano die Annahme von unbewussten psychischen Akten zurückweist (Brentano, 1874, S. 159ff.), wird am Beispiel des Hörens erörtert, dass wir uns im Hören nicht nur den Inhalt, den Ton, vorstellen, sondern zugleich auch das Hören, den Akt des Hörens selbst. Das Gehörte ist in dem Hören mitgegeben. Ist in dieser Hinsicht mir also mein Hören in der inneren Wahrnehmung gegeben und daher ein psychisches Phänomen? Man beachte, in welche terminologische Schwierigkeiten Brentano gerät:

> »Die Vorstellung des Tones und die Vorstellung von der Vorstellung des Tones bilden nicht mehr als ein einziges *psychisches* Phänomen, das wir nur, indem wir es in seiner Beziehung auf zwei verschiedene Objecte, deren eines ein *physisches* und deren anderes ein *psychisches* Phänomen ist, betrachteten, begrifflich in zwei Vorstellungen zergliederten. In demselben *psychischen* Phänomen, in welchem der Ton vorgestellt wird, erfassen wir zugleich das *psychische* Phänomen selbst, und zwar nach seiner doppelten Eigenthümlichkeit, insofern es als Inhalt den Ton in sich hat, und insofern es zugleich sich selbst als Inhalt gegenwärtig ist« (Brentano, 1874, S. 167; Hervorhebungen durch den Autor).

Den Ton nennt Brentano das »primäre«, das Hören selbst das »sekundäre Object«. Das primäre Objekt ist in der »äußeren Wahrnehmung« gegeben und einer Beobachtung zugänglich. Das sekundäre Objekt des Aktes – das Hören – ist zwar bewusst, das heißt in der inneren Wahrnehmung gegeben, kann aber nur dann zum Gegenstand einer Beobachtung werden, wenn es zum »primären Objekt« gemacht wird. Aber wie soll man sich das vorstellen? Indem wir, sagt Brentano (ebd., S. 169), uns »einem früheren Hören« zuwenden, »welches wir im Gedächtnisse betrachten«! Dann sollen wir den Akt des Hörens, man beachte, vom ehemals Gehörten abstrahiert, ›beobachten‹ können?

Das ganze Ausmaß an Problemen, das sich Brentano mit seinem Festhalten an der Unterscheidung von innerer und äußerer Wahrnehmung einhandelt, lässt sich zeigen, wenn wir einen zeitgenössischen, von Brentano abweichenden, wie mir allerdings scheint, wesentlich plausibleren Ansatz entgegenstellen: In seiner voluntaristischen Psychologie, die er mit der etwa zur selben Zeit wie Brentanos »Empirischer Psychologie« erscheinenden ersten Auflage der *Grundzüge der physiologischen Psychologie* (1873/74) zu entwickeln begann, hat Wilhelm Wundt die bei Brentano immer noch fortwirkende Unterscheidung der überkommenen philosophischen Psychologie in Phänomene des inneren Sinnes als die Gegenstände der Psychologie und Phänomene des äußeren Sinnes als die Gegenstände der Naturwissenschaft als unhaltbar zurückgewiesen. Es gibt keine ›innere‹ und ›äußere Erfahrung‹ als zwei gesonderte Erfahrungsbereiche oder – wie bei Brentano – zwei verschiedene Modi der Erfahrung, sondern nur eine ungeteilte Erfahrung. Was darin gegeben ist, sind nicht Gegenstände, Objekte, sondern »Erlebnisse«, »Ereignisse«: »Sie verlaufen in der Zeit und sind in keinem folgenden Moment die nämlichen, die sie in einem vorausgegangen waren« (Wundt, 1896, S. 17). Die Untersuchung dieses aktuellen Geschehens ist Aufgabe der Psychologie. Psychologische Kategorien wie »Empfindung«, »Vorstellung«, »Gefühl«, »Wille« sind Begriffe, mit deren Hilfe einzelne Aspekte des realen psychischen Ablaufs herausgehoben werden. Sie sind immer schon »Produkte der psychologischen Analyse«, also gedankliche Abstraktionen, keine tatsächlich, das heißt getrennt für sich existierenden psychischen Entitäten.

Es gibt zwar Erfahrungsinhalte, die der psychologischen Untersuchung zufallen, während sie in den Erfahrungsinhalten, mit denen sich die Naturforschung beschäftigt, nicht vorkommen: zum Beispiel Gefühle, Absichten, Willensvorgänge. Dagegen gibt es

> »keine einzige Naturerscheinung, die nicht auch unter einem veränderten Gesichtspunkt Gegenstand psychologischer Untersuchung sein könnte. Ein Stein, eine Pflanze, ein Ton, ein Lichtstrahl sind als Naturerscheinungen Objecte der Mineralogie, Botanik, Physik usw. Aber insofern diese Naturerscheinungen Vorstellungen in uns erwecken, sind sie zugleich Objecte der Psychologie, die über die Entstehungsweise dieser Vorstellungen und über ihr Verhältniss zu anderen Vorstellungen sowie zu den nicht auf äußere Gegenstände bezogenen Vorgängen, den Gefühlen, Willensregungen u. s. w., Rechenschaft zu geben versucht« (ebd., S. 2).

Die Unterscheidung zwischen ›innerer‹ und ›äußerer‹ Erfahrung bezeichnet aus dieser Sicht also bloß zwei verschiedene Perspektiven, unter denen wir bei einer wissenschaftlichen Bearbeitung die an sich einheitliche Erfahrung auffassen. Eine Differenzierung, die durch den Umstand nahe gelegt wird, dass nach Wundt jede Erfahrung sich unmittelbar in zwei Faktoren sondert: in einen Inhalt und in die Auffassung dieses Inhalts. Ersteres bezeichnete Wundt als das »Object der Erfahrung«, Letzteres als das »erfahrende Subject«. Auf der Grundlage dieser begrifflichen (also rein gedanklichen) Unterscheidung kann nun das Verhältnis von Naturwissenschaft und Psychologie bestimmt werden: »Die Naturwissenschaft sucht die Eigenschaften und wechselseitigen Beziehungen der Objecte zu bestimmen. Sie abstrahirt daher durchgängig, so weit dies vermöge der allgemeinen Erkenntnisbedingungen möglich ist, von dem Subject.« Die Psychologie hingegen »hebt diese von der Naturwissenschaft ausgeführte Abstraction wieder auf, um die Erfahrung in ihrer unmittelbaren Wirklichkeit zu untersuchen. Sie gibt daher über die Wechselbeziehungen der subjectiven und objectiven Faktoren der unmittelbaren Erfahrung und über die Entstehung der einzelnen Inhalte der letzteren und ihres Zusammenhangs Rechenschaft« (ebd., S. 11–12). Die Erfahrungsweise der Naturwissenschaften ist mithin – weil durch Abstraktion von der unmittelbaren Erfahrung bestimmt – eine »mittelbare« und weil die Abstraktion vom Subjekt die Einführung hypothetischer Hilfsbegriffe notwendig macht

– eine »abstract begriffliche«. Die Erkenntnisform der Psychologie dagegen ist »unmittelbar« und »anschaulich« (ebd., S. 12).

(6) Wie immer wir die Formulierung, dass Psychisches »in der inneren Wahrnehmung gegeben« ist, auch auffassen – ganz gleich, ob nach Wundt oder nach Brentano: als das in der unmittelbaren Erfahrung Gegebene oder als das in einem eigenen Erfahrungsmodus Gegebene –, sie führt uns sogleich hin auf die methodische Frage, wie denn das so oder so Gegebene einer wissenschaftlichen Untersuchung zugänglich sein soll – das heißt, hin zum Problem der Introspektion. Die »innere Wahrnehmung« hat

> »das Eigenthümliche, dass sie nie innere Beobachtung werden kann. Gegenstände, die man, wie man zu sagen pflegt, äußerlich wahrnimmt, *kann* man beobachten; man wendet, um die Erscheinung genau aufzufassen, ihr seine volle Aufmerksamkeit zu. Bei Gegenständen, die man innerlich wahrnimmt, ist dies aber vollständig unmöglich. Dies ist insbesondere bei gewissen psychischen Phänomenen, wie z. B. beim Zorne unverkennbar. Denn wer den Zorn, der in ihm glüht, beobachten wollte, bei dem wäre er offenbar bereits gekühlt, und der Gegenstand der Beobachtung verschwunden« (Brentano, 1874, S. 35–36).

Aber wie soll es eine Wissenschaft ohne Beobachtung geben? Anders als etwa für Wundt war für Brentano diese Unmöglichkeit der Beobachtung aktueller psychischer Vorgänge kein grundsätzliches Problem. In der »Betrachtung früherer Zustände aus dem Gedächtnisse« (ebd., S. 43) lässt sich leicht ein – wenn auch aufgrund der mangelnden Zuverlässigkeit des Gedächtnisses mit »Unsicherheit« und der »Möglichkeit vielfaltiger Selbsttäuschungen« (ebd., S. 44) erkaufter – Ersatz dafür finden.

(7) An dieser Stelle sei ein kleiner Exkurs erlaubt: Auf den Einfluss von Brentanos deskriptiver Psychologie auf die spätere Würzburger Schule wurde oftmals schon hingewiesen (z. B. Baumgartner & Baumgartner, 1997). Interessant ist, dass die Würzburger ihre Methode nicht im Anschluss an Brentano als Retrospektion, sondern buchstäblich als Introspektion bezeichnet haben. Gegen die von Brentano behauptete Unmöglichkeit, zum Beispiel zu hören und gleichzeitig dieses Hören zu beobachten, haben die Würzburger den Umstand des Perseverierens der psychischen Akte gesetzt. Das ist eine durchaus vertretbare Hypothese, wenn man sie auf Achs Experimente zur Willenspsychologie beschränkt (Ach, 1905). Auf Bühlers Denkexperimente (Bühler, 1907, 1908a u. 1908b) angewandt, ist

dieses Argument – obwohl Bühler es explizit anführt! (Bühler, 1908c) – buchstäblich sinnlos. In seiner Versuchsanordnung sind es eindeutig Retrospektionen, die von den Versuchspersonen zu Protokoll gegeben werden.

Gegen Bühlers denkpsychologische Experimente lassen sich aus heutiger Sicht vielerlei Bedenken formulieren: zum Beispiel dass seine Versuchspersonen – die Professorenkollegen Oswald Külpe und Ernst Dürr – über die Hypothesen der Untersuchungen informiert waren und sich in der Rekonstruktion ihrer Denkakte entsprechend verhalten haben könnten. Und dennoch ist an der Bühler'schen Inszenierung etwas bemerkenswert: und zwar dieses soziale Moment, das der Generierung der Daten zugrundeliegt. Aus wissenschaftstheoretischer Sicht sind wir gewohnt, die Perspektive der ersten Person von der Perspektive der Beobachtung aus der dritten Person zu unterscheiden. In den Würzburger Experimenten handelte es sich demgegenüber eigentlich um etwas Neues: um Beobachtungen aus der zweiten Person, um Erfahrungen also, die im Dialog zwischen Forscher und Beforschtem hervorgebracht werden (Werbik & Benetka, 2016). Fasst man die Bühler'sche Methode in dieser Art, macht es sie anschlussfähig zum Beispiel auch an das Verfahren der Psychoanalyse, zumindest was jenen Aspekt der psychoanalytischen Methoden betrifft, in dem Therapie und Forschung zusammenfallen. Ich verweise hier auf einen Vortrag, den Siegfried Bernfeld in den frühen dreißiger Jahren im Rahmen einer Arbeitsgemeinschaft von Psychoanalytikern und jungen Mitarbeitern des Wiener Psychologischen Instituts gehalten hat. Dort wird das Setting der psychoanalytischen Therapie als doppelte Selbstbeobachtung beschrieben: Die Selbstbeobachtungen (das sind die freien Einfälle) des Patienten werden durch die Selbstbeobachtungen des Therapeuten (das sind seine Deutungen) kontrolliert und umgekehrt die Deutungen des Therapeuten durch die Einfälle des Patienten (Benetka, 1990 u. 1992).

(8) Wenn ausschließlich das, was in der inneren Wahrnehmung gegeben ist, Gegenstand der Psychologie wäre, so bliebe ihre Erfahrungsgrundlage auf Erscheinungen, die nur in uns, nur in unserem eigenen Leben auftreten, beschränkt; beschränkt auf immer nur ein einziges individuelles Leben, ein Leben zudem, das – wie Brentano sagt – von keinem von uns in seiner Totalität zu überblicken ist. Und weiter:

> »Wie der Gegenstand der Beobachtung ein einziger ist, – ein einziges und, wie wir sagten, nur theilweise zu überblickendes Leben – so ist auch der Beobachter ein einziger, und kein Anderer ist im Stande, seine Beobachtung zu controliren. Denn, so wenig ich die psychischen Phänomene eines Anderen, so wenig vermag

ein Anderer die meinigen durch innere Wahrnehmung zu erfassen« (Brentano, 1874, S. 46).

Hier komme nun der Psychologie der Umstand zugute, dass »die Erscheinungen des inneren Lebens [...] sich zu äussern« pflegen, das heißt »äusserlich wahrnehmbare Veränderungen« zur Folge haben, die eine »indirecte Erkenntniss fremder psychischer Phänomene« möglich machen (ebd., S. 47): Fremdpsychisches äußert sich in Worten, in Handlungen und im willkürlichen Tun sowie in den unwillkürlichen physischen Vorgängen, die – wie Brentano anmerkt – »gewisse psychische Zustände naturgemäss begleiten« (ebd., S. 49). Weit ist das Feld psychologischer Beobachtung, das Brentano der zukünftigen Forschung von hier aus eröffnen kann: Die Beschäftigung mit dem »einfacheren Seelenleben« von Kindern und Erwachsenen bei »Völkerstämmen, welche in der Cultur zurückgeblieben sind« (ebd., S. 49), wird ebenso empfohlen wie das Studium des Vorstellungslebens von Blindgeborenen; Beobachtungen, »die man zu psychologischen Zwecken an Thieren macht« (ebd., S. 50), sollen Berücksichtigung finden und »krankhafte Seelenzustände« aufmerksam registriert und analysiert werden (ebd., S. 51); dazu kommen das Studium der Biografien von »Männern, welche als Künstler, Forscher oder grosse Charaktere hervorleuchten, aber auch die von grossen Verbrechern und ebenso das Studium des einzelnen hervorragenden Kunstwerkes, der einzelnen merkwürdigen Entdeckung, der einzelnen grossen Handlung und des einzelnen Verbrechens, soweit ein Einblick in die Motive und vorbereitenden Umstände möglich ist« (ebd., S. 52); zudem die Untersuchung der Eigenart psychischer Erscheinungen in der »Ansammlung von Menschenmassen« (ebd., S. 52); der Analyse von »Phänomenen der Kunst, Wissenschaft und Religion« lassen sich Hinweise auf die »verschiedenen Grundanlagen des höheren psychischen Lebens« ableiten, wie überhaupt »die Betrachtung der Phänomene der menschlichen Gesellschaft auf die psychischen Phänomene des Einzelnen Licht wirft« (ebd., S. 53).

Die »Äußerungen des psychischen Lebens Anderer« ermöglichen der Psychologie Beobachtungen; aber diese Beobachtungen würden, wie Brentano meint, »die Beobachtung im Gedächtnis, so wie diese die innere Wahrnehmung gegenwärtiger Erscheinungen« voraussetzen: »Auf der inneren Wahrnehmung also [...] erhebt sich recht eigentlich der Bau dieser Wissenschaft wie auf seiner Grundlage« (ebd., S. 54). Auf die Explikation dieses Zusammenhangs zwischen objektiver Beobachtung und innerer Wahrnehmung hat Brentano allerdings verzichtet. Weder im Fortgang seiner *Psychologie vom empirischen Standpunkte* noch knapp eineinhalb Jahrzehnte später in seinen Wiener Vorlesungen zur *Deskriptive[n]*

Psychologie (Brentano, 1982) kam er nochmals auf die angedeuteten Möglichkeiten objektiven Beobachtens in der Psychologie zu sprechen.

(9) Wir haben gesehen, wie Brentano die Unterscheidung von physischen und psychischen Phänomenen zunächst über den Modus der Erfahrung zu entfalten versucht hat. Und wir haben auch gesehen, dass und welche Probleme und Unklarheiten sich dabei ergeben (vgl. oben unter (5)). Im zweiten Buch seiner *Psychologie vom empirischen Standpunkte* geht er diese Differenzierung nun von der Seite des Gegenstandes an: Zu fragen ist, ob sich an den psychischen Phänomenen selbst etwas ihnen Eigentümliches, gegenüber den physischen Phänomenen nur ihnen Eigentümliches abheben lässt. Wir konstatieren zunächst, dass eine solche Eigentümlichkeit bereits festgehalten wurde: nämlich die Evidenz, mit der die psychischen Phänomene in der inneren Wahrnehmung gegeben sind. Aber darüber hinaus, vom Modus der Erfahrung unabhängig: Wodurch soll Psychisches vor Physischem ausgezeichnet, wodurch das eine vom anderen unterschieden sein? Das allen *psychischen* Erscheinungen Gemeinsame, mithin das »Gattungsmerkmal« (Stegmüller, 1976, S. 3–4) des Psychischen, glaubt Brentano im Prinzip der Intentionalität gefunden zu haben: »Jedes psychische Phänomen« – so heißt es in der wohl meist zitierten Passage aus der *Psychologie vom empirischen Standpunkte* –

> »ist durch das charakterisirt, was die Scholastiker des Mittelalters die intentionale (auch wohl mentale) Inexistenz eines Gegenstandes genannt haben, und was wir, obwohl mit nicht ganz unzweideutigen Ausdrücken, die Beziehung auf einen Inhalt, die Richtung auf ein Object (worunter hier nicht eine Realität zu verstehen ist), oder die immanente Gegenständlichkeit nennen würden. Jedes enthält etwas als Object in sich, obwohl nicht jedes in gleicher Weise. In der Vorstellung ist etwas vorgestellt, in dem Urtheile ist etwas anerkannt oder verworfen, in der Liebe geliebt, in dem Hasse gehasst, in dem Begehren begehrt u. s. w.« (Brentano, 1874, S. 115).

Diese ursprüngliche Formulierung des Prinzips der Intentionalität ist missverständlich (vgl. dazu die ausführliche Diskussion bei Antonelli, 2008, XLIV-LXVII). Die an die aristotelische Tradition anknüpfende Rede von der »mentalen Inexistenz eines Objekts« suggeriert, dass damit die besondere Seinsweise eines Dings im Bewusstsein gemeint sein könnte. Man spricht dann von einer »ontologischen Auslegung« des Intentionalitätsprinzips. Eben darum ist es Brentano offenbar nicht zu tun: Beziehung auf einen Inhalt, oder präziser: auf ein Objekt darf nicht als eine Relation zwischen zwei existierenden Bezugsgliedern –

dem Subjekt als das, dem etwas bewusst ist, und dem Etwas, dem »Objekt«, das dem Subjekt bewusst ist – verstanden werden. Das Eigentümliche dieser »Beziehung« ist, dass zu ihrer »Existenz *nur* die Existenz *des einen* Terminus gefordert ist, keinesfalls aber die Existenz des zweiten Terminus, auf den der psychisch Tätige sich bezieht. Stelle ich z. B. den Gott Jupiter vor, so existiert lediglich der den Gott Jupiter Vorstellende, keinesfalls existiert der Gott Jupiter« (Kraus, 1924, S. XXVI). Wir wollen die Auslegung des Enkelschülers – Oskar Kraus lehrte als Nachfolger des Brentano-Schülers Anton Marty Philosophie an der Universität in Prag – zuspitzen. Tatsächlich ist nämlich das, was hier eigentlich existiert, nicht der Vorstellende, sondern der Akt des Vorstellens. So betrachtet, beginnen sich die Nebel, die sich bei der Ableitung der Eigenart psychischer Phänomene aus dem besonderen Modus ihrer Wahrnehmung ergeben hatten, zu lichten: Für die Psychologie bedeutsam ist, dass Farben, Töne etc. nicht für sich existieren; das, was existiert, sind bloß die psychischen Akte des Sehens von Farben, des Hörens von Tönen etc. Wenn also Brentano von »psychischen Phänomenen« spricht, so ist damit – anders als etwa noch bei Kant – kein »Inhalt«, sondern eine Tätigkeit, ein Akt gemeint. Der Begriff »Vorstellung« zum Beispiel bedeutet »nicht das, was vorgestellt wird, sondern den Act des Vorstellens« (Brentano, 1874, S. 103). Das war direkt gegen alle Spielarten der Assoziationspsychologie, vor allem aber gegen die Psychologie Herbarts gerichtet – gegen jede Psychologie also, die ›Bewusstseinsinhalte‹ wie physische Dinge als reale, überdauernde Einheiten fasst, deren Zusammen- bzw. Wechselspiel denselben mechanischen Gesetzmäßigkeiten folgt wie die Vorgänge in der äußeren Natur auch. Nur nebenbei merken wir an, dass diese Kritik letztlich auch die Psychoanalyse treffen muss – zumindest jene Aspekte der Freud'schen Theorie, die selbst wiederum eng der Herbart'schen Tradition verbunden sind.

Dieser Punkt scheint mir von weitgehender Bedeutung. Brentanos Aktpsychologie vermag uns vor den Fallstricken einer wie auch immer gearteten Abbild-Theorie zu bewahren; oder genauer: vor den Fallstricken einer – letztlich für den Kognitivismus der gegenwärtigen Psychologie bezeichnenden – dualistischen Theorie der Repräsentation. Nach dieser Konzeption wäre unser Bezug zur Welt stets etwas Vermittlungsgebundenes: so als ob unser Erkennen auf etwas bezogen wäre, was außerhalb von uns ist, während die Zustände oder Vorgänge, die uns das Erkennen oder Auffassen ermöglichen, ihren Ort ins uns hätten (vgl. dazu ausführlich Dreyfus & Taylor, 2016). In die Sprache der kognitiven Psychologie transformiert, wäre unser ›Verhalten‹ in einer ›komplexen Umwelt‹ dann ›adaptiv‹, wenn wir ›relevante‹ Aspekte dieser Umwelt ›richtig‹ zu repräsentieren vermögen. Was diese Art von Psychologie verfehlt, ist dieses unmittelbare In-der-

Welt-Sein, das heißt die Unmittelbarkeit, mit der wir mit der Welt, die wir durch unser Handeln hervorbringen, interagieren.

(10) Ein weiterer Aspekt ist an Brentanos früher Formulierung des Prinzips der Intentionalität bemerkenswert. Mit dem Satz: »In der Vorstellung ist etwas vorgestellt, in dem Urtheile ist etwas anerkannt oder verworfen, in der Liebe geliebt, in dem Hasse gehasst, in dem Begehren begehrt u. s. w.« ist auch schon ein Abgehen von der spätestens seit Kant üblichen Klassifikation der psychischen Erscheinungen in Denken, Fühlen und Wollen angedeutet. Nach Brentano stellen – wie er im Fortgang seiner *Psychologie vom empirischen Standpunkte* ausführlich darlegt – Vorstellungen, Urteile und Gemütsbewegungen die Grundklassen des Psychischen dar. Neu ist daran, dass die Denkakte eben in Vorstellungs- und Urteilsakte aufgespaltet und – was aus dem obigen Zitat noch nicht hervorgeht – Willensakte und Gefühle unter die eine Grundklasse der Gemütsbewegungen subsumiert werden. Etwas Vorstellen nennt Brentano einen »fundamentalen psychischen Akt«, weil dieses Vorstellen die Voraussetzung ist, um über etwas eine Aussage zu machen. Im Urteilen wird Vorgestelltes entweder anerkannt oder verworfen und eben dadurch eine gegenüber dem bloßen Vorstellen neue Beziehung zum Objekt hergestellt. Dasselbe gilt nun auch für die Erlebnisklasse der Gemütsbewegungen. Willensakten und Gefühlen ist – so meint Brentano – eigentümlich, dass in ihnen ein Gefallen bzw. Missfallen des Vorgestellten zum Ausdruck kommt. Die Klärung der Frage nach der Richtigkeit von Urteilen ist Aufgabe der Logik, die Beurteilung der Frage nach Korrektheit bzw. Angemessenheit von Gemütsbewegungen ist Aufgabe der Ethik. Man sieht, wie die Psychologie die begriffliche Grundlage liefert, auf der die übrigen Zweige der Philosophie zu errichten sind.

(11) Nur sehr kurz sei an dieser Stelle angerissen, was aus dem Konzept der Intentionalität für die heutige Psychologie zu gewinnen ist. Allerdings glaube ich, dass – ohne hier auf die erkenntnistheoretischen Differenzen zu Brentano einzugehen – dabei die auf Husserl zurückführende Tradition wichtiger sein wird. Die intentionale Bezogenheit des Bewusstseins konstituiert für Husserl auf einer grundlegenden, das heißt vorsprachlichen Ebene das, was uns in der Kulturpsychologie eigentlich umtreibt: Sie konstituiert auf einer sehr elementaren Ebene, letztlich auf der Ebene der Wahrnehmung (z. B. Merleau-Ponty, 1966 [1945]), Sinn und Bedeutung. Doch damit nicht genug: Indem, um mit Husserl zu sprechen, Bewusstsein immer Bewusstsein von *etwas* ist, ist es Bewusstsein von etwas anderem als sich selbst. Bewusstsein hat kein ›Drinnen‹; es ist nichts als Draußen-Sein, ein Draußen-in-der-Welt-Sein. In der ihm eigenen emphatischen Sprache nennt Sartre die

Intentionalität des Bewusstseins ein »Bersten nach«, oder, besser, in einer neueren Übersetzung, ein »In-die-Welt-Sprengen« (Sartre, 1939; Bakewell, 2016, S. 64).

Aus psychologischer Sicht liegt der Grundfehler der philosophischen Psychologie des 19. Jahrhunderts – für Brentano gilt das ohne Einschränkung, auch für den frühen Husserl – darin, dass sie, indem sie von einer Bezogenheit eines vom Zusammenleben mit anderen losgelösten Subjekts auf eine – wie auch immer gegebene – Welt ausgeht, das Psychische letztlich naturalisiert, bloß als Naturtatsache auffasst. Nun mag es – buchstäblich! – von Natur aus tatsächlich so sein, dass Bewusstsein an sich Sinn konstituiert. Für die Psychologie bedeutsam ist jedoch allein der Umstand, dass dies für sich nicht die Leistung eines von anderen und von den Einwirkungen anderer isolierten Einzelwesens ist. Es gibt also in diesem Sinne keine psychischen Akte an sich, sondern immer nur konkrete, das heißt immer schon in die komplexen Interaktionen mit anderen Individuen eigebundene, mithin gemeinsame Akte des Vorstellens, Urteilens oder Wollens. Oder anders: Das, was im Vorstellen vorstellbar wird, ist etwas, das im und durch das Zusammenleben vieler ›nahegelegt‹, vorgegeben, ja letztlich irgendwie aufgezwungen ist. Das gilt selbstredend vor allem für die Vorstellung des Vorstellenden selbst. Selbstbewusstsein bedarf der Anerkennung des Anderen. Ich nehme mich als ein meiner selbst bewusstes Subjekt wahr, weil sich Andere auf mich intentional beziehen.

Ich verweise zur Illustration, wie in Werbik & Benetka (2016; in Anschluss an Prinz, 2013) das Problem der Willensfreiheit behandelt wird. Was vonseiten der Psychologie darüber zu sagen ist, ist Folgendes: Wenn wir in unserer Alltagspraxis davon ausgehen, unsere Interaktionspartner als frei in ihren Handlungen anzuerkennen und gleichzeitig davon ausgehen, dass die anderen uns als Subjekte anerkennen, die frei sind in ihren Handlungen und Entscheidungen, dann ist Willensfreiheit nichts anderes als eben diese – schließlich auch durch soziale Einrichtungen wie dem Bürgerlichen Gesetzbuch gestützte – wechselseitige Anerkennung der Subjekte selbst: ein sozialer, mitnichten aber ein irgendwie natürlicher Sachverhalt, der sich in neurophysiologischen Experimenten erfassen ließe.

(12) Zum Schluss sei auf den Anfang zurückgekommen: Was mich bei meiner frühen Beschäftigung mit Brentano vor allem interessiert hat, ist die von Brentano später, lange nach dem Erscheinen der *Psychologie vom empirischen Standpunkte* getroffene Unterscheidung zwischen *deskriptiver* und *genetischer* Psychologie. Oberflächlich war mein Interesse insofern, als ich dabei ausschließlich das Programm der deskriptiven Psychologie, nicht aber seine Ausführung im Auge hatte.

Zum Programm: »Deskriptive Psychologie« oder »Psychognosie« bedeutet nach Brentano also die auf der inneren Wahrnehmung beruhende Beschreibung psychischer Zustände. Sie ist eine rein empirische Wissenschaft insofern, als sie allein aus der in der inneren Erfahrung liegenden Anschauung zu allgemein begrifflichen Vorstellungen über das Psychische zu gelangen sucht. Sie ist – im Gegensatz zur genetischen Psychologie – allerdings keine kausal-induktive Wissenschaft, da sie aus den Erfahrungsbegriffen »ohne jede Induktion und mit einem Schlage zu ihren allgemeinen Einsichten gelangt« (Kraus, 1929, S. XVII). Solche unmittelbar aus den Begriffen einleuchtende, apodiktische Erkenntnisse sind durchwegs negativ: zum Beispiel in Bezug auf die deskriptive Klassifizierung psychischer Phänomene: »Nichts wird beurteilt, was nicht vorgestellt wird« (vgl. Kraus, 1924, S. XVIII).

Die genetische Psychologie zielt darauf ab, die Bedingungen anzugeben, mit denen das Auftreten der psychischen Zustände verknüpft ist, das heißt letztlich darauf, Gesetzmäßigkeiten in ihrer Abfolge aufzuklären. Sie ist der deskriptiven Psychologie nachgeordnet, weil die Beschreibung der infrage stehenden Phänomene deren Erklärung vorauszugehen hat. Die zeitgenössischen Psychologen – so heißt es bei Brentano, und er hat in seinen späten Wiener Vorlesungen (Brentano, 1982) dabei Wundt ebenso vor Augen wie die sich abzeichnende positivistische Abkehr von ihm – machen sich des Fehlers schuldig, zwischen Problemen der deskriptiven und denen der genetischen Psychologie nicht scharf genug zu unterscheiden. Die Folgen dieses Verstoßes sind für die Psychologie fatal: Wer sich in völliger Unkenntnis der Psychognosis an genetische psychologische Untersuchungen heranwagt, kann nur Trivialitäten oder bloßen Unsinn produzieren.

Wir halten zunächst fest, dass diese Unterscheidung nicht gar so einfach ist, wie sie auf den ersten Blick zu sein scheint. Besieht man sich zum Beispiel Brentanos empirische Untersuchungen zur Sinnespsychologie näher, so bleibt unklar, ob seine experimentellen Studien etwa zur Müller-Lyer'schen Figur (1892, 1893 u. 1894) oder zur Farbwahrnehmung (Brentano, 1979 [1907]) zur genetischen oder nicht doch zur deskriptiven Psychologie zählen. Brentanos Erklärung, dass die Täuschung der Müller-Lyer'schen Figur auf der Überschätzung kleiner und der Unterschätzung großer Winkel beruht, stützt sich letztlich auf systematisches Über- und Widerlegen alternativer Hypothesen: »An anschaulichen Beispielen wünschte ich zu zeigen, was geordnetes psychologisches Verfahren vermag, und wie zwischen rivalisierenden Hypothesen, auf dem Gebiete des Geistes nicht anders als auf dem der Natur, ein experimentum crucis mit Sicherheit entscheidet« (Brentano, 1893, S. 61).

Ein letzter Punkt sei in diesem Zusammenhang noch angesprochen. In seinen uns heute vorliegenden Manuskripten der Vorlesungen aus den späten achtziger und frühen neunziger Jahren (Brentano, 1982) setzt Brentano die genetische Psychologie mit »physiologischer Psychologie« gleich. Er trägt damit der Annahme Rechnung, dass das menschliche Bewusstsein und seine psychischen Erscheinungen »in ihrem Auftreten an gewisse physiologische Vorgänge gebunden« sind, die »wir als chemisch-physische Prozesse zu begreifen gelernt haben«. Wenn man – was eben die Aufgabe der genetischen Psychologie ist – nach den Bedingungen fragt, unter denen einzelne psychische Erscheinungen zustande kommen, so könnte man meinen, dass unter diesen Bedingungen eben auch solche chemisch-physischen Prozesse namhaft zu machen sein werden. Was den tatsächlichen Beitrag der Physiologie zur Erklärung der gesetzmäßigen Abfolge der psychischen Erscheinungen betrifft, blieb Brentano skeptisch zurückhaltend. Man könne aber durchaus hoffen, dass der technische Fortschritt in Zukunft neue methodische Entwicklungen möglich mache. Heute wissen wir, dass die moderne neurowissenschaftlich orientierte Psychologie zu den von Brentano als für die genetische Psychologie als dringlich erachteten Fragen relativ wenig beizutragen vermag (Werbik & Benetka, 2016).

Versuchen wir ein Fazit zu ziehen. Für die Schüler Brentanos gelten als Haupterrungenschaften seiner deskriptiven Psychologie, erstens, die neue Klassifikation der psychischen Phänomene, die Brentano noch zu Lebzeiten in einer Neuauflage der Kapitel V bis IX seiner *Psychologie vom empirischen Standpunkte* 1907 publiziert hat; und, zweitens, Brentanos Schrift *Vom Ursprung sittlicher Erkenntnis* (Brentano, 1955 [1889]). Weder die Klassifikation noch Brentanos Wertlehre, nach der es analog zum Urteilen auch als ›richtig‹ oder ›falsch‹ zu charakterisierende Emotionen geben soll, sind aber für unsere heutige Kulturpsychologie von Belang. Und zwar gerade auch in methodischer Hinsicht: Wer sich von der Lektüre von Brentanos Beiträgen zur Psychognosie Anstöße für neue Möglichkeiten der Empirie erwartet, wird enttäuscht werden. Für die Gegenwart scheint mir in dieser Hinsicht bloß die Weiterentwicklung der von ihm angedeuteten Retrospektion durch die Würzburger Schule interessant: als Anregung zur Entwicklung dialogischer Verfahren zur empirischen Erfassung dessen, was Husserl in seinem Spätwerk (Husserl, 1976) als »Lebenswelt« bezeichnet hat.

Literatur

Ach, N. (1905). *Über die Willenstätigkeit und das Denken. Eine experimentelle Untersuchung mit einem Anhange: Über das Hippsche Chronoskop.* Göttingen: Vandenhoeck & Ruprecht.

Antonelli, M. (2008). Eine Psychologie, die Epoche gemacht hat. In F. Brentano, *Psychologie vom empirischen Standpunkte. Von der Klassifikation der psychischen Phänomene* (S. IX-LXXXVI). Heusenstamm: Ontos.

Bakewell, S. (2016). *Das Café der Existenzialisten.* München: Beck.

Baumgartner, E. & Baumgartner, W. (1997). Von Brentano zu Külpe. Die Deskriptive Psychologie Brentanos und die ›Würzburger Schule‹ der Denkpsychologie. In W. Baumgartner, F-

P. Burkard & F. Wiedmann (Hrsg.), *Zur Entwicklung und Bedeutung der Würzburger Schulen. Brentano Studien*, Bd. 7 (S. 31–52). Dettelbach: Röll.

Baumgartner, W. & Burkard, F.-P. (1990). Franz Brentano. Eine Skizze seines Lebens und seiner Werke. In W. L. Gombocz, R. Haller & N. Henrichs (Hrsg.), *International Bibliography of Austrian Philosophy 1982/83 (Vol. 4)* (S. 17–53). Amsterdam: Rodopi.

Benetka, G. (1990). Psychoanalyse und akademische Psychologie. Siegfried Bernfeld und das Wiener Psychologische Institut. *Werkblatt*, *7*(22/23), 95–112.

Benetka, G. (1992). Psychoanalyse und Psychologie. In K. Fallend & J. Reichmayr (Hrsg.), *Siegfried Bernfeld oder die Grenzen der Psychoanalyse* (S. 22–263). Frankfurt: Stroemfeld.

Benetka, G. (1999). »Die Methode der Psychologie ist keine andere als die der Naturwissenschaft …« Die »empirische Psychologie« Franz Brentanos. In T. Slunecko, O. Vitouch, Ch. Korunka, H. Bauer & B. Flatschacher (Hrsg.), *Psychologie des Bewusstseins – Bewusstsein der Psychologie. Giselher Guttmann zum 65. Geburtstag* (S. 157–175). Wien: WUV.

Benetka, G. (2002). *Denkstile der Psychologie. Das 19. Jahrhundert*. Wien: WUV.

Benetka, G. & Slunecko, T. (2015). Zum universitätspolitischen Kontext des Verhältnisses von Philosophie und Psychologie. *Erwägen, Wissen, Ethik, 26*, 54–57.

Boring, E. G., Bridgman, P. W., Feigl, H., Israel, H., Pratt, C. C. & Skinner, B. F. (1945). Symposion on Operationism. *Psychological Review, 52*(5), 241–294.

Brauns, H.-P. & Schöpf, A. (1989). Freud und Brentano. Der Medizinstudent und der Philosoph. In B. Nitzschke (Hrsg.), *Freud und die akademische Psychologie. Beiträge zu einer historischen Kontroverse* (S. 40–79). München: Psychologie Verlags Union.

Brentano, F. (1874). *Psychologie vom empirischen Standpunkte*. Leipzig: Duncker & Humblot.

Brentano, F. (1929 [1874]). Über die Gründe der Entmutigung auf philosophischem Gebiete. In ders., *Über die Zukunft der Psychologie* (S. 83–100). Leipzig: Meiner.

Brentano, F. (1879). *Neue Rätsel von Aenigmatias*. Wien: Gerold.

Brentano, F. (1955 [1889]). *Vom Ursprung sittlicher Erkenntnis* (4. Aufl.). Leipzig: Meiner.

Brentano, F. (1892). Über ein optisches Paradoxon. *Zeitschrift für Psychologie und Physiologie der Sinnesorgane, 3*, 349–358.

Brentano, F. (1929 [1893]). Über die Zukunft der Philosophie. In ders., *Über die Zukunft der Psychologie* (S. 1–81). Leipzig: Meiner.

Brentano, F. (1893). Über ein optisches Paradoxon. (Zweiter Artikel). *Zeitschrift für Psychologie und Physiologie der Sinnesorgane, 5*, 61–82.

Brentano, F. (1894). Zur Lehre von den optischen Täuschungen. *Zeitschrift für Psychologie und Physiologie der Sinnesorgane, 6*, 1–7.

Brentano, F. (1895). *Meine letzten Wünsche für Österreich*. Stuttgart: Cotta.

Brentano, F. (1896). *Zur eherechtlichen Frage in Österreich. Krasnopolski's Rettungsversuch einer verlorenen Sache*. Berlin: Guttentag.

Brentano, F. (1900). Neue Vertheidigung der spanischen Partie. *Wiener Schachzeitung, 3*(4/5), 97–104.

Brentano, F. (1901). Neue Vertheidigung der spanischen Partie. Zweiter Artikel. *Wiener Schachzeitung, 4*(2), 38–45.

Brentano, F. (1979 [1907]). *Untersuchungen zur Sinnespsychologie* (zweite, durchgesehene und aus dem Nachlass erweiterte Auflage). Meiner: Leipzig.

Brentano, Franz, (1925 [1911]). *Psychologie vom empirischen Standpunkt. Zweiter Band. Von der Klassifikation der psychischen Phänomene*. Leipzig: Meiner.

Brentano, F. (1982). *Deskriptive Psychologie*. Aus dem Nachlass herausgegeben und eingeleitet von W. Baumgartner & R. M. Chisholm. Hamburg: Meiner.

Breuer, J. & Freud, S. (1970 [1895]). *Studien über Hysterie*. Frankfurt: Fischer.

Bühler, K. (1907). Tatsachen und Probleme zu einer Psychologie der Denkvorgänge. I. Über Gedanken. *Archiv für die gesamte Psychologie, 9*, 297–365.

Bühler, K. (1908a).Tatsachen und Probleme zu einer Psychologie der Denkvorgänge. II. Über Gedankenzusammenhänge. *Archiv für die gesamte Psychologie, 12*, 1–23.

Bühler, K. (1908b). Tatsachen und Probleme zu einer Psychologie der Denkvorgänge. III. Über Gedankenerinnerungen. *Archiv für die gesamte Psychologie, 12*, 24–92.

Bühler, K. (1908c). Antwort auf die von W. Wundt erhobenen Einwände gegen die Methode der Selbstbeobachtung an experimentell erzeugten Erlebnissen. *Archiv für die gesamte Psychologie, 12*, 93–122.

Dreyfus, H. & Taylor, C. (2016). *Die Wiedergewinnung des Realismus*. Frankfurt: Suhrkamp.

Husserl, E. (1919). Erinnerungen an Franz Brentano. In O. Kraus, *Franz Brentano. Zur Kenntnis seines Lebens und seiner Lehre* (S. 151–167). München: Beck.

Husserl, E. (1976). *Die Krisis der europäischen Wissenschaften und die transzendentale Phänomenologie*. Husserliana, Bd. VI. Haag: Nijhoff.

Kraus, O. (1924). Einleitung des Herausgebers. In F. Brentano, *Die Psychologie vom empirischen Standpunkt* (S. XV-XCIII). Leipzig: Meiner.

Kraus, O. (1929). Einleitung des Herausgebers. In F. Brentano, *Über die Zukunft der Philosophie* (S. V-XX). Leipzig: Meiner.

Merleau-Ponty, M. (1966 [1945]). *Phänomenologie der Wahrnehmung*. Berlin: de Gruyter.

Prinz, W. (2013). *Selbst im Spiegel. Die soziale Konstruktion von Subjektivität*. Berlin: Suhrkamp.

Sartre, J.-P. (1939). Eine fundamentale Idee der Phänomenologie Husserls: die Intentionalität. In ders., *Gesammelte Werke. Philosophische Schriften I. Die Transzendenz des Ego. Philosophische Essays 1931–1939* (S. 33–37). Reinbek: Rowohlt.

Schnädelbach, H. (2012). *Was Philosophen wissen und was man von ihnen lernen kann*. München: Beck.

Stegmüller, W. (1976). *Hauptströmungen der Gegenwartsphilosophie. Eine kritische Einführung*. Bd. 1 (6. Aufl.). Stuttgart: Kröner.

Stumpf, C. (1919). Erinnerungen an Franz Brentano. In O. Kraus, *Franz Brentano. Zur Kenntnis seines Lebens und seiner Lehre* (S. 85–149). München: Beck.

Werbik, H. & Benetka, G. (2016). *Kritik der Neuropsychologie. Eine Streitschrift*. Gießen: Psychosozial Verlag.

Wundt, W. (1908 [1873/74]). *Grundzüge der physiologischen Psychologie*. 3 Bde. (6. Aufl.). Leipzig: Engelmann.

Wundt, W. (1896). *Grundriss der Psychologie*. Leipzig: Engelmann.

Der Autor

Gerhard Benetka, geb. 1962, Studium der Psychologie, Geschichte und Soziologie an der Universität Wien, Mag. phil. 1989, Dr. phil. 1994; Habilitation für Psychologie 1998; seit 2007 Professor für Psychologie an der

Sigmund Freud PrivatUniversität und Dekan der Fakultät für Psychologie. Forschungsschwerpunkte: Geschichte und Wissenschaftstheorie der Psychologie und Psychoanalyse.

Carl Stumpfs Seelenbegriff

Margret Kaiser-el-Safti

»Also die Seele ist nicht ausgemerzt.«
Carl Stumpf (1907c, S. 914)

›Seele‹ war bis ins 19. Jahrhundert Grundbestand kulturanthropologischer, okzidentaler und orientalischer Tradition und schon in Zeiten vor der Blüte der griechischen Philosophie in Mythos, Epos, Lyrik und Tragödie präsent. Mit den Platonischen Bemühungen, *Beweise* für die Unsterblichkeit der Seele beizubringen und der Sokratischen *Sorge* um die Seele, sie nicht durch den Körper beschädigen und entwürdigen zu lassen, erhielt der Seelenbegriff seine *metaphysische* Heimat und eine *ethische* und pädagogische Relevanz von großer Tragweite. Platons Schüler Aristoteles leitete den Übertritt in eine wissenschaftstheoretisch-*logische* und methodische Sicht der Seele ein und insistierte auf ihre begriffliche Fassung; er thematisierte die Verbindung der Seele mit dem Körper und suchte den geistigen Seelenteil und seine Bedeutung für die Erkenntnis vom Körper zu trennen. Mehr als tausend Jahre lang hielten die Positionen von Platon und Aristoteles die mittelalterliche Diskussion über die *göttliche* Herkunft der Seele in Bann. Mit Aufkommen der Aufklärungs- und Erfahrungsphilosophie im 17. Jahrhundert geriet die unsterbliche Seelensubstanz in die Kritik; dies trug erstmals dazu bei, die erkenntnistheoretischen und methodischen Bedingungen einer *empirischen Psychologie* systematisch zu erforschen. Während Immanuel Kant im 18. Jahrhundert nochmals das Ansinnen einer wissenschaftlichen Psychologie zurückdrängen konnte, setzte sich im 19. Jahrhundert die Intention durch, eine empirische Psychologie auf *wissenschaftlicher* Basis zu befestigen. Der gravierendste Einschnitt in die Diskussion über die Seele erfolgte durch den Aufruf, zukünftig vom Seelenbegriff Abstand zu nehmen, Psychologie mit wissenschaftlichen Methoden und ohne Rücksichtnahme auf den alten metaphysischen Gegenstand zu betreiben.

In diesem Lichte betrachtet ist es erstaunlich, dass der Seelenbegriff, trotz wiederholter Kampfansage, bis heute nicht *ganz* ›ausgemerzt‹ ist. Die im 20. Jahrhundert ad acta gelegte und heute wieder angekurbelte philosophische Diskussion über das Leib-Seele-Problem, derzeit in Verbindung mit der Gehirnforschung, lässt vermuten, dass, solange kein vollwertiger Ersatz für die Seele gefunden ist, auch weiterhin ›irgendwie‹ wenn schon nicht über *Seele*, so doch über *Seelisches* diskutiert werden wird.

Die psychologische Diskussion, was als *Ersatz* für ›Seele‹ infrage kommen könnte, oder ob nicht *überhaupt* auf einen psychologischen *Gegenstand* zu verzichten sei, wurde kontrovers geführt, das Schwergewicht von der Gegenstandsfrage auf die Methodenfrage verschoben.[1] Mein Beitrag will verdeutlichen, dass nicht ein Streit über Methoden – beispielsweise geisteswissenschaftliche versus naturwissenschaftliche Methode – das Problem lösen kann und die psychologische Gegenstandsfrage sich immer wieder stellen wird. Streitigkeiten über das Psychische wurden und werden auch heute noch mit weltanschaulichen Perspektiven verquickt statt weltanschaulich *unparteilich* nach der *Wesensart* des Psychischen zu forschen. Ich konzentriere mich im Folgenden auf zwei Episoden in der wissenschaftlichen Vita von Carl Stumpf (1848–1936), der sich lebenslang auf *logisch-erkenntnistheoretischer* Basis mit dem Seelenbegriff auseinandersetzte, um zur Konsolidierung eines schwierigen anthropologischen Grundlagenproblems im Rahmen seiner phänomenologischen Psychologie beizutragen. Dass die ›alte‹ Lehre des Aristoteles in diesem Klärungsprozess nicht nur für Stumpf, sondern auch heute noch erhebliche Leuchtkraft besitzt, zeugt meines Erachtens – bei allem Wortstreit und bei allen gravierenden kulturellen Wandlungsprozessen – von der Notwendigkeit philosophischen Reflektierens über die Seele.[2]

---

1 Ende der 1970er Jahre wurde die Frage noch von wissenschaftstheoretisch interessierten Psychologen in dem von Gerald Eberlein und Richard Pieper (1976) herausgegebenen Sammelband *Psychologie – Wissenschaft ohne Gegenstand?* kontrovers diskutiert und beantwortet.

2 Im November 2016 erschien Andree Hahmanns systematischer Kommentar zu Aristoteles' *Über die Seele* (Hahmann, 2016), der unter Einbeziehung der zahlreichen Kommentatoren eine bemerkenswert einleuchtende, ›modern‹ wirkende Interpretation des schwierigen Textes liefert und mir zum einen klar machte, in welchem Maße der Text auch heute noch erhellend ist, und zum anderen, wie verwandt (in bestimmten, nicht in allen Punkten) andererseits Carl Stumpfs Ganzheitslehre der logisch-analytischen Aristotelischen Basis erscheint. Hahmann betont, dass ihm nicht an einer Modernisierung des Textes lag, in der falschen Annahme, ihn auf diese Weise »zu verbessern«. »Richtet man nämlich den Blick nicht auf die problematischen Details, sondern versucht, das problematische Ganze im Blick zu behalten, dann wird man der aristotelischen Argumentation eine zuvor kaum für möglich gehaltene Kohärenz und Plausibilität zusprechen« (ebd., S. 17).

Der Seelenbegriff in erkenntnistheoretischer Perspektive

Ich rekonstruiere im Folgenden eine stark gekürzte Version der Hauptstationen in der deutschsprachigen erkenntnistheoretischen Kontroverse über das Leib-Seele-Problem: In der Pionierphase der Gründung einer *empirischen* Psychologie in der zweiten Hälfte des 19. Jahrhunderts erhielt das Leib-Seele-Problem seine vermutlich nachhaltigste Prägung durch den Philosophen Friedrich Albert Lange in dessen einflussreicher *Geschichte des Materialismus*: Lange drängte auf die Verabschiedung des Seelenbegriffs, der als metaphysisches Relikt einer unsterblichen Seelensubstanz und angesichts des Wissenschaftsfortschritts – verglichen mit der Zeit, in der der Seelenbegriff in der griechischen Antike zentrales Thema wurde – obsolet geworden sei. Lange machte sich für eine »Psychologie *ohne* Seele« stark und behauptete: »Ist doch der Name [›Psychologie‹] noch brauchbar, solange es hier irgend etwas zu tun gibt, was nicht von einer anderen Wissenschaft vollständig mit besorgt wird« (Lange, 1974 [1866], S. 823).[3]

Die aus Neukantianismus und Positivismus amalgamierte erkenntnistheoretische Position Langes trug weitgehend zur Bildung heterogener psychologischer Schulen bei; nach der Wende vom 19. zum 20. Jahrhundert verkomplizierte sich die wissenschaftstheoretische Diskussion noch erheblich durch die von Edmund Husserl vom Zaun gebrochene Psychologismus-Kontroverse (vgl. dazu Kaiser-el-Safti & Loh, 2011). Zwischen den beiden Weltkriegen fasste die Doktrin von einer *Einheitswissenschaft* auf der Basis der Physik Fuß, die durch den österreichischen Philosophen Ernst Mach (1922 [1886]) angeregt und in dem philosophischen Zirkel des *Wiener Kreises* weiterentwickelt wurde (vgl. dazu Haller, 1993; Geier,

3 F. A. Lange (1974 [1866], S. 823) räumt an dieser Stelle aber auch ein, dass es nicht leicht sei, die Psychologie von anderen Wissenschaften abzugrenzen: »Doch genauer läßt sich dies Verhältnis [der Psychologie zu anderen Wissenschaften] erst einsehen, wenn wir die Frage nach den Verfahren der Psychologie stellen, wo denn namentlich der berüchtigte Begriff der Selbstbeobachtung der Kritik unterliegt.« Das heißt, dass schon Lange zur Vermeidung *erkenntnistheoretischer* Reflexionen zur *Methoden*kritik und zum »berüchtigten Begriff der Selbstbeobachtung« überging, wie zahlreiche Kritiker der Psychologie nach Lange. Allerdings hatte Lange in der 2. Auflage seiner »Geschichte« (2. Bd. Anmerkungen 42–44, S. 883–886) einen aufschlussreichen Kommentar zum philosophiehistorischen Hintergrund des ›inneren Sinnes‹, der ›inneren Wahrnehmung‹ bzw. der Introspektion verfasst, der auch Stumpfs und Brentanos Beitrag erwähnte (1974, S. 884–886). Wesentlich transparenter als Lange behandelt und verteidigt Stumpf die ›innere Wahrnehmung‹ unter zahlreichen Aspekten in seiner *Erkenntnislehre* (Stumpf, 2011 [1939/40], S. 334ff.).

1992). Mit letzteren Intentionen ließen sich nicht nur philosophische Einwände gegen eine dualistische Erkenntnisbasis zum Ausdruck bringen, sondern im Ganzen wurden psychologiefeindliche Tendenzen artikuliert, die im Übrigen bei Mach noch nicht zu finden waren (vgl. Carnap, 1928 u. 1932/33a u. b; Wittgenstein, 1989). Nach Ende des Zweiten Weltkrieges wurde das Leib-Seele-Problem in philosophischer Perspektive als Reaktion auf die viel gelesene Arbeit von Gilbert Ryle (*Der Begriff des Geistes*, 1949) jahrzehntelang als unwissenschaftliches Thema totgeschwiegen. Dass das Leib-Seele-Problem heute wieder Diskussionsgegenstand ist, verdankt es der neurowissenschaftlichen Forschung, wenngleich vornehmlich deren Impuls, einer dualistischen Perspektive von Körper und Seele auf einem *monistischen* (reduktionistischen, physikalistischen) Standpunkt *entgegenzutreten*, nun, in einer schärferen Tonlage vorgetragen, wiederum den Wissenschaftscharakter der Psychologie infrage stellte und diskreditierte (vgl. Rorty, 1997; Churchland, 2013).

Die heutige Mainstream-Psychologie, die sich Naturwissenschaft nennt, mischt sich (im Unterschied zu Werbik & Benetka, 2016) kaum in die zwischen der ›Philosophie des Geistes‹ und der Neurowissenschaft geführte Diskussion ein, weil sie ihrerseits nichts mehr von ›Seele‹ wissen will. Man glaubt auf der einen Seite, anstelle eines genuin psychologisch definierten Forschungsgegenstandes mit funktionalen Termini wie Erleben, Verhalten und Handeln auskommen zu können, die, mit Ausnahme des Verhaltensbegriffs, freilich keine naturwissenschaftlichen Termini sind. ›Erleben‹ und ›Handeln‹ tendieren in *werttheoretische* Richtungen, die für die positivistische Doktrin der Naturwissenschaft irrelevant sind; auf der anderen Seite soll die Einführung naturwissenschaftlicher *Methoden* (Experiment und Quantifizierung) den Verzicht auf den *Gegenstand* der Seele vollwertig ersetzen. Neu ist letzterer Standpunkt freilich nicht, denn *methodische Strenge, aber auch methodische Variabilität* waren schon im 19. Jahrhundert vorherrschende Standpunkte in der empirischen Psychologie; in Wahrheit will man sich heute vonseiten naturwissenschaftlicher Psychologie besonders von *einer* Methode distanzieren, der ›inneren Wahrnehmung‹ oder der sogenannten *Introspektion*, der auch schon von Friedrich Albert Lange der Krieg erklärt worden war.

Unter welchen Prämissen kann man denn heute für einen wissenschaftlich vertretbaren Seelenbegriff plädieren, der im Alltag ja immer noch benutzt wird und selbst in der Medizin (in der Psychosomatik) noch eine Rolle spielt? Wie kann man sich auf Carl Stumpf berufen, der lebenslang am Seelenbegriff festhielt? Auf der einen Seite bekannte Stumpf sich, konsequenter als sein Lehrer Franz Brentano, zu dessen vielzitierter vierten Habilitationsthese: »Die wahre Methode der Philosophie ist keine andere als die der Naturwissenschaften« (vgl. Brentano, 1968 [1929], S. 137), die allerdings an einer hinreichend begründeten Unterscheidung der jeweiligen wissenschaftlichen Forschungsgegenstände festhielt; auf der anderen Seite ging Stumpf, wie sein philosophisches Vorbild Aristoteles, in Bezug auf die wissenschafts*logische* respektive erkenntnistheoretische Basis der Seelenlehre davon aus, dass *keine* Wissenschaft *ohne* begriffliche Präzisierung ihres Gegenstandes jemals zu logisch gültigen Aussagen oder gar zu Gesetzmäßigkeiten gelangen könne.

Demzufolge unterzog Stumpf den Seelenbegriff einer erkenntnistheoretischen und logischen Revision, die, letztlich radikaler als Lange, *den Jahrhunderte lang theologisch besetzten Seelenbegriff für eine moderne Verwendung rationalisierte.* Dass Begriffe dem Wandel und dem Fortschritt in der Wissenschaft unterworfen sind, wird in der Naturwissenschaft, die Basisbegriffe wie Materie, Zeit, Raum, Bewegung seit ihrem Aufkommen in der philosophischen Antike ständig veränderte und abstrakter gestaltete, nicht infrage gestellt (vgl. dazu Heller, 1970) – warum nicht auch in der Psychologie? [4]

Stumpf ging wissenschaftslogisch so vor, dass er zunächst einmal *Begriff*, *Gegenstand* und *Inhalt* in psychologischer Perspektive analysierte und gegeneinander abgrenzte. Innerhalb der phänomenologischen Philosophie und Psychologie war zu Beginn des 20. Jahrhunderts ein erkenntnistheoretischer Diskurs in Auseinandersetzung mit Brentanos Aktpsychologie über das Verhältnis von Gegenstand, Inhalt und psychischem Akt entstanden, ausgelöst durch Kasimir Twardowski (1982 [1894]), einen Wiener Schüler von Franz Brentano. Gegen Ende des Ersten Weltkriegs nimmt der Logiker und Phänomenologe Paul Ferdinand Linke (1918) in seiner Schrift *Grundfragen der Wahrnehmungslehre* ausführlich Stellung zu dieser Diskussion, die zentrale Aspekte der Phänomenologie berührte, Dissens erzeugte und im ersten Jahrzehnt des 20. Jahrhunderts

4 Stumpfs Auffassung zum Verhältnis von Gegenstand und Begriff hat m. E. eine bemerkenswerte Ähnlichkeit mit Rudolf Carnaps späteren Ausführungen zu »theoretischen Begriffen« im Unterschied zu »explizit definierten Termen«. Im Austausch mit der Wissenschaftspraxis erhalten die »theoretischen Begriffe« nach Carnap eine zunehmende Schärfe in Bezug auf ihre Bedeutung. Dieser methodologische Charakter der Begriffe soll sowohl für die Physik als auch für die wissenschaftliche Psychologie und sogar für die alltagspsychologischen Begriffe Geltung haben (vgl. Carnap, 1979 [1961], S. XIII). – Stumpfs Einstellung bezüglich der Annäherung unserer Begriffe (ihrer ›Bedeutung‹) an den tätigen und tatsächlichen Wissenschaftsfortschritt stimmt aber auch mit Ausführungen von Hilary Putnams Theorie der Referenz und dessen Ausführungen über die Bedeutung von ›Bedeutung‹ überein (vgl. Putnam, 1990).

entscheidende Weichenstellungen für unterschiedliche Positionierungen nach sich zog.[5]

Man wird heute vermutlich kaum mehr plausibel machen und nachvollziehen können, dass Immanuel Kant einst (1770) das Thema des *Vorstellungsbezugs auf äußere Dinge* in einem Brief an Marcus Herz als »Schlüssel zu dem ganzen Geheimnis [...] der Metaphysik« problematisierte. »Ich frug mich nämlich selbst: auf welchem Grunde beruhet die Beziehung desjenigen, was man in uns Vorstellung nennt, auf den Gegenstand?« (zit. n. Cassirer, 1977 [1918], S. 136). Kant war nicht der erste, der in der scheinbar trivialen Fragestellung ein Grundproblem der Erkenntnistheorie erkannte; aber trotz aller Anstrengungen scheint es bis heute, selbst nicht vonseiten der derzeit tonangebenden amerikanischen sprach-

5 Stumpf führt in *Zur Einteilung der Wissenschaften* (Stumpf, 1907a), sich auf die durch den Brentano-Schüler Kasimir Twardowski (1982 [1894]) ausgelöste Diskussion beziehend, aus, was er unter Inhalt, Akt und Gegenstand zur Konsolidierung der Psychologie verstehen will. Die neue Lehre (Twardowski stützte sich auf Bernard Bolzano) befürwortete eine Korrektur der Lehre Brentanos, in welcher ›Außenwelterkenntnis‹ für irrelevant gehalten wurde, und *nur* die ›innere Wahrnehmung‹ erkenntnistheoretisch für ›real‹ gelten sollte, weil das Insistieren auf den Gegenstand nach Brentano die Äquivokationen in Kants Gegenstands*begriff* wiederbeleben würde, nämlich ›Gegenstand‹ entweder ›autosemantisch‹ im Sinne von ›Sache‹ und ›Ding‹ oder ›synsemantisch‹ im Sinne von ›eine Sache vorstellen‹ oder ›Etwas-zum-Gegenstand-Haben‹ zu verwenden (vgl. dazu die Einleitung von Oskar Kraus zur Neuauflage von Brentanos *Psychologie vom empirischen Standpunkt*, Kraus, 1924, bes. S. LXXVIIf.).

Für Brentano zählte infolgedessen *nur* die *innere* intentionale Wahrnehmung bzw. *Vorstellung*. Twardowski votierte dafür, dass ›Erkennen‹ stets als Erkennen *von* etwas *als* etwas zu begreifen sei und löste eine Diskussion aus, die mit großer Lebhaftigkeit geführt wurde (vgl. dazu die historische Rekonstruktion bei Linke, 1918). Die an Twardowski *anschließende* Diskussion galt indes weniger der Frage nach der Erkenntnis der Realität der Außenweltdinge als vielmehr der Frage, was erkenntnistheoretisch überhaupt als *wirklich* zu gelten habe; sie plädierte *neben* der Anerkennung psychischer und physischer Gegenstände auch noch für *außerpsychische* Gegenstände – wie vorgestellte geometrische Figuren (Dreiecke, Kreise), die nicht als psychisch, aber auch nicht als Dinge oder als bloß ›logisch‹ zu verstehen seien – mit einer Tendenz zu einer idealistischen (platonisierenden) Erkenntnisbasis, die für Stumpf nicht infrage kam. Stumpf votierte für eine *psychologisch* relevante Version, um sich einerseits gegen den Idealismus, andererseits gegen Wundts ›naive‹ Erkenntnisposition abzugrenzen: Wilhelm Wundt gegenüber, der erkenntnistheoretisch das *unmittelbar Gegebene* als Gegenstand der Psychologie ausweisen und allen anderen Wissenschaften das bloß Erschlossene zuweisen wollte, plädierte Stumpf dafür, dass das unmittelbar Gegebene dem *vor*wissenschaftlichen Material angehöre und niemals Objekt irgendeiner Wissenschaft sein könnte, »obgleich es jeder (wenigstens empirischen) Wissenschaft als Grundlage dient. Unmittelbar gegeben sind nur die dem denkenden Individuum momentan bewußten Erscheinungen und Funktionen nebst den ihnen immanenten Verhältnissen« (1907b, S. 5), das heißt *individuelle Tatsachen*, während die Psychologie von *gesetzlichen Beziehungen* handle, »die niemals unmittelbar gegeben sind«. Das unmittelbar Gegebene ist also nur *Ausgangspunkt* der Forschung und Material der Begriffsbildung (ebd., S. 5).

Stumpf führt des Weiteren aus, wie psychologisch aus dem Wechselspiel zwischen Erscheinungen und psychischen Funktionen das Denken entsteht, das als »Gesamtheit der intellektuellen Funktionen verstanden« wird und zuvor in *Erscheinungen und psychische Funktionen* (Stumpf, 1907a) beschrieben wurde, zu Begriffen, Inbegriffen und Sachverhalten führt. »Was ich im weitesten Sinne einen Gegenstand nenne, über den wir denken und sprechen, ist jedenfalls bereits ein Gebilde, und zwar ein begriffliches Gebilde.« Auch Individuelles ließe sich »niemals anders als mit Hilfe von Allgemeinbegriffen beschreiben«. Wenn wir ›rot‹ mit Demonstrativa verwendeten, so handelte es sich zwar um Individuelles, aber die *Farbbezeichnung* ›Rot‹ sei eine Bezeichnung für einen Begriff. [Stumpf referiert mit letzterem Satz auf Frege, siehe weiter unten Anm. 8]. Das Folgende begeht den logischen Fehler jeder Abbildtheorie: »Nicht also das Wahrnehmen«, argumentiert Stumpf, »nicht das Herausheben einer Erscheinung aus dem Chaos ununterschiedener Eindrücke, sondern die Begriffsbildung ist es, durch die Gegenstände entstehen« (Stumpf, 1907b, S. 7). – Wiederum entscheidend sind Stumpfs Ausführungen, die seinen Standpunkt von dem Gottlob Freges trennen. Im wissenschaftlichen Umgang mit der Begriffsbildung gelte es, das Wesentliche, Zentrale, das *Invariante* eines Begriffsgebildes von zufälligen Ansichten, »die augenblicklich im Vordergrund eines Denkaktes stehen«, zu trennen. Die beiden Ausdrücke ›Der Sieger von Austerlitz‹ und ›Der Besiegte von Waterloo‹ bezeichneten denselben Gegenstand. Auf ähnliche Weise könnte aber auch mit einfachen Gegenständen wie ›Rot‹ verfahren werden, indem man sie auf mannigfaltige Weise umschriebe und so sehr verschiedene Gedankengebilde zustande kämen.

Offenbar bezieht Stumpf sich auf Freges Aufsatz *Über Sinn und Bedeutung* (Frege, 1892) und Freges Rezension über Husserls *Philosophie der Arithmetik* (Frege, 1894). Im Beispiel von Frege, das die sprachlichen Bezeichnungen ›Morgenstern‹ und ›Abendstern‹ auf den Planeten Venus referieren lässt, steht ›Bedeutung‹ für den referenziellen ›Gegenstandsbezug‹. Die mehr oder weniger arbiträren sprachlichen Ausdrücke (›Abendstern‹, ›Morgenstern‹) stehen für ›Sinn‹. Frege interessierte sich vorwiegend für den *Gegenstandsbezug*, den *Sachverhalt*, den er *voraussetzt* und logisch mit ›Wahrheitswert‹ identifiziert und den er auch auf Sätze überträgt, also auf die *Verbindung* von Bedeutungen, die sich wiederum schon in ganzen Nebensätzen artikulieren können. Niemals kann nach Frege *allein* der sich sprachlich artikulierende *Sinn* die Erkenntnis voranbringen, sondern nur die Verbindung von Sinn *und* Bedeutung (also die sprachliche Bezeichnung *mit* dem vorausgesetzten Sachverhalt) ermittelt den *Wahrheitswert*. Während der Sinn aber immerhin noch vom Konsens der Sprachgemeinschaft getragen würde, grenzt Frege sich gegen die Psychologie ab, welche von der je *individuellen Vorstellung* des Gegenstandes anstelle des Gegenstandsbezugs (auf den Sachverhalt) ausginge, die Vorstellung von einem analytischen Philosophie, gelöst worden zu sein. Jedenfalls versicherte einer ihrer prominentesten Vertreter, dass »das schwierigste Rätsel der Philosophie [nicht] leichter geworden« sei (vgl. Putnam, 1977, S. 35).[6] Ich wage zu behaupten, dass keiner sich diesem »Rätsel« entschiedener und konsequenter näherte als Carl Stumpf – dabei immer vor Augen, dass die Problematik des Seelenbegriffs eng

---

Gegenstand ja in jedem individuellen Vorstellen rein subjektiv wäre und also die Psychologie auch *nicht zur Klärung von Bedeutung* herangezogen werden könnte.
Die Gegenüberstellung mit Stumpfs Ausführungen erhellt das Missliche dieser Konfrontation: Was Frege in seiner Polemik gegen die Psychologie ignoriert oder vernachlässigt, betrifft den *intentionalen* Charakter des Vorstellens, also das *Erfassen* des Sachverhalts. Frege verwirft eine Auffassung von *Alltagspsychologie*, die anstelle von wissenschaftlicher Begriffsbildung gewissermaßen am vorwissenschaftlichen Material hängen bleibt und behauptet, so verfahre die Psychologie *insgesamt*. Paul Ferdinand Linke, der eigentliche Entdecker Freges nach dem Zweiten Weltkrieg, nimmt Frege (m. E. nicht überzeugend) gegen dessen rigiden Psychologismusvorwurf in Schutz, indem er zu bedenken gibt, Frege habe sehr wohl den intentionalen Charakter der Erkenntnis berücksichtigt und sein Psychologismusvorwurf habe sich nur gegen die »schlechte Psychologie, die damals in Blüte stand« gerichtet (Linke, 1946, S. 98). Im Übrigen erwähnt Linke wiederholt Entsprechungen zwischen der Philosophie Freges und Stumpfs (ebd., S. 84, 91 u. 95).
Eine Auseinandersetzung mit Edmund Husserl zum gleichen Thema führte Stumpf in *Erscheinungen und psychische Funktionen* (Stumpf, 1907a) durch. Husserl wählte für das Verhältnis von Sinn und Bedeutung ein Beispiel aus dem *wissenschaftlichen* Diskurs, nämlich die beiden Bezeichnungen »gleichwinkliges« und »gleichseitiges Dreieck«. Anders als Frege spricht Husserl jedoch von *verschiedener Bedeutung* (nicht von verschiedenem *Sinn* der Sprachausdrücke) bei *gleichem* Gegenstand. Offenbar will er darauf hinaus, dass der Gegenstand selbst, von der sprachlichen Bezeichnung abstrahiert, in diesem Fall nicht derselbe sei. Stumpf stimmt zu: Eine transponierte Melodie bleibe die gleiche, sei aber nicht *derselbe* Gegenstand. Stumpf wendet ein, dass es auch hier wichtig sei, das Wesentliche eines Gebildes von unwesentlichen Modifikationen abzusondern und als ›wesentlich‹ käme infrage, »was für den Denkgebrauch […] keinen Unterschied macht«, das heißt insofern man aus beiden Ausdrücken »das nämliche schließen« könnte (1907a, S. 33, Anm. 1). Aus Stumpfs Grundhaltung ist keine Spur von Alltagspsychologie oder Psychologismus abzuleiten, vielmehr ist die schwierige epistemische Beziehung zwischen Vorstellung und Gegenstand ohne vorgefasste (idealistische oder materialistische) Erkenntnisinteressen in den Blick zu nehmen.

6 In derselben Weise hatte aber bereits David Hume den problematischen Charakter der Gegenstandserkenntnis formuliert: »Der geistige Akt, in welchem der Glaube an eine Tatsache besteht, scheint bis jetzt eines der größten Geheimnisse der Philosophie gewesen zu sein, obgleich niemand auch nur vermutet hat, dass in ihrer Erklärung irgendwelche Schwierigkeiten liegen«, heißt es bei Hume (1973, S. 131, zit. n. Putnam, 1997, S. 35), der ausdrücklich auch die *scheinbare* Trivialität der Frage mitformuliert.

mit dem Problem bzw. der Interpretation der Vorstellungsbeziehung, einer genuin *psychologischen* Fragestellung, eng verknüpft ist.

Von entscheidender Bedeutung für Stumpfs Auffassung von Phänomenologie war, dass er mit ›Gegenstand‹ weder das wahrnehmbare äußere ›Ding‹ noch das ›Objekt‹ der Anschauung meinte, wie er es in Auseinandersetzung mit Edmund Husserls phänomenologischer ›Wesensschau‹ in der *Erkenntnislehre* (Stumpf, 2011 [1939/40]) auf den Punkt brachte.[7] Immanuel Kant hatte in seiner Erkenntniskritik, von Brentano scharf verurteilt, in verwirrender Weise ›Gegenstand als äußeres Objekt‹ und ›vorgestellter Gegenstand‹ alternativ verwendet, was Brentano zu seiner Intentionalitätslehre im Rahmen der *inneren* Wahrnehmung motivierte. Stumpf suchte, auf der Analyse der *sinnlichen* Wahrnehmung aufbauend, das aus *vor*wissenschaftlichem Material durch Ausscheiden widersprüchlicher Theorien logisch elaborierte und abstrahierte begriffliche Substrat für ›Gegenstand‹ nachzuweisen. Statt den Aristotelischen Substanzbegriff, inzwischen wiederholt kritisiert, zu verdammen, weil er ontologisch im Sinne eines *dualistisch* interpretierten Substanzbegriffs belastet ist, definierte Stumpf ihn *formal* als den einheitlichen *Träger* von psychischen Eigenschaften um. Die zahlreichen psychischen Eigenschaften (Vermögen, Dispositionen) dieses ›Trägers‹ fasste Stumpf in drei logische Klassen zusammen, nämlich wesensmäßige, begleitende und zufällige Eigenschaften. Anstelle ›Träger‹, ›Wesen‹, oder ›Substanz‹, die synonym eingesetzt werden können, verwendete Stumpf auch den Begriff des *Ganzen* (vgl. Stumpf, 2011 [1939/40], S. 30). Es war Stumpf weniger um die Nomenklatur zu tun, als – auch darin Aristoteles folgend – a) um die Klärung der seelischen Eigenschaften als *wesensmäßige* und b) um ihren *empirischen* Nachweis in der Lebenswelt. Als wesentliches Merkmal der menschlichen Seele wurde die *Vorstellung*, der schon Aristoteles große Aufmerksamkeit gewidmet hat, eruiert und als *Erscheinung zweiter Ordnung* abgegrenzt von der sinnlichen Empfindung als *Erscheinung erster Ordnung*. ›Vorstellung‹, in phänomenologischer Perspektive ein hochkomplexer Begriff, nimmt in Stumpfs phänomenologischer Konzeption ausdrücklich die Position einer epistemisch ausgewiesenen Klasse,

7 Stumpf setzte sich in der *Erkenntnislehre* auf wenigen Seiten dichtgedrängt mit dem Anspruch von Husserls »Wesensschau« als dem Instrument einer *reinen* (transzendentalen) Phänomenologie auseinander, die Husserl als ein Weg »zu den Sachen selbst« [zu den *Sachverhalten* wäre logisch zutreffender] proklamiert hatte und gibt Husserl gegenüber zu bedenken, dass sich Wesenserkenntnis *nur* auf elementare Anschauungen richten kann, »niemals auf das Wesen von Dingen, in deren Vorstellung immer eine Mehrzahl von Eigenschaften und Verhaltensweisen verknüpft ist, über deren Zusammengehörigkeit uns niemals eine apriorische Schau belehren kann« (Stumpf, 2011 [1939/40], S. 190).

nicht die eines subjektivistischen Substrats der ›inneren Wahrnehmung‹ ein, die später aus anti-psychologischer Perspektive, beispielsweise durch den Logiker Gottlob Frege, bekämpft wurde.[8]

Im wissenschaftlichen Diskurs können für ›Gegenstand der Forschung‹ (nicht ›*dinglicher* Gegenstand‹) also die Termini ›Substanz‹ oder ›Wesen‹ alternieren, insofern jede Wissenschaft den ihr eigenen substanziellen Gegenstand

8 Gottlob Frege (1894) polemisiert in seiner Kritik an Husserls *Philosophie der Arithmetik* auf der Basis des zwei Jahre zuvor verfassten Artikels *Über Sinn und Bedeutung* (Frege, 1892) in noch schärferer Tonart gegen den seiner Auffassung nach rein »subjektiven« Vorstellungsbegriff und konfrontiert ihn nun mit dem ›Gedanken‹: »Man spricht z.B. von dieser oder jener Vorstellung, als ob sie sich, abgelöst vom Vorstellenden, in der Öffentlichkeit sehen liesse. Und doch hat niemand die Vorstellung eines Anderen, sondern nur seine eigene, und niemand weiss sogar, wieweit seine Vorstellung – des Roten z.B. – mit der Auffassung eines Anderen übereinstimmt; denn das Eigenartige der Vorstellung, die ich mit dem Wort ›rot‹ verbinde, kann ich nicht äussern. Man müsste die Vorstellung des Einen und des Anderen in demselben Bewusstsein vereinigt haben, um sie vergleichen zu können, und müsste sicher sein, dass sie sich bei der Überführung nicht geändert hätten. Ganz anders bei dem Gedanken: ein und derselbe Gedanken kann von vielen Menschen gefasst werden. Die Gedankenteile und umsomehr die Sachen selbst sind von den Vorstellungen zu unterscheiden, die in der Seele das Fassen des Gedankens begleiten, und die sich jemand von den Sachen macht« (Frege, 1894, S. 317f.).
Die eloquente Sprache verschleiert den wesentlichen erkenntnispsychologischen Punkt, den Hiatus zwischen Vorstellung – Wort – Gedanken – und Sache betreffend. Bekanntlich lassen sich ja auch Gedanken nicht »in der Öffentlichkeit sehen« sondern lediglich ihr sprachlicher *Ausdruck*; und wandern ja nicht *Sachen* als Teile oder Inhalte unserer Gedanken in unseren Kopf, sondern Vorstellungen *von* einer Sache *als* Sachverhalte. Und warum kann man über seine Vorstellungen nicht ebenso verständlich sprechen wie über seine Gedanken? (Man vgl. Stumpfs Ausführungen zur Farbbezeichnung ›rot‹ in Anm. 5). Auf die Quelle von Freges (und Bernard Bolzanos) *Idealismus* in der Erkenntnistheorie kann hier nicht eingegangen werden. Der Idealismus, den die frühe sprachanalytische Philosophie, die Frege als ihren Großvater, Bolzano als ihren Urgroßvater bezeichnete (Dummett, 1988), niemals mehr losgeworden ist, kam dann Jahre später stärker noch in Freges Beitrag zur Philosophie des Deutschen Idealismus in *Der Gedanke* (Frege, 1966 [1918], S. 43) zum Ausdruck. Dort plädiert Frege dafür, dass, weil Gedanken weder Dinge noch Vorstellungen seien, »ein drittes Reich […] anerkannt werden« müsse.
Detailliert und akribisch setzte Stumpf sich nochmals in der Akademiearbeit von 1918 (möglicherweise in Reaktion auf Freges Aufsatz) mit dem Verhältnis von *Empfindung und Vorstellung* (Stumpf, 1918) auseinander. Der Vorstellungsbegriff stellt sich offenbar auch heute noch als ein schwer lösbares erkenntnistheoretisches Problem dar (vgl. McGinn, 2004) – vor allen Dingen, wenn man unter ›Vorstellung‹ nur visuelle und nicht auch akustische Vorstellungen (von Tönen) begreifen will.

formuliert, der bei Fortschreiten der Wissenschaft zu ändern oder sogar neu zu definieren ist. Die beiden 1907 erschienenen Akademiearbeiten Stumpfs *Erscheinungen und psychische Funktionen* (Stumpf, 1907a) und *Zur Einteilung der Wissenschaften* (Stumpf, 1907b) bauen auf dem angedeuteten Grundkonzept auf. Von der Vorstellung (als Basisterminus) ausgehend, ist durch empirische Arbeit ein Strukturmodell zu bilden, das den psychischen Kategorien (Funktionen) einerseits eine relative Unabhängigkeit von den Erscheinungen (Empfindungen) sichert, andererseits den logischen Aufbau zwischen Vorstellung, Urteilsbildung, Interessensphänomenen (Wille und Gefühl) im Sinne einer Gesetzesgrundlage für die Forschung bereitstellt. Diese psychologische Arbeit an der Basis bildet nach Stumpf die metapsychologische Plattform für das phänomenologische Werk, lange vor Abfassung der leider erst 1939 und 1940 posthum erschienenen und das Gesamtwerk bündelnden *Erkenntnislehre* (Stumpf, 2011 [1939/40]).

Bezeichnenderweise widmete Stumpf keine Arbeit speziell dem Seelenbegriff, bei der man unmittelbar hätte ansetzen könnte – was nicht erstaunlich ist, wenn man sich an die einleitenden Bemerkungen in Aristoteles' Monografie *Über die Seele* erinnert: »Die Seele ist gewissermaßen der Grund der Lebewesen [...]. Ganz im allgemeinen gehört es zum Schwierigsten, eine feste Meinung über sie zu gewinnen« (Aristoteles, 1979, 402a 5–10). Aristoteles nimmt auch kein Blatt vor den Mund, was die *Schwierigkeiten* der Seelenforschung anbelangt, die er zunächst seitenweise bei den vorplatonischen älteren griechischen Philosophen und bei Platon bis in alle begrifflichen Verästelungen verfolgt, um sich erst dann auf seinen eigenen Zugang zu dem schwierigen Thema zu fokussieren. Mit der Abgrenzung der *Form* von der *Materie* und der Annäherung an eine *spezifische* Form des Lebendigen definierte Aristoteles die Seele als *Entelechie des Lebendigen*, also als etwas, das sein Ziel in sich selbst trägt, das nicht von außen angeschoben (bewegt) werden muss – eine wahrhaft vieldeutige Definition mit zahlreichen Implikaten, die dann auch über Jahrtausende hinweg zu Diskussionen Anlass gaben. Bemerkenswert ist einerseits die Akribie, mit der Aristoteles sich im Ringen um die wesensmäßigen Eigenschaften (Vermögen) der Seele immer wieder der *Vorstellung* als basalem Vermögen zuwendet und andererseits daran interessiert ist, im Vergleich mit anderen Organismen (Pflanzen, Tieren) die menschliche Seele als dasjenige, was ihren *geistigen* Teil auszeichnet, vom lebendigen beseelten Körper *abzutrennen*.

Ich werde im Folgenden lediglich auf *zwei* Kulminationszeiten verweisen, die etwas Wesentliches über Stumpfs Behandlung des Seelenbegriffs zu vermitteln vermögen. Der erste Kulminationspunkt handelt von dem jungen Carl Stumpf, der aus Begeisterung für seinen charismatischen Philosophielehrer Brentano – fundierter Aristoteles-Forscher und Theologe, der zu dieser Zeit noch im Priestergewand dozierte – sich seinerseits für die theologische Laufbahn entschließt. Infolge von Glaubenszweifeln und anderen, eher weltlichen Gründen wird Stumpf von seinem Lehrer nach kurzer Zeit aufgefordert, seine kirchlich orientierten Lebenspläne wieder zu ändern und sich stattdessen auf eine wissenschaftliche Laufbahn zu konzentrieren. Während Psychologie und Seelenbegriff in der ersten Phase, in der er seine Dissertation (Stumpf, 1869) und Habilitation (Stumpf, 2008 [1870]) verfasste, noch keine Rolle gespielt hatten, richtete sich Stumpfs Interesse jenseits der kirchlichen Bindung sofort auf sie. Der zweite Kulminationspunkt fällt in die Zeit der beiden, bereits erwähnten Akademiearbeiten.

Seele und Seelenbegriff in der konzeptionellen Phase von Stumpfs Phänomenologie

Ich schilderte bereits in meiner Einleitung in den Briefwechsel zwischen Brentano und Stumpf (Kaiser-el-Safti, 2014) die dramatischen Umstände einer zweimaligen Umwandlung in Bezug auf den religiösen Kontext des jungen Stumpf. In den Briefen der 1860er und 1870er Jahre ist zu verfolgen, wie Stumpf, nachdem er das Priesterseminar verlassen hatte, die epistemische Grundlage seines Lehrers übernimmt, die *Erfahrungsgrundlage* und die *Wahrnehmung*, innere und äußere Wahrnehmung, als Basis wissenschaftlicher Erkenntnis zu autorisieren, aber schon bald auch Kritik an Brentanos Ansatz einfließen lässt. Diese betrifft sowohl die Nicht-Wahrnehmbarkeit der Seelensubstanz als auch die Cartesianische Zwei-Substanzen-Theorie, gegen die Stumpf opponiert und für *eine* Substanz votiert. Stumpf war auf der einen Seite, konsequenter als Brentano, ein leidenschaftlicher Anhänger der empirischen Grundlage der Psychologie auf der Basis der Wahrnehmung. Er hatte sich schon während seiner Studienzeit intensiv in die Grundlagen der damaligen Physiologie und der Wahrnehmungspsychologie eingearbeitet; auf der anderen Seite war Stumpf ebenso leidenschaftlich um logische Stringenz und methodische Exaktheit bemüht, *trennte* sie aber, anders als Brentano, strikt von metaphysisch-theologischen Voraussetzungen.[9] Infolge-

9 Brentanos Verteidigung des Existenzialsatzes als Grundlage der Logik diente ihm nicht zuletzt dazu, eine revidierte Basis für den ontologischen Gottesbeweis mithilfe des Existenzialsatzes in negativer Verwendung zu verteidigen (vgl. Brentano, 1980, S. 30ff., dazu Kaiser-el-Safti, 2011, S. 28f.).

dessen distanzierte Stumpf sich auch früh von ontologischen Reflexionen und forschte nach einer Grundlage, die das spezifisch menschliche Seelische aus der Physiologie der Sinne, insbesondere den sogenannten höheren Sinnen Sehen und Hören, zu entwickeln erlaubte. Mit Brentano, der die Seelengenese kreationistisch von göttlichem Eingreifen abhängig machte, war für Stumpf ab den 1870er Jahren keine Übereinstimmung mehr herzustellen. Dennoch blieben die Differenzen mit Brentanos Lehre für Stumpf lebenslang ein Motiv tiefschürfender Forschung, die auch metaphysische Fragen einschloss, wenngleich anderer Provenienz als die theistischen Grundlagen Brentanos.[10]

Nach Stumpf ist Seelisches bei Tier und Mensch *biologischen* Ursprungs. Für die Vermittlung zwischen dem Körperlichen und dem Geist-Seelischen kommt allein das Verhältnis der *Empfindungen* (Erscheinungen erster Ordnung) und die von ihnen zurückbleibenden *Vorstellungen* (Erscheinungen zweiter Ordnung) als Basis der Erinnerung und der weiteren Entwicklung der psychischen Funktionen in Betracht. Aus den Empfindungen oder dem *Empfundenen*, *nicht* aus *rein* organischen (physiologischen) Grundlagen, *entwickeln* sich die höheren psychischen Funktionen des Wahrnehmens, Urteilens, Fühlens, Wertschätzens; aus ihnen gestaltet nur der Mensch, kein anderes Lebewesen, die Gebilde der Kultur im weitesten Sinne. Nur der kleine Mensch, nicht das Jungtier, produziert aus der leib-seelischen Disposition für Empfinden und Vorstellen die kognitive Begriffs- und Urteilsbildung und das abstrakte Denken, für das nach Stumpf beim Tier kein noch so rudimentäres Anzeichen zu beobachten ist. Ein Biologismus ist hieraus nicht abzuleiten, denn neuropsychologisch sind für die psychischen Funktionen *im Einzelnen* und im Unterschied zu den organischen Grundlagen der Sinnesempfindungen keine *spezifischen* physiologischen Korrelate nachzuweisen und neurologisch zu lokalisieren. Für die Funktionen ist das *ganze Gehirn* als Grundlage der Seele zuständig, nicht *bestimmte* Orte, Teile, Fasern, Neuronen oder Neuronenkomplexe. Der junge Stumpf hält in einem Brief an Brentano sogar an der Möglichkeit der Unsterblichkeit der Seele fest, da der Seelisches *erschaffende* Grund nicht derselbe sein müsste wie der die Seele *erhaltende*. Eine Definition, die im Werk mehrmals wiederkehrt, beschreibt die Seele als ganz im Körper und ganz in jedem seiner Teile (Stumpf, 2011 [1939/40], S. 631 u. S. 809).

Die Gegenüberstellung von Empfindungen und psychischen Funktionen ist basal für Stumpfs phänomenologisches Werk; ebenso folgenreich ist aber auch das Insistieren auf die *spezifischen Differenzen innerhalb der höheren Sin-*

10 Vgl. die Briefe Dok. 21, 22, 28, 37, 113, 115; Brentano & Stumpf, 2014.

ne – Sehen und Hören. Stumpf wies mehrmals darauf hin, dass die stufenartige Entwicklung der menschlichen Sinne mit der letzten krönenden Entwicklung zum Hören phylogenetisch ebenso aussagekräftig sei für die kulturelle Differenz und Höherentwicklung des Menschen im Vergleich zum Tier, wie sie sich, worauf Brentano bestand, auch in der Befähigung zum abstrakten Denken ausdrücke. Für *beide* Entwicklungsstufen, die sinnliche *und* die kognitive, verwies Stumpf auf emergente Prozesse. Dieses Entwicklungsmodell einer kreativen, kulturellen Evolution ist als Ergänzung zu Charles Darwins biologischem Anpassungskonzept zu begreifen und wurde von Stumpf (1910 [1899]) in *Der Entwicklungsgedanke in der gegenwärtigen Philosophie* vorgestellt. Das Insistieren auf spezifische Differenzen innerhalb der höheren Sinne in Bezug auf die geist-seelische Entwicklung des Menschen war ein viel beachtetes Thema in der Wahrnehmungsforschung des 19. Jahrhunderts, aus dem sich die deutsche Musikpsychologie entwickelte. Vor diesem wissenschaftshistorischen Hintergrund ist auch Stumpfs exzessive Beschäftigung mit der *auditiven* Wahrnehmung zu verorten, zu der freilich auch seine von Haus aus mitgebrachte musikalische Hochbegabung beitrug.[11]

Stumpf leitete, wie vor ihm die Philosophen Pythagoras, Leibniz und Herbart, die kulturelle Bedeutung der Musik *nicht*, oder nicht vorwiegend, aus ihren mathematischen Grundlagen her, sondern brachte sie primär evolutionär und sinnesphysiologisch mit der besonderen Qualität des menschlichen *Hörens* in Verbindung. Offenbar vermochte nur der Mensch in der biologischen Evolution die größere Schnelligkeit und Differenziertheit des Ohres gegenüber dem Auge für kulturelle Grundfertigkeiten wie Sprache und Musik zu nutzen. Dieser Standpunkt stieß seinerzeit innerhalb der Philosophie, auch bei Brentano, nicht

11 Aus dieser Position ist aber keine Diskriminierung Gehörloser oder eine Stütze des heute noch weitgehend vertretenen philosophischen *Oralismus* zu folgern, der – trotzdem die Philosophen meinen, sie hätten sich mit ihren Logikkonzepten ganz von der *Grammatik* der Sprechenden distanziert – de facto aber immer noch *Denken* mit (oraler) Sprache identifiziert (was auch die sprachanalytische Philosophie implizit vertritt) und Gehörlosen die Befähigung zur Begriffsbildung aberkennt mit entsprechender Minderwertung ihrer kognitiven Leistungen. Die Diskussion über Wert und Eigenständigkeit von Gebärdensprachen ist noch heute in Gang.
Eine philosophische Gegenposition zum Oralismus vertrat bereits Brentanos Schüler und Stumpfs Freund Anton Marty am Ende des 19. Jahrhunderts in Opposition zu dem Philologen Carl von Prantl und dessen idealistischem Sprachverständnis (Marty, 1894; vgl. auch Martys Untersuchung *Über den Ursprung der Sprache*, 1875). Marty hatte seinerzeit mit Frege über Differenzen zwischen seiner und Brentanos Urteilstheorie korrespondiert, die auf

auf Gegenliebe, die traditionell und einseitig den *visuellen* Sinn, mit illustrer Lichtmetaphorik ausgestattet, als den edelsten Sinn nobilitierte. Andeutungsweise erfährt man das schon im ersten Teil der Briefe von Stumpf an Brentano, später

---

die Unterschiede zwischen logischer und psychologischer Theorie des Urteils insistierten (Marty, 1918, S. 56f.) und die das noch zu wenig gewürdigte *Votum für ein vor-sprachliches Denken* bei Brentano, Marty und Stumpf tangierten.

Stumpf verwendet das phänomenologische Entwicklungsmodell der Sinne zwar im Kontext evolutionären Denkens, räumt aber ein, dass die Darwin'sche Evolutionstheorie die höheren psychischen Funktionen *nicht* zu erklären vermag – schon gar nicht die genuin *geistige Aktivität* und Kreativität in Bezug auf die Begriffs- und *Symbolbildung*, die auch bei Schädigung oder Einbuße eines Sinnes alternative kompensatorische Wege zu entdecken vermag, wobei Stumpf eine elementare dispositionelle *Strukturbildung vor* der Symbolbildung verteidigt, die heute offenbar auch von neurologischer Seite postuliert und ventiliert wird, so bei Henning Scheich über »isomorphe Phänomene [...], d. h. Strukturähnlichkeiten der subjektiven Wahrnehmung und der zugrundeliegenden Neuronenprozesse« (in Eckoldt, 2013, S. 82).

In der *Erkenntnislehre* verweist Stumpf (2011 [1939/40]) ausdrücklich auf die blinde und taube Helen Keller, um zu unterstreichen, dass elementare Begrifflichkeit, im Sinne von *Muster-* oder Gestaltbildung, bereits *vor* dem Spracherwerb vorhanden gewesen sein muss, damit sich Sprache (*egal* ob auf oraler oder gebärdender Basis angeeignet) *überhaupt* entwickeln kann. Dieses prä-logische und prä-sprachliche menschliche Denk- bzw. Orientierungsvermögen an visuellen und auditiven Mustern, *auf* oder *aus* dem sich das Symbolvermögen erst entwickelt, resultiert aber nicht aus ›angeborener‹ oder sonst wie apriorisch oder idealistisch zu verteidigender transzendentaler Begrifflichkeit. Das Symbolvermögen bildet sich aufgrund von *relationalen Strukturen* des visuellen *und* des auditiven Sinnes, nicht als Reaktion auf physikalische oder chemische Reize (vgl. dazu Langner, 2011). Die an der Sinnestätigkeit (den Empfindungen) *beider* Sinne beteiligten Relationen sind heute empirisch nachweisbar und lassen sich, je nach Kenntnislage der komplexen physiologischen und phänomenologischen Grundlagen, an dem einen oder anderen Sinn paradigmatisch explorieren. Die Bevorzugung der auditiv-musikalischen Wahrnehmung resultiert aus dem Sachverhalt, dass sich in ihrem Fall die physiologischen und neurologischen Grundlagen, die den Aufbau phänomenologischer musikalischer Parameter wie Tonhöhe, Harmonie (Polyphonie), Rhythmus ermöglichen, leichter nachweisen lassen. Eine Bevorzugung des Hörens dem Sehen gegenüber ist daraus aber nicht abzuleiten, ebenso wenig wie eine Bevorzugung des Sehens dem Hören gegenüber; beide Sinne sind Grundlage der menschlichen Kreativität.

Stumpf *verallgemeinert* in seinem letzten Werk den Fall Helen Keller: »In der Geschichte des Menschengeschlechtes können freilich die Sprachzeichen, die zunächst nur Konkretes bedeuteten, ihre begriffliche Bedeutung erst erlangt haben, nachdem bereits die elementarsten Begriffe *ohne ihre Hilfe aufgetaucht waren.* Darin liegt die Schwierigkeit des Problems vom Ursprung der Sprache; eine erkenntnistheoretische Unmöglichkeit liegt aber nicht vor« (2011 [1939/40], S. 812; Hervorhebungen durch die Verfasserin) in den beiden Bänden der *Tonpsychologie* akribisch ausgearbeitet (Stumpf, 1883 u. 1890). Einen ersten Höhepunkt in Bezug auf den phänomenologischen Ansatz bildete aber schon 1873 Stumpfs Veröffentlichung der Monografie über den visuellen Sinn. Mit *Über den psychologischen Ursprung der Raumvorstellung* (Stumpf, 1873) kam Stumpfs spektakuläre wissenschaftliche Karriere in Gang.

Die Diskussionen über Raumvorstellung und Raumanschauung bearbeiteten nach Kants Behandlung dieser Thematik in seiner transzendentalen Philosophie wichtige Schlüsselpositionen in der nachkantischen und psychologischen Erkenntnistheorie. An die Adresse zukünftiger empirischer Psychologie hatte Kant behauptet, es würde keinem Menschen je gelingen, darüber aufzuklären, wie die unausgedehnte Geistseele ausgedehnt Körperliches bzw. Räumliches wahrzunehmen vermag (vgl. Kant, 1983 [1781], A 393). Und da dieses Rätsel – Kants bevorzugte Argumentation gegen eine empirische wissenschaftliche Psychologie – nach seinem Dafürhalten niemals zu lösen war, distanzierte er sich auch von allen Versuchen, dem Leib-Seele-Problem wissenschaftlich näher, geschweige denn auf den Grund zu gehen.[12]

Nicht so Carl Stumpf, der sich, wie andere Zeitgenossen auch, herausgefordert sah, diesem angeblich unlösbaren Rätsel mit einer entwickelten psychologischen Methodik näher zu treten. Stumpfs Arbeit über die Raumvorstellung hat wesentlich mehr zu bieten als die zu seiner Zeit behandelten Analysen des Flächen-, Entfernungs- und Tiefensehens. Der junge Stumpf nimmt die zahlreichen, zum Teil heterogenen und widersprüchlichen philosophischen, physiologischen und psychologischen Theorien zum *visuellen Sinn* kritisch unter die Lupe, erörtert ihre Einflussnahme auf Metaphysik, Weltanschauung, Erfahrungsbegriff und Seelenbegriff. Mit dem Plädoyer für eine metaphysikfreie Erfahrungsgrundlage arbeitet Stumpf sich auf dem Wege des logischen Verfahrens der *Disjunktion* methodisch

12 In der »Kritik der reinen Vernunft« heißt es: »Die berüchtigte Frage [...] wie in einem denkenden Subjekt überhaupt, äußere Anschauung, nämlich die des Raumes (einer Erfüllung desselben, Gestalt und Bewegung) möglich sei. Auf diese Frage aber ist es keinem Menschen möglich, eine Antwort zu finden, und man kann diese Lücke unseres Wissens niemals ausfüllen, sondern nur dadurch bezeichnen, dass man die äußeren Erscheinungen einem transzendentalen Gegenstande zuschreibt, welcher die Ursache dieser Art Vorstellungen ist, den wir aber gar nicht kennen, noch jemals einigen Begriff von ihm bekommen werden« (Kant, 1983 [1781], A 393). – Kants Motiv für seine stillschweigend unterstellte Position, dass Gleiches nur durch Gleiches (körperlich Ausgedehntes durch körperlich Ausgedehntes, Geistiges durch rein Geistiges) zu erkennen sei, wurde schon von Aristoteles als widersinnig zurückgewiesen (vgl. Aristoteles, 1979, 409b, 25), scheint aber wieder zu Husserls Auffassung von einer *reinen* Phänomenologie inspiriert zu haben.

bis auf *einen* widerspruchsfreien Erklärungsansatz vor, der mit den Tatsachen der Wahrnehmung verträglich und experimentell überprüfbar ist.[13]

Stumpf will die *einfachsten* spezifisch visuell-perzeptiven *Gegebenheiten, das heißt, die basalen menschlichen Dispositionen der visuellen Wahrnehmung*, in Bezug auf Flächen-, Tiefen- und Entfernungssehen herausfiltern. Er weist nach, dass an der Raumvorstellung *basal* und *spezifisch* der Gesichtssinn beteiligt ist – und nicht vikariierend, wie G. Berkeley, später J. F. Herbart und wieder E. Husserl meinten, der Bewegungs- oder der Tastsinn. Stumpf exploriert, was sich an psychologisch zu differenzierender *Lernerfahrung* auf der Basis eines ursprünglich gegebenen, zunächst *begrenzten* räumlichen *Abstandes* vom sehenden Subjekt (zum Objekt) sowohl für die Erkundung der Lebenswelt als auch für die mathematische (geometrische) Wissenschaft *entwickeln* konnte. Das Prozedere bahnt sich auf diese Weise genetisch den Weg, zwischen einem übertriebenen »falschen Nativismus« und einem ebenso übertriebenen »falschen Empirismus« Frieden zu schließen (Stumpf, 1873, S. 308), der sich auch gegen den Kantischen Apriorismus der Raum- und Zeitlehre wendete. Stumpf plädierte für einen gemäßigten (partiellen) Nativismus in Bezug auf die psychologische Raumvorstellung und eruierte deren elementare Bedingungen.[14]

Stumpf lag vornehmlich daran zu demonstrieren, dass mit der Klärung kontrovers diskutierter sinnespsychologischer Grundlagen philosophisch umstrittene Grundfragen – wie der von Berkeley vertretene radikale Immaterialismus oder die von Herbart vertretene Theorie einer punktuellen (nicht ausgedehnten einfachen) Seele – zu lösen sind. So gelang es ihm, die zu dieser Zeit verbreitete, keineswegs triviale Auffassung zu widerlegen, zur Wahrnehmung von Gegenständen müsste das Auge stets den Gegenstand umkreisen, um in *zeitlicher Sukzession* mithilfe der motorischen Bewegungsempfindung (Kinästhese) seine *räumlich* ausgedehnte *Gestalt* zu erkennen. Mit einem *experimentum crucis*, das den ersten Anstoß zur *Theorie der Gestaltpsychologie* gab, wies Stumpf nach, dass auch bei motorischer Ruhe der Augenmuskeln der Gegenstand instantan *ganzheitlich* erfasst wird, was sich als physiologische Basis zu Brentanos Postulat der *Einheit*

---

13 Das Verfahren der Disjunktion meint logisch das ausschließende ›oder‹ und plädiert für eine zweiwertige Logik. In diesen Fall: Von den beiden Aussagen, ›die Seele ist ausgedehnt‹ und ›die Seele ist nicht ausgedehnt‹, kann nur *eine* von beiden, aber nicht noch eine dritte wahr sein.

14 Entwicklungspsychologisch sind elementare (angeborene) Bedingungen (beispielsweise für einen *bestimmten* Abstand, das Gesicht der Mutter scharf zu sehen) beim Kleinkind heute experimentell nachgewiesen (vgl. Wilkening & Krist, 2008, S. 419).

des Bewusstseins und als Analogie zu einem *ganzheitlichen* gegen den punktuellen Seelenbegriff verwenden ließ. Des Weiteren betonte Stumpf, dass nicht mittels einer nur *assoziativen* Verbindung zwischen Ausdehnung und Farbe der Sinneseindruck zu einem Ganzen *synthetisiert* wird, sondern dass das sinnliche Empfindungsganze, wie das Bewusstseinsganze, von Anfang an *gegeben* ist und an ihm Teile bzw. *Verhältnisse* im Sinne von den Erscheinungen immanenten Ur-Phänomenen *analysiert* werden. Das hieß, dass die zunächst diffus ganzheitliche, beispielsweise visuelle Erscheinung sich im Laufe der kindlichen Entwicklung gliedert, verfeinert und peu à peu mit zunehmender Erfahrung *ausdifferenziert.*

In der Regel genießt die visuelle Wahrnehmung in Philosophie und Lebensalltag den Vorzug, weil sie alltäglich zur Orientierung in der Welt verhilft und epistemisch Erkenntnisse über die *äußeren* Dinge (Objekte) vermittelt. Mit ihr mag die auditive Wahrnehmung nicht konkurrieren können, denn Töne und Klänge bilden keine Gegenstände ab, repräsentieren nichts, sondern präsentieren sich selbst innerhalb einer nur ihnen eigenen Struktur; aber sie könnten gerade deshalb und entgegen jeglicher *Abbildtheorie der Erkenntnis* im Prinzip basaler als der visuelle Sinn Aufschluss geben über die *nicht* räumlich-ausgedehnte, aber dennoch *strukturierte* Einheit der *Wahrnehmung* als Grundlage des *Bewusstseins* und Bildung von Kategorien. An der Ton- und Klangwahrnehmung lässt sich die vorauszusetzende Gestaltwahrnehmung noch deutlicher demonstrieren: Der einzelne Ton ist infolge der mitklingenden Obertöne immer schon ein Ganzes mit Teilen. Epistemisch ist hervorzuheben, dass Stumpfs Phänomenologie an der Analyse der Attribute der *Erscheinungen* (Empfindungen), *nicht* an den Eigenschaften der (äußeren) *Dinge* (Objekte), sondern an kategorialer Bildung der Erkenntnis auf der Basis der Wahrnehmung interessiert war. Die logische Analyse der Attribute der Sinneswahrnehmung ist aber zugleich die Basis für das ganzheitliche Seelenmodell, das nach dem gleichen Verfahren nicht abtrennbarer (wesentlicher) und abtrennbarer (begleitender) Eigenschaften zu begreifen ist: Man kann sich assoziative Vorstellungen wie ›Beethoven‹ und ›Notenpapier‹ vorstellen, ohne zu urteilen, aber man kann *nicht* urteilen (im Sinne von behaupten) ›Beethoven war das Zentrum der Wiener Klassik‹, ohne sich ›Beethoven‹ ›Zentrum‹ und ›Wiener Klassik‹ auch *vorzustellen.*

Stumpf analysierte die epistemisch relevanten *Differenzen* innerhalb der Sinne, die er bereits in der Monografie über die Raumvorstellung angesprochen hatte, in der *Tonpsychologie* noch wesentlich systematischer. Raum und Zeit, als primär-konstitutive Begriffe der Erkenntnistheorie, haben in den beiden Sinnen Sehen und Hören *psychologisch* einen je *anderen* Stellenwert, den man auch mit Kantischer Erkenntnistheorie, die eben diese Differenz ignorierte, nicht wegdiskutieren kann: ›Raumanschauung‹ dominiert die visuelle Wahrnehmung, aber nicht die akustische; hier ist die Zeitwahrnehmung von größerer Bedeutung. An der Ton- und Klangwahrnehmung untersuchte Stumpf die Attribute der zeitlichen Folge, Tonvorstellungen in *geordneter Reihenbildung* und *Unendlichkeit* der Töne, zeitlicher Charakter der Melodie. *Dauer* und *Gleichzeitigkeit* der Klänge sowie harmonische Verwandtschaftsgrade der Ton-Intervalle stehen in einem *strukturellen, nicht räumlich ausgedehnten* Zusammenhang. Es beruht auf einer älteren philosophischen Doktrin, dass das Hören dem Seelischen verwandter sei als das Sehen – Herder, Schopenhauer und Lotze hatten dafür plädiert.[15] Gegen Kant wäre einzuwenden, dass nicht der ›innere Sinn‹ oder die ›innere Wahrnehmung‹ sich durch die rein zeitliche Wahrnehmungsform negativ von der ›äußeren (sinnlichen) Wahrnehmung‹ unterscheidet, sondern dass sich räumliche und zeitliche Wahrnehmung schon an den Sinnen spezifizieren.

Reaktionen des Zeitgeistes auf die phänomenologische Psychologie

Ich komme zu meinem zweiten, vorwiegend erkenntnistheoretischen Kulminationspunkt: Besonders im Jahr 1907 scheint Stumpf das drängende Bedürfnis verspürt zu haben, mit mehreren Beiträgen auf die phänomenologischen Grundpositionen seiner interdisziplinären Lehre hinzuweisen, die zum einen Begriff und Reichweite der Phänomenologie, zum anderen den Begriff der Psychologie, ihren Gegenstand und ihre Kerninhalte, betrafen. Brentano veröffentlichte im selben Jahr kleinere Arbeiten über Sinnesphysiologie und -psychologie, in denen er zentralen epistemischen Aspekten der Phänomenologie und Psychologie Stumpfs widersprach (vgl. Brentano, 1979 [1907]).

In der 1907 erschienenen Akademiearbeit *Erscheinungen und psychische Funktionen* insistierte Stumpf (1907a) einerseits auf eine klare Abgrenzung der psychischen Funktionen von den sinnlichen Erscheinungen, andererseits auf das Verhältnis der psychischen Funktionen zu den kulturellen Gebilden, den Inbegriffen, Sachverhalten und Werten als kulturell bedeutsame Ergebnisse des Vorstellens, Urteilens und Fühlens bzw. Wertschätzens. Was das Verhältnis von Erscheinungen und psychischen Funktionen anbelangt, erhärtet Stumpf die unterschiedliche Strukturbasis beider und betont ihre gegenseitige logische Unabhängigkeit, was

15 Ich behandelte die Thematik verschiedentlich in älteren Arbeiten (Kaiser-el-Safti, 2001; S. 267ff. u. dies., 2009).

unter diesem *logischen* Aspekt als sein eigentlicher Beitrag zum Leib-Seele-Problem aufzufassen ist. Eine Geschmacks*empfindung* (die Bevorzugung des Süßen im Kindesalter) kann im Erwachsenenalter eine entgegengesetzte, das Bittere, Scharfe bevorzugende *funktionelle Wertschätzung* erfahren, während sich der sinnliche Charakter des Süßen nicht ändert. Was für dieses scheinbar triviale Phänomen gilt, trifft aber auch für kulturelle Erscheinungen wie die wechselnde ästhetische Wertung oder Abwertung von konsonanten und dissonanten Intervallen zu, deren *organische Grundlage selbst unverändert bleibt*. Die Veränderung der Helligkeitsempfindung bei Eintritt der Dämmerung wird bei Ablenkung der Aufmerksamkeit häufig nicht bewusst bemerkt, muss aber physiologisch (Einfallswinkel des Lichts auf die Retina) dennoch stattgefunden haben und wird gewissermaßen unbemerkt wahrgenommen. Als von den psychischen Funktionen *logisch abhängig* erklärt Stumpf dagegen die *Gebilde*, die sich aus der *Aktivität* der psychischen Funktionen entwickeln, wie Inbegriffe, Urteile, Werte; er betont, dass sie ausdrücklich nicht als Bewohner einer platonischen Ideenwelt oder sonstiger »dritter Welt« (nach Gottlob Frege) oder »Welt 3« (nach Karl Popper) zu interpretieren sind.[16]

Unter »Phänomenologie« verstand Stumpf nicht nur die Analyse der sinnlichen Erscheinungen bzw. Empfindungen, sondern er zeichnete sie auch als *Vorwissenschaft* oder Propädeutik für Natur- *und* Geisteswissenschaft aus. Ich

---

16 In der mit dem Neurologen John C. Eccles publizierten Arbeit *Das Ich und sein Gehirn* (Popper & Eccles, 1977) wechselte Karl Popper die zuvor vertretene, an Kant orientierte Erkenntnisposition des »Kritischen Rationalismus«, revidierte seine zuvor jahrzehntelang vertretene harsche antipsychologische Position und plädierte nun sogar für Introspektion (vgl. Kaiser-el-Safti, 2012). Popper erinnerte sich plötzlich an Carl Stumpf als einen Vorläufer (Popper & Eccles, 1977, S. 46, 628 u. 629), schloss sich der zuvor erwähnten, auf Twardowski zurückzuführenden Position einer dreifachen Schichtung der Erkenntnisgegenstände an (vgl. Anm. 5) und tendierte in Bezug auf die geistigen (neben den physischen und psychischen) Gegenständen zur Annahme einer »Welt 3«, die an Freges idealistisch-platonisierende Interpretation ›erinnert‹ (ebd., S. 61ff.; auch Popper, 1979, S. 263f.). Zur Kritik an Poppers Position von »Welt 3« vgl. Zoglauer (1998).

Ganz anders Stumpf: Seine Gebilde-Lehre (Eidologie) vermeidet sowohl den Idealismus als auch auf elegante Weise die zum Platonismus oppositionelle Position des ›Subjektivismus‹ in der *Wertfrage*, weil Stumpf unter ›Objekt‹ a) ja nicht den dinglichen ›objektiven‹ Gegenstand, sondern den *vorgestellten* Gegenstand begreift und in diesem epistemischen Kontext kein Hiatus zwischen theoretischen und evaluativen Begriffen entsteht, der sich erst aus bestimmten *logischen* Ableitungsprozessen herstellt; und b) durch Stumpfs Unterscheidung zwischen Akt und Inhalt, die Werte als *Gebilde*, als selbstständige Klasse in Bezug auf die Interessensfunktionen, nicht als Akte einzelner Subjekte auffasst (vgl. Stumpf, 1908 in 1910).

kann im Folgenden lediglich darauf hinweisen, dass diese Konzeption von Phänomenologie seinerzeit, 1907, vermutlich zu einem wichtigen Auslöser für zwei bis heute aktive *anti*psychologische Strömungen wurde. Letztere wirkten für die *Verwerfung des Seelenbegriffs* vermutlich weit nachhaltiger als die im 19. Jahrhundert von Friedrich Albert Lange ausgegebene positivistische Parole einer »Psychologie ohne Seele«. Als *Vorstufe* für Natur- und Geisteswissenschaft galt in vorpositivistischer Zeit die Metaphysik. Offenbar wurde Stumpf, meines Erachtens auch durchaus zutreffend, so verstanden, dass er sowohl die alte Metaphysik *ersetzen* (das heißt nicht *verwerfen*) als auch die militant gegen Metaphysik *kämpfenden* Ansätze durch seine Auffassung von Phänomenologie aus dem Felde schlagen wollte; ich meine zum einen den sich anbahnenden Physikalismus und zum anderen Edmund Husserls Idee von einer *transzendentalen* Phänomenologie auf der Basis einer *reinen* Logik. Diese beiden Richtungen haben wesentlich dazu beigetragen, dass die Psychologie sich – heute durchaus nachvollziehbar – zuletzt überhaupt von einer Auseinandersetzung mit dem philosophischen Diskurs, insbesondere transzendentaler oder physikalistischer Provenienz, verabschiedet hat.

Ich bringe das zur Sprache, weil meines Erachtens die lebenslangen logischen und methodologischen Bemühungen Stumpfs, einem wissenschaftlich vertretbaren Seelenbegriff zum Durchbruch zu verhelfen, wirkungslos bleiben werden, wenn nicht die im Grunde *logisch zweifelhaften Einwände des philosophischen Antipsychologismus* aufgedeckt werden. 1907 befinden sich die Ambitionen beider Richtungen, des Physikalismus und der transzendentalen Phänomenologie Husserls, noch in einer Vorphase, deren wichtigstes Fanal von Ernst Machs monistischer Wissenschaftstheorie ausgegangen war, zu der sich dann aber auch die von Gottlob Frege formulierte harsche Kritik an der Psychologie und ihrer angeblich *rein subjektivistischen Vorstellungstätigkeit* als Basis der Erkenntnis gesellte. Dass die antipsychologische Einstellung sich später in der Hauptsache gegen die phänomenologische Position von Stumpf wandte, könnte Stumpf (1907a u. b) mit seinen Arbeiten *Erscheinungen und psychische Funktionen* und mehr noch mit der nachfolgenden Arbeit *Zur Einteilung der Wissenschaften* selbst provoziert haben.

Stumpf scheint mit letzterer Arbeit durch die Darstellung seiner phänomenologischen Konzeption als Propädeutik für Geistes- *und* Naturwissenschaft den Physikalismus des philosophischen Zirkels *Wiener Kreis* geradezu *herausgefordert* zu haben, dessen Kampf gegen die geisteswissenschaftliche und phänomenologische Psychologie dann in den 1920er Jahren an Fahrt aufnahm und nach einer Psychologie *in physikalischer Sprache* verlangte (so Carnap, 1932/33a). Nach Kriegsende färbte diese Position auf führende Ansätze in der amerikanischen

Philosophie ab, die sich zunehmend aggressiver über den Wissenschaftscharakter der Psychologie ausließ (vgl. Wittgenstein, 1989). Ein seinerzeit zentraler Auslöser dürfte Stumpfs scharfe Kritik an Ernst Machs Phänomenalismus und Machs Intention gewesen sein, die Physik *auf der Basis von Sinnesdatenanalysen*, die aber nur den *visuellen* Sinn berücksichtigten, zur grundlegenden *Einheitswissenschaft* für *alle* Wissenschaften zu küren.

Stumpf hatte 1907 einerseits gegen den Monismus Machs, der auf Psychisches überhaupt verzichten wollte, um *allein* das Sinnliche zur Basis der Erkenntnis auszuzeichnen, andererseits aber auch gegen Machs ›naiven‹ Phänomenalismus polemisiert, die Physik auf der Basis der Sinnesdatenanalyse aufbauen zu wollen (Stumpf, 1907b, S. 14f.). Nach Stumpf hatte die moderne Physik sich längst weit von ihren sinnlichen Grundlagen, dem ehemals sinnlich Gegebenen, distanziert und war zu einer rein mathematisch-rechnenden, also *symbolischen* (nicht anschaulichen) und experimentellen Verfahrensweise übergegangen. Des Weiteren monierte Stumpf die rein *visuelle* Behandlung in den Sinnesdatenanalysen der Vertreter des *Wiener Kreises*. Werden unsere Sinnesorgane nicht ebenso von Schallwellen wie von Lichtwellen aufgesucht? Mit guten oder besseren Gründen machte Stumpf geltend, dass man neben der *mechanistischen Physik* auch für eine, 1905 von Hymans und Binet postulierte, von Stumpf selbst schon früher angedeutete Hypothese über eine »musikalische Weltanschauung« eintreten könnte, »in der alle Verhältnisse des physischen Geschehens als Tonverhältnisse ausgedrückt würden« (ebd., S. 29).

In diesem Kontext ist nicht der qualitative Toncharakter, sondern die Tatsache *sinnlich gegebener Verhältnisse* und mathematisch erfassbarer Abstände bzw. Intervalle von Wichtigkeit. Stumpf stützte sich auf veränderte Grundlagen der Physik, in der die Mechanik und der ältere Raumbegriff durch den *Feldbegriff* jegliche Anschauung eingebüßt hatten, für die Kant sich einst stark gemacht hatte, um den mit Zeit *und* Raum befassten Naturwissenschaften den Vorzug vor der Psychologie zu erteilen, weil letztere es allein mit *zeitlichen* Phänomenen zu tun habe. Kant hatte jedoch übersehen, dass Raum- und Zeitwahrnehmung in der akustischen Wahrnehmung einen anderen Stellenwert haben als in der visuellen – eine Erkenntnis, die im 19. Jahrhundert *entdeckt*, geradezu Grundlage der intensiven Beschäftigung mit der engen Verbindung zwischen Musik und Psychologie bei J. F. Herbart, H. Lotze und C. Stumpf wurde und die heute unter anderen Prämissen in Physik, Neurologie und Psychoakustik auf Basis der Periodizitätsforschung eine Wiederbelebung erfährt. Entsprechende Arbeiten sind im Rahmen der *Schriftenreihe der Carl Stumpf Gesellschaft* bereits erschienen (vgl. Langner, 2011, 2012 u. 2015; Ebeling, 2011).

Was die Bedeutung Gottlob Freges für den *Wiener Kreis* anbelangt: Zu Beginn des 20. Jahrhunderts erschienen Arbeiten der Pioniere und Sympathisanten des Zirkels, 1921 Ludwig Wittgensteins *Tractatus logico-philosophicus* (Wittgenstein, 1984), 1922 Rudolf Carnaps Dissertation *Der Raum* (Carnap, 1922), 1928 dann Carnaps *Der logische Aufbau der Welt* (Carnap, 1979 [1928]), ein weitergehender Versuch, nun sinnliche *visuelle* Wahrnehmungsgrundlagen und Logik, physikalische sinnliche ›Urphänomene‹ und syntaktische Sprachgrundlagen in einer von der Alltagssprache gereinigten Version zu amalgamieren. Indem sie für eine *Einheitswissenschaft* auf der Basis der Physik votierten, kämpften sie gegen jegliche Metaphysik, die natürlich auch die Diskussion über den Seelenbegriff endgültig zum Schweigen bringen sollte, wie Carnaps Titel von 1932/33 *Psychologie in physikalischer Sprache* signalisierte.

Ich kann hier nicht detailliert auf die Kombination von Freges folgenreicher sprachphilosophischer Arbeit *Über Sinn und Bedeutung* (vgl. Frege, 1892) in Zusammenhang mit dem von Carnap und Wittgenstein vertretenen Physikalismus eingehen; beide, Mach wie Frege, gingen in die Synthese von physikalischer Weltanschauung und logischer Sprachanalyse ein, mit der eine ›musikalische Weltanschauung‹ nicht konkurrieren sollte. Neben der Berücksichtigung der Besonderheiten musikalischer Wahrnehmung dürfte aber mehr noch Stumpfs logische Interpretation des Begriffs ›Gegenstand‹ in Bezug auf die *gegenständliche*, keineswegs *methodische* Diversität von Wissenschaften für den Logischen Positivismus ein weiteres Motiv, sozusagen ein »rotes Tuch« gewesen sein, radikal gegen die von Stumpf geforderte *methodische Einheit*, aber *Diversität* der geistes- und naturwissenschaftlichen *Gegenstände* einzuschreiten, und diese ihre Position zuletzt durch den Angriff auf die angeblich unreflektierte Begrifflichkeit der sogenannten Alltagspsychologie zu untermauern.

›Bedeutung‹ meint bei Frege den Bezug zum begrifflich generischen Sachverhalt (also nicht das *konkrete* unmittelbar Gegebene, sondern die *Art* – den *Sachverhalt* des Gegebenseins); ›Sinn‹ meint die jeweilige, mehr oder weniger arbiträre sprachliche Bezeichnung, über die jedoch in der Sprachgemeinschaft Konsens erzielt werden kann. Das Beispiel ›Abendstern und Morgenstern‹ als sprachliche Bezeichnungen für den *einen* Sachverhalt ›Venus‹ als singulären Himmelsköper ist allenthalben bekannt. ›Bedeutung‹ interpretiert Frege entgegen der üblichen Wortverwendung allein als die Aufklärung des Sachverhalts (nicht des Begriffs), den er mit dem Wahrheitswert identifiziert; auch Sätze oder Gedanken sind in diesen Kontext einzubinden, sie bilden im Grunde für Freges Kontextprinzip sogar die eigentliche Grundlage. Dagegen polemisierte Frege heftig gegen die Psychologie und ihre basale Vorstellungsgrundlage, weil

Vorstellungen in jedem Individuum als rein singuläre Tatsachen eine nicht verallgemeinerungsfähige Ausgangsposition bildeten.

Der Zusammenhang mit Wittgensteins erster Sprachtheorie als Abbildtheorie der physikalischen *wirklichen* Welt, das heißt ›Abbild‹ zwischen sprachlicher Syntax und raum-zeitlich fixierten Gegenständen, ist nicht schwer zu erkennen. Die Analyse der sprachlichen Bezeichnung, also die Beschäftigung mit dem Sinn nach Frege, war weniger von wissenschaftlichem Interesse, sondern diente als hermeneutisches Werkzeug – die Leiter im Sinne Wittgensteins, die man wegwirft, wenn die philosophische Arbeit an den logischen Grundlagen abgeschlossen ist. Die zweite Wittgenstein'sche Sprachspieltheorie, der Affront sowohl gegen Metaphysik als auch gegen Alltagspsychologie und deren nicht wissenschaftsfähige »Privatsprache«, war die Konsequenz aus dem Misslingen der ersten Abbildtheorie. Husserls Reaktion auf Frege zielte zwar in eine andere Richtung; aber Freges scharfe Kritik an Husserls psychologischem Mathematikverständnis, insbesondere dem *Vorstellungsbegriff* in Husserls Habilitation (vgl. Frege, 1894), bei Stumpf in Halle angefertigt, war erster Anlass für Husserls antipsychologische Einstellung und für eine andere Auffassung von Phänomenologie.

Das Verhältnis von phänomenologischer Psychologie und Kultur

In *Zur Einteilung der Wissenschaften* setzt Stumpf (1907b) sich kurz mit dem Begriff »Kulturwissenschaft« in Abgrenzung zu »Naturwissenschaft« bei Hermann Paul (1880) auseinander, der sich gegen die Bezeichnung »Geisteswissenschaft« ausgesprochen hatte, weil in Natur- und Geisteswissenschaft doch schließlich *eine* geistige Kraft, ein *Geist* am Werke sei. Paul hatte Psychologie zur Grundwissenschaft der Kulturwissenschaft erklärt, während Stumpf den Terminus »Geisteswissenschaft« beibehalten, ihr wiederum die Psychologie als Grundwissenschaft *voranstellen* wollte. Stumpfs Gründe lassen sich unter drei Aspekten zusammenfassen: 1. weil *ethologisch* der wichtige Vergleich und die spezifischen Differenzen zur Tierseele, die auch Aristoteles permanent in Anspruch nahm, an Bedeutung verlieren würden; 2. weil Stumpf *bio-psychologisch* nicht auf die Einbeziehung der physiologischen Grundlagen verzichten wollte, und sei es *nur*, um das Psychische so klar als möglich von ihnen zu *unterscheiden*; 3. um zu vertreten, dass dem Psychischen *erkenntnistheoretisch* allerdings der Primat vor dem Physischen gebühre und in diesem epistemischen Kontext über den Vorrang der Introspektion nachzudenken sei, sodass also summa summarum *erkenntnis-*

theoretisch nicht auf die Bestimmung eines genuin seelischen Gegenstandes zu verzichten sei. Zwar stehe das Psychische *auch* mit der Kultur in enger Beziehung, aber diese sei für das Psychische selbst sekundär und müsse nicht in den *Begriff* der Seele Eingang finden.

Von Bedeutung für den Seelenbegriff war, wie schon angedeutet, Stumpfs Begriff der *Entwicklung*, der sowohl als Ergänzung zum Anpassungsdiktum der Darwin'schen Evolutionstheorie wie auch als Absage an die kreationistisch-religiöse Auffassung Brentanos zu fungieren hatte. Stumpf postulierte eine Entwicklung *der menschlichen Sinne*, die von der niedersten Stufe primitiver tierischer Tastwahrnehmung bis zur höchsten Stufe einer für Sprache und Musik spezialisierten auditiven Wahrnehmung reicht.

In einer ebenfalls 1907 erschienenen Arbeit über *Richtungen und Gegensätze in der heutigen Psychologie* unterstrich Stumpf (1907c) – diesmal in Abgrenzung zu Aristoteles – den Unterschied des Verhältnisses von *Akt – Inhalt* anstelle des Verhältnisses von *Form – Inhalt* als methodologische conditio sine qua non für eine aussagekräftige empirische Psychologie und nannte Beispiele, die entweder nur die eine oder nur die andere Seite berücksichtigten, wie Johann Friedrich Herbart eine *reine Funktionspsychologie* auf der Basis der Vorstellungen präferierte, Ernst Mach dagegen eine *rein sensualistische Erscheinungspsychologie* auf der Basis der sinnlichen Empfindungen. In dieser Arbeit Stumpfs findet sich auch das Motto, das ich meinen Ausführungen vorangestellt habe: »Also die Seele ist nicht ausgemerzt« (Stumpf, 1907c, S. 914), was meines Erachtens soviel heißen soll, als dass die von der *passiven* Empfindung zu trennende psychische *Aktivität*, die psychischen Akte des Vorstellens, Urteilens, Wertschätzens, die die kulturelle Entwicklung in Gang halten, als das genuin Seelische (als der ›Träger‹ der Funktionen) namhaft zu machen ist. Gegen die Aktpsychologie wurde im ausgehenden 19. und beginnenden 20. Jahrhundert wiederum aus beiden Richtungen, dem philosophischen Idealismus und dem Positivismus bzw. Physikalismus Sturm gelaufen.[17] Die methodische Crux einer empirischen Aktpsychologie ist, wenn der Akt als empirische Grundlage *beobachtbar* gemacht werden soll, er selbst sozusagen instantan oder in flagranti nicht dingfest gemacht werden kann, sich dem behavioristischen Zugriff entzieht, was sämtlichen Einwänden gegen die innere Wahrnehmung (Introspektion) vonseiten naturalistischer und behavioristischer Ansätze eine offene Flanke bietet. Stumpf war das freilich bekannt und er hatte

17 Sowohl der idealistisch orientierte Neukantianismus, ausdrücklich Paul Natorp (vgl. Natorp, 1888), als auch die sensualistische Position von Ernst Mach (vgl. Mach, 1922 [1886]) lehnten die Aktpsychologie ab.

für dieses Problem eine Lösung gesucht, indem er in der *Erkenntnislehre* (Stumpf, 2011 [1939/40]) einen Grundsatz verbalisierte, den er allerding immer schon praktiziert hatte, vornehmlich in den Analysen der zweibändigen *Tonpsychologie* (Stumpf, 1883 u. 1890):

> »Niemals kann man psychische Funktionen für sich, sondern immer nur als Betätigung an irgendeinem Material wahrnehmen, kann sie daher auch nicht abgesondert von allem Material vorstellen« (Stumpf, 2011 [1939/40], Bd. 1, S. 34).

Ich kann mir den Anfang von Beethovens Violinkonzert mittels der fünf Paukenschläge vorstellen, aber nicht das Vorstellen *selbst* vorstellen, ohne irgendein Material (den Sinneseindruck der Paukenschläge) zur Vorstellung zu bringen. Das Wort *Material* wird von Stumpf sinngleich mit *Inhalt* verwendet, Inhalte der sinnlichen Erscheinungen wie Töne und Farben, aber auch Inhalte der Gebilde wie Inbegriffe, Sachverhalte, Werte. Er betont das methodisch enge Verhältnis zwischen Akt und Inhalt, besonders zwischen Akt und Inhalten kultureller Gebilde. Im Vorwort zum ersten Band der *Tonpsychologie* verweist Stumpf auf die besondere Eignung der Musik für *sämtliche* psychologische Forschungs*methoden* wie »Selbstbeobachtung und fremde Angaben, statistische Sammlung von Urteilsreihen, physiologische Thatsachen und Hypothesen, Vergleichung der Völker und Zeiten, Biographisches u. s. w.« (Stumpf, 1883, S. VI).

Schlussbemerkungen

Ich möchte zum Schluss auf die kulturpsychologischen Prämissen der Kollegen Werbik und Benetka in ihrer Streitschrift *Kritik der Neuropsychologie* (Werbik & Benetka, 2016) zurückkommen. Sie haben dort wiederholt die Begriffskombination von *Sinn und Bedeutung* in Anspruch genommen, auf die naturwissenschaftliche Forschung zu verzichten habe, da sie nach Ding- bzw. raum-zeitlicher Objektgegebenheit und Kausalgesetzlichkeit forsche und eben nicht nach Sinn und Bedeutung. Das ist, wenngleich nur im Großen und Ganzen, wohl richtig, betrifft meines Erachtens aber nur den Wertbegriff, von dem naturwissenschaftliche Forschung sich in der Regel klar distanziert. Nicht zufällig hatte der Physikalismus dagegen sehr wohl die Version von Sinn und Bedeutung adaptiert, mit der Frege im Kampf gegen die angeblich rein subjektive Vorstellungsbasis der Psychologie punktete und die heute auch die Grundlage des amerikanischen *linguistic turn* ausmacht. Die Berufung auf Sinn und Bedeutung kann aufgrund ihrer terminologischen Vorgeschichte von den Vertretern eines naturwissenschaftlich-positivistisch orientierten Ansatzes ebenso beansprucht werden wie von der Kulturpsychologie. Denn abgesehen von der sprachphilosophischen Position ist der vieldeutige Terminus ›Bedeutung‹ auch für die moderne Physik nicht bedeutungslos: Schließlich ventiliert auch sie Fragen nach der *Bedeutung* von Phänomenen, für die es Anzeichen, aber noch keine restlose Erklärung gibt, beispielsweise die von dem Physiker Stephen Hawking ›entdeckten‹ und verbal gedeuteten »schwarzen Löcher« (vgl. Rovelli, 2015, S. 71f.; 2016, S. 248f.). Vielleicht wäre der Kontext von ›Sinn und Bedeutung‹ bzw. der Gegenstandsbegriff noch detaillierter unter die Lupe zu nehmen, um einer ›feindlichen Übernahme‹ von welcher Seite auch immer zuvorzukommen.

Ich möchte mit letzteren Bemerkungen keineswegs den ganzen Umfang der mutigen Streitschrift von Hans Werbik und Gerhard Benetka erschöpft haben. Was ihre Argumentation in ihrem Schlusskapitel ›Ausblicke‹ (Werbik & Benetka, 2016, S. 99f.) anbelangt: Zweifellos ist der von der menschlichen Befähigung zur Schaffung symbolträchtiger *Artefakte* zeugende weite Bereich ein ausgezeichnetes Sujet anthropologischer und kulturpsychologischer Forschung und ist die Aufklärung von Sinngehalten wichtig, die dem Individuum im sozial-kulturellen Alltag nicht unmittelbar zugänglich sind. Ich bin jedoch der Auffassung, dass dies aus wissenschaftskritischer Position nicht ausreicht, um einerseits gegen die philosophischen »Mythen des Materialismus« (vgl. Pauen, 1996) der sogenannten Philosophie des Geistes und andererseits gegen die reduktionistisch verfahrende »Neuromythologie« (vgl. Hasler, 2012) zu opponieren, die auf erschreckend lückenhafter Argumentationsbasis ihren eklatant laienhaften psychologischen Kenntnisstand dekuvrieren.

Artefakte (als Inhalte) sind ja im Prinzip allen Forschungsbereichen und sämtlichen Interpretationsmodellen zugänglich und verfügbar, während der ›springende Punkt‹ bezüglich des Seelenbegriffs meines Erachtens die genuin *psychische Aktivität* betrifft, welche die Menschheit in Tausenden von Jahren in der Tat akquirierte und zu einer schier unbegrenzten vielfältigen anthropologischen Potenzialität an *Kreativität* in der Wissenschaft *und* im Bereich der Kultur (Kunst) entwickelt hat. Sich diesem Potenzial, wie es sich beispielsweise in den musikalischen Schöpfungen auf wunderbare Weise hörbar macht, unvoreingenommen und unbehelligt von weltanschaulichen, nationalen und politischen Interessen mit sämtlich verfügbaren methodischen Mitteln zu nähern, war meines Erachtens das stärkste Motiv von Carl Stumpf, lebenslang an dem Vorsatz festzuhalten, die Seele als *Träger dieses kreativen Potenzials* in all ihren Verästelungen zu erforschen – zweifellos keine leichte Aufgabe und auch keine, die schon weit über

Carl Stumpf hinausgeführt hätte, wenn er in seiner Polemik gegen den Seelenbegriff schrieb, es sei nicht leicht, die Psychologie von anderen Wissenschaften in Bezug auf ihren Wesenskern abzugrenzen (vgl. Anm. 2). Dennoch sind die Anstrengungen, genau an dieser Thematik weiterzuarbeiten, der Carl Stumpf sich auf vorbildliche Weise gewidmet hat, nicht ad acta zu legen.

Literatur

Aristoteles (1979). *Über die Seele.* Darmstadt: Wissenschaftliche Buchgesellschaft.

Brentano, F. (1973 [1874]). *Psychologie vom empirischen Standpunkt.* Bd. 1. Hamburg: Meiner.

Brentano, F. (1968 [1929]). *Über die Zukunft der Philosophie.* Hamburg: Meiner.

Brentano, F. (1979 [1907]). *Untersuchungen zur Sinnespsychologie.* Hamburg: Meiner.

Brentano, F. (1980). *Vom Dasein Gottes.* Hamburg: Meiner.

Brentano, F. & Stumpf, C. (2014). *Briefwechsel 1867–1917.* Frankfurt: Peter Lang.

Carnap, R. (1922). *Der Raum. Ein Beitrag zur Wissenschaftslehre.* Berlin: Reuther & Reichard.

Carnap, R. (1928). *Scheinprobleme in der Philosophie.* Frankfurt: Suhrkamp.

Carnap, R. (1979 [1928]). *Der logische Aufbau der Welt.* Frankfurt: Ullstein.

Carnap, R. (1932/33a). Psychologie in physikalischer Sprache. *Erkenntnis (Annalen der Philosophie), 11*(2/3), 107–142.

Carnap, R. (1932/33b). Erwiderung auf die vorstehenden Ansätze von E. Zilsel und K. Duncker. *Erkenntnis (Annalen der Philosophie), 11*(2/3), 177–188.

Carnap, R. (1979 [1961]). Vorwort zur zweiten Auflage. In ders., *Der logische Aufbau der Welt* (S. X--XV). Frankfurt: Ullstein.

Cassirer, E. (1977 [1918]). *Kants Leben und Lehre.* Darmstadt: Wissenschaftliche Buchgesellschaft.

Cassirer, E. (1923). *Philosophie der symbolischen Formen. Erster Teil: Die Sprache.* Berlin: Bruno Cassirer.

Churchland, P. (2013). Eliminativer Materialismus. In A. Avanessian (Hrsg.), *Realismus Jetzt* (S. 183–194). Berlin: Merve.

Dummett, M. (1992). *Ursprünge der analytischen Philosophie.* Frankfurt: Suhrkamp.

Ebeling, M. (2011). Tonverschmelzung, neurologisch – mathematisch – musikalisch. In M. Kaiser-el-Safti und M. Ebeling (Hrsg.), *Die Sinne und die Erkenntnis. Schriftenreihe der Carl Stumpf Gesellschaft,* Bd. 1 (S. 125–162). Frankfurt: Peter Lang.

Eberlein, G. & Pieper, R. (Hrsg.) (1976). *Psychologie – Wissenschaft ohne Gegenstand?* Frankfurt: Campus.

Eckoldt, M. (Hrsg.) (2013). *Kann das Gehirn das Gehirn verstehen? Gespräche über Hirnforschung und Grenzen unserer Erkenntnis.* Heidelberg: Carl-Auer-Systeme-Verlag.

Frege, G. (1892). Über Sinn und Bedeutung. *Zeitschrift für Philosophie und philosophische Kritik, 100,* 25–50.

Frege, G. (1894). Rezension von E. Husserls »Philosophie der Arithmetik«. *Zeitschrift für Philosophie und philosophische Kritik, 103*(2), 313–331.

Frege, G. (1966 [1918]). *Logische Untersuchungen.* Göttingen: Vandenhoeck & Ruprecht.

Geier, M. (1992). *Der Wiener Kreis*. Reinbek: Rowohlt.

Goodman, N. (1988 [1975]). *Tatsache, Fiktion, Voraussage*. Frankfurt: Suhrkamp.

Goodman, N. (1984). *Weisen der Welterzeugung*. Frankfurt: Suhrkamp.

Goodman, N. (1995). *Sprachen der Kunst*. Frankfurt: Suhrkamp.

Hahmann, A. (2016). *Aristoteles' »Über die Seele«. Ein systematischer Kommentar*. Stuttgart: Reclam.

Haller, R. (1993). *Neopositivismus. Eine historische Einführung in die Philosophie des Wiener Kreises*. Darmstadt: Wissenschaftliche Buchgesellschaft.

Hasler, F. (2012). *Neuromythologie. Eine Streitschrift gegen die Deutungsmacht der Hirnforschung*. Bielefeld: transcript.

Heller, B. (1970). *Grundbegriffe der Physik im Wandel der Zeit*. Braunschweig: Vieweg.

Husserl, E. (1992 [1891]). *Philosophie der Arithmetik*. Hamburg: Meiner.

Kaiser-el-Safti, M. (2001). *Die Idee der wissenschaftlichen Psychologie. Kants kritische Einwände und ihre konstruktive Widerlegung*. Würzburg: Königshausen & Neumann.

Kaiser-el-Safti, M. (2009). Aisthesis et esthéthique dans l'oeuvre de J. F. Herbart et de Carl Stumpf. In C. Trautmann & C. Maigné (Hrsg.), *Herbartisme autrichien Esthétique pragoise – Formalisme russe* (S. 151–178). Hildesheim: Olms.

Kaiser-el-Safti, M. (2010). Abstrakte und konkrete Psychologie – in wissenschaftshistorischer und wissenschaftstheoretischer Perspektive. In G. Jüttemann & W. Mack (Hrsg.), *Konkrete Psychologie. Die Gestaltanalyse der Handlungswelt* (S. 162–173). Lengerich: Papst Science Publishers.

Kaiser-el-Safti, M. (2011). Einleitung in *Carl Stumpf, »Erkenntnislehre«*. Lengerich: Pabst Science Publishers.

Kaiser-el-Safti, M. (2012). Zum Substanzbegriff in der Psychologie aus phänomenologischer Perspektive. In A. Stock, H. Braun & U. Wolfradt (Hrsg.), *Historische Analysen theoretischer und empirischer Psychologie* (S. 37–56). Frankfurt: Peter Lang.

Kaiser-el-Safti, M. (2014) (Hrsg.). Vorwort und Einleitung. In *Franz Brentano-Carl Stumpf: Briefwechsel 1867–1917*. Unter Mitarbeit von Thomas Binder. Frankfurt: Peter Lang.

Kaiser-el-Safti, M. (2015). Reflexion und Introspektion. Ein Essay zum philosophischen Kontext der empirischen Psychologie. In R. Benseler, B. Blanck, R. Keil & W. Loh (Hrsg.), *Erwägen Wissen Ethik Forum für Erwägenskultur* (S. 3–50 & 67–110). Stuttgart: Lucius.

Kaiser-el-Safti, M. & Loh, W. (2011). *Die Psychologismus-Kontroverse*. Göttingen: Vandenhoeck & Ruprecht.

Kant, I. (1983 [1781]). *Kritik der reinen Vernunft*. 2 Bde. Darmstadt: Wissenschaftliche Buchgesellschaft.

Kraus, O. (1924). Einleitung des Herausgebers. In F. Brentano, *Die Psychologie vom empirischen Standpunkt* (S. XV-XCIII). Leipzig: Meiner.

Lange, F. A. (1974 [1866]). *Geschichte des Materialismus*, 2 Bde. Frankfurt: Suhrkamp.

Langner, G. (2011). Die neuronalen Mechanismen der Tonempfindung. In M. Kaiser-el-Safti & M. Ebeling (Hrsg.), *Die Sinne und die Erkenntnis. Schriftenreihe der Carl Stumpf Gesellschaft*, Bd. 1 (S. 101–123). Frankfurt: Peter Lang.

Langner, G. (2012). Wie frei sind wir? Die neuronale Grundlage der relativen Freiheit. In M. Kaiser-el-Safti & M. Ebeling (Hrsg.), *Hören und Fühlen, Schriftenreihe der Carl Stumpf Gesellschaft*, Bd. 2 (S. 93–108). Frankfurt: Peter Lang.

Langner, G. (2015). *The neural code of pitch and harmony*. Cambridge: University Press.

Linke, P. F. (1918). *Grundfragen der Wahrnehmungslehre. Untersuchung über die Bedeutung der Gegenstandstheorie und der Phänomenologie für die experimentelle Psychologie.* München: Reinhardt.

Linke, P. F. (1946). Gottlob Frege als Philosoph. *Zeitschrift für philosophische Forschung, 1*, 75–99.

Linke, P. F. (1952) Was ist Logik? *Zeitschrift für philosophische Forschung, 6*(2), 372–398.

Linke, P. F. (1961). *Niedergangserscheinungen in der Philosophie der Gegenwart. Wege zu ihrer Überwindung*. München: Reinhardt.

Mach, E. (1922 [1886]). *Die Analyse der Empfindungen*. Stuttgart: Gustav Fischer

Marty, A. (1875). *Über den Ursprung der Sprache.* Würzburg: Minerva.

Marty, A. (1894). Über subjektlose Sätze und das Verhältnis der Grammatik zur Logik. *Vierteljahrsschrift für wissenschaftliche Philosophie,* 18, 320–356.

Marty, A. (1918). *Gesammelte Schriften*. Bd. 2. Halle: Niemeyer.

McGinn, C. (2004). *Das geistige Auge. Von der Macht der Vorstellungskraft.* Darmstadt: Primus.

Natorp, P. (1888). *Einleitung in die Psychologie nach kritischer Methode.* Freiburg i. Br.: Mohr.

Pauen, M. (1996). Mythen des Materialismus. Die Eliminationstheorie und das Problem psychophysischer Identität. *Deutsche Zeitschrift für Philosophie, 44*(1), 1–29.

Pauen. M. (2001). *Grundprobleme der Philosophie des Geistes. Eine Einführung.* Frankfurt: Fischer.

Paul, H. (1880). *Principien der Sprachgeschichte.* Tübingen: Niemeyer.

Popper, K. R. & Eccles, J. (1977). *Das Ich und sein Gehirn.* München, Zürich: Piper.

Popper, K. R. (1979). Ausgangspunkte. Meine intellektuelle Entwicklung. Hamburg: Hoffmann & Campe.

Putnam, H. (1977). *Für eine Erneuerung der Philosophie.* Stuttgart: Reclam.

Putnam, H. (1990). *Repräsentation und Realität.* Frankfurt: Suhrkamp.

Putnam, H. (1997). *Für eine Erneuerung der Philosophie*. Stuttgart: Reclam.

Putnam, H. (2004). *Die Bedeutung von »Bedeutung«*. Frankfurt: Klostermann.

Rorty, R. (1997). *Der Spiegel der Natur. Eine Kritik der Philosophie.* Frankfurt: Suhrkamp.

Rovelli, C. (2015). *Sieben kurze Lektionen über Physik.* Reinbek: Rowohlt.

Rovelli, C. (2016). *Die Wirklichkeit, die nicht so ist, wie sie scheint.* Reinbek: Rowohlt.

Ryle, G. (1969). *Der Begriff des Geistes.* Stuttgart: Reclam.

Scheich, H. (2013). Über Musikverarbeitung, sprachbegabte Hunde und den Nutzen von Elektroden im Gehirn. In M. Eckoldt (Hrsg.), *Kann das Gehirn das Gehirn verstehen? Gespräche über Hirnforschung und Grenzen unserer Erkenntnis* (S. 69–92). Heidelberg: Carl-Auer-Systeme-Verlag.

Stumpf, C. (1869). *Verhältnis des Platonischen Gottes zur Idee des Guten.* Halle: Pfeffer.

Stumpf, C. (2008 [1870]). *Die Grundsätze der Mathematik.* Würzburg: Königshausen & Neumann.

Stumpf, C. (1873). *Über den psychologischen Ursprung der Raumvorstellung.* Leipzig: Hirzel.

Stumpf, C. (1883). *Tonpsychologie.* 1. Bd. Leipzig: Hirzel.

Stumpf, C. (1890). *Tonpsychologie.* 2. Bd. Leipzig: Hirzel.

Stumpf, C. (1910 [1899]). Der Entwicklungsgedanke in der gegenwärtigen Philosophie. Festrede am Stiftungstage der Kaiser-Wilhelms-Akademie für das militärärztliche Bildungswesen Berlin, 2. Dezember 1899. In ders., *Reden und Vorträge* (S. 94–124). Leipzig: Barth.

Stumpf, C. (1907a). Erscheinungen und psychische Funktionen. *Aus den Abhandlungen der Königlich Preussischen Akademie der Wissenschaften vom Jahre 1906* (S. 1–40). Berlin: Verlag der Königl. Akademie der Wissenschaften.

Stumpf, C. (1907b). Zur Einteilung der Wissenschaften. *Aus den Abhandlungen der Königlich Preussischen Akademie der Wissenschaften vom Jahre 1906* (S. 1–94). Berlin: Verlag der Königl. Akademie der Wissenschaften.

Stumpf, C. (1907c). Richtungen und Gegensätze in der heutigen Psychologie. *Internationale Wochenschrift für Wissenschaft, Kunst und Technik*, 19. Oktober 1907.

Stumpf, C. (1908). Vom ethischen Skeptizismus. Rede zur Gedächtnisfeier des Stifters der Berliner Universität König Friedrich Wilhelm III. Berlin, 3. August 1908. In ders., *Reden und Vorträge* (197–224). Leipzig: Barth.

Stumpf, C. (1910). *Reden und Vorträge*. Leipzig: Barth.

Stumpf, C. (1918). Empfindung und Vorstellung. *Aus den Abhandlungen der Königl. Preuss. Akademie der Wissenschaften. Philosophisch-historische Klasse* (S. 3–116). Berlin: Reimer.

Stumpf, C. (1924). Carl Stumpf. In R. Schmidt. (Hrsg.), *Die Philosophie der Gegenwart in Selbstdarstellungen*, Bd. 5 (S. 204–265). Leipzig: Meiner.

Stumpf, C. (2011 [1939/40]). *Erkenntnislehre*. 2 Bde. Lengerich: Pabst.

Twardowski, K. (1982 [1894]). *Zur Lehre vom Inhalt und Gegenstand der Vorstellungen. Eine psychologische Untersuchung*. München, Wien: Philosophia Verlag.

Werbik, H. & Benetka, G. (2016). *Kritik der Neuropsychologie. Eine Streitschrift*. Gießen: Psychosozial-Verlag.

Wilkening, F. & Krist, H. (2008). Entwicklung der Wahrnehmung und Psychomotorik. In R. Oerter & L. Montada (Hrsg.), *Entwicklungspsychologie* (6. Aufl., S. 413–435). München: Psychologie Verlags Union.

Wittgenstein, L. (1984). *Tractatus logico-philisophicus*. In ders., *Philosophische Untersuchungen*. Werkausgabe Bd. 1 (S. 7–85). Frankfurt: Suhrkamp.

Wittgenstein, L. (1989). *Bemerkungen über die Philosophie der Psychologie*. In ders., *Bemerkungen über die Philosophie der Psychologie*. Werkausgabe Bd. 7 (S. 7–345). Frankfurt: Suhrkamp.

Zoglauer, T. (1998). *Geist und Gehirn*. Göttingen: Vandenhoeck & Ruprecht.

Die Autorin

Margret Kaiser-el-Safti, 1973–1977 Diplom-Studium der Erziehungswissenschaft, Psychologie und Philosophie an der Universität Köln; psychoanalytische Ausbildung; 1980 Rückkehr an die Universität Köln; 1985 Promotion mit Universitätspreis für die Dissertation zur Analyse der Metapsychologie Freuds; 1995 Habilitation und 2002 Ernennung zur außerplanmäßigen Professorin; 2010 Gründung der *Carl Stumpf Gesellschaft*.

Wilhelm Wundt

Zwischen Philosophie und Psychologie

Lars Allolio-Näcke

Das Umfeld

Wilhelm Wundt wurde in einer Zeit wissenschaftlich groß, in der sich die Spannungen zum einen zwischen Naturwissenschaft und Philosophie, zum anderen zwischen Naturwissenschaft und Religion auf dem Gebiet der Psychologie konzentrierten: auf der einen Seite – im Gefolge von Kant und Herbart (1816) – Philosophen, die einer rein-experimentellen Psychologie skeptisch gegenüberstanden, auf der anderen Seite Philosophen, die dazu neigten, den menschlichen Geist aus materiellen Prozessen zu erklären. Jemand, der wie Wundt biologischen und experimentellen Unterricht in seiner medizinischen Ausbildung genossen hatte, musste jedoch wissen, dass psychologische und physiologische Prozesse in einem Zusammenhang stehen. Auch das wissenschaftliche Umfeld hatte dies gezeigt und vertreten: Helmholtz hatte seine physiologischen Theorien der visuellen und akustischen Funktionen vorgelegt; Georg Prochaska und Marshall Hall hatten bereits die grobe Anatomie der Reflex-Response-Systeme ausgearbeitet; eine wahre Armee von Chirurgen und Physiologen hatten die Beziehungen zwischen Gehirnzentren und einer breiten Vielfalt von kognitiven und affektiven Zuständen dokumentiert; Ärzte in Deutschland, Frankreich und England hatten Belege dafür erbracht, dass psychische Erkrankungen Hand in Hand mit zerebraler Dysfunktion einhergingen (vgl. Robinson, 1982).

Und so finden wir einen zweifachen Wundt – zum einen als Vorkämpfer einer experimentellen Psychologie des individuellen Bewusstseins, zum anderen als »deutsche[n] Herbert Spencer« (Troeltsch, 1919, S. 70) in seiner Konzeption des Zusammenspiels des menschlichen Willens, der menschlichen Gesellschaft und der Geschichte der Menschheit. Der eine Wundt schenkte uns eine tief in der Biologie gründende physiologische, naturalistische und experimentelle Disziplin; der andere schenkte uns eine rationale und metaphysische Psychologie, die durch historische Studien geprägt ist. Doch selbst intendierte er eine »philosophie positive« oder »synthetische Philosophie«, wie sie in der ersten Hälfte des 19. Jahrhunderts von August Comte und in der zweiten eben von Herbert Spencer verfolgt wurde: eine Philosophie, die in der Lage ist, mittels einer neuen Metaphysik beide Lager beieinander zu halten. Nicht zuletzt deshalb beschäftigt sich Wundt auch eingehend mit kosmologischen und metaphysischen Fragestellungen und hält die Religion nicht für überholt, sondern als Kulturprodukt für notwendig.

Naturwissenschaft

Schon sehr früh in seiner Karriere, nämlich in seinen *Vorlesungen über die Menschen- und Thierseele* (Wundt, 1863), unterscheidet Wundt zwei Arten der Psychologie, die je für sich notwendig, aber nicht hinreichend sind – dies ein Beleg gegen die häufig vertretene These, die Völkerpsychologie sei das Spätwerk Wundts. So könne man einfache psychische Funktionen durchaus mit den Naturgesetzen erklären, höhere Funktionen und geschichtliche Ereignisse würden aber mit dieser Methode *im Prinzip* schon verfehlt, denn auf dieser Ebene könne man nur von den Willen steuernden Motiven und nicht von zwingenden Ursachen sprechen (Wundt, 1906, S. 428).

Die hier verwendete Unterscheidung von Gründen und Ursachen ist demnach schon sehr früh ein Instrument, das Wundts psychologisches Denken nicht nur beeinflusst, sondern bestimmt. Er unterscheidet damit die Welt der aufeinander prallenden Billardkugeln von der der menschlichen Geschichte. Die eine Welt ist die der Sachen, die andere eine Welt der Ideen. Das Spezifische an Wundt aber ist, in einer Zeit, in der eine starke Tendenz besteht, beide Welten voneinander zu trennen, sie beieinander zu halten und somit dem Umstand Rechnung zu tragen, dass der Geist nicht ohne die Materie zu haben ist und vice versa. Um das denkerisch zusammenzuhalten, bedient er sich des Leibniz'schen Erbes zum Leib-Seele-Problem, nämlich des von ihm so genannten ›psychophysischen Parallelismus‹. Beide Welten hängen miteinander zusammen. Wie das im Einzelnen vor sich geht, bleibt von der Wissenschaft zu untersuchen.

Leibniz hatte die zwei Welten noch voneinander getrennt gedacht, also einen Dualismus vertreten, wobei beide Welten durch eine prästabilierte Harmonie in Übereinstimmung gebracht werden, so wie zwei synchronisierte Uhren, die die gleiche Zeit zeigen. Sie zeigen immer je für sich ihren parallelen Umlauf in exakter Entsprechung, ohne aber jemals miteinander zu interagieren. Die Denker des 19. Jahrhunderts und mit ihnen Wundt behalten diese Vorstellung insofern bei, als für sie Physisches nur aus Physischem, Psychisches nur aus Psychischem hervorgehen kann. Beide hängen miteinander zusammen, haben aber keine direkten Verbindungen zueinander, da sie inkompatibel sind. Die Verbindungen sind demnach indirekter Natur.

Wundt vertrat nicht bloß die These, dass historische und gesellschaftliche Ereignisse in psychologischer Hinsicht *beschrieben* werden müssen, sondern dass sie *nur so verstanden* und auf diese Weise erklärt werden können; die Versuche, sie in der Sprache der natürlichen Ursachen zu erklären, sind nicht nur vergeblich, sondern *prinzipiell falsch*. Daraus begründet sich *zunächst* die Notwendigkeit zweier methodisch unterschiedlicher Psychologien.

Getragen von den Ergebnissen des Leipziger Labors und in Nachfolge Fechners, konnte Wundt gar nicht anders, als einen Parallelismus zu postulieren. Er tat dies, um logische Konsistenz zwischen seinen experimentellen Beobachtungen und seinen philosophischen Schlüssen herzustellen. Das Bewusstsein war für ihn nicht mehr infrage zu stellen, es war ein unhintergehbares Faktum. In diesem grundlegenden ontologischen Sinne verstanden, sah es Wundt als grundsätzlich falsch an, die Psychologie auf einen radikalen Materialismus zu reduzieren. Zu behaupten, dass psychische Phänomene von physiologischen Prozessen verursacht würden – und das heißt auch, wenn die Physiologie umfassend verstanden wäre, bliebe kein psychologisch aufzuklärender Rest mehr übrig – hätte bedeutet, dass die Psychologie keinen anderen Status als den einer vorläufigen Wissenschaft haben kann. Und genau in diesem Sinne ist Wilhelm Wundt als Begründer der wissenschaftlichen Psychologie zu verstehen: Er begründete die Eigenständigkeit und Notwendigkeit der Disziplin – und nicht deren einseitige experimentelle Methodik. Im Gegenteil: Es ist ein Verdienst seiner umfassenden Wissenschaftsauffassung, »die Frage nach den Ursprüngen der Gesellschaft und der Kultur« (Lichtblau, 2008, S. 11) in der Psychologie gehalten und diese nicht an die Soziologie, Ethnologie und vergleichende Sprachwissenschaft abgegeben zu haben.

Philosophie

Anschaulich kann man Wundts Zwischenstellung an seinem Begriff der Seele verdeutlichen. Dabei folge ich der Argumentation von Gerhard Heinzelmann, der hierzu bereits 1910 ein kritisches Büchlein veröffentlichte, das jedoch nicht im psychologischen Kontext rezipiert wurde – wahrscheinlich weil es sich um eine theologische Habilitationsschrift handelte.

Gehört Wundt einerseits zu jenen Vertretern, die den Seelenbegriff entsubstanzialisieren, so postuliert er andererseits einen Gesamtgeist im Sinne einer Volksseele – ein Begriff und eine Vorstellung, wie sie Johann Friedrich Herbart in seiner *Psychologie als Wissenschaft* (1824/25) eingeführt hat. Dieser Gesamtgeist soll nicht nur die Erzeugnisse vergangener Generationen beinhalten, sondern auch noch für die individuelle Unsterblichkeit sorgen.

Wundts Interpretationslehre beruht auf mehreren Axiomen. Eines davon ist das sogenannte Aktualitätsprinzip; es

> »besagt nach Wundt ein Doppeltes: 1) wird dadurch die tatsächliche Eigenschaft psychischen Geschehens zum Ausdruck gebracht, dass ›unsere seelischen Zustände niemals beharrend, sondern [...] unaufhaltsam fließende, unter einander verbundene Vorgänge‹ (Wundt, 1907, I, S. 294) (sind), Akte, die einen bestimmten Verlauf haben, nicht Objekte mit bleibenden Eigenschaften (Wundt, 1896, S. 36). Diese Tatsache der psychischen Erfahrung ist nach Wundt unbeweisbar. ›Demjenigen, der diese Eigenschaften leugnen wollte [...], ließe sich natürlich nicht das Gegenteil beweisen‹ (ebd.). 2) bringt die ›Akualitätstheorie‹ den Grundsatz zur Geltung, ›dass die Psychologie die ihr gegebenen Tatsachen der Erfahrung aus deren eigenem Zusammenhang unter Verzicht auf jede metaphysische Hypothese zu interpretieren habe‹ (ebd.), dass also das Geistige ›unmittelbar in den Äußerungen des geistigen Lebens selbst gegeben‹ sei (Wundt, 1893–95, II, 2, S. 242). Sie tritt damit allen Theorien gegenüber, ›welche die psychischen Tatsachen als die Äußerungen irgendeines hypothetischen Substrates, einer materiellen oder immateriellen Substanz auffassen‹ (Wundt, 1906, S. 537)« (Heinzelmann, 1910, S. 5).

Wundt selbst definiert die Seele an anderen Stellen seines Werks wie folgt:

> »Das wahre Wesen der Seele besteht in nichts anderem als in dem geistigen Leben selber« (Wundt, 1906, S. 537).

Oder: Die Seele ist der

> »die Gesamtheit der psychischen Erfahrungen des individuellen Bewusstseins zusammenfassende Begriff« (Wundt, 1902/03, S. 381).

Oder:

> »Unsere Seele ist nichts anderes als der Gesamtinhalt unserer inneren Erlebnisse selbst, unseres Vorstellens, Fühlens und Wollens, wie es sich im Bewusstsein zu einer Einheit zusammenfügt und in einer Stufenfolge von Entwicklungen schließlich zum selbstbewussten Denken und freien sittlichen Wollen erhebt« (Wundt, 1906, S. 534).

Oder:

> »Die Seele ist demnach der stetige Zusammenhang des psychischen Geschehens selber, wobei der einzelne Inhalt dieses Geschehens und sein Zusammenhang mit den anderen Inhalten derart sich wechselseitig bedingen, dass ohne den Zusammenhang kein einzelnes Geschehen, ebenso aber hinwiederum kein Zusammenhang ohne das einzelne Geschehen möglich ist« (Wundt, 1894, S. 102).

Mit diesen Definitionen lassen sich auf individueller Ebene psychische Erfahrungen erheben und als Seelentätigkeit beschreiben. Wie aber verhält es sich mit komplexen psychischen Phänomenen wie Sprache, Kunst, Sitte, Mythos und Religion?

> »So komplexe psychische Phänomene wie Sprache, Kunst, Sitte, Mythos, Religion lassen sich aus dem Material der Individualpsychologie allein unmöglich erklären. Sie setzen eine Mehrzahl von Individuen, eine Gesamtheit voraus, innerhalb derer durch Wechselwirkung qualitativ und quantitativ neue Gebilde zustande kommen« (Heinzelmann, 1910, S. 23f.).

Weil die geistigen Erzeugnisse der Gemeinschaft im Individuum keine ausreichende Erklärung finden, müsse, so Wundt, von einem Gesamtgeist gesprochen werden. Mehr noch: »Sobald in diesem Fall der einzelne isoliert gedacht wird, verschwindet das psychische Geschehen selbst« (Wundt, 1893/95, S. 295).

Als erklärendes Prinzip bringt Wundt in diesem Zusammenhang das Prinzip der schöpferischen Synthese ein, das besagt,

> »daß das aus irgendeiner Anzahl von Elementen entstandene Produkt mehr ist als die bloße Summe der Elemente, und mehr ist als ein diesen Elementen gleichartiges, nur etwa nach seiner Beschaffenheit irgendwie qualitativ oder quantitativ abweichendes Gebilde, sondern daß es ein neues, nach seinen wesentlichsten Eigenschaften mit den Faktoren, die bei seiner Bildung zusammenwirkten, schlechthin unvergleichbares Erzeugnis ist« (Wundt, 1903, S. 108).

Es wäre demnach sinnlos, die kollektiven psychischen Hervorbringungen einfach als eine Art von Addition individueller Leistungen aufzufassen: »Vielmehr erweisen diese Erzeugnisse gerade darin ihren selbstständigen Charakter, dass auch hier das Prinzip der schöpferischen Synthese, und zwar besonders deutlich, zu Tage tritt« (Heinzelmann, 1910, S. 25) – sie sind Neuschöpfungen.

> »Wie die individuelle Seele nichts anderes war, als die in einem einheitlichen Bewusstsein auftretenden psychischen Vorgänge selbst, ›so ist auch der Gesamtgeist kein geistiges Wesen, das außerhalb der einzelnen lebt und sich entwickelt, sondern er ist die geistige Gemeinschaft der einzelnen selber‹ (Wundt, 1907, II, 2, S. 294)« (Heinzelmann, 1910, S. 25).

Der wesentliche Unterschied zwischen der Gesamtpersönlichkeit und der Einzelpersönlichkeit besteht nach Wundt darin, dass dort »Selbstbewusstsein und Wille nicht zu einer unmittelbaren Einheit verbunden, sondern auf zahlreiche Individuen verteilt sind« (Wundt, 1907, I, S. 433f.). »Nun kann freilich dieser Menschheitswille nur zustande kommen, wenn er Gegenstand unseres sittlichen Strebens wird« (Heinzelmann, 1910, S. 31). Doch »ist nicht denkbar, daß [das Wollen] jemals bei einer bestimmten Grenze stille halte, daß also der Wille fortdaure und doch aufhöre zu wollen« (Wundt, 1907, I, S. 433f.). Deshalb reiche das sittliche Ideal allein zur Existenz des Menschen nicht aus, sondern

> »fordert zu seiner Ergänzung die religiöse Idee. So wandelt es sich in ein ›Übersittliches‹ und ›möglicherweise‹ auch in ein ›Übergeistiges‹ um. Möglicherweise – denn die religiöse Idee ist absolut transzendent und ohne jeden angebbaren Inhalt. Sie ist deswegen nicht überflüssig. Einmal liegt sie in der Konsequenz des universalen Regressus, und sodann sichert sie dem Willen sein sittliches Streben ins Unbegrenzte« (Heinzelmann, 1910, S. 32).

Mit der religiösen Idee handelt sich Wundt aber die damit verbundene Gottesidee ein. Für Wundt ist die Idee eines bewegenden Prinzips »nur durchführbar, wenn Gott als Weltwille, die Weltentwicklung als Entfaltung des göttlichen Willens und Wirkens gedacht wird« (Wundt, 1907, I, S. 433f.).

> »Damit geht die Gottesidee über in die Idee eines höchsten Weltwillens, an dem die Einzelwillen teilnehmen, und neben dem ihnen doch eine eigene, selbständige Wirkungssphäre zukommt, ähnlich wie sie eine solche neben den beschränkten empirischen Formen des Gesamtwillens besitzen« (ebd., S. 434).

So wie die Einzelwillen am Gesamtwillen teilnehmen, so nehmen auch die Einzelseelen am Gesamtgeist teil. Sie sind Teil dessen und erhalten, indem ihre Erzeugungen in den Gesamtgeist einfließen, Unsterblichkeit:

> »Eine aus allen ihren Verbindungen gelöste einfache Seele entbehrt der Bedingungen, auf denen die Erhaltung des Selbstbewußtseins, also das Dasein eines persönlichen Lebens beruht. Darum ist es nicht wahr, daß die substantielle Seelentheorie zur Annahme einer persönlichen Unsterblichkeit führt. Im Gegenteil, jene Theorie hebt die persönliche Unsterblichkeit auf, indem sie die unbegrenzte Fortdauer eines bewußtlosen substantiellen Seins an ihre Stelle setzt, eines Seins, das günstigenfalls die Bedingung weiterer von dem gegenwärtigen Leben unabhängiger Entwicklungen sein könnte, nimmermehr aber als eine Erhaltung der durch das Leben geschaffenen geistigen Güter zu deuten wäre« (Wundt, 1907, II, S. 249).

Dass Wundt hier den Seelenbegriff zu seinem Nutzen umdeutet, liegt auf der Hand, denn klassischerweise heißt es: »Soll die individuelle Seele unsterblich sein, so muss sie die Eigenschaften der Substanz haben, sie muss bei allem Wechsel als unveränderlich beharren« (Heinzelmann, 1910, S. 38). Die Idee der Unsterblichkeit ist dennoch aufrechtzuerhalten, wenn damit einfach die »Unvergänglichkeit geistiger Entwicklung« (Wundt, 1906, S. 521) und der sittlichen Güter gemeint ist. Beide sind aufeinander angewiesen. Das eine kann nicht ohne das andere sein, »weil der Geist selbst nur als unabhängiges Werden und Schaffen zu denken ist, jede geistige Kraft ihren bleibenden Wert in einem nie endenden Werdeprozess des Geistes behauptet« (Wundt, 1907, II, S. 250). Würde die geistige Entwicklung an einen Punkt kommen, an der sie aufhört, wäre damit auch das unendliche sittliche Ideal aufgehoben, was wiederum bedeutet, dass das Geistige seine Bedeutung verlieren würde.

> »Denn welchen Sinn könnte noch der gesamte Inhalt des geistigen Lebens haben, als den einer großen und beklagenswerten Täuschung, bei der ein wachsender Reichtum geistiger Güter immer mehr die berechtigte Erwartung auf weitere Entwicklungen rege machte, um schließlich alles zu vernichten?« (Wundt, 1906, S. 521).

Dieser Logik folgend, müssen nun »notwendig alle Bestandteile der geistigen Entwicklung, das individuelle persönliche Leben ebenso wie die geschichtlichen Gestaltungen des Gesamtgeistes, an jenem unvergänglichen Zweck teilnehmen« (Wundt, 1907, II, S. 250). In diesem Sinne ist auch das Individuum unsterblich.

»Es ist die Wertschätzung des Geistes überhaupt, der Zweckgedanke selbst, was ihr zu Grunde liegt. Die religiöse Form des Unsterblichkeitsglaubens aber darf als eine unzureichende angesehen werden, die inadäquat eben diesen Inhalt zum Ausdruck bringt« (Heinzelmann, 1910, S. 43). Denn,

> »indem der Mensch allezeit geneigt ist, die Dinge nicht ›sub specie aeternitatis‹, sondern ›sub specie individualitatis‹ zu erblicken, verwandelt er diese Überzeugung von der Unvergänglichkeit geistiger Entwicklung in einen Glauben an die Unvergänglichkeit seines individuellen Bewußtseins samt dem ganzen sinnlichen Inhalte desselben, wie dieser nur unter den besonderen Bedingungen des gegenwärtigen sinnlichen Lebens sich bilden konnte« (Wundt, 1906, S. 521).

Die Weltformel

Ist Wundt auf der Ebene der individuellen Psychologie sehr fortschrittlich im Sinne einer neu entstehenden Wissenschaft des ausgehenden 19. Jahrhunderts tätig, so ist er in Bezug auf die Wissenschaft vom Gesamtgeist Anfang des 19. Jahrhunderts stehen geblieben. Warum Wundt diesen Gesamtgeist braucht, liegt auf der Hand: Er möchte Psychologie nicht nur auf individueller, sondern auch auf kollektiver Ebene betreiben: Völkerpsychologie. Zwar kann man das, was Wundt in der Völkerpsychologie tut, auch als Ideengeschichte, vergleichende Ethnologie, vergleichende Sprach- oder Religionswissenschaft bezeichnen, Wundt aber wollte eben diese Einzelwissenschaften auf dem Fundament der Psychologie entwickelt sehen. Letztlich schwebte ihm eine Erkenntnistheorie vor, die in der Lage ist, Naturwissenschaft und alle anderen Wissenschaften und selbst die Religion miteinander zu verbinden und denkbar zu machen. Dabei geht er ganz analog zu Herbert Spencers *System of Synthetic Philosophy* (1860) vor: Der Grundzug der Menschheitsentwicklung verläuft von der homogenen Vielfalt zum heteronomen Ganzen.

> »Kausalerklärung kultureller Entwicklung wird durch Teleologie ›ergänzt‹; teleologische Vorgänge seien auch eine Art Kausalität. Die Entwicklung ist für beide zudem von sprunghaften und abbruchmäßigen Prozessen geprägt, was Spencer dahin führt, einen Gesamtfortschritt des Werdens abzulehnen, während sich Wundt für einen Fortschritt ausspricht. Gemeinsam ist beiden das Anliegen, ein philosophisches System auf induktivem Wege zu entwerfen. Für Spencer ist die Biologie, für Wundt die Psychologie Grundlagenwissenschaft. [...] Die Gesetzeswissenschaf-

ten, die beide aufstellen, sind Entwicklungsgesetze, die sich auf mehreren Gesetzen oder Hypothesen aufbauen. [...] *Wundts oberste Prinzipien beruhen auf Gesetzen der Psychologie, bzw. auf Assoziations- und Apperzeptionsgesetzen und auf spezifischen Gesetzen für die jeweilige Wissenschaft*, z. B. bei der Sprachwissenschaft auf Lautgesetzen. [...] Spencer verfolgt ein einheitswissenschaftliches Programm auf System- und evolutionstheoretischer Grundlage, das dem Wundtschen Anliegen einer Erkenntnistheorie, die die Logik der verschiedenen Wissenschaften berücksichtigt, vergleichbar ist. [...] Der wesentliche Unterschied betrifft ihre Grundeinstellung dem Individuum und den Aufgaben des Staates gegenüber. Vertritt Spencer einen extremen Liberalismus und Individualismus, der zur Erreichung des größtmöglichen Gemeinwohls die Verfolgung von Eigeninteressen ohne staatliche Regulation empfiehlt, so geht Wundt, obwohl er als Experimentalpsychologe einzelne Individuen vor sich hat, von Gemeinschaften aus, die den Staat formen« (Schneider, 2008, S. 14f.).

Wie Wundt diese »Weltformel« anwendet, lässt sich an der Völkerpsychologie selbst zeigen.

Völkerpsychologie

Wundts Projekt der Völkerpsychologie ist dezidiert an Moritz Lazarus und Hajim Steinthal und ihre *Zeitschrift für Völkerpsychologie und Sprachwissenschaft* angelehnt, die 1860 das erste Mal erscheint. Aber auch wenn Wundt es nicht eigens erwähnt, kannte er sicherlich auch die Völkerpsychologie von Theodor Waitz und Adolf Bastian, die 1869 die *Zeitschrift für Ethnologie* gründeten. Zu deutlich ist die Verwendung ethnologischer Befunde. Aus diesem Potpourri verschiedenster Wissenschaften (Geografie, Soziologie, Ethnologie, Orientalistik, Sprachwissenschaft etc.) entsteht das zehnbändige Werk der Völkerpsychologie. Zur Aufgabe der Völkerpsychologie schreibt Wundt:

»Diese Aufgabe ist uns in allen den geistigen Erzeugnissen gegeben, die aus der Gemeinschaft des menschlichen Lebens hervorgehen, und die nicht aus den Eigenschaften des einzelnen Bewusstseins allein zu erklären sind, weil sie die Wechselwirkung vieler voraussetzen. [...] Zwar ist oft der Versuch gemacht worden, die zusammengesetzten Funktionen des Denkens auf der Grundlage der bloßen Selbstbeobachtung zu ergründen. Eine Entwicklungsgeschichte des menschlichen Denkens kann uns das individuelle Bewusstsein überhaupt nicht liefern, steht doch dieses unter den Einflüssen der Vorgeschichte, über die es selbst uns keine Aufschlüsse geben kann« (Wundt, 1912, S. 3f.).

Wundt versteht die Völkerpsychologie als genuine Entwicklungspsychologie, als *psychologische Entwicklungsgeschichte der Menschheit*, wie der Untertitel der *Elemente der Völkerpsychologie* (Wundt, 1912) lautet. Wie schon erwähnt, wird dieser Entwicklungsprozess durch eine Teleologie vorangetrieben und verläuft von homogener Vielfalt zum heterogenen Ganzen.

Anders als die Geschichte, die ein einfaches Modell der Ablöse der Phänomene unter teleologischem Blickwinkel zugrunde legte, zielt Wundts ›genetische‹ Völkerpsychologie auf ein (psychisches) Transformationsmodell ab, das Phänomene früherer Entwicklungsstufen aufnimmt und in das je neue Phänomen inkorporiert – entwicklungsleitendes Prinzip hierbei ist nach Wundt die Entwicklung vom Konkreten/Primären zum Abstrakten/Sekundären (vgl. Wundt, 1911, S. 114).

Nach Wundt stehen der genetischen Völkerpsychologie zwei methodische Wege offen:

> »Sie kann entweder die religiöse Entwicklung in eine Anzahl einander folgender Stufen und ihre Übergänge in aufsteigender Richtung zuordnen, also gewissermaßen einzelne Querschnitte durch den gesamten organischen Zusammenhang der Religionsgeschichte zu legen suchen. Oder sie kann [...] Längsschnitte ziehen, indem sie je eine Gruppe bedeutsamer Erscheinungen von den noch erreichbaren Anfängen an in ihren Wandlungen verfolgt. So unentbehrlich die erste dieser Methoden ist, so muss sie doch durch die zweite teils vorbereitet, teils ergänzt werden« (ebd., S. 114).

Auch wenn Wundt damit den Phänomenen in ihrer Gleichzeitigkeit gerecht werden will, indem er diese nicht schlicht nach einem Abfolgemodell begreift, bleibt er dem teleologischen Denken der Aufklärung, das heißt einer Geschichtsphilosophie, die dem Fortschritt verpflichtet ist, treu. Sein Querschnitt durch das Phänomenpotpourri dient nicht ausschließlich der Systematik der Motive, wie er zuvor schreibt, sondern auch ihrer Hierarchisierung. Damit negiert er eigentlich die Gleichzeitigkeit der Phänomene, indem er sie historisch verlängert, das heißt, indem er gleichzeitig vorhandene Phänomene entwicklungslogisch deutet. Für Letzteres benötigt Wundt den oben beschriebenen zweiten Weg: die Zurückverfolgung eines Einzelphänomens in seine Vergangenheit. Dazu identifiziert er ›zentrale geistige Motive‹, Vorstellungen und Gefühle, die sich um einzelne Erscheinungen gruppieren und die sich *transformiert* auf allen Entwicklungsstufen finden lassen, beginnend mit dem ›primitiven Menschen‹, da dieser »den niedrigsten Grad der Kultur, besonders der geistigen Kultur repräsentiert« (Wundt, 1912, S. 7).

Wundts historische Interpretation von Einzelphänomenen führt dazu, dass sie, statt aus der Geschichte zu sprechen, in die Geschichte hinein verlängert werden. Nur so können sie als Vorläufer späterer Phänomene verstanden werden; was gleichzeitig bedeutet, sie ihres eigenständigen Charakters zu berauben. Zudem kann man die grobe Einteilung, die oft mehrere Entwicklungsschritte beinhaltet, kritisieren, und ebenso, ob man den Beginn der genetischen Völkerpsychologie beim ›primitiven Menschen‹ ansetzen kann.

Die Völkerpsychologie bedient sich mehrerer aus verschiedenen Einzelwissenschaften entlehnter Methoden, unter anderem auch solcher der prähistorischen Anthropologie, wenn Wundt sagt: »Was wir auf der Erde nicht mehr finden, das müssen wir unter der Erde suchen«, um es dem Verstehen zugänglich zu machen. Um ein Zeitalter zu verstehen, ist es notwendig, die Volksseele dieses Zeitalters zu verstehen. Gelingt uns das nicht, sind wir dazu verdammt, alle Manifestationen der Wissenschaft, Werte und Glauben mit unseren eigenen Standards zu erfassen und zu bewerten, ohne die Möglichkeit zu haben, je an deren Anfänge heranzukommen.

> »Darin liegt schon eingeschlossen, dass die Kriterien einer primitiven Kultur wesentlich psychologischer Art sind, und dass Rassenmerkmale und ursprüngliche Stammesverwandtschaft bei ihr wahrscheinlich keine Rolle spielen. Absolut primitiv würde eine Kultur sein, die schlechterdings gar keine vorangegangene geistige Entwicklung voraussetzen lässt. Da ein solcher absoluter Begriff hier wie überall in der Erfahrung nirgends verwirklicht sein kann, so werden wir demnach primitiv in dem allein möglichen relativen Sinne den Menschen nennen, dessen Kultur dem Mindestmaß geistiger Leistungen nahe kommt, das wir und auf Grund der allgemeinen menschlichen Eigenschaften überhaupt denken können« (Wundt, 1912, S. 21f.).

Eine zweite Methode, die Wundt verwendet, ist der Vergleich mit noch existenten ›primitiven Völkern‹: also die Ethnologie. Sogenannte primitive Ethnien werden – unter anderem auch bei Wundt – als lebende Fossile der menschlichen Entwicklungsgeschichte betrachtet. Das Studium ihrer Lebensweise gibt dem Wissenschaftler Auskunft über die Evolution der Sprache, des Mythos und der Gesellschaft. Diese Völker stellen also dar, was wir selbst auch einstmals gewesen sind, wobei ihrer Entwicklung irgendein Anstoß fehlte, der eben uns gerade dahin gebracht hat, wo wir heute sind.

Ganz im Sinne des Untertitels seiner *Elemente der Völkerpsychologie* aus dem Jahr 1912 geht Wundt nun jedes Zeitalter – primitives Zeitalter, Totemismus, Zeitalter der Helden und Götter und Entwicklung zur Humanität – hinsichtlich *Sprache, Mythos und Sitte* durch. Ich werde mich im Folgenden auf einen Aspekt beschränken und Wundts Ausführungen zur sozialen Organisation innerhalb der Zeitalter nachgehen.

Wundts Untersuchungen zu primitiven Familienstrukturen führen ihn zum Beispiel zu der Behauptung, dass die Monogamie die ursprüngliche Form des Zusammenlebens der Geschlechter gewesen sei. Promiskuität, Polygamie und Ehelosigkeit seien das Ergebnis sie begünstigender Bedingungen. So beobachtet er in polygamen Kulturen, dass es immer eine Art Hauptfrau gibt, und schließt daraus, dass die Hauptfrau früher der monogamen Ehefrau entsprach.

> »Man kann also zusammenfassend sagen: die soziale Organisation der Primitiven, wo sie unberührt ist von den Einflüssen in der Kultur höher stehender Völker, besteht in einer festbegründeten, wahrscheinlich schon aus dem vormenschlichen, etwa dem der heutigen Anthropoiden ähnlichen Dasein herübergebrachter Monogamie in der Form der Einzelehe und in dürftigen Anfängen sozialer Verbände« (Wundt, 1912, S. 52).

Transformiert werden diese Strukturen dann im Übergang zum Totemismus.

> »Will man den Begriff des Totemismus möglichst kurz definieren, so lässt er sich wohl als eine Vorstellungswelt bezeichnen, innerhalb deren das Tier zum Menschen eine entgegengesetzte Stellung einnimmt wie in der heutigen Kultur. Im totemistischen Zeitalter herrscht nicht der Mensch über das Tier, sondern das Tier über den Menschen« (ebd., S. 8).

Wundt meint mit totemistischer Kultur, dass die Menschen als Stämme zusammenleben, die in Clans aufgeteilt sind, die ihren Ursprung in einem tierischen Vorfahren sehen. Davon zeugt die Allgegenwärtigkeit des Tieres am Kopf des Totems. Von den primitiven unterscheiden sich die totemistischen Kulturen in vielerlei Hinsicht: Die Menschen sind sesshafter, es gibt Regeln, die schon Gesetzen gleichen, Inzest ist durch Exogamie ersetzt und der körperlich Stärkste und daher Bestimmende ist durch einen Häuptling ersetzt, der sich sein Recht zu herrschen nicht mittels seiner Körperkraft durchsetzen muss. »Nehmen wir alles dies zusammen, so ergibt sich mit hoher Wahrscheinlichkeit der Schluss, dass die totemistische Kultur überall einmal eine Vorstufe der späteren Entwicklungen und eine Übergangsstufe zwischen dem Zustand des primitiven Menschen und dem Helden- und Götterzeitalter« gewesen ist (ebd., S. 139). So entspricht dann im Helden- und Götterzeitalter dem Häuptling das Staatsoberhaupt; der tierische Vorfahr verändert sich zu einem menschenähnlichen Gott, wobei die Fähigkeiten des Helden mit den Kräften der mythischen Dämonen verknüpft werden.

Im Humanistischen Zeitalter – das sagt schon der Name – entsteht aus der Asche der Kriegsführung der Versuch einer Realisierung der Visionen, die uns in den Lehren des Christentums und des Buddhismus begegnen. Dabei ist für Wundt völlig klar, dass das am Ende der Entwicklung stehende heterogene Ganze die höchste Ebene der Entwicklung ist, die die Menschheit erreicht hat:

> »Man kann darauf [auf das Verschwinden der alten Sprachen] kurz antworten: es hat sich eben hier ereignet, was sich, wenn wir das bekannte Prinzip des Kampfes ums Dasein auf das geistige Gebiet anwenden, überall zu ereignen pflegt: die mächtigere Rasse hat mit ihrer wichtigsten geistigen Schöpfung, der Sprache, die der schwächeren verdrängt« (ebd., S. 55).

In seiner späten Schrift *Die Zukunft der Kultur* (Wundt, 1920) spekuliert Wundt über die zukünftige Entwicklung der Kultur, wobei dieser Ausblick »mit der Miene des Beleidigten [mit] eine[r] imperialistische[n] deutschnationale[n] Haltung« versehen ist, »die mit Vorwürfen an Frankreich, besonders aber mit der Herabsetzung und Schuldzuweisung Englands verbunden ist« (Schneider, 2008, S. 27) – Deutschland hatte eben den Ersten Weltkrieg verloren. Die Zukunft der Kultur sieht Wundt in einer Art modernen Monarchie, die »zunächst zum Repräsentativsystem führt, das seinem Wesen nach eine Oligarchie weiteren Umfangs [ist,] mit einer sie krönenden engeren Oligarchie mit monarchischer Spitze«: Monarchie meint hier, dass

> »die oberste Herrschaft einer einzelnen Persönlichkeit gekennzeichnet ist. Dann ist der Präsident der nordamerikanischen Union ebensogut ein Monarch wie der König von England, und wenn man die Macht in Betracht zieht, die er während seiner Präsidentschaft ausübt, so ist er es in dieser freilich beschränkten Zeit in viel höherem Grade. [... Es] führt in sehr vielen Fällen zu der Frage, wer in einem bestimmten Staate der eigentliche Monarch sei, ob derjenige, der die äußere Würde und die mit ihr verbundene Repräsentation der Staatsgewalt besitzt, wie der König von England, oder derjenige, der die wirkliche Herrschaft ausübt, wie im selben England der Präsident des sogenannten Kabinetts« (Wundt, 1920, S. 9).

Fazit

Wie die verschiedenen Bereiche, mit denen er sich beschäftigt hat, zeigen, vertrat Wundt eine integrative Sicht auf die Philosophie. Sie ist und sei die alles zusammenhaltende Wissenschaft, ohne deren Expertise weder die Psychologie noch die Soziologie auskämen, wie er in seiner Streitschrift *Die Psychologie im Kampf ums Dasein* (Wundt, 1913) darlegt. Dort argumentiert er anschaulich, warum eine rein experimentelle Psychologie ohne Verbindung zur Philosophie eine Sackgasse wäre und unweigerlich auf akademischem Boden zu einem Nebenfach degradiert würde,

> »weil es Gebiete gibt, die der Natur der Sache nach dem Experiment unzugänglich sind. Dazu gehört in erster Linie die Entwicklung des Denkens, dazu gehören dann aber auch eine Reihe weiterer damit zusammenhängender Entwicklungsprobleme, wie z. B. die der künstlerischen Phantasie, des Mythos und der Religion, der Sitte« (ebd., S. 29).

Und weiter:

> »Wie sollte die Religionspsychologie dem Kontakt mit der Religionsphilosophie, wie die Psychologie der Sitte dem mit der Ethik aus dem Wege gehen? Wenn die Auseinandersetzung mit der Erkenntnistheorie den Anfang einer jeden wissenschaftlichen Psychologie bildet, die nicht auf der Oberfläche zufällig aneinandergereihter Beobachtungen stehen bleiben will, so mündet letzten Endes die Psychologie notwendig in jene Zweiggebiete der Philosophie ein, und nur dadurch kann sie mit Recht den Anspruch erheben, eine Grundlage der Geisteswissenschaften überhaupt zu sein« (ebd., S. 31).

Bekanntlich ist es anders gekommen ...

Literatur

Heinzelmann, G. (1910). *Der Begriff der Seele und die Idee der Unsterblichkeit bei Wilhelm Wundt.* Tübingen: Mohr.

Herbart, J. F. (1816). *Lehrbuch zur Psychologie.* Königsberg: Unzer.

Herbart, J. F. (1824/25). *Psychologie als Wissenschaft.* Königsberg: Unzer.

Lichtblau, K. (2008). Vorwort. In C. Schneider (Hrsg.), *Wilhelm Wundt – Völkerpsychologie: ein Reader* (S. 9–11). Göttingen: Vandenhoeck & Ruprecht.

Robinson, D. N. (1982). *Toward a science of human nature: Essays of Mill, Hegel, Wundt, and James.* New York, NY: Columbia Univ. Press.
Schneider, C. (Hrsg.) (2008). *Wilhelm Wundt – Völkerpsychologie: ein Reader.* Göttingen: Vandenhoeck & Ruprecht.
Spencer, H. (1860). *System of synthetic philosophy.* London: Williams & Norgate.
Troeltsch, E. (1919). *Die Dynamik der Geschichte nach der Geschichtsphilosophie des Positivismus.* Berlin: Reuther & Reichard.
Wundt, W. (1863). *Vorlesungen über die Menschen- und Thierseele.* 2 Bde. Leipzig: Voss.
Wundt, W. (1893/95). *Logik. Eine Untersuchung der Principien der Erkenntniss und der Methoden wissenschaftlicher Forschung* (2. Aufl.). 2 Bde. Stuttgart: Enke.
Wundt, W. (1894). Ueber psychische Causalität und das Princip des psychophysischen Parallelismus. *Philosophische Studien, 10,* 1–124.
Wundt, W. (1896). Ueber die Definition der Psychologie. *Philosophische Studien, 12,* 1–66.
Wundt, W. (1902/03). *Grundzüge der physiologischen Psychologie* (5. völlig umgearbeitete Aufl.). 3 Bde. Leipzig: Engelmann.
Wundt, W. (1903). *Naturwissenschaft und Psychologie.* Leipzig: Engelmann.
Wundt, W. (1906). *Vorlesungen über die Menschen- und Tierseele* (4. umgearbeitete Aufl.). Hamburg: Voß.
Wundt, W. (1907). *System der Philosophie* (3. umgearbeitete Aufl.). 2 Bde. Leipzig: Engelmann.
Wundt, W. (1911). *Probleme der Völkerpsychologie.* Leipzig: Wiegandt.
Wundt, W. (1912). *Elemente der Völkerpsychologie. Grundlinien einer psychologischen Entwicklungsgeschichte der Menschheit.* Leipzig: Kröner.
Wundt, W. (1913). *Die Psychologie im Kampf ums Dasein.* Leipzig: Kröner.
Wundt, W. (1920). *Die Zukunft der Kultur.* Leipzig: Kröner.

Der Autor

Lars Allolio-Näcke, geb. 1975, Dr. phil. habil., Privatdozent für Religionspsychologie und Geschäftsführer sowie wissenschaftlicher Koordinator des Zentralinstituts Anthropologie der Religion(en) an der Friedrich-Alexander-Universität Erlangen-Nürnberg.

Edmund Husserls Psychologie in neuem Licht

Jagna Brudzińska

Einleitung

Die Phänomenologie ist eine zu Beginn des 20. Jahrhunderts aufblühende Philosophie des Bewusstseins, die sich zum Ziel setzt, durch Untersuchung der Leistungsstruktur des Bewusstseins die subjektiven Bedingungen objektiver Erkenntnis auszuweisen. Sie beginnt mit der Methode der Deskription von Bewusstseinserlebnissen und sucht diese so zu erfassen, wie sie uns in unserem Erleben unmittelbar, frei von theoretischen Voraussetzungen und Deutungen anschaulich gegeben sind. Der Begründer der Phänomenologie, Edmund Husserl (1859–1938), entwickelt seine Theorie in einer intensiven Auseinandersetzung mit der Psychologie seiner Zeit (Wilhelm Wundt, Johannes Müller, Carl Stumpf, Theodor Lipps u. a.) und vor allem mit der als Psychologismus bezeichneten Erkenntnishaltung, die im ausgehenden 19. Jahrhundert behauptet, die Logik lasse sich durch die empirische Psychologie begründen. Es handelt sich dabei um Ansprüche, die seitens der Erkenntnistheorie an die Psychologie gerichtet werden, um die Begründung der Logik durch Rückführung logischer Wahrheiten auf empirisch verstandene Denkprozesse zu leisten. Letztere werden aber vorwiegend mit den Mitteln der kausal-empirischen Psychologie erschlossen. Als solche werden sie von namhaften Vertretern der Logik (v. a. Gottlob Frege), die eine apriorische Validität der Logik behaupten, scharf bestritten.[1] Husserls als Auseinandersetzung mit dem Psychologismus bekannt gewordene Diskussion resultiert in der scharfen Unterscheidung zwischen den Bestimmungen und Kompetenz-

1 Eine eingehende philosophiegeschichtlich orientierte Studie zum Psychologismusstreit im 19. und 20. Jahrhundert legt Matthias Rath (1994) vor; vgl. auch Kaiser-El-Safti (2011).

zuweisungen von apriorischen und empirischen Wissenschaften. Sie führt so zu einer dezidierten Distanzierung von der These, dass die (kausal-)empirische Psychologie als Grundlagenwissenschaft für die Erkenntnislogik und somit für die Erkenntnistheorie überhaupt fungieren könne.[2]

Von da an wird die Phänomenologie allerdings als im Wesentlichen psychologiekritisch und vor allem als von der Psychologie ganz und gar unterschieden rezipiert. An dieser Haltung ändert auch der Umstand nichts, dass Husserl selbst seine im zweiten Band der *Logischen Untersuchungen* aus dem Jahr 1901 entworfene Phänomenologie als Fortführung (wenn auch kritische Fortführung) der *deskriptiven Psychologie* Franz Brentanos versteht (Hua XIX/1, S. 411ff.[3]). Insbesondere jedoch seit der sogenannten *transzendentalen Wende* Husserls scheint es sich bei seinem Verständnis von Phänomenologie und Psychologie um zwei grundverschiedene Ansätze zu handeln, die miteinander nicht verwechselt werden dürfen. Dieser Eindruck wird durch eigene Aussagen Husserls nicht zuletzt in den *Ideen I* bekräftigt, jenem Werk, das das neue Gesicht der Phänomenologie als transzendentale Wesenslehre des reinen Bewusstseins einem breiten philosophischen Publikum nahebringen will. Husserl betont bereits in der Einleitung zum ersten, 1913 im *Jahrbuch für Philosophie und phänomenologische Forschung* veröffentlichten Band seiner *Ideen*,

> »daß die reine Phänomenologie, zu der wir uns im folgenden den Zugang bahnen wollen – dieselbe, die in den *Logischen Untersuchungen* zu einem ersten Durchbruch kam, und deren Sinn sich mir in der Fortarbeit des letzten Jahrzehnts immer tiefer und reicher erschloß – nicht Psychologie ist, und daß nicht zufällige Gebietsabgrenzungen und Terminologien, sondern prinzipielle Gründe es ausschließen, daß sie der Psychologie zugerechnet werde« (Hua III/1).

Husserl ist so mit seiner Phänomenologie als ein radikaler Kritiker der Psychologie in die Geschichte eingegangen.[4]

Doch ist diese Radikalität eine nur scheinbare. Vielmehr ist die Phänome-

---

2 Husserls Auseinandersetzung mit dem Psychologismus rekonstruieren und diskutieren u.a. Mohanty (1997) und Peucker (2002).

3 Husserls Werke aus der kritischen Edition der *Husserliana* (Edmund Husserl: *Gesammelte Werke*) werden im Folgenden mit der üblichen Signatur Hua, Bd.-Nr. (römische Ziffern), angeführt.

4 Ausnahmen bei dieser Wahrnehmung betreffen einen relativ kleinen Kreis von psychologisch interessierten Phänomenologen, die seit Husserls Zeiten um einen eigenen Begriff nologie von Anfang an auf die Nähe zur Psychologie angewiesen; eine Nähe, die allerdings eine grundlegende Revision der Psychologie als Wissenschaft fordert und bereits am Anfang in dem erwähnten Begriff der Phänomenologie als *deskriptive Psychologie* zum Ausdruck kommt. Diese Nähe veranlasst Husserl in seinem Spätwerk sogar, von der *Verschwisterung* beider Disziplinen zu sprechen. Beide, die Phänomenologie des Bewusstseins – gerade als transzendentale Lehre vom Bewusstsein – und die Psychologie der subjektiven Bewusstseinserfahrung, haben es schließlich mit demselben Gegenstandsbereich zu tun. Es ist der Bereich der *cogitationes*, begriffen als Vorgänge und Leistungen des Denkens, Fühlens und Wollens, des Wünschens und Begehrens, oder – im Allgemeinen – als Vorgänge des Selbst- und Welterfahrens. Beide, die Phänomenologie und die Psychologie, haben es aber – so die These Husserls – in unterschiedlicher Weise und aus unterschiedlichen Einstellungen heraus mit diesem Gegenstandsbereich zu tun. Darauf konzentriert sich Husserl in seinen mühevollen Analysen, die zum Ziel haben, diese Unterschiede, aber auch die unleugbaren Parallelitäten zwischen den beiden Disziplinen auszuweisen. Entgegen also der verbreiteten Überzeugung, dass die Phänomenologie keine Psychologie ist und sein darf, lassen sich konkrete Schritte ihrer gegenseitigen Annäherung aufzeigen, die sowohl die Phänomenologie Husserls in neuem Licht zeigen als auch die Psychologie herausfordern, ihre erkenntnistheoretischen Fundamente, ihre Ziele und Möglichkeiten neu zu überdenken. Vor allem – so meine These – erlauben sie, einen neuen Begriff der Phänomenologischen Psychologie als intentionalgenetisch orientierte Transzendentalpsychologie in seinem Potenzial zu erfassen.

Um diese These zu stützen, will ich zunächst zwei Aussagen Husserls anführen, die einerseits die *Parallelität* zwischen der Phänomenologie und der Psychologie verdeutlichen, andererseits den Übergang von der Parallelität zur *Verschwisterung* beider einleiten. 1927 arbeitet Husserl eine komprimierte Darstellung seiner Phänomenologie aus, die als *Encyclopaedia-Britannica*-Artikel die Kerngehalte seiner Lehre präsentieren soll. Es ist auffallend, welch prominenter Stellenwert der Psychologie in dieser Darstellung zukommt:

---

der Phänomenologischen Psychologie ringen: Husserls Schüler aus den Göttinger und Münchener Kreisen, die sogenannte Dutch School of Psychology (Kockelmans, 1987) und die späteren Entwürfe der französischen und amerikanischen Phänomenologen (vor allem Maurice Merleau-Ponty, Jean-Paul Sartre, Paul Ricœur, Aron Gurwitsch) sowie die stärker medizinisch orientierten Forscher wie Ludwig Binswanger, Erwin Straus oder Henry Ey. Sie alle knüpfen aber vor allem an den ersten Begriff der deskriptiven Psychologie der *Logischen Untersuchungen* an.

»*Phänomenologie* bezeichnet eine an der Jahrhundertwende in der Philosophie zum Durchbruch gekommene neuartige deskriptive Methode und eine aus ihr hervorgegangene apriorische Wissenschaft, welche dazu bestimmt ist, das prinzipielle Organon für eine streng wissenschaftliche Philosophie zu liefern und in konsequenter Auswirkung eine methodische Reform aller Wissenschaften zu ermöglichen. Zugleich mit dieser philosophischen Phänomenologie, aber zunächst von ihr nicht geschieden, erwuchs eine neue, methodisch und inhaltlich ihr parallele psychologische Disziplin, die apriorische reine oder *phänomenologische Psychologie*, die den reformatorischen Anspruch erhebt, das prinzipielle methodische Fundament zu sein, auf dem allein eine wissenschaftlich strenge empirische Psychologie zu begründen ist« (Hua IX, S. 277f.).

Husserl konstatiert hier nicht nur, dass er schon in der Geburtsstunde der Phänomenologie eine apriorische Wissenschaft vom Bewusstsein zu begründen anstrebt, sondern dass er zugleich auch den Reformbedarf der Psychologie im Auge hat. Parallel also zu der reinen apriorischen Phänomenologie fordert er eine apriorisch reine – und das heißt phänomenologische – Psychologie, die als Wesenslehre von psychischen Erlebnissen der empirischen Psychologie ein angemessenes erkenntnistheoretisches Fundament geben soll. Diese Forderung, die die Parallelität beider Disziplinen betont, scheint theoretisch einzuleuchten, doch sollten wir uns nicht von der rein begrifflichen Sonderung beirren lassen. Die Subjektivität als Gegenstand der phänomenologischen Philosophie und Psychologie lässt sich nicht in zwei Teile zerschneiden. So führt Husserl die konkrete Arbeit an den Phänomenen 1936 zu der Einsicht, dass wir es in beiden Fällen mit dem Rätsel derselben Subjektivität zu tun haben:

»In der Durchführung werden wir bald dessen inne werden, dass der Fraglichkeit, an welcher die Psychologie nicht erst in unseren Tagen, sondern schon seit Jahrhunderten krankt, – einer ihr eigentümlichen *Krisis* – eine zentrale Bedeutung zukommt für das Zutagetreten von rätselhaften, unauflöslichen Unverständlichkeiten der modernen, selbst der mathematischen Wissenschaften [...]. Sie alle führen eben auf das Rätsel der Subjektivität zurück und hängen daher mit dem Rätsel der psychologischen Thematik und Methode untrennbar zusammen« (Hua VI, S. 3).

Jenes Rätsel der Subjektivität bedingt schließlich die untrennbare Verschwisterung der Psychologie und der phänomenologischen, allerdings, wie wir gleich sehen werden, im Wesentlichen intentionalgenetisch ausgerichteten Transzendentalphilosophie (Hua VI, S. 209ff.). Haben wir es hier mit einem Rückfall in den Psychologismus zu tun? Eine Frage, die unter anderem Sonja Rinofner-Kreidl (1997) aufwirft, in meinen Augen allerdings ist das kein Rückfall, sondern das konsequente und originäre Erschließen eines neuen und vielversprechenden Feldes der Subjektivitätsforschung, mit dem nicht nur ein neues Verständnis sowohl der phänomenologischen als auch der psychologischen Subjektivität einhergeht, sondern zugleich auch eine durch und durch produktive Annährung dieser beiden Wissenschaften. Was das im Einzelnen bedeutet, möchte ich anhand einer kurzen Analyse der konkreten Annäherungsbewegung zeigen. Hierbei lassen sich drei wesentliche Annäherungsschritte identifizieren: 1. die Entwicklung der Methode der Wesensdeskription in den *Logischen Untersuchungen*, die eine neue Gestalt der Psychologie als apriorische Lehre vom intentionalen Erleben hervorzubringen vermag; 2. die transzendentale Wende und die Konzeptualisierung einer Erfahrungsphänomenologie, die keine Wesenslehre ist. In diesem Zusammenhang wird das neuartige Konzept einer reinen Psychologie entworfen; 3. die späte intentionalgenetische Bestimmung der Phänomenologie als transzendentale Erfahrungslehre und transzendentale Psychologie zugleich.

Erster Schritt: die Wesensdeskription und die apriorische Psychologie

Die leitende These der *Logischen Untersuchungen* Husserls betrifft, wie bereits erwähnt, den Unterschied zwischen empirischer Tatsachenerkenntnis (prototypisch hierzu gilt Husserl die kausal-empirische psychologische Erkenntnis) und apriorischer Ideenerkenntnis (Logik). Das Problem des Psychologismus identifiziert Husserl in dem Versuch, durch empirisches Tatsachenwissen die apriorischen Gesetze des Denkens aufklären zu wollen. Seine Forschung richtet sich daher auf die Analyse der Fundierungsverhältnisse zwischen apriorischer und empirischer Wissenschaft.

Diese Analyse betrifft von Anfang an sowohl die Fundamente der Logik als auch die Fundamente der empirischen Psychologie selbst. Beides ist aber nicht ein und dasselbe Geschäft. Die Logik als apriorische Ideenerkenntnis darf nicht auf die empirische Psychologie zurückgreifen, weil die Psychologie selbst zunächst einer apriorischen Fundierung bedarf. Diese soll ihr die neuartige, von Husserl erfasste Methode der Wesensdeskription der Bewusstseinserlebnisse als intentionale Akte liefern. Der Rückgang auf Bewusstseinserlebnisse und ihre strukturelle Beschreibung unter Ausschaltung jeglicher theoretischer Vorannahmen soll das apriorische Fundament der empirischen Psychologie sichern (vgl. dazu Drüe,

1963, S. 68ff.) Wie es bereits in der Einleitung zum 2. Band der *Logischen Untersuchungen* unmissverständlich heißt, soll diese Methode der Vorbereitung der Psychologie als reiner Wissenschaft dienen:

> »Sie analysiert und beschreibt (speziell als Phänomenologie des Denkens und Erkennens) die Vorstellungs-, Urteils-, Erkenntniserlebnisse, die in Psychologie ihre genetische Erklärung, ihre Erforschung nach empirisch-gesetzlichen Zusammenhängen finden sollen« (Hua XIX/1 (A), S. 7).

Die *V. Logische Untersuchung* widmet sich der Analyse des intentionalen Erlebnisses. In Anknüpfung an den von seinem Lehrer Brentano wiederentdeckten Begriff der Intentionalität unternimmt Husserl eine Analyse der intentionalen Bewusstseinsstruktur.[5] Es gelingt ihm dabei, den Unterschied zwischen dem Aktcharakter von Bewusstseinserlebnissen und ihren Inhalten zu erfassen und damit sowohl die Annahmen der kausal-empirischen Psychologie zu wiederlegen, die jenen Unterschied verkennt, als auch das Verständnis Brentanos wesentlich zu differenzieren. Vor allem zeigt er, inwiefern der Begriff des Erlebnisinhalts in der empirischen (Wahrnehmungs-)Psychologie fälschlicherweise für die subjektive Empfindung und zugleich für die objektive Beschaffenheit des Gegenstandes der betreffenden äußeren Wahrnehmung gehalten wird.[6] Dieser Annahme schreibt er eine entscheidende Äquivokation zu. Sie betreffe die Vermengung der *reellen* Momente des Erlebnisses, denen nach Husserl keine Realität zukommt, als selbstständige und als solche isolierbare Komponenten, die auf die objektive Beschaffenheit von realen Objekten (Dingen) zurückzuführen seien, mit der objektivierenden *Auffassung* des reellen Bestands des Erlebnisses als intentiona-

---

5 Brentano, von dem Husserl entscheidende Impulse für die Entwicklung seiner Phänomenologie erhalten hat, greift auf den scholastischen Begriff der Intentionalität zurück, um damit den Grundcharakter der psychischen Phänomene als »Beziehung auf einen Inhalt« oder die »Richtung auf ein Objekt« zu erfassen. Als solche fungiert die Intentionalität in Brentanos deskriptiver Psychologie als ein Auszeichnungscharakter von mentalen Zuständen und zugleich als Unterscheidungskriterium zwischen physischen und psychischen Phänomenen (Brentano, 1874, 124f.; vgl. den Beitrag von Benetka in diesem Band). Eine informative Besprechung des Verhältnisses von Brentanos und Husserls Intentionalitätsbegriff findet sich bei Prechtl (1989).

6 »Unter den letzteren Titeln *Erlebnis* und *Inhalt* meint der moderne Psychologe die realen Vorkommnisse (*Wundt* sagt mit Recht: Ereignisse), welche, von Moment zu Moment wechselnd, in mannigfacher Verknüpfung und Durchdringung die reale Bewusstseinseinheit des jeweiligen psychischen Individuums konstituieren « (Hua XIX/1 (A), S. 357).

ler Bewusstseinsleistung, die das Erscheinen des intentionalen Objekts zustande bringe:

> »Beispielsweise ist also im Falle der äußeren Wahrnehmung das Empfindungsmoment Farbe, das ein reelles Bestandstück eines konkreten Sehens (in dem phänomenologischen Sinn der visuellen Wahrnehmungserscheinung) ausmacht, ebensogut ein *erlebter* oder *bewußter Inhalt* wie der Charakter des Wahrnehmens und wie die volle Wahrnehmungserscheinung des farbigen Gegenstands. Dagegen ist dieser Gegenstand selbst, obgleich er wahrgenommen ist, nicht erlebt oder bewußt; und desgleichen auch nicht die an ihm wahrgenommene Färbung« (Hua XIX/1, S. 358f.).

Phänomenal lässt sich diese These unschwer bestätigen. Wie Husserl selbst ausführt, können wir uns leicht davon überzeugen, dass, wenn einem Erlebnis kein real existierender Gegenstand entspricht, wenn sich zum Beispiel die Wahrnehmung als Trug oder Halluzination herausstellen sollte, es doch nichts an der Tatsache ändert, dass wir das Wahrnehmungserlebnis hatten, zum Beispiel einen Tisch in einer bestimmten Farbqualität wahrgenommen haben. Aber wir können nicht sagen, dass die wahrgenommene, also gerade eben gesehene Farbe des Gegenstandes existiert. Das, was uns anschaulich gegeben ist, ist *lediglich* das Bewusstseinserlebnis. Husserl macht hier deutlich, dass die »Unterschiede zwischen normaler und anomaler, richtiger und trügerischer Wahrnehmung den inneren, rein deskriptiven, bzw. phänomenologischen Charakter der Wahrnehmung nicht an[gehen]« (Hua XIX/1, S. 358). Die »gesehene« Farbe erscheint uns, im Erlebnis entspricht ihr ein reelles Moment, das jedoch von uns eine objektivierende Auffassung dieser oder anderer Art erfahren muss und erfährt, und erst kraft dieser Auffassungsleistung für uns zur Beschaffenheit des existierenden (oder eben bloß halluzinierten) Dinges wird. Diese Auffassungsleistung macht das Wesen der intentionalen Beziehung aus.

Hier eröffnet sich ein beinah endloses Feld der phänomenologischen Bewusstseinsforschung. Sie richtet sich zunächst auf die deskriptiven Wesensbestimmungen der Bewusstseinserlebnisse sowohl hinsichtlich ihrer reellen Inhalte als auch vor allem ihrer Auffassungsstrukturen. Prototypisch für Husserl sind dabei zunächst die Wahrnehmungsanalysen. Neben der Wahrnehmung sollen aber die intentionalen (Wesens-)Beziehungen bei allen anderen Arten und Modalitäten des vorstellenden, wertenden oder urteilenden Bewusstseins untersucht werden, so der Phantasie, der Erinnerung oder Erwartung, aber auch im Besonderen der Angst, des Genusses oder des Pflichterlebnisses.

In der Praxis bedeutet das die Beschreibung der Bewusstseinsphänomene (der intentionalen Erlebnisse) auf das ihnen Essenzielle, auf das Invariante der Struktur jener Phänomene hin. Es geht hier also um die Erfassung der bestimmenden Strukturen der Erlebnisse als rein seelische, aus der erlebten Innenperspektive gegebene Phänomene, um Klärung des sie je bestimmenden Auffassungscharakters sowie der Fundierungsverhältnisse zwischen ihnen. Im Zuge dieser Beschreibungen wird die Phänomenologie als Lehre von den intentionalen Akten bestimmt, die Husserl zugleich als deskriptive Psychologie versteht, letztere dabei deutlich von der kausal-genetischen empirischen Psychologie unterscheidend, die dem intentionalen Verhältnis ein substanziell-kausales unterlegt, das durch reale psychophysische Bedingtheiten bestimmt ist.[7]

Mit den Mitteln der Wesensphänomenologie als deskriptiver Psychologie soll schließlich die Klärung von Begriffen und Phänomenen der Psychologie als Wissenschaft vom subjektiven Erleben gewährleistet werden, die erst die Grundlage für die konkrete empirische Forschung sichert. Diese Methode entscheidet auch über den interdisziplinären Erfolg der Phänomenologie. Sie findet Anwendung in der allgemeinen Psychologie und in der Psychopathologie. Es ist Max Scheler, der die wertenden Akte der Person untersucht (Scheler, 2009), es ist Edith Stein, die sich der Fragen nach der psychischen Kausalität annimmt (Stein, 2010). Es sind die Münchener Phänomenologen wie Moritz Geiger oder Alexander Pfänder, die vielfältige Phänomene nicht zuletzt aus dem ästhetischen Bereich mit den Mitteln der phänomenologisch-psychologischen Aktanalyse untersuchen, die aber auch nach dem Status des Unbewussten innerhalb der Bewusstseinspsychologie fragen.[8] Es sind ferner Ludwig Binswanger (1922) und vor allem Karl Jaspers (1913), die mit den Mitteln der phänomenologischen Wesensforschung ent-

---

7 »Ja es ist, genauer erwogen, ein prinzipieller Widersinn, das intentionale Verhältnis, hier und überhaupt, als Kausalverhältnis anzusehen, ihm also den Sinn eines empirischen, substanzial-kausalen Notwendigkeitszusammenhanges unterzulegen. Denn das intentionale Objekt, das als ›bewirkendes‹ aufgefaßt ist, kommt dabei nur als das intentionale in Frage, nicht aber als außer mir wirklich seiendes und mein Seelenleben real, psychophysisch bestimmendes. Ein Kentaurenkampf, den ich mir in einem Bilde oder in der Phantasie vorstelle, ›erregt‹ ebenso mein Wohlgefallen wie eine schöne Landschaft der Wirklichkeit, und wenn ich die letztere auch psychophysisch als reale Ursache für den in mir seelisch erwirkten Zustand des Wohlgefallens auffasse, so ist das eine total andere ›Kausation‹ als diejenige, in welcher ich die gesehene Landschaft – vermöge gerade dieser Erscheinungsweise, oder gerade dieser erscheinenden Farben oder Formen ihres ›Bildes‹ – als ›Quelle‹, als ›Grund‹, ›Ursache‹ meines Wohlgefallens erschaue« (Hua XIX/1, S. 405).

8 Eine eingehende Analyse der Münchener Phänomenologiebewegung mit Besprechung der Beiträge zur phänomenologischen Psychologie präsentiert Ave-Lallemant et al. (1975).

scheidende Begriffsklärungen im Bereich der Psychopathologie und Psychiatrie leisten. Weitere Berührungspunkte finden sich ferner zur Gestaltpsychologie,[9] aber auch zu der sich gleichzeitig entwickelnden Psychoanalyse[10] – um hier nur einige Entwicklungslinien zu erwähnen. Auf phänomenologischem Boden entsteht jedenfalls eine reine, apriorische oder intentionale Psychologie, die sich in der Praxis der Beschreibung, strukturellen Analyse und Klassifikation seelischer Erscheinungsbilder entsprechend ihrer subjektiven Erlebnisstruktur widmet. Wir haben es hier also – um mit der modernen Terminologie zu sprechen – mit einer Psychologie aus der Ersten-Person-Perspektive zu tun. In Husserls Augen ist diese Psychologie unumgänglich, wenn die empirische psychologische Forschung auf einem sicheren Fundament aufbauen und mit aufgeklärten Begriffen arbeiten will. Husserl selbst realisiert hier aber im weitesten Sinne das Programm einer Vermögenspsychologie, auch wenn diese die neuartige Form der intentionalen Lehre annimmt.[11] Es handelt sich dabei um einen bis heute vorherrschenden Begriff der phänomenologischen Psychologie als deskriptive Disziplin.

Ihre weitere Entwicklung ist die reflexiv-hermeneutische Analyse. Sie fokussiert sich auf die Deutung der Sinngehalte von Erlebnissen und wird insbesondere in der zweiten Generation der Phänomenologie vertreten, zum Beispiel durch die Hermeneutiken von Paul Ricœur oder Jean-Paul Sartre. In der Literatur wird bei diesen Autoren selbstverständlich von der Phänomenologie bzw. von der phänomenologischen Philosophie gesprochen, doch genauer genommen und im Husserl'schen Sinne haben wir es hier mit einer deskriptiv-phänomenologischen Psychologie zu tun.

Darin erschöpft sich jedoch nicht das Potenzial der psychologischen Forschung in der Phänomenologie, und damit kommen wir zu der zweiten Annäherung, die mit der Entwicklung einer *erfahrenden Phänomenologie* als Transzendentallehre zu tun hat.

---

9 Die Verbindungslinien zwischen der Phänomenologie und der Gestalttheorie diskutiert vielfach A. Gurwitsch (u.a. 1966 u. 2010). Vgl. dazu auch Toccafondi (2011). Ich habe den Zusammenhang zwischen Phänomenologie und Gestaltpsychologie in Brudzińska (2015) behandelt.

10 Den frühen Berührungspunkten zwischen der Freud'schen Psychoanalyse und der Husserl'schen Phänomenologie geht G. Gödde (2011) nach.

11 Dies belegen vor allem seine *Studien zur Struktur des Bewusstseins* aus der Zeit von 1909 bis 1914, in denen Husserl die These von drei aufeinander nicht reduziblen Klassen von Erlebnissen vertritt und sie unter der Bezeichnung Verstand, Gemüt und Wille auf ihre spezifischen Aktstrukturen hin untersucht. Die *Studien* erscheinen demnächst in der Husserliana-Edition als Hua XLIII/1–4.

Zweiter Schritt: die erfahrende Phänomenologie und die reine Psychologie

Die Methode der Wesensdeskription, die eine spezifische Gestalt der phänomenologischen Psychologie als apriorische Lehre vom Seelischen bestimmen soll, wird auf dem Boden der sogenannten *natürlichen Einstellung* entwickelt. Mit diesem Ausdruck bezeichnet Husserl unsere Situation als Erkenntnissubjekte in der Welt. Es ist die *Geradehin*-Einstellung, die Einstellung auf das Leben in der Welt der existierenden Objekte mit Menschen und uns selbst als real seienden, psychophysischen Subjekten. Hier stellen wir das Recht der Wahrnehmung nicht infrage: Die Wahrnehmung informiert uns über das reale Sein. Als subjektive Leistung führt sie uns zu den als Phänomenen gegebenen seienden Dingen. Die frühe Methode der Wesensdeskription verlangt von uns allerdings die Rückwendung zum Bewusstsein als den *Ort*, an dem uns die Gegenstände der Welt erscheinen. Sie fordert ferner, dass wir uns möglichst aller erklärenden Theorien enthalten, um die Bewusstseinsgegebenheiten als solche zu erforschen. Vor allem geht es dabei um die *Ausschaltung* von Theorien, die das Psychische, als Bewusstseinsmäßiges, durch physische Vorkommnisse erklären wollen. Die Erlebnisse sollen vielmehr in einer spezifischen Vorurteilslosigkeit erfasst und auf ihren essenziell seelischen Gehalt, auf ihr bewusstseinsmäßiges *Was* hin untersucht werden. Nicht infrage gestellt wird dabei aber ihre faktische Realitätsbindung. Wir gehen davon aus, dass es sich um Erlebnisse realer Menschen in der Welt handelt. Wir erklären sie zwar nicht durch diese Realitätsbindung, insbesondere nicht durch ihre Leibgebundenheit. Aber wir thematisieren jene Bindung nicht weiter. Das ist die Position der *Logischen Untersuchungen* der Husserl'schen phänomenologischen Forschung der ersten Göttinger Jahre, die bis etwa 1910 leitend ist und sich speziell gegen den Psychologismus richtet.

Doch dann vollzieht sich im Denken Husserls eine entscheidende Wende, die mit der weiteren Differenzierung der Erkenntniseinstellungen und schließlich mit der Methode der *transzendentalen Reduktion* zusammenhängt. In meinen Augen vollzieht sich diese Wende im Wesentlichen in Husserls Vorlesungen *Grundprobleme der Phänomenologie* (WS 1910/11).[12] Die *natürliche Einstellung* wird hier als die erste und gewissermaßen noch naive Einstellung des Menschen in der

12 Diese Vorlesungen mit den sie vorbereitenden Analysen sind als Texte Nr. 5 und 6 in Hua XIII, dem ersten Band zur Phänomenologie der Intersubjektivität, abgedruckt und werden meistens nur im Hinblick auf die hier zum ersten Mal ausgeführte substanzielle Analyse der Einfühlungserfahrung berücksichtigt.

Welt, auch des Wissenschaftlers, des Psychologen, zwar anerkannt, doch werden weitere Einstellungen von ihr unterschieden. Zum einen wird noch einmal die apriorische Einstellung hervorgehoben, die uns die Blickrichtung auf die Wesensgehalte der Erlebnisse ermöglicht und uns so den Zugang zum Essenziellen, zum apriorischen *Was* dieser Erlebnisse verschaffen soll. Damit kann die Phänomenologie als deskriptive Psychologie zur apriorischen Seelenlehre, zur eidetischen Psychologie werden, die Husserl hier auch mit dem Begriff der *rationalen Psychologie* bezeichnet.[13] Zum anderen versteht Husserl aber, dass auch diese Einstellung auf dem Boden der natürlichen Welterfahrung vollzogen werden kann und damit zwar nicht mehr in dem ursprünglichen Sinn dem Psychologismus, aber doch immer noch dem Naturalismus verhaftet bleibt.[14] Letztere Haltung leitet sich für Husserl aus der den Wissenschaften zugrundeliegenden These einer allumfassenden Natur als dem raum-zeitlichen, kausal geordneten Zusammenhang der Erscheinungen her. Diese allem Erkennen zugrundeliegende Natur-These deutet Husserl als die allgemeinste Präsumption, zugleich die letzte unbefragte Voraussetzung der wissenschaftlichen Erkenntnis, die die Neuzeit hervorbringt und der wir stillschweigend immer noch verpflichtet bleiben, indem wir die Psychologie als Naturwissenschaft deuten. Er fordert eine weitere Einstellungsänderung und erklärt sie für möglich. Es ist die transzendental-phänomenologische Einstellung.

Diese scheint zunächst ziemlich unnatürlich zu sein. Sie verlangt nämlich von uns die *Einklammerung* oder *Ausschaltung* der durch die Natursetzung bestimmten universalen Daseinssetzung (Hua XIII, S. 174). Das bedeutet aber nicht, dass wir uns in eine unnatürliche, irreale Sondersphäre versetzen sollen. Vielmehr ist damit gemeint, dass wir die These der unabhängig von uns existierenden, dem allgemeinen Kausalgesetz unterstehenden Natur nicht zur Erklärung unserer Erfahrung heranziehen dürfen. Wir enthalten uns also nicht nur der speziellen wissenschaftlichen (Vor-)Urteile und verzichten auf Erklärung unserer Erfahrung durch bestehende Theorien. Wir gehen weiter: Wir nehmen das Erlebnis als, wie Husserl sagt, »reine Immanenz«, »reines Erleben«, das als solches nichts Naturhaftes mehr in sich enthält. Aber was soll dieses reine Erleben bedeuten? Was bleibt

13 Hierzu greift Husserl auch auf den inzwischen angestaubten, insbesondere durch Christian Wolff erschlossenen Begriff der rationalen Psychologie zurück. Während jedoch die rationale Psychologie traditionellerweise als spekulative Lehre galt, verlangt Husserl, dass sie auf der Grundlage der in der phänomenologischen Wesenserfahrung erlangten Anschauung entwickelt wird (vgl. z. B. Hua XIII, S. 196, u. S. 140; auch Hua XXXIV, S. 397).

14 Eine pointierte Kritik des Naturalismus und ihrer Auswirkungen auf die Psychologie stellt Husserls *Logos-Artikel* vom Jahr 1911 dar (Hua XXV, S. 2–62).

nach dem Vollzug der Reduktion? Welche Erfahrungsgrundlage gewinnen wir damit? Husserls These ist, dass wir erst jetzt den eigentlichen *Strom* des Erlebens gewinnen, unbezweifelbar jedem von uns gegeben. Das ist nicht nur die aktuelle Wahrnehmung, die eine mehr oder weniger explizite Referenz zu dem Ding der Naturrealität impliziert und darin auch schließlich ihre Geltung ausweist. Es sind vielmehr alle Bewusstseinsformen, die das subjektive Leben ausmachen und sich bereits vor jeder Natursetzung als umfassender Verweisungszusammenhang erfahrbar zeigen. Es ist die Vergangenheit, die uns in Wiedererinnerungen erfahrbar ist und als solche aber auch, Erwartungen motivierend, auf die Zukunft verweist. Es ist die Zukunft, die wir, motiviert durch die Vergangenheit, erwarten. Es ist sogar der Andere mit seinem Erleben, den ich in meinem Erleben vergegenwärtige und dadurch als wirksam erfahre. Verzichten wir auf die Referenz der unabhängig von uns existierenden Natur, dann stellen all diese Erfahrungsmodalitäten eine Evidenzquelle dar. Es ist nicht bloß das psychische Erleben, nicht bloß die Introspektion meiner individuellen psychischen Erfahrung, sondern es ist ein Strom, ein Fluss mannigfaltiger Phänomene, der die Erfahrung als einen dynamischen, intersubjektiven Motivationszusammenhang ausmacht.

Vor diesem Hintergrund erprobt Husserl das Programm einer *erfahrenden Phänomenologie*, die, wie er sagt, keine Wesenslehre ist (Hua XIII, S. 101, FN 1). Diese Phänomenologie fordert ein neues Verständnis des Subjektiven und somit des Psychischen sowie ein neues Verständnis der Psychologie. Wir fokussieren hier nicht mehr auf das Apriorische einzelner psychischer Erlebnisse oder Erlebnisklassen, sondern auf das reine transzendental-Psychische und somit auf die transzendental reine Psychologie.[15]

Was aber ist genau unter dem Begriff des reinen und transzendentalen Psychischen zu verstehen? Während in den *Logischen Untersuchungen* vom Psychischen als einem (menschlichen) Individuum in dem Raum und Zeit zugehörigen Bereich der intentionalen Akte die Rede war, ändert sich hier die Perspektive. Zum einen entfällt die raum-zeitliche Zuordnung der Erlebnisse, zum anderen findet eine Dynamisierung des Bewusstseinsfeldes statt. Indem wir die Natur einklammern, haben wir auch die objektive Zeit und den objektiven Raum eingeklammert. Der Strom des Erlebens zeigt sich dann zwar in einer zeitlichen Form, die aber lediglich durch das stetige Verfließen markiert ist. Wir sind hier nicht mehr in der Zeit der objektiven Chronometer, sondern des immanenten Bewusstseins. Der

15 In den Vorlesungen *Grundprobleme der Phänomenologie* wird sowohl der Begriff der *reinen* als auch der *transzendentalen Psychologie* zum ersten Mal thematisch diskutiert (Hua XIII, S. 87f. u. S. 196).

als inneres Zeitbewusstsein gedeutete Zusammenhang manifestiert sich durch interne Verweise, die uns eine dynamische Dauer in verschiedenen Evidenzformen erfahrbar machen. Damit findet eine radikale Erweiterung der phänomenologischen Evidenzgrundlage statt. Die Evidenz erweitert sich im Wesentlichen über den Bereich des unmittelbar Wahrnehmbaren als bloße Gegenwärtigung hinaus. Vergegenwärtigungen, antizipative Vorgriffe, Quasi-Gegenwärtigungen, Mit-Gegenwärtigungen und leiblich-kinästhetische Ausdrucksphänomene werden als legitime Erfahrungsfelder der phänomenologischen Empirie gewonnen und anerkannt:

> »Ich frage jetzt nicht nach der Geltung der betreffenden dinglichen Wahrnehmungssetzungen [...], der Erinnerungssetzungen, die darauf zu bauenden oder gebauten Urteilssetzungen etc., ich vollziehe sie jetzt nicht, um auf ihrem Grunde wissenschaftlich begründete Urteile über darin erfahrene und gedachte Dinge festzustellen; sondern ich mache sie als rein subjektive Fakta zu Themen, zu Substraten für neue Wahrnehmungen [...] und neue Urteile, eben die der reinen Psychologie. Wenn eine Wahrnehmung andere Wahrnehmungen motiviert, wenn im Bewusstseinszusammenhang selbst ein Bewusstsein (nicht das in ihm gesetzte Ding) [...] neues Bewusstsein erwarten lässt, ein selbst nicht gegebenes Bewusstsein, so ist das mein Feld. So nun nehme ich den fremden Leib wahr, und zu dieser Wahrnehmung gehören zunächst gewisse Motivationen, die auf weitere eigene Wahrnehmungen gehen« (Hua XIII, S. 86f.).

Zum Tragen kommt hier der umfassende Zeitzusammenhang der Erfahrung, der sich aber nicht mehr rein formell verstehen lässt. Wie hängen die verschiedenen Erlebnismanifestationen zusammen? Zwar geben die Sukzession und die Koexistenz der Erlebnisse einen formalen Rahmen des Erlebniszusammenhangs (vgl. Hua XIII, S. 176), doch die Struktur der intentionalen Implikationen und Verweise der Erlebnisse wird verständlich nur im Lichte einer inhaltlichen Dynamik, die die Erlebnisse zusammenhält und qualitativ voneinander differenziert. So erlangt die Motivation als Gesetz des subjektiven Lebens einen enormen Stellenwert:

> »Und da ist es eine Erkenntnis von ungeheurer Wichtigkeit, dass jede natürliche Erfahrung als immanentes Sein genommen eine Mannigfaltigkeit anderer natürlicher Erfahrungen und eine Mannigfaltigkeit von realen Möglichkeiten natürlicher Erfahrung motiviert und dass wir diese Motivationszusammenhänge, welche Zusammenhänge des reinen Bewusstseins sind, aufwickeln und auf sie unseren Blick

> richten können. Und dieser Blick hat den Charakter phänomenologischer Erfahrung« (Hua XIII, S. 180).[16]

Die Entdeckung der Motivation als der Gesetzlichkeit, die das immanente Bewusstsein organisiert, rückt das gesamte Projekt der transzendentalen Phänomenologie, die dadurch zugleich zu einer genetischen Phänomenologie wird, in ein neues Licht. Sie bereitet zugleich den Boden für eine neu verstandene transzendentale Psychologie. Hier geht es nicht mehr um die Aufklärung einzelner Phänomene – nicht um die Klärung von isolierbaren *mental states*, um sich einer modernen Terminologie zu bedienen. Das Erfahrungsbewusstsein der transzendentalen Phänomenologie als genetische Lehre ist kein bloßes Aktbewusstsein mehr. Vielmehr ist es ein Bewusstsein, das sich als ein Entwicklungs- und Verweisungszusammenhang zeigt. Es ist bestimmt durch Ziele und seinen individuell-habituellen Charakter. Die Affektivität des Bewusstseinsstroms ist keine isolierbare Aktklasse, sondern sie durchzieht die Subjektivität in allen ihren Leistungsdimensionen. Zum Forschungsfeld wird hier der Bewusstseinsstrom in seiner unendlichen Länge und Breite, begriffen als Zeitstrom, der die Gegenwart, Vergangenheit, Zukunft und auch das Fremd-Erleben umfasst.

Eine herausragende Bedeutung in diesem subjektiven Erfahrungsfeld kommt der Erwartung zu. Die Analyse des Erwartungsphänomens bietet neue Einblicke in die gesamte Leistungsstruktur des Bewusstseins. Gerade an der Erwartung wird deutlich, dass sich die phänomenologische Erfahrung nicht an die Impression der Gegenwart binden muss, sondern vielmehr durch antizipatorische Vorgriffe getragen wird, die das aktuell Gegebene immer überschreiten. An der Erwartung wird daher die subjektive Motivationsstruktur erfahrbar und verständlich. Es sind die Erfüllungen und vor allem Enttäuschungen von motivationalen Tendenzen im Verlauf des Erlebens, die uns den inhaltlichen Zusammenhang des Bewusstseins intuitiv zur Gegebenheit bringen. Mit der damit vollzogenen Aufwertung und Würdigung der antizipatorischen Leistung erlangt das Phantasiebewusstsein einen besonderen Stellenwert – als Erfahrungsbewusstsein der

16 Schon Dilthey formulierte eindrucksvoll in seinen *Ideen* (Dilthey, 1957 [1894]), dass wir die Natur »erklären«, das Seelenleben aber »verstehen«. Dilthey gründete das Verstehen des Seelenlebens auf der Tatsache des motivationalen Zusammenhangs der seelischen Entwicklungsstruktur. Der Austausch zwischen Husserl und Dilthey, der ab dem Jahr 1905 stattgefunden hat, erlaubt mir, die These aufzustellen, dass Husserls Einsicht in den motivationalen Zusammenhang des subjektiven Erlebens ihre wesentliche Anregung bei Dilthey gefunden hat.

genetischen Zusammenhänge. Wir lösen uns von den empiristischen Vorgaben der Wahrnehmungsbindung und damit auch von den Vorgaben der alten Vermögenspsychologie und erschließen die subjektive Sphäre als einen dynamischen, teleologisch ausgerichteten Zusammenhang der Erfahrung. Die Phantasie führt uns dabei nicht in den Bereich des Irrealen, auch nicht in den Bereich der bloßen Imitation, des Nachbildens im Dienste der vorausgegangenen Wahrnehmung. Sie erschließt vielmehr komplexe Sinnbildungsprozesse des subjektiven und intersubjektiven Lebens, die ihrer Genese, ihrer Struktur und ihren Zielen nach ganz eigenständig und vom Wahrnehmungsbewusstsein unterschieden sind.

Diese Resultate haben in meinen Augen nicht bloß einen historischen Wert. Vielmehr können sie für die heutige Psychologie von Bedeutung sein. Sie zu berücksichtigen, das heißt, die Phantasie als vollwertiges Erfahrungsbewusstsein der psychologischen Erfahrung anzuerkennen, würde heute der akademischen Psychologie unter anderem dabei helfen, die projektiven Verfahren der psychologischen Diagnostik zu untermauern. Sie würde auch dabei helfen, das zu eng gefasste Verständnis der psychischen Kausalität zu revidieren. Die Phantasie schöpft aus Relevanzen, die in personalen Erfahrungsbeständen liegen. Sie ist also nicht der sogenannten Außenwelt verpflichtet. Ihrer Struktur nach erlaubt sie, ambivalente Tendenzen des Subjektiven zu erfassen, und ihre Ziele sind nicht durch Identitäts- und Eindeutigkeitsvorgaben gebunden. Die Phantasie, sofern sie nicht naturalistisch missdeutet wird, markiert so nicht nur den Bereich der subjektiven Erfahrung, sondern auch den Bereich der Freiheit und Entwicklung innerhalb dieser Erfahrung. Mit diesen Befunden befreit sich die phänomenologische Seelenlehre nicht nur aus den Fängen des Naturalismus, sondern auch aus den engen Schranken der Vermögenspsychologie. Sie rückt daher spürbar in die Nähe der geisteswissenschaftlichen Psychologie, wie sie vor allem Wilhelm Dilthey (1894) in seinen *Ideen zur beschreibenden und zergliedernden Psychologie* entwickelt hat.

Dritter Schritt: Die transzendentale Psychologie und die performative Seite der Subjektivität in der späten Egologie Husserls

Ausgehend von den oben geschilderten Resultaten, erforscht Husserl intensiv das Verhältnis zwischen der Phänomenologie und der Psychologie. Die definitive Annäherung an die Psychologie vollzieht sich auf dem transzendentalen Boden in der Mitte der zwanziger Jahre. Es ist der Ertrag eines mehr als zwanzigjährigen phänomenologischen Forschens: die erfolgreiche Auseinandersetzung mit dem Psychologismus und Naturalismus, die transzendentalphänomenologische Theorie der Subjektivität und der Reduktion, vielfältige Interpretationen intentionaler Leistungen der Subjektivität, phänomenologische Genetik und vor allem eine neue Auffassung der Relationen zwischen empirischer und transzendentaler Subjektivität als den beiden Aspekten des einen Ich-Bewusstseins, die es der Phänomenologie erlauben, sich gegenüber den Ergebnissen der psychologischen Forschung in einer neuen Weise zu öffnen. Husserl erkennt die Psychologie als die methodische Vermittlerin auf dem Weg zum transzendentalen Erfahrungsbereich an – und den Weg über die Psychologie als rechtmäßigen Weg zur Reduktion.[17] Unter anderem in den *Amsterdamer Vorträgen* (1925) weist er auf die propädeutische Funktion der Psychologie im Verhältnis zur reinen transzendentalen Phänomenologie hin und unterstreicht erneut den Parallelismus von seelischer und transzendentaler Subjektivität (Hua XXVII, S. 343). Der phänomenologischen Psychologie widmet er 1925 eine Vorlesung, in der er sich – in intensiver Auseinandersetzung mit Dilthey – nicht nur mit dem Sinn und den Möglichkeiten der Psychologie befasst, sondern auch die Ergebnisse seiner langjährigen Arbeit über die eidetische Methode präsentiert (Hua IX, §9).[18] Und es ist weder zufällig noch zweitrangig, dass er im Jahre 1929 in *Formale und transzendentale Logik* auf dem Boden einer inzwischen reifen genetischen Transzendentalphänomenologie, verfügend sowohl über die Methode der transzendentalen Reduktion als auch der eidetischen Variation, erneut die Bedeutung der psychologischen Erfahrung für den Aufbau einer transzendentalen Theorie der Genese der Objektivität und ihrer idealen Gebilde heraushebt. Gerade hier verteidigt Husserl ausdrücklich den Sinn einer psychologischen Erkenntnistheorie. Er betont zwar, dass auch eine reine Psychologie keine Antworten auf transzendentalphilosophische Fragen gibt bzw. geben kann, dass sie jedoch *Strukturansichten* bezüglich der Konstitution der leistenden Subjektivität zu gewinnen ermöglicht. Als deskriptive Psychologie steckt sie die Felder der subjektiven Erfahrung ab, als apriorische ist sie dazu fähig, Einsichten in die Strukturverhältnisse des intentionalen Bewusstseins zu erlangen. Husserl identifiziert hier den Bereich von *Strukturansichten* als gemeinsames Forschungs- bzw. Kooperationsfeld für die transzendentale Phänomenologie und die Psychologie. Er hält fest, dass das Erkennen von konstitutiven *Strukturen* der Subjektivität sowohl bei der natürlichen bzw. psychologischen als

17 Diese methodische Wende wird zum ersten Mal im zweiten Teil der Vorlesung *Erste Philosophie* präsentiert, der der phänomenologischen Reduktion gewidmet ist (vgl. Hua VIII, S. 162ff.).

18 Diese Vorlesung rekonstruiert gezielt in seiner eingehenden Studie Hermann Drüe (1963).

auch bei der transzendentalen Einstellung möglich ist: ob als eigentümliche Architektonik der empirischen Subjektivität, die der Konstitution der *psyché* mit ihren empirisch-realen Zuständen, Erfahrungen und Erlebnissen zugrundeliegt, oder als Konstitution der transzendentalen Subjektivität, die keine Realität voraussetzen darf. Deshalb, so betont Husserl, stellen alle Errungenschaften der im obigen Sinne begriffenen Erkenntnispsychologie als auf die inner-seelischen Strukturansichten bezogene Erfahrungslehre – bei entsprechender Umwendung des Blicks – zugleich Ergebnisse der transzendentalen Phänomenologie dar. Selbst wenn es dabei zunächst zur Vermischung von empirischer und transzendentaler Erkenntnis kommen mag, was das Problem des nunmehr transzendentalen Psychologismus ausmachen würde, wäre es prinzipiell möglich, ein solches Ineinander im Nachhinein zu klären und zu korrigieren (Hua XVII, S. 260f.).

Obwohl diese frisch affirmierte Nähe zur Psychologie mit vielen Schwierigkeiten verbunden ist, auch wenn hier erneut das Gespenst des (transzendentalen) Psychologismus in Erscheinung tritt (z.B. Rinofer-Kreidl, 1997), setzt Husserl seine methodologischen Bemühungen, die Verwandtschaft bei wesentlicher Differenz beider Disziplinen auszuweisen, fort. Sie resultieren in der Vertiefung der transzendentalen Methodologie, vor allem aber in der weiteren Ausbildung und Differenzierung des genetischen Gedankens. Man darf sagen, dass gerade diese Verwicklung in die Psychologie zu einem der grundlegenden Probleme wird, die die Identität der transzendentalen Phänomenologie betreffen, zu einer der Fragen nach ihrem *Status* als transzendentale Theorie des Bewusstseins. Das betrifft insbesondere die späte genetische Phänomenologie, die Phänomenologie der ursprünglichen Konstitution des konkreten transzendentalen Ich, die Studien aus den dreißiger Jahren aus dem Umkreis der Analysen zur Konstitution der transzendentalen Monade, zur Konstitution der Lebenswelt und der intersubjektiven Monadengemeinschaft. Hier erweist sich aber eben die psychologische Erfahrung als das, was die Pforten des Konkreten, die Tore zur Erlebensfülle öffnet, wie es insbesondere die *Krisis-Schrift* belegt. Denn die wohlverstandene psychologische Erfahrung bietet die nötigen Anschauungsfelder für die Einsichten in die ursprüngliche Genese der Subjektivität, Einsichten in die Genese ihrer Entscheidungen, Setzungen und in die Konstitution der Bedeutungen (vgl. Hua VI, §58ff.). Husserl geht es hier nämlich um eine genetische Analyse der Sphäre der ursprünglichen Erfahrung, um die Auslegung von tiefen Ebenen der subjektiven Passivität, um die Analyse der Gesetze und Gesetzmäßigkeiten, die jene Bereiche organisieren. Seine Aufmerksamkeit richtet sich zunehmend auf die Prozesse emotiv-volitiver Natur, auf den Bereich der Triebsynthesen in den Prozessen der passiven Genesis, auf die vor-ichliche Instinktintentionalität, auf präintentionale kinästhetische Aktivität. Eine aus der erlebten Innenperspektive schöpfende Psychologie, die genetische Zusammenhänge verfolgt, kann mit ihren Resultaten für die phänomenologische Analyse unschätzbare Einsichten liefern.

Die Zusammenarbeit zwischen Psychologie und transzendental-genetischer Phänomenologie wird dadurch nicht nur gerechtfertigt, sondern auch gefordert. Und diese Kooperation betrifft die performative Seite der Subjektivität. Wir sind hier nicht mehr an der bloßen Aktpsychologie interessiert, auch nicht an der hermeneutisch orientierten phänomenologischen Psychologie als Bedeutungsphänomenologie, die die Interpretation von objektiven Gehalten der subjektiven Erlebnisse erforscht. Wir fragen vielmehr nach dem *Wie* des Hervorbringens der Welt und unser selbst als kontinuierlicher subjektiver Prozess. Wir fragen nach der Leistung der Sinnkonstitution, nicht nach dem Bestand des konstituierten Sinnes. Diese Ausrichtung kann auch als *noetische* Ausrichtung bezeichnet werden, und sie kann entsprechend der verschiedenen Einstellungen in deskriptiv-phänomenologischem, psychologischem und transzendental-phänomenologischem Sinne geführt werden. Immer aber geht es um die Leistungsseite der Subjektivität bei der Konstitution unserer gemeinsamen Welt.

In diesem Zusammenhang kommt es auf die radikale Vertiefung der transzendentalen Fragestellung in der späten Phänomenologie an, in Bezug auf die Konstitution des konkreten transzendentalen Ich (Person), die Konstitution der Lebenswelt und der intersubjektiven Gemeinschaft. Für diese Forschung bedarf die Phänomenologie aber angemessener psychologischer Anschauungsfelder. Es sind eben Felder, die die subjektive Passivität, die emotiv-volitiven Prozesse, Triebsynthesen, passive Genesis, vor-ichliche Instinktintentionalität, präintentionale kinästhetische Aktivität, intersubjektive Entwicklungsdynamik in den Vordergrund rücken. Die Psychologie, wie sie heute als Kognitionswissenschaft fungiert, kann diese Anschauungsfelder nicht bieten, vor allem, weil sie an dem empiristischen Vorurteil der Wahrnehmungsevidenz der Erfahrung festhält und wenig Zugang zur Prozessualität des seelischen Geschehens gewährt. Aber ist damit das Husserl'sche Projekt der Annäherung und Zusammenarbeit der beiden Disziplinen endgültig gescheitert?

Welche Psychologie kann die nötigen Anschauungsfelder bieten? Meine These ist, dass die Psychoanalyse als erfahrungsgebundene Lehre vom seelisch-subjektiven Erleben und seiner Genese – das heißt als genetische Psychologie aus der erlebten Innenperspektive – entsprechende Einsichten und Ansichten bieten kann. Hier eröffnet sich die Möglichkeit einer substanziellen Kooperation zwischen Phänomenologie und Psychoanalyse als Wissenschaften vom Erleben und von der sinnleistenden Subjektivität (vgl. Brudzińska, 2011). Husserl selbst, der sich in den dreißiger Jahren intensiv mit Phänomenen des instinktiv-affektiven

Lebens der Subjektivität befasst, eröffnet diese Möglichkeit, indem er 1934 anerkennend äußert:

> »Natürlich ist das eine Vordeutung auf die *Freud'sche* Psychoanalyse, mit ihren eingeklemmten Affekten, ihren »Verdrängungen« usw. Denn hier liegt offenbar das Radikale für die Aufklärung dessen, was an diesen psychoanalytischen Dingen wirklich subjektive Tatsache ist« (Hua XLII, S. 126).

Das weiter auszuführen, wäre aber das Thema einer gesonderten Abhandlung. Hier müssen wir uns mit diesem allgemeinen Verweis begnügen.

Schlusswort

Ich habe mit diesem Beitrag versucht, die Bedeutung und die Tragweite der phänomenologischen Psychologie Edmund Husserls in ihrer Relevanz für die innerphänomenologische, aber auch für die moderne psychologische Forschung zu umreißen. Insbesondere heute, im Zeitalter eines (erneut) aufblühenden, durch die rasanten Fortschritte der Neurologie und der Medizin ermutigten Naturalismus, scheint mir die Not der Stunde zu gebieten, auf einen fundamentalen, methodisch grundlegend reflektierten Ansatz zurückzugreifen. Die moderne psychologische Forschung kann sich damit eine substanzielle Unterstützung bei der angemessenen Erfassung ihres spezifischen Gegenstandes sowie des methodischen Zugangs zu ihm erhoffen. Die Phänomenologie wird zwar heute schon in Verbindung mit den Neurowissenschaften gebracht und in Form einer sogenannten *Naturalizing Phenomenology* (Petitot et al. 1999) entwickelt. Weitgehend unberücksichtigt bleibt jedoch das große Potenzial für eine personenorientierte Psychologie, die der Falle des Naturalismus zu entkommen in der Lage ist, indem sie auf die transzendentale und genetische Phänomenologie der Subjektivität Edmund Husserls zurückgreift.

Literatur

Ave-Lallemant, E., Gladiator, R., Kuhn, H. (Hrsg.) (1975). *Die Münchener Phänomenologie. Vorträge des internationalen Kongresses in München 13.–18. April 1971* (Phaenomenologica 65). Den Haag: Nijhoff.

Binswanger, L. (1922). *Einführung in die Probleme der Allgemeinen Psychologie.* Berlin: Springer.

Brentano, F. (1874). *Psychologie vom empirischen Standpunkte*. Leipzig: Duncker & Humblot.

Brudzińska, J. (2011). Depth phenomenology of the emotive. Dynamic and the psychoanalytic experience. In D. Lohmar & J. Brudzińska (Hrsg.), *Founding psychoanalysis phenomenologically. Phenomenological theories of subjectivity and the psychoanalytic experience* (Phaenomenologica 199) (S. 23–52). Dordrecht: Springer.

Brudzińska, J. (2015). Type as experiential structure from a phenomenological point of view. In S. Czerniak & S. Bonacchi (Hrsg.), Gestalt as a structure principle: mind, language, and social philosophy. *Dialogue and Universalism*, *25*(4), 101–115.

Dilthey, W. (1957 [1894]). Ideen über eine beschreibende und zergliedernde Psychologie. In ders., *Gesammelte Schriften*, Bd. 5 (S. 139–240). München: Teubner.

Drüe, H. (1963). *Edmund Husserls System der Phänomenologischen Psychologie* (Phänomenologisch-psychologische Forschungen 4). Berlin: de Gruyter.

Gödde, G. (2011). Berührungspunkte zwischen der »Philosophie« Freuds und der Phänomenologie. In D. Lohmar & J. Brudzińska (Hrsg.), *Founding psychoanalysis phenomenologically. Phenomenological theories of subjectivity and the psychoanalytic experience* (Phaenomenologica 199) (S. 133–168). Dordrecht: Springer.

Gurwitsch, A. (1966). Edmund Husserl's conception of phenomenological psychology. *Review of Metaphysics, 19*(4), 689–727.

Gurwitsch, A. (2010). *The field of consciousness: Theme, thematic field, and margin*. In ders., The collected works of Aron Gurwitsch (1901–1973) Vol. III (Phaenomenologica 194). Dordrecht: Springer.

Husserl, E. (1954). *Die Krisis der europäischen Wissenschaften und die transzendentale Phänomenologie. Eine Einleitung in die phänomenologische Philosophie*. Hrsg. von W. Biemel. Den Haag: Nijhoff. = Hua VI.

Husserl, E. (1962). *Phänomenologische Psychologie. Vorlesungen Sommersemester 1925*. Hrsg. von W. Biemel. Den Haag: Nijhoff. = Hua IX.

Husserl, E. (1973). *Zur Phänomenologie der Intersubjektivität. Texte aus dem Nachlass. Erster Teil. 1905–1920*. Hrsg. von I. Kern. Den Haag: Kluwer. = Hua XIII.

Husserl, E. (1974). *Formale und transzendentale Logik. Versuch einer Kritik der logischen Vernunft*. Hrsg. von P. Janssen. Den Haag: Nijhoff. = Hua XVII.

Husserl, E. (1975). *Logische Untersuchungen. Erster Band: Prolegomena zur reinen Logik*. Hrsg. von E. Holenstein. Den Haag: Nijhoff. = Hua XVIII.

Husserl, E. (1976). *Ideen zu einer reinen Phänomenologie und phänomenologischen Philosophie. Erstes Buch: Allgemeine Einführung in die reine Phänomenologie*. 1. Halbband. Hrsg. von K. Schuhmann. Den Haag: Nijhoff. = Hua III/1.

Husserl, E. (1984). *Logische Untersuchungen. Zweiter Band. Untersuchungen zur Phänomenologie und Theorie der Erkenntnis*. 1. Teil. Hrsg. von U. Panzer. Den Haag: Nijhoff. = Hua XIX/1.

Husserl, E. (1987). *Aufsätze und Vorträge (1911–1921)*. Hrsg. von T. Nenon & H. R. Sepp. Den Haag: Nijhoff. = Hua XXV.

Husserl, E. (1989). *Aufsätze und Vorträge (1922–1937)*. Hrsg. von T. Nenon & H. R. Sepp. Den Haag: Nijhoff. = Hua XXVII.

Husserl, E. (2002). *Zur phänomenologischen Reduktion. Texte aus dem Nachlass (1926–1935)*. Hrsg. von S. Luft. Dordrecht: Kluwer. = Hua XXXIV.

Husserl, E. (2014). *Grenzprobleme der Phänomenologie. Phänomenologie des Unbewusstseins und der Instinkte. Metaphysik. Späte Ethik. Texte aus dem Nachlass (1908–1937)*. Hrsg. von R. Sowa & T. Vongehr. Dordrecht: Springer. = Hua XLII.

Jaspers, K. (1913). *Allgemeine Psychopathologie. Ein Leitfaden für Studierende, Ärzte und Psychologen*. Berlin: Springer.

Kaiser-el-Safti, M. (2011). Der Psychologismus-Streit in geschichtlicher und systematischer Betrachtung. In M. Kaiser-el-Safti & W. Loh (Hrsg.), *Die Psychologismus-Kontroverse* (S. 9–60). Göttingen: Vandenhoeck & Ruprecht.

Kockelmans, J. J. (Hrsg.) (1987). *Phenomenological psychology. The Dutch school* (Phaenomenologica 103). Dordrecht: Nijhoff.

Mohanty, J. N. (1997). The concept of ›psychologism‹ in Frege and Husserl. *Philosophy & Rhetoric, 30*(3), 271–290.

Petitot, J., Varela, F. J., Pachoud, B. & Roy, J.-M. (Hrsg.) (1999). *Naturalizing phenomenology: Issues in contemporary phenomenology and cognitive science*. Stanford: Stanford University Press.

Peucker, H. (2002). *Von der Psychologie zur Phänomenologie. Husserls Weg in die Phänomenologie der »Logischen Untersuchungen«*. Hamburg: Meiner.

Prechtl, P. (1989). Die Struktur der Intentionalität bei Brentano und Husserl. In W. Baumgarten (Hrsg.), *Brentano-Studien II* (S. 117–130). Dettelbach: Röll.

Rath, M. (1994). *Der Psychologismusstreit in der deutschen Philosophie*. Freiburg: Alber.

Rinofner-Kreidl, S. (1997). Das Psychologismusproblem und die Idee einer phänomenologischen Wissenschaft. *Phänomenologische Forschungen*, NF 2.1, 3–34.

Scheler, M. (2009). Der Formalismus in der Ethik und die materiale Wertethik. In ders., *Gesammelte Werke II*. Bern: Francke.

Stein, E. (2010). *Beiträge zur philosophischen Begründung der Psychologie und der Geisteswissenschaften*. Bearbeitet und eingeleitet von Beate Beckmann-Zöller. Edith Stein Gesamtausgabe Bd. 6. München: Herder.

Toccafondi, F. (2011). Philosophie, Phänomenologie und Psychologie. Husserl und der »zeitgemäße Anachronismus« der Phänomenologie der Gestaltpsychologie. *Gestalt Theory, 33*(1), 57–68.

Die Autorin

Jagna Brudzińska, geb. 1965, promovierte und habilitierte Philosophin und Dipl.-Psychologin; außerordentliche Professorin für Philosophie am Institut für Philosophie und Soziologie der Polnischen Akademie der Wissenschaften in Warschau sowie Dozentin und Wissenschaftliche Mitarbeiterin am Husserl-Archiv der Universität Köln. Forschungsschwerpunkte: Phänomenologie, philosophische Anthropologie, theoretische Psychologie, Psychoanalyse.

Grundzüge indischer Psychologie

Buddhistische und hinduistische Beiträge

Pradeep Chakkarath

> »If I were asked under what sky the human mind has most fully developed some of its choicest gifts, has most deeply pondered on the greatest problems of life, and has found solutions of some of them which well deserve the attention even of those who have studied Plato and Kant – I should point to India. And if I were to ask myself from what literature we, here in Europe, we who have been nurtured almost exclusively on the thoughts of Greeks and Romans [...] may draw that corrective which is most wanted in order to make our inner life more perfect, more comprehensive, more universal, [...] again I should point to India.«
>
> *(Friedrich Max Mueller, 1883, S. 24)*

Zur Notwendigkeit einer erweiterten Historiografie der Psychologie

Die Historiografie der Wissenschaftsgeschichte ist eine in aller Regel schriftlich fixierte Erzählung über die Entwicklung der Wissenschaft. Das klingt für viele vielleicht erst einmal naheliegend, wirft aber in dieser knappen Formulierung bereits eine ganze Menge an Fragen auf. Hier ein paar wenige Beispiele für solche Fragen: Was ist eigentlich Wissenschaft bzw. anhand welcher Maßstäbe und Indikatoren identifiziert die Historiografie der Wissenschaft ihren Gegenstand? Wird dieser Gegenstand in der historiografischen Spurensuche tatsächlich anhand von verlässlichen Quellen detektivisch identifiziert oder in beträchtlichen Anteilen zuallererst, vielleicht sogar interessengeleitet, konstruiert? Versteht sich die Wissenschaftsgeschichtsschreibung selbst eigentlich als eine Wissenschaft und falls ja: Wie verfährt sie, um ihren eigenen – vermutlich ebenfalls historisch identifizierten und historisch begründeten – Maßstäben selbst zu genügen (vgl. Pritzel, 2016)? Wenn es stimmt, dass Historiografie als eine Erzählung, vielleicht sogar mit literarischen Ambitionen, verstanden werden kann[1], können dann unterschiedliche Historiker und Historikerinnen Entwicklungsgeschichten ganz unterschiedlich erzählen, indem sie zum Beispiel Ereignissen, Akteuren und Kontexten jeweils unterschiedliche Bedeutungen geben? Inwieweit hängen solche Bedeutungszuweisungen von dem ab, was Historiker überhaupt interessiert und was sie eigentlich alles wissen bzw. zu welchen Quellen sie Zugang haben und welche Quellen ihnen, manchmal aus rein sprachlichen Gründen, schwer zugänglich sind?

Wer diese und ähnliche miteinander zusammenhängenden Fragen zufriedenstellend beantworten will, hat sicherlich viel Arbeit zu leisten, doch wird er dabei nicht umhin kommen, sich die Historiografie, etwa die Historiografie der Psychologie, zunächst einmal ganz schlicht daraufhin anzuschauen, wer sie hauptsächlich erzählt, wovon sie zumeist handelt, wovon sie so gut wie gar nichts berichtet und wie sie schließlich begründet, was sie in ihrer Erzählung für erzählenswert und was sie dagegen für vernachlässigbar hält. Was letzteren Punkt angeht, so laufen die Begründungen für das mehr und das weniger Erzählenswerte häufig darauf hinaus, dass das, was unter »Psychologie« zu verstehen ist, einigermaßen feststehe und man daher recht gut eingrenzen könne, was noch zu einer Geschichte echter Psychologie gehört und was dagegen aus einer Psychologiegeschichte ausgeschlossen werden kann. Dies bedingt schließlich auch viele der Antworten auf die gerade aufgeworfenen Fragen. Es sind Antworten, die sich auftun, wenn man sogenannte Standardwerke zur Geschichte der Psychologie betrachtet.[2] Es zeigt sich dann, dass diese Standardwerke im Wesentlichen von Autoren

1 Immerhin wurde 1902 Theodor Mommsen für seine voluminöse *Römische Geschichte* und 1953 Winston Churchill u. a. für seine zeitgeschichtlichen Darstellungen mit einem Literaturnobelpreis geehrt. Zum Unmut vieler Vertreter der Geschichtswissenschaft hat Hayden White (1973) gezeigt, dass sich Historiografien nach literaturwissenschaftlichen Formen und Gattungen unterscheiden lassen, die den literarischen Erzählungs- und somit Verfremdungscharakter von Geschichtswerken zusätzlich unterstreichen.

2 Ich brauche hier keine der Standarddarstellungen explizit zu erwähnen, da sich jeder hierzu sehr rasch ein eigenes Bild machen kann. Im deutschsprachigen Bereich hat immerhin Schönpflug (2013, S. 61), wenn auch in aller Knappheit, in seinem Lehrbuch zur Geschichte und Systematik der Psychologie für eine größere Beachtung nichtwestlicher Psychologietraditionen plädiert. In jüngerer Zeit wurden, primär in englischsprachigen Ländern, erste sichtbarere Versuche unternommen, der globalen Dimension der Psychologiegeschichte gerechter zu werden (siehe etwa Baker, 2012).

und Autorinnen aus Europa und den USA geschrieben werden, die zudem auch vorwiegend psychologiegeschichtliche Werke aus denselben Regionen zitieren. Es zeigt sich weiter, dass sie im Wesentlichen von den Entwicklungen in Europa und den USA seit dem 19. Jahrhundert und entsprechend fast ausnahmslos von europäischen und amerikanischen Gestalten der alles in allem offenbar recht jungen Psychologiegeschichte handeln. Und schließlich zeigt sich zugleich, wovon nicht oder kaum die Rede ist, nämlich von nicht-europäischen und nichtnordamerikanischen Gestalten und ihren Beiträgen. Dies gilt sogar für die zeitlich weit zurückliegenden Abschnitte der Psychologiegeschichte: Antike Impulse für die Entwicklung dessen, was in diesen Standardwerken als Psychologie oder »psychologiehistorisch relevant« durchgeht, wurden angeblich zuerst und in grundlegender Weise von den Griechen, namentlich etwa Hippokrates, Platon, Aristoteles und Plotin geliefert. Der griechischen Sprache verdankt sich letztlich ja auch die Bezeichnung für das Fach Psychologie, auch wenn diese mittlerweile vertraute Wortzusammensetzung so erst seit dem 16. Jahrhundert in europäischen Quellen nachweisbar sein sollte. Bemerkenswert ist bei dieser häufig zu beobachtenden psychologiehistorischen Wertschätzung der griechischen Beiträge, dass diese keineswegs frei von weltanschaulichen Elementen sind und immer mal wieder auch ihre voraussetzungsvolle Eingebundenheit in religiöse Grundannahmen verraten. Darüber hinaus konkurrierten in der griechischen Antike spätestens seit den Vorsokratikern unterschiedlichste metaphysische, philosophische und religiöse Annahmen miteinander, was dazu führte, dass sich kein einheitlicher oder allgemein akzeptierter Seelenbegriff und entsprechend auch keine verbindliche Auffassung fand, die wir heute problemlos als Fundament einer modernen Auffassung von Psychologie akzeptieren könnten (immer noch grundlegend Rohde, 1898; siehe auch Bremer, 1984). Dies ist im hier interessierenden Kontext vor allem deshalb bemerkenswert, da ähnliche Befunde für weit zurückliegende und bereits in der Bezeichnung als weltanschaulich markierte Beiträge nichtwestlicher Traditionen – zum Beispiel Beiträge sogenannter buddhistischer, hinduistischer, daoistischer und islamischer Autoren – häufig angeführt werden, um ihre Wissenschaftlichkeit und damit auch ihre psychologische Relevanz in Zweifel zu ziehen.

Nun könnte man die weitgehende Ausblendung nichtwestlicher Beiträge aus einschlägigen westlichen Historiografien der Psychologie natürlich viel schlichter auch damit begründen, dass die rekonstruierbaren Entwicklungslinien der modernen und weltweit praktizierten akademischen Mainstream-Psychologie keine Hinweise auf nichtwestliche Beiträge hergeben. Es würde somit nicht geleugnet werden, dass es psychologierelevante Beiträge auch in anderen ideengeschichtlichen Traditionen gab, sondern lediglich behauptet werden, dass jene Beiträge für die westliche Entwicklung irrelevant oder zumindest weitgehend irrelevant waren. Dieser Sichtweise kann man allerdings unter anderem folgende Argumente entgegenhalten:

- Die Welt im Osten Europas war schon für griechische und römische Autoren der europäischen Antike eine Region großen Interesses und blieb es in jeweils sich wandelnden Formen über Jahrtausende bis in die Gegenwart (siehe z. B. Halbfass, 1981; Preisendanz, 2007). Zwar ist es sicherlich schwierig, das genaue Ausmaß und die Qualität des kulturellen Austausches zu rekonstruieren, doch besteht kein Zweifel, dass es ihn gab. Dass die griechische Sprache bis spätestens im 3. vorchristlichen Jahrhundert nach Indien gelangt war, davon zeugen griechische Inschriften buddhistischen Inhalts, die der indische König Asoka im Westen seines Reiches hatte in Stein hauen lassen. Eines der frühesten, auch psychologiehistorisch interessanten Dokumente zur intellektuellen Begegnung zwischen griechischer und indischer Kultur ist das sogenannte *Milindapanha* (»Die Fragen des Milinda«), ein Dialog zwischen dem griechischstämmigen König Megasthenes und dem buddhistischen Mönch Nagasena über die buddhistische Seelen- und Identitätslehre der Theravada-Schule.
- Zwar haben wir es bei antiken Beiträgen Europas und Asiens mit unterschiedlich situierten Denktraditionen zu tun, doch lassen sich auch vielerlei Gemeinsamkeiten in bestimmten Auffassungen über Seelenvermögen, Kognition, Motivation, Emotion, Bewusstsein und Handlung feststellen, die es wert sind, psychologiehistorisch erfasst und analysiert zu werden. Die Frage, warum es trotz geografisch beträchtlicher Entfernung und kulturhistorisch spezifischer Entwicklungen nicht nur zu Unterschieden, sondern auch zu einigen Gemeinsamkeiten kam, ist durchaus von Interesse, allein schon, was die Phylogenese und die Strukturen von Wissen und menschlichem Erkenntnisvermögen angeht; ein Thema, das eine der Lichtgestalten der modernen westlichen Psychologie, nämlich Wilhelm Wundt, in seiner Völkerpsychologie noch zu den dringlichsten Aufgaben einer tragfähigen Psychologie erklärt hatte. Hier könnte Psychologiegeschichte über die bloße Deskription von Entwicklungen hinaus durchaus auch zur psychologischen Erkenntnis selbst beitragen.
- Was für die antiken Beiträge gilt, darf mehr noch für die späteren Phasen europäisch-asiatischen Austauschs gelten. Zum Beispiel ist die Rolle islamischer Gelehrter für die Wertschätzung und Bewahrung griechischen Denkens wie auch für die Anreicherung europäischer Wissensbestände seit dem 11. Jahrhundert oberflächlich bekannt, doch wird gelehrten Figuren

wie etwa Al Kindi, Al Farakh, Al Razi, Ibn Rushd, Ibn Sina, Al Ghazali oder auch Ibn Khaldun in psychologiehistorischen Darstellungen deutlich weniger Beachtung geschenkt als etwa Platon und Aristoteles oder auch Thomas von Aquin, der die arabische Gelehrsamkeit durchaus noch zu schätzen wusste (für einen kurzen Überblick siehe Haque, 2004). Dies ist umso überraschender, als die arabische Psychologie die griechischen Beiträge nicht nur in theoretischer Hinsicht ergänzte, sondern auch in wegweisender Hinsicht anwendungsorientierter war.

- Seit dem 20. Jahrhundert gibt es in der westlichen Psychologie ein deutlich gesteigertes Interesse an östlichen Theorien über den Menschen und seine Psyche, begleitet von einer wachsenden Aufmerksamkeit für die sowohl methodische als auch therapeutische Funktion insbesondere meditativer Techniken, wobei vor allem hinduistische und buddhistische Praktiken im Mittelpunkt stehen. Während diese Praktiken in der Sicht des Westens auf den Osten über Jahrhunderte vornehmlich anhand von Konzepten wie »Weisheit«, »Spiritualität« oder »Erleuchtung« und damit eher abseits einer wissenschaftlichen Psychologie erfasst und eingeordnet wurden, erleben wir seit einigen Jahrzehnten ein gestiegenes Interesse insbesondere der naturwissenschaftlich orientierten Apparatepsychologie an indischen Techniken der Regulation von Hirnfunktionen (siehe z. B. Walsh & Shapiro, 2006). Damit haben buddhistische Mönche, die jahrtausendealte Meditationstechniken praktizieren, den Weg in das Flaggschiff der modernen Neuropsychologie gefunden – in den Scanner. Spätestens jetzt, da die Begegnung zwischen westlichen und östlichen Traditionen nicht mehr vage, verschwommen und kaum rekonstruierbar, sondern deutlich erkennbar vor Augen liegt, sollte es der Historiografie der Psychologie ein Anliegen sein, darzustellen und verstehbar zu machen, wie derartige Entwicklungen aufeinander zu führen und sich eventuell wissenschaftlich fruchtbar ergänzen, vielleicht aber auch Probleme, beispielsweise der Anerkennung, Übersetzung und der Aneignung mit sich bringen. Um diese auch historiografische Aufgabe zu leisten, reicht es nicht mehr aus, einfach nur eine vermeintlich lineare Entwicklung von der griechischen Antike bis zur modernen Neuropsychologie nachzuzeichnen. Zu verstehen sind spätestens jetzt auch ganz andere Entwicklungswege und wie sie sich kreuzen und vielleicht auch wieder voneinander entfernen.

Diese etwas schlaglichtartig angeführten Gründe für eine angemessenere und dann auch umfassendere und kompetentere Historiografie mögen ausreichen, um den Hintergrund zu zeichnen, vor dem nun eine ungefähre Vorstellung von Grundzügen indischer Beiträge zur Psychologie vermittelt werden soll, was hier natürlich ebenfalls nur äußerst selektiv und schlaglichtartig erfolgen kann (für einen umfassenderen Überblick siehe Rao, 1962; Petzold, 1986; Rao et al., 2008; Cornelissen et al., 2011; Kuznetsova et al., 2012; Misra, 2013).

Psychologie in Indien und indische Psychologie

Als universitäre wissenschaftliche Disziplin wurde Psychologie in Indien 1915 an der Universität von Kalkutta institutionalisiert. Umgesetzt wurde dieser Etablierung westlicher Psychologie in Indien von N. N. Sengupta, einem Schüler von Wilhelm Wundt und ehemaligen Mitarbeiter von Hugo Münsterberg. Girindra Shekar Bose, der Nachfolger von Sengupta an der Universität von Kalkutta, begründete 1922 die *Indian Psychoanalytical Society*. Beide Ereignisse sind für den Übergang des indischen Bildungssystems vom 19. ins 20. Jahrhundert symptomatisch, da es sowohl das Verlangen der britischen Kolonialherren nach Etablierung westlicher Bildungsstandards wie auch die Rolle indischer Wissenschaftler in dieser Unternehmung illustriert. Die allermeisten einflussreichen indischen Psychologen des 20. Jahrhunderts hatten ihre wissenschaftliche Ausbildung unter anderem an westlichen Universitäten erfahren und setzten ihre entsprechenden Erfahrungen nach ihrer Rückkehr sowohl institutionell wie auch inhaltlich in ihrem Heimatland um. Da die meisten dieser frühen indischen Psychologen westlicher Prägung Wissenschaft und westliche Bildung als wegweisend für eine Modernisierung Indiens hielten, übernahmen sie auch weitgehend die Sichtweise der zuständigen Kolonialbeamten, wonach vergleichsweise wertlose vorkoloniale indische Wissenstraditionen überwunden und ersetzt werden müssen, um Indien erfolgreich aus der Vergangenheit in die Gegenwart zu führen (vgl. Chakkarath, 2009). Diese alles in allem unkritische Übernahme westlicher Überzeugungen führte dazu, dass die moderne Psychologie in Indien die vergangenen 100 Jahre hindurch im Wesentlichen auf den Fundamenten westlicher Theorien und westlicher Methoden errichtet und in westlich geprägten Institutionen verankert und gelehrt wurde. Anders als in Europa und den USA allerdings lief parallel dazu eine vor Jahrtausenden begonnene Entwicklung gelehrter Auseinandersetzung mit psychologischen Phänomenen und Fragestellungen weiter, die dem Großteil der indischen Bevölkerung trotz der durchaus voraussetzungsvollen intellektuellen Dimension dieser Auseinandersetzung vertrauter und zugänglicher ist als die importierte Universitätspsychologie westlicher Herkunft. Die Lebenswelt der meisten Inder und Inderinnen ist dementsprechend bis heute weit stärker von indigenen psychologischen Anschauungen, Konzepten und daran ausgerichteten pädagogischen und therapeutischen Maßnahmen geprägt als die Lebenswelt der Europäer und Europäerinnen vom psychologischen Erbe der griechischen und römischen Antike oder des Mittelalters. Mit anderen Worten: Wenn im Folgenden von »indischer Psychologie« die Rede ist, so ist damit nicht die akademische westliche Psychologie gemeint, die vor über 100 Jahren in Indien implantiert wurde, sondern der Korpus an Theorien und darauf gestützten Praktiken, der mitunter auch als »indigene indische Psychologie« bezeichnet wird, womit auf vorkoloniale Beiträge von psychologischer und somit auch psychologiehistorischer Relevanz verwiesen wird.[3] Diese Art von Verweis auf sogenannte indigene Traditionen ist kennzeichnend für die Bewegung der »indigenous psychology«, die als Ausläufer einer emanzipatorischen Postkolonialen Theorie verstanden werden kann und seit einiger Zeit in verschiedensten Ländern und Regionen Anklang und Zulauf findet (Chakkarath, 2012). Indische Psychologen und Psychologinnen sind unter den Befürwortern einer indigenen Psychologie auffällig zahlreich und üben zusehends unverhohlene Kritik an der über lange Zeit kritiklos hingenommenen Übertragung westlicher Theorien, Verfahren und Maßnahmen auf indische Lebenswelten (vgl. Nandy, 1974 u. 1983; Chakkarath, 2016). Die Erfahrung der letzten hundert Jahre habe gezeigt, dass westliche Psychologie eben an westlichen und für westliche Menschen und deren Umwelten entwickelt worden sei und daher keineswegs überraschend in Indien versagt habe.

Das Verständnis von »indischer Psychologie« wird in Indien selbst gegenwärtig vornehmlich auf buddhistische, hinduistische, gelegentlich auch jainistische Beiträge gestützt, selten aber auf islamische oder etwa sikhistische Beiträge. Darin spiegeln sich auch hier bestimmte Probleme der Ausblendung wider, wie sie

---

3 Da hier nicht der Platz ist, eine auch nur annähernd vollständige Palette der infrage kommenden Autoren und ihrer Werke zu präsentieren, seien hier wenigstens einige der einflussreicheren Personen genannt, die in einer Historiografie der indischen Psychologie sicherlich Erwähnung finden müssten. Genannt werden auch Gelehrte, die zwar zu Zeiten des Kolonialismus lebten, die aber dezidiert indische Denktraditionen vertraten: Mahavira (6. Jh. BCE), Gautama Buddha (6./5. Jh. BCE), Patanjali (zw. 2. Jh. BCE u. 4. Jh.), Nagarjuna (2. Jh.), Vasubandhu d. Ä. (4. Jh.), Vasubandhu d. J. (5. Jh.), Bharthrari (5. Jh.), Dignaga (5./6. Jh.), Dharmakirti (7. Jh.), Shankara (8./9. Jh.), Ramanuja (11./12. Jh.), Madhva (13./14. Jh.), Rabindranath Tagore (19./20. Jh.), M. K. Gandhi (19./20. Jh.), Vivekananda (19. Jh.), Sivananda (19./20. Jh.), Sri Aurobindo (19./20. Jh.), Bhattacharya (19./20. Jh.), Yogananda (20. Jh.), S. Radhakrishnan (20. Jh.).

einleitend bereits mit Blick auf die westliche Historiografie der Psychologie angesprochen wurden. Ohne diese Ausblendung in irgendeiner Weise befürworten zu wollen, werden die folgenden Beispiele für einige zentrale Aspekte und Merkmale der indischen Psychologie ausschließlich buddhistischen und hinduistischen Traditionen entnommen sein. Natürlich erfolgt diese Auswahl auch nicht ganz willkürlich, bedenkt man, welche Ausbreitung die indischen Beiträge gerade aus diesen beiden Traditionen über viele Jahrhunderte in ganz Süd-, Südost- und Ostasien gefunden haben.

Facetten klassischer indischer Psychologie

Ideengeschichtliche und wissenschaftstheoretische Hintergründe

Eines der häufig anzutreffenden und ethnozentrischen Vorurteile über die Bandbreite des klassischen indischen Denkens lautet, dass es in Indien nie die Fülle an Ideenreichtum und fundierten Theorien gegeben habe, wie sie für die europäische Geistesgeschichte prägend gewesen sei. Zudem seien die unterschiedlichen indischen Denkschulen so weitgehend theologisch, metaphysisch und spirituell ausgerichtet, dass ihre Gemeinsamkeiten grundlegender seien als ihre Unterschiede. Und schließlich könne man schwerlich klar formulierte Ansprüche an Wissenschaftlichkeit entdecken. Einmal davon abgesehen, dass Übereinstimmungen in diversen Theorien nun nicht gerade ein überzeugendes Kriterium dafür wären, ihre intellektuelle und wissenschaftliche Qualität in Zweifel zu ziehen, so ist schon allein die Annahme falsch, dass die klassischen indischen Denkschulen weitgehend ähnliche Positionen vertraten. Die Bandbreite klassischer Schulen der indischen Philosophie entspricht so ziemlich derjenigen der klassischen europäischen und beinhaltet unter anderem idealistische, materialistische, realistische, antirealistische, hedonistische, nihilistische, atheistische, agnostische, dualistische und monistische Positionen mit teils ähnlichen, teils divergierenden und auch entgegengesetzten epistemologischen, wissenschaftstheoretischen, sprachphilosophisch-logischen und ethischen Anschauungen (vgl. Lorenz, 1998).

Einer üblichen Einteilung nach werden diese vielfältigen Ausrichtungen nach nur zwei übergeordneten Gruppen systematisch unterschieden. Zur bejahenden *(astika)* Gruppe zählen die sechs orthodoxen Schulen bzw. Anschauungen *(shad darsana)*, in denen die Autorität der ältesten religiös-philosophischen Textüberlieferungen, die des *Veda*, anerkannt wird. Diese sechs orthodoxen Schulen sind *Sankhya*, *Yoga*, *Vedanta*, *Mimamsa*, *Nyaya* und *Vaisheshika*. Zur verneinenden *(nastika)* Gruppe, in der die Autorität des *Veda* nicht anerkannt wird, gehören die heterodoxen Schulen, wie etwa die materialistisch ausgerichtete Schule des *Lokayata* (oder auch *Carvaka*), der *Jainismus* sowie die Zweige des *Hinayana-* und *Mahayana*-Buddhismus. Die Debatten über die Beschaffenheit der Seele, über die Grundlagen psychischer Prozesse, über Individualität und Persönlichkeit oder auch über Motivation, Volition, Intention, Handlung und Emotion wurden und werden noch immer über Argumente geführt, die sich Positionen aus diesen beiden Gruppen und ihrer Schulen verdanken.

Was die Annahme angeht, dass das klassische indische Denken an die Wissenschaftlichkeit von Theorien und Argumentationen keine strengen Standards angelegt habe, so ist auch diese falsch. Entsprechende Standards und Forderungen wurden in allen der genannten Schulen entwickelt und werden häufig als *pramana* (Erkenntnismittel) bezeichnet. Hierzu zählen beispielsweise die folgenden:

- *yatharthya* (Korrespondenz der Theorien und Urteile mit den Fakten)
- *abadhitatva* (Logische Konsistenz und Widerspruchsfreiheit der Aussagen und Urteile)
- *anumana* (Ableitungen nur auf Grundlage der Logik)
- *pravritisamarthya* (Bearbeitbarkeit bzw. Untersuchbarkeit des Gegenstandes)
- *upamana* (Feststellung von Ähnlichkeiten und Unähnlichkeiten)
- *anupalabdhi* (Feststellung von dem, was nicht der Fall ist)
- *nutanatva* (Hervorbringung von Neuem bzw. Wissenszuwachs).

Die Auseinandersetzungen in den klassischen indischen Texten und Debatten belegen, wie häufig eigene und konkurrierende Theorien daraufhin geprüft werden, ob sie diesen und anderen Kriterien von Wissenschaftlichkeit und wissenschaftlichem Vorgehen genügen. Dies gilt für alle Themen, deren Untersuchung in den vorangehend genannten Schulen eine herausgehobene Rolle spielt, wodurch es auch möglich wird, typische Themen und Fragen der indischen Psychologie im Allgemeinen zu identifizieren:

- Leidhaftigkeit *(dukkha)* des Lebens und des Seins
- Argumente für eine zyklische Abfolge *(samsara)* von beseelten Existenzen
- Therapieempfehlungen für die Befreiung aus *dukkha* und *samsara*
- Diskussion der Fragen:
  - Wie zuverlässig sind unsere Kognitionen? (Was ist wahr?)
  - Wie entstehen Emotionen und wie kontrolliert man sie?
  - Was ist Geistiges (Bewusstsein), was ist Nicht-Geistiges?

- Dualismus oder Monismus?
- Was kennzeichnet menschliche Handlungen?
- Was ist unter »Identität«/«personaler Identität« zu verstehen?
- Welche Lebensführung/Entwicklung ist ratsam?
- Analytische Begriffsklärungen und Systematisierung von Phänomenen

Aus Platzgründen werden wir uns im Folgenden zwar auf einige dieser Themen und Fragen beschränken müssen, doch werden diese es erlauben, einige grundlegende Aspekte indischer psychologischer Traditionen sichtbar zu machen.

Selbst, Identität und Persönlichkeit

Indifferenz und Loslösung als selbstentlastende Entwicklungsaufgaben

Psychologisch relevante Beiträge aus hinduistischen Denktraditionen sind zumeist eingebettet in Erlösungslehren, denen die Annahme zugrundeliegt, dass alles Dasein primär die Anfälligkeit für Unglück und andere Formen des Leidens bedeutet. Mag diese Art von Einbettung auch die häufig anzutreffende Skepsis gegenüber der Wissenschaftlichkeit indischer Psychologie verständlich machen, so ist doch zu beachten, dass die Annahme, wonach das menschliche Leid überwunden werden kann, Analysen des Leidens, seiner Ursprünge und seiner Therapierbarkeit hervorgebracht hat, die ungeachtet ihrer breiteren Einbettung in weltanschauliche Rahmenvorstellungen von psychologischem Interesse bleiben. Dies gilt insbesondere angesichts eines Menschenbildes, das in mancher Hinsicht vom vergleichsweise lebensbejahenden Menschenbild der christlichen Tradition abweicht und damit die Frage aufwirft, inwieweit kulturhistorisch gewachsene und verankerte Menschenbilder in *allen* Traditionen des psychologischen Nachdenkens und Forschens dieses Nachdenken und Forschen bereits nachhaltig beeinflussen, ohne wissenschaftlich angemessen reflektiert zu werden (zu den nachfolgenden Ausführungen vgl. auch Chakkarath, 2005, 2006 u. 2013).

Ein auffälliges Merkmal hinduistischer Entwicklungs- und Persönlichkeitstheorien ist das Ideal der Indifferenz und der Bindungslosigkeit. Da das menschliche Leben aus hinduistischer Sicht primär von kausal verursachten Leidenserfahrungen geprägt ist, die der natürlichen menschlichen Neigung entspringen, sich selbst von allem anderen abzuheben, bedarf es starker Selbstdisziplin, Selbstbeobachtung und Selbstüberwachung, um diese Neigung einzudämmen oder gar zu überwinden. In hinduistischen Texten wird diese Problematik auch als ein kognitions- und motivationspsychologisches Problem des »Haftens« oder der begierigen »Bindung« an die Phänomene der Welt beschrieben. Dem wird das Ideal der »Nicht-Bindung« *(anasakti)* gegenübergestellt, von der die Beziehung eines freien Menschen zu seiner Umwelt geprägt sein sollte. Als einem Ideal menschlicher Handlungsorientierung kommt *anasakti* auch in der *Bhagavadgita*, einem der verbreitetsten und bekanntesten Texte der indischen Literatur, große Bedeutung zu (für eine gut lesbare Übertragung aus dem Sanskrit ins Englische siehe Easwaran, 2007). Dort heißt es etwa, dass derjenige eine erstrebenswerte Persönlichkeit habe, der ohne Zuneigung sei, sich nicht freue, wenn er Gutes, und nicht hasse, wenn er Schlechtes erfahre (*Bhagavadgita* 2,57). Vortrefflich sei derjenige, der gegen Wohlmeinende, Freunde, Feinde sowie unbeteiligte, unparteiische, verhasste, gute und auch böse Menschen die gleiche Gesinnung an den Tag lege (*Bhagavadgita* 6,9).

Auch heute noch in hinduistischen Familien geläufige Rituale *(samskaras)*, die zeitlich zwar einigermaßen flexibel terminiert werden können, aber unter anderem der Strukturierung der Kindheit dienen, illustrieren, wie man von Geburt an dabei unterstützt bzw. dazu gebracht wird, eine entsprechend ideale Persönlichkeit zu entwickeln. Zu den vielfältigen rituellen Markierungen der Selbstwerdung gehören beispielsweise (vgl. Petzold, 1986; Kakar, 2007):

- *nishakarana* (ca. 1.–4. Monat): Das Kind wird in die außerhäusliche Welt eingeführt; Sonne, Mond und Sterne werden ihm als Symbole der Einbettung des Einzelnen in einen kosmischen Zusammenhang gezeigt.
- *annaprasana* (ca. im 4.–9. Monat): Dem Kind wird die erste feste Nahrung verabreicht; es folgt die allmähliche Entwöhnung des Kindes.
- *chudakarana* (ca. im 9. Monat–3. Jahr): Als Symbol der Opferbereitschaft, des Todes und der Wiedergeburt wird der Schädel des Kindes kahlgeschoren, bevor es neu eingekleidet wird. Die Neueinkleidung als Zeichen der Wiedergeburt markiert die »psychologische Geburt« des Kindes, das von nun an in der Lage ist, Disziplin zu lernen und Pflichten nachzukommen.
- *upanayana* (ca. 7.–12. Jahr): Dieses Ritual markiert nach der biologischen und der psychologischen Geburt die soziale Geburt des Kindes. Es ist ausschließlich Söhnen vorbehalten. Sie nehmen ein letztes Mal ihr Abendessen gemeinsam mit der Mutter ein und verbringen danach die Nacht allein, erstmals ohne die Mutter und in einem dunklen Raum. Am nächsten Morgen verlassen sie den Raum und nehmen die letzte gemeinsame Speise mit der Mutter ein. Danach wird der Junge an die männliche Verwandtschaft

> übergeben. In Zukunft wird er mit den Männern der Familie essen und von der Mutter bedient werden. Erst jetzt gilt das Kind als vollwertiges und verantwortliches Mitglied seiner Kaste, deren Pflichten es von nun an genügen muss. Erst mit der Erfüllung oder Nichterfüllung der Kastenpflichten wird das Kind zur identifizierbaren Person.

Es fällt auf, dass dem Kind erst nach etwa dem 7. Lebensjahr, nach seiner sogenannten »sozialen Geburt«, eine eigene Persönlichkeit zugesprochen wird. Bis dahin gilt es als ein vorwiegend von kausalen Prozessen hervorgebrachtes und determiniertes Wesen, das primär über *karma* aus seinen Vorleben charakterisiert ist. Über die Lebensspanne umfassen die Pflichten weitere Loslösungsanforderungen, die dann allerdings selbstverantwortlich bewältigt werden müssen: Das hinduistische Stufenmodell menschlicher Entwicklung, das *ashrama dharma* (vgl. Chakkarath, 2005), das primär Männern aus den höheren Kasten zur Orientierung dienen soll, schreibt vor, sich nach der Schul- und Ausbildungszeit (Stufe 1), der Heirat (Stufe 2), der Familiengründung und der Selbstständigkeit der eigenen Kinder (Stufe 3) aus den familiären Verpflichtungen zu lösen und dem Studium der Heiligen Schriften zu widmen, um dann in Askese und Meditation die spirituellen Fähigkeiten zu entwickeln, derer es bedarf, um aus dem Kreislauf der Wiedergeburten *(samsara)* auszusteigen (Stufe 4). Spätestens auf der 4. Stufe wird es nötig, sich intensiv mit der Theorie und Praxis der orthodoxen *Yoga*-Schule zu befassen.

Doch nicht nur die Männer haben Loslösungsbemühungen zu erbringen. Von Männern wie von Frauen werden entsprechende Leistungen erwartet, wenn sie sich etwa im Zuge der Eheanbahnung von individuellen Wünschen und Vorlieben verabschieden, da die meisten Ehen auch heute noch von den Familien arrangiert werden und das Mitspracherecht der künftigen Eheleute recht eingeschränkt ist. Unmittelbar nach ihrer Verheiratung muss die Frau ihr Elternhaus verlassen und zur Familie ihres Mannes ziehen. Auch die symbolisierte Übergabe der Söhne an die Männer im *upanayana*-Ritual verlangt Opferbereitschaft von den Müttern.

Mag es auch zutreffen, dass insbesondere über die vielfältigen Kastenpflichten eine gesellschaftlich gewünschte Sozialorientierung forciert wird, so hat die Bereitschaft zur sozialen Unterordnung ihre Grundlage in der Entwicklung von Indifferenz und Nicht-Bindung als wichtige Persönlichkeitsmerkmale, die zu erlangen zu den wichtigsten Entwicklungsaufgaben des Menschen gehört. Die schon in der frühen Kindheit einsetzenden Loslösungs- und Opferrituale zielen darauf ab, frühzeitig diejenigen psychologischen Kapazitäten zu fördern, die Loslösungen im Erwachsenenalter erträglicher machen. Sie sind Voraussetzung dafür, sich aus den vor allem kognitionspsychologisch herbeigeführten Zusammenhängen zu lösen, die eine belastende Konzeption des Selbst zur Folge haben und über körperliche und meditative Therapietechniken im letzten Lebensabschnitt angegangen werden sollen.

Buddhistische Theorie des Nicht-Selbst

Auch wenn sich die buddhistischen Gelehrten mit psychologischen Fragen befassten, taten sie dies meist im Rahmen von Überlegungen zur disziplinierten, methodischen und effektiven Selbstkontrolle, die gewährleisten sollte, dass die Mühseligkeiten des Lebens besser ertragen und gegebenenfalls sogar überwunden werden können. Eine häufig zu findende und an das hinduistische Denken angelehnte Annahme ist dabei, dass es bestimmte kognitionspsychologische Faktoren im Zusammenspiel mit genuin menschlichen Bedürfnissen sind, die wesentlich dazu beitragen, dass vielerlei Aspekte des Lebens überhaupt als mühselig empfunden werden. Die Debatten befassen sich vorwiegend mit der Entwicklung, Funktion und Bedeutung von Identität, der Rolle von Kognition, Interaktion und Kommunikation bei der Konstruktion psychologischer Phänomene, mit Kausalität, Intentionalität und dem Mentalen sowie den Eigenarten bestimmter Geisteszustände, einschließlich des Bewusstseins, der Aufmerksamkeit und des vollkommenen inneren Friedens, der als *nirwana* bezeichnet wird.

In den buddhistischen Schulen wurde in diesem Zusammenhang die Ansicht vertreten, dass ein dem Menschen natürliches, aber falsches Bild von Individualität, Persönlichkeit und Identität eine psychologisch nachteilige Wirkung nach sich ziehe. Für die Diskussionen zwischen hinduistischen und buddhistischen Gelehrten war dabei bedeutsam, dass letztere den orthodoxen, auf dem *Veda* basierenden hinduistischen Schulen vorwarfen, besagte psychologisch schädliche Anschauung mit ihren Lehren, wonach Identität ein wesentliches und dauerhaftes Merkmal einer Person sei, mitverantwortet und verfestigt zu haben. Obwohl auch buddhistische Gelehrte wie Asanga, Buddhaghosa, Candrakirti, Dharmakirti, Dignaga, Nagarjuna, Santideva, Santaraksita und Vasubandhu – um nur einige zu nennen – diese und verwandte Themen unterschiedlich analysierten, lassen sich doch ausgehend von den sogenannten vier edlen Wahrheiten einige Schlüsselelemente ihrer Theorien nennen, die ein ungefähres Verständnis von der buddhistischen Theorie des »Nicht-Selbst« *(anatma)* vermitteln können (für eine ausführlichere Darstellung vgl. Paranjpe, 1998; Duerlinger, 2003; Chakkarath, 2010 u. 2014; Kuznetsova et al., 2012).

Die vier Wahrheiten bezeichnen die Einsichten, die Siddhartha Gautama während seiner meditativ herbeigeführten Erleuchtung hatte: 1) Das Leben ist voller physischem und psychischem Leid *(dukkha)*; 2) die Quelle unseres Leidens ist unsere Anhaftung an Dinge, die wiederum aus unseren Begierden *(tanha)* resultiert und aus unserem Versagen, zu begreifen, dass alles, wonach wir uns leidenschaftlich sehnen, einschließlich unseres Egos, vergänglich ist; 3) die Beendigung des Leidens kann erreicht werden durch das Absterben *(nirodha)* unserer Wünsche, das heißt durch die Erlangung von Leidenschaftslosigkeit; 4) der achtfache Pfad *(atthangika magga)*, der zur Beendigung des Leidens führt, erfordert die Aneignung von Weisheit und Intellekt, die Entwicklung von Moral, angemessenem Verhalten, Bewusstsein und Meditationsfähigkeiten. Der Inhalt und die Struktur dieser vier Überzeugungen zeigen, dass die Diagnose des Leidens psychologisch ist, dass sie Ursache-Wirkungs-Beziehungen zwischen Wahrnehmungen, Emotionen und Motivationen identifiziert, die ebenfalls psychologisch sind, und eine Kur vorschreibt, die auf Kognitionen und Verhalten zielt und somit als psychologische Therapie verstanden werden kann. Da sich diese Elemente der buddhistischen Psychologie auch in ihrer detaillierten Analyse des Selbstkonzepts widerspiegeln, mag diese Analyse den allgemeinen Charakter der buddhistischen psychologischen Theorie und Praxis im Folgenden veranschaulichen.

Nach der buddhistischen Analyse des Selbstkonzepts besteht das Ich-Bewusstsein aus fünf Aggregaten *(skandha)*: 1) aus der physischen Form *(rupa)*, die die vier Elemente Erde (Festigkeit), Wasser (Flüssigkeit), Feuer (Temperatur) und Wind (Ausdehnung) integriert; 2) aus Empfindungen und Gefühlen *(vedana)*, die sich auf unangenehme, angenehme oder neutrale Empfindungen (Berührung, Klang, Aussehen, Geruch, Geschmack und geistiges Objekt) beziehen und sich aus dem Kontakt zwischen einem der sechs inneren Sinnesorgane (Körper, Ohren, Augen, Nase, Zunge und Geist) mit äußeren Objekten ergeben; 3) aus der Wahrnehmung *(sanna)* von körperlicher Form, Klang, Aussehen, Geruch, Geschmack und Geist; 4) aus den geistige Formationen *(sankhara)*, einschließlich Stereotypen, Vorurteilen und Gewohnheiten, aus denen die sechs Willensäußerungen hervorgehen, die auf alle oben genannten Empfindungen und Wahrnehmungen gerichtet sein können; 5) aus dem Bewusstsein *(vinnana)* der sechs Sinnesorgane von den ihnen zugewiesenen äußeren Objekten.

Der Mensch wird somit als eine Ansammlung verschiedener sich wechselseitig bedingender Faktoren beschrieben, die in ständiger Bewegung und vorübergehend sind und deren jeweiliges Zusammenwirken ebenfalls zeitlich limitiert ist.

Die sechs inneren Sinnesbasen (Organe) und ihre sechs äußeren Sinnesbasen (Objekte) werden als die zwölf Sinnesbasen bezeichnet. Die zwölf Sinnesbasen und die sechs Bewusstseinsformen werden zusammen die achtzehn Elemente *(dhatu)* genannt. Wenn zusätzlich auch die physikalischen Faktoren berücksichtigt werden, kann jeder mentale Zustand und Prozess als eine spezifische Kombination von Elementen und den von ihnen verursachten Wahrnehmungs- und Willensphänomenen beschrieben werden.

Diese Analyse basiert auf der buddhistischen Theorie der Entstehung in Abhängigkeit *(pratityasamutpada)*, nach der alle Phänomene entstehen und vergehen als eine Funktion von mehrfach verschachtelten Bedingungen und Ursachen. In Konsequenz wird angenommen, dass diese Prozesse aufhören, wenn die Bedingungen aufhören zu existieren. Empirisch gestützt wird die Theorie durch die aufwändigsten Introspektionstechniken, die in der Geschichte der Psychologie entwickelt wurden und gemeinhin als Meditation bekannt sind. Belegt werden soll mittels dieser empirisch fundierten Theorie, dass die mächtige Illusion eines stabilen und überdauernden Selbst, das all diese Ereignisse bezeugt, durch kausale Wechselwirkungen entsteht, die sich ständig verändern und neu strukturieren. Faktisch entspricht diesem vermeintlich stabilen Selbst in der Realität nichts, denn es ist seinerseits auch nur das Ergebnis eines Prozesses, der stets aufs Neue beginnt und endet *(samsara)*. Damit wird nach buddhistischer Anschauung die weit verbreitete Vorstellung von einer persönlichen Seele oder einer dauerhaften persönlichen Identität widerlegt. Darüber hinaus lässt sich auch verstehen, warum das Festhalten an einem entsprechenden Selbstkonzept als Hauptquelle menschlichen Leidens identifiziert werden kann: In dem oben beschriebenen Kausalzusammenhang schafft der Glaube an ein solches Selbstkonzept zuallererst selbstsüchtige Einstellungen sowie daraus resultierende Motivationen und Handlungen, die schließlich früher oder später zu psychischen Beschwerden führen.

Interessanterweise erklärt der Buddhismus den alltäglichen Glauben an ein unveränderliches und sogar unsterbliches Selbst zum Ausdruck eines menschlichen Egoismus, der tief in der Psyche verwurzelt sei: Aus Unwissenheit, Schwäche, Angst und Verlangen sucht der Mensch Zuflucht in der tröstlichen Idee eines stabilen und dauerhaften Selbst. Der Buddhismus, der als intellektuelle und soziale Reformbewegung seinen Anfang nahm, wollte die psychologischen Wurzeln dieser irrationalen Überzeugungen aufdecken und lieferte damit auch eine kritische Analyse zur Psychologie bestimmter Psychologen und ihrer Theorien.

Interaktionistische Emotionstheorie

Nach den bisherigen Beispielen zu charakteristischen Aspekten indischer Psychologie kann es kaum überraschen, dass sowohl hinduistische als auch buddhistische Theorien ihr Augenmerk in besonderem Maße auf das Entstehen, die Entwicklung und die Kontrolle von Emotionen legten. Dass bestimmte Kognitionen bzw. bestimmte Konstellationen von Kognitionen zu unkontrollierten Emotionen führen, die für das psychische Wohlbefinden in der Regel schädlich sind, findet sich in der einen oder anderen Form in nahezu jeder der eingangs genannten orthodoxen und heterodoxen Schulen. Mehrheitlich werden Emotionen darin folglich als problematisch betrachtet, beispielsweise da sie, der Kontrolle entzogen, der idealisierten Persönlichkeitsentwicklung hin zu Indifferenz und Bindungslosigkeit entgegenarbeiten oder aber uns quasi als Klebstoff an psychisch verderbliche Dinge heften. Klingt dies zunächst, als müssten Emotionen zur Wahrung des inneren Gleichgewichts verhindert bzw. im Keime erstickt werden, so ist dies aus Sicht der meisten Schulen nicht der Fall, da sie die Meinung vertreten, dass jede Kognition bereits eine emotionale Qualität hat, sodass Kognitionen von Emotionen auch begrifflich nur schwer zu trennen sind (Sinha, 1985). Das hinduistische Indifferenz-Ideal versucht hier zwei Fliegen mit einer Klappe zu schlagen, indem es darauf abzielt, die Selbstkontrolle bereits auf kognitiver Ebene walten zu lassen, wohlwissend, dass es bestimmter kognitiver Vermögen allerdings bedarf, um Selbstkontrolle noch ausüben zu können (Kuznetsova, 2012). Insbesondere in den Schulen des *Samkhya* und des *Yoga* wie auch in den meisten buddhistischen Schulen wird angesichts der hier auftretenden theoretischen und praktischen Schwierigkeiten betont, dass Emotionen sich kognitiv formen und transformieren lassen und ihre schädlichen Begleiterscheinungen somit entschärft werden können. Diese Auffassung hat eine ihrer differenziertesten Ausführungen im *Natyashastra*, dem wichtigsten antiken Werk zur indischen Theaterkunst gefunden (für eine englischsprachige Übersetzung des Originaltextes, der zwischen dem 5. Jh. v. Chr. und dem 2. Jh. n. Chr. entstand, vgl. Bharatamuni, 1996).

Im Kontext des *Natyashastra* ist die zentrale Frage zunächst eine technische und für die Ausbildung von Schauspielern zentral: Wie lässt sich eine Emotion auf der Bühne so performieren, dass die zum Ausdruck gebrachte Emotion im Publikum bzw. im Zuschauer als eine nicht nur performierte, sondern erlebte Emotion erweckt wird? In der Ausarbeitung der Antwort auf diese Frage gelangt das *Natyashastra* zu einer keineswegs nur schauspieltheoretischen, sondern auch psychologisch interessanten Analyse, in deren Mittelpunkt die Konzepte *rasa* und *bhava* stehen. Der Begriff des *rasa* dürfte einer der auch außerhalb Indiens bekannteren Termini der indischen Philosophie und Kunsttheorie sein, was nicht selbstverständlich ist, da er sich nicht leicht übersetzen lässt. Gemeinhin wird der Begriff im Deutschen mit »Geschmack«, »Stimmung«, »Saft« oder »Essenz« wiedergegeben. Paraphrasierend ließe sich *rasa* im Kontext des *Natyashastra* auch als die Gesamtheit der Qualitäten einer tiefen und verzückenden ästhetisch-emotionalen Erfahrung bezeichnen.[4] Unterschieden werden acht *rasas*: Liebe/Erotik, Heldentum, Wut, Ekel, Humor, Mitgefühl, Furcht und Verwunderung. Anders als *rasa* meint *bhava* einen psycho-physiologischen Zustand, in den emotionsauslösende Ursachen *(vibhava)* wie auch emotionale Reaktionen *(anubhava)* eingehen. Weiter werden die *bhavas* in drei Kategorien unterschieden (siehe Tab. 1): *sthayi bhava* (dauerhafte, dominierende Zustände), *vyabhicaribhava* (veränderliche, transitorische Zustände) und *saattvika bhava* (augenblickliche Zustände).

sthayi bhava (dauerhafte, dominierende Zustände)

rati	(Wohlgefallen, Freude)
haasa	(Lachen, Fröhlichkeit)
soka	(Weinen, Trauer)
krodha	(Ärger)
utsaha	(Eifer)
bhaya	(Furcht)
vismaya	(Erstaunen, Überraschung)

saattvika bhava (augenblickliche Zustände)

stambha	(Betäubung)
sveda	(Schwitzen)
romanca	(sich begeistert fühlen)
svarbheda	(gebrochene Stimme)
vepathu	(Zittern)
varivarnya	(Blässe)
asru	(Tränen)
pralaya	(Ohnmacht, Tod)

vyabhicaribhava (veränderliche, transitorische Zustände)

nirveda (Distanziertheit)	**moha** (Ohnmacht)	**visada** (Bedauern, Enttäuschung)	**ugrata** (Gewalttätigkeit)
glani (Reue)	**smrti** (Erinnerung)	**autsukya** (Unruhe, Begierde)	**mati** (Verstehen, Urteil)
sanka (Besorgnis)	**dhrti** (Tapferkeit)	**nidra** (Schlummer)	**vyadhai** (Fieber, Krankheit, Unordnung)
asuya (Eifersucht)	**vrida** (Schamhaftigkeit)	**apasmara** (Vergesslichkeit)	**unmada** (Verrücktheit)
mada (Rausch)	**capalata** (Nervosität)	**supta** (schlafend, träumend vom Schlaf überwältigt)	**maranam** (Tod durch Gewalt oder Krankheit verursacht)
srama (Müdigkeit)	**harsa** (Freude)	**vibodha** (Erwachen)	**trasa** (Scheu)
alasya (Faulheit)	**avega** (Aufregung)	**amarsa** (Ungeduld)	**vitarka** (Schlussfolgerung)
dainya (Elend)	**jadata** (Stumpfheit)	**avahittham** (Verheimlichung)	
cinta (Änstlichkeit)	**garva** (Stolz, Arroganz)		

Bestimmte Kombinationen von dominierenden, transitorischen und augenblicklichen psycho-physiologischen Zuständen durch den Schauspieler bewirken schließlich die *rasas* beim Zuschauer. Das *rasa*, für das die meisten *bhavas* kunstvoll kombiniert werden müssen, ist das *rasa* der Liebe (siehe die Beispiele in Tab. 2).

4 Ein ungefähres Pendant hätte dies im Erleben, das sich einstellt, wenn man eine Speise mit reichhaltigen Gewürzen zu sich nimmt, die sich am Gaumen zu einem wohlgestalteten Gesamtaroma verdichten.

sṛngāram (शृङ्गारं): Liebe

- ❖ basiert auf dem Stahyi bhava Rati (Wohlgefallen, Freude)
- ❖ Verwendung von **46 Bhavas**

hāsyam (हास्यं): Humor

- ❖ basiert auf dem Stahyi bhava Haasa (Lachen, Fröhlichkeit)
- ❖ Verwendung von **11 Bhavas**

raudram (रौद्रं): Wut, Zorn

- ❖ basiert auf dem Stahyi bhava Krodha (Ärger)
- ❖ Verwendung von **14 Bhavas**

bhayānakam (भयानकं): Angst, Furcht

- ❖ basiert auf dem Stahyi bhava Bhaya (Furcht)
- ❖ Verwendung von **16 Bhavas**

Inwieweit es dem Akteur oder der Akteurin auf der Bühne gelingt, den gewünschten Effekt zu erzielen, hängt nicht nur von seinem oder ihrem eigenen Geschick, sondern auch von der Bühnenausstattung, der Musik und der Persönlichkeit des Zuschauers ab, der kein Kunstbanause sein und über ausreichende Empathiefähigkeit verfügen sollte.

Die im *Natyashastra* entwickelte Auffassung, dass Emotionen quasi »zubereitet« und dann »verabreicht« werden können, hat in den psychologischen Abhandlungen indischer Gelehrter einige Spuren hinterlassen: zum einen, weil diese Auffassung nahelegt, dass man gewünschte Emotionen nicht nur bei anderen, sondern auch in sich selbst erwecken könnte; zum anderen, weil sie auch Perspektiven für die Therapie von kognitiven und emotionalen Störungen bietet. Darüber hinaus legt das *Natyashastra* aber auch nahe, dass Emotionen in weitgehendem Maße sozial, soziokulturell und interaktiv konstruiert werden (Jain, 1994), weshalb individuelle Persönlichkeitszüge einigen Einfluss auf das Entstehen und die Auswirkung von Emotionen haben können. Dass das theatralische Setting im *Natyashastra* mit Bühne, Ausstattung, Geräuschkulisse und Zuschauern auch noch als Gleichnis für das alltägliche Performieren von sozialen Rollen und Attitüden sowie das Signalisieren von Bedürfnissen und Gemütslagen im gesellschaftlichen Miteinander gelesen werden kann, gibt der Theorie einen zusätzlichen intellektuellen Reiz.

Abschließende Bemerkungen

Zwar ist es nicht einfach, auf kleinem Raum Beiträge einer psychologiehistorischen Tradition zu präsentieren, die ihre Anfänge auf das 2. vorchristliche Jahrtausend datiert und die auch heute noch fortgeführt wird, doch könnte es im günstigsten Falle dennoch gelungen sein, zumindest exemplarisch zu zeigen, dass es sich bei diesen Beiträgen um psychologische Beiträge handelt, auch wenn sie in den meisten westlichen Psychologiegeschichten kaum nennenswerte Erwähnung finden. Skeptiker werden vielleicht immer noch einwenden mögen, dass die präsentierten Beispiele der modernen westlichen Psychologie nichts mehr zu sagen haben und keinen Beitrag leisten, aktuelle wissenschaftliche Fragestellungen der Psychologie einer Klärung näherzubringen. Wie eingangs bereits angedeutet, sieht beispielsweise die neuropsychologische Forschung das etwas anders, doch ob die Skepsis dennoch angebracht ist, mögen die unzähligen Psychologinnen und Psychologen hierzulande und weltweit diskutieren und bewerten. Sofern sie die Frage nicht nur in der Beschäftigung mit indischen, sondern zum Beispiel auch mit arabischen, chinesischen, japanischen und lateinamerikanischen Beiträgen bloß ernsthaft diskutieren würden, wäre schon viel gewonnen, denn das wäre immer noch begrüßenswerter als intellektuelle Ignoranz, gepaart mit ethnozentrischer Arroganz.

Natürlich sollen Probleme bei der Beurteilung des Wertes nichtwestlicher Beiträge auch nicht ignoriert werden. Da wären an erster Stelle sicherlich Übersetzungsprobleme zu nennen. Zu reflektieren wäre beispielsweise, dass es zwar durchaus indische Entsprechungen für den Begriff »Psychologie« gibt, doch keine ähnlich klare Entsprechung für Begriffe wie »Kognition« oder »Emotion«, was auch daran liegen mag, dass in den indischen psychologischen Beiträgen keine trennscharfe Unterscheidung von Kognitionen und Emotionen – übrigens auch nicht von ästhetischen Erfahrungen und Emotionen – angestrebt wird, da sie von den meisten indischen Autoren offenbar für unangebracht gehalten wird. Was hier zunächst primär wie ein Problem aussieht und zweifellos auch eines ist, bietet zugleich allerdings auch Anlass, über terminologische Konventionen in der globalen Mainstream-Psychologie vielleicht noch einmal genauer nachzudenken.

Von derartigen Fragen einmal ganz abgesehen, werden wir uns nicht leicht aus unserer wissenschaftlichen Verantwortung stehlen können, wenn es um die einleitend bereits erwähnten Hinweise geht, wonach sogenannte indigene Psychologien Teil von Entwicklungskontexten außerhalb Europas, Nordamerikas und Australiens sind und diese Kontexte unter anderem über die in ihnen entwickelten Menschenbilder, über ihre Begrifflichkeiten, ihre Entwicklungs- und Erziehungstheorien, ihre Interventions- und Therapieansätze wie auch über ihre Ansichten zu psychischer Erkrankung und psychischer Gesundheit nachhaltig prägen und strukturieren. Das ist dort nicht anders als in westlichen Entwicklungskontexten, die ihrerseits durch ihre indigene(n) Psychologie(n) maßgeblich mitgestaltet werden. Die mittlerweile offen geäußerte Frustration der indischen psychologischen Community über ihre Erfahrungen mit der Umsetzung westlicher psychologischer Ansätze in indischen, also durchaus anders gelagerten Kontexten, sollte uns zumindest kurz aufhorchen und etwas länger darüber nachdenken lassen, inwieweit der immer wieder aufs Neue erhobene Universalitätsanspruch der westlichen Psychologie vielleicht nicht viel mehr ist als eines ihrer indigenen Charaktermerkmale. Auch was die Klärung dieser und ähnlicher Fragen angeht, bietet es sich an, die Psychologiegeschichte zu befragen – allerdings eine Psychologiegeschichte, die einen weiteren und offeneren Blick anlegt als sie es bislang getan hat.

Literatur

Baker, D. B. (Hrsg.) (2012). *The Oxford handbook of the history of psychology: Global perspectives.* New York: Oxford University Press.

Bharatamuni (1996). *The Natya Shastra* (Engl. Übers. aus dem Sanskrit). Delhi: Sri Satguru Publications.

Bremer, J. N. (1984). *The early Greek concept of soul.* Princeton: Princeton University Press.

Chakkarath, P. (2005). What can Western psychology learn from indigenous psychologies? Lessons from Hindu psychology. In W. Friedlmeier, P. Chakkarath & B. Schwarz (Hrsg.), *Culture and human development: The importance of cross-cultural research to the social sciences* (S. 31–51). New York: Psychology Press.

Chakkarath, P. (2006). Wie selbstlos sind Asiaten wirklich? – Kritische und methodologische Reflexionen zur kulturvergleichenden Persönlichkeits- und Selbstkonzeptforschung. *Journal für Psychologie, 14,* 93–119.

Chakkarath, P. (2009). Internationalizing education and the social sciences: Reflections on the Indian context. In M. Kuhn & D. Weidemann (Hrsg.), *Internationalization of the social sciences: Asia – Latin America – Middle East – Africa – Eurasia* (S. 87–114). Bielefeld: transcript.

Chakkarath, P. (2010). The Indian self and the others: Individual and collective identities in India. *Taiwan Journal of East Asian, 7,* 1–24.

Chakkarath, P. (2012). The role of indigenous psychologies in the building of basic cultural psychology. In J. Valsiner (Hrsg.), *The Oxford handbook of culture and psychology* (S. 71–95). New York: Oxford University Press.

Chakkarath, P. (2013). Indian thoughts on psychological human development. In G. Misra (Hrsg.), *Psychology and psychoanalysis* (Vol. XIII, Part 3, of history of science, philosophy and culture in Indian civilization, ed. by D. P. Chattopadhyaya, S. 167–190). New Delhi: Munshiram Manoharlal Publishers.

Chakkarath, P. (2014). Buddhist psychology. In T. Teo (Hrsg.), *Encyclopedia of critical psychology* (S. 185–188). New York: Springer.

Chakkarath, P. (2016). Indigenität in den Sozialwissenschaften. Eine knappe Einführung. *Psychosozial, 146*, 5–9.

Cornelissen, R. M. M., Misra, G. & Varma, S. (Hrsg.) (2011). *Foundations of Indian psychology. Vol. 2: Practical applications*. New Delhi: Longman.

Duerlinger, J. (2003). *Indian Buddhist theories of person. Vasubandhu's »Refutation of the theory of a self«*. New York: Routledge.

Easwaran, E. (2007). *The Bhagavad Gita* (Engl. Übers. aus dem Sanskrit; 2. Aufl.). Tomales, CA: Nilgiri Press.

Frede, D. (2003). Aristoteles über Leib und Seele. In T. Buchheim, H. Flashar & R. A. H. King (Hrsg.), *Kann man heute noch etwas anfangen mit Aristoteles?* (S. 85–109). Hamburg: Meiner.

Halbfass, W. (1981). *Indien und Europa. Perspektiven ihrer geistigen Begegnung*. Stuttgart: Schwabe.

Haque, A. (2004). Psychology from Islamic perspective: Contributions of early Muslim scholars and challenges to contemporary Muslim psychologists. *Journal of Religion and Health, 43*, 357–377.

Jain, U. (1994). Socio-cultural construction of emotions. *Psychology and Developing Societies, 6*, 151–168.

Kakar, S. (2007). *Kindheit und Gesellschaft in Indien. Eine psychoanalytische Studie* (2. deutschspr. Aufl.). Berlin: Stroemfeld.

Kuznetsova, I. (2012). Emotions: A challenge to no-self views. In I. Kuznetsova, J. Ganeri & C. Ram-Prasad (Hrsg.), *Hindu and Buddhist ideas in dialogue: self and no-self* (S. 77–96). London: Routledge.

Kuznetsova, I., Ganeri, J. & Ram-Prasad, C. (Hrsg.) (2012). *Hindu and Buddhist ideas in dialogue: Self and no-self*. London: Routledge.

Lorenz, K. (1998). *Indische Denker*. München: Beck.

Misra, G. (Hrsg.) (2013). *Psychology and psychoanalysis* (Vol. XIII, Part 3, History of science, philosophy and culture in Indian civilization, ed. by D. P. Chattopadhyaya). New Delhi: Munshiram Manoharlal Publishers.

Mueller, F. M. (1883). *India – What can it teach us?* New York: Funk & Wagnalls.

Nandy, A. (1974). The non-paradigmatic crisis of Indian psychology: Reflections on a recipient culture of science. *Indian Journal of Psychology, 49*, 1–20.

Nandy, A. (1983). *Intimate enemy: Loss and recovery of self under colonialism*. New Delhi: Oxford University Press.

Paranjpe, A. C. (1998). *Self and identity in modern psychology and Indian thought*. New York: Plenum.

Petzold, M. (1986). *Indische Psychologie. Eine Einführung in traditionelle Ansätze und moderne Forschung*. München: Psychologie Verlags Union.

Preisendanz, K. (Hrsg.) (2007). *Expanding and merging horizons. Contributions to South Asian and cross-cultural studies in commemoration of Wilhelm Halbfass* (Denkschriften der philosophisch-historischen Klasse, Bd. 351). Vienna: Austrian Academy of Science Press.
Pritzel, M. (2016). *Die akademische Psychologie: Hintergründe und Entstehungsgeschichte.* Berlin: Springer.
Rao, S. K. R. (1962). *Development of psychological thought in India.* Mysore: Kavyalaya.
Rao, K. R., Paranjpe, A. C. & Dalal, A. K. (Hrsg.) (2008). *Handbook of Indian psychology.* New Delhi: Cambridge University Press India.
Rohde, E. (1898). *Psyche, Seelencult und Unsterblichkeitsglaube der Griechen.* Freiburg i. Br.: Mohr.
Schönpflug, W. (2013). *Geschichte und Systematik der Psychologie* (3. vollst. überarb. Aufl.). Weinheim: Beltz.
Sinha, J. (1985). *Indian psychology. Vol. 2: Emotion and will.* Delhi: Motilal Banarsidass.
Sorabji, R. (2003). Philosophy of mind. Aristotle's contribution in relation to other schools. In T. Buchheim, H. Flashar & R. A. H. King (Hrsg.), *Kann man heute noch etwas anfangen mit Aristoteles?* (S. 110–123). Hamburg: Meiner.
Walsh, R. & Shapiro, S. L. (2006). The meeting of meditative disciplines and Western psychology: A mutually enriching dialogue. *American Psychologist, 61*, 227–239.
White, H. (1973). *Metahistory: The historical imagination in nineteenth century Europe.* Baltimore: Johns Hopkins University Press.

Der Autor

Pradeep Chakkarath, lehrt Kulturpsychologie an der Sektion für Sozialpsychologie und Sozialanthropologie der Ruhr-Universität Bochum und ist (mit Jürgen Straub) Co-Direktor des Hans Kilian und Lotte Köhler Centrums für kulturwissenschaftliche Psychologie und historische Anthropologie (KKC); Mitherausgeber der Zeitschrift *psychosozial*. Forschungsschwerpunkte: kulturvergleichende Studien zur menschlichen Entwicklung, zu indigenen Psychologien und der Wissenschaftstheorie der Sozialwissenschaften.

Youwei und *wuwei*

Ein psychologischer Blick auf daoistische Handlungstheorien

Doris Weidemann

Traditionelle chinesische Psychologie

Die Verknüpfung von Tradition und moderner Wissenschaft ist ein Anliegen, das die chinesische Psychologie seit Beginn ihrer Institutionalisierung im frühen 20. Jahrhundert begleitet. Anders als in den europäischen Ländern und den USA ruht die akademische Psychologie in China nicht auf »eigenen« historischen Wurzeln, sondern war ein »Import«, der im lokalen Kontext erst heimisch gemacht werden musste. Die Frage, wie dies am besten zu bewerkstelligen sei, ist auch nach mehreren Jahrzehnten unvermindert aktuell und wird in analoger Weise auch in den Nachbardisziplinen eingehend diskutiert (z. B. Dirlik, 2012).

Die akademische Psychologie in China blickt auf eine kurze und wechselhafte Geschichte zurück (zusammenfassende Darstellungen finden sich z. B. bei Higgins & Zheng, 2002; Hsueh & Guo, 2012; Jing & Fu, 2001). Um die Wende zum 20. Jahrhundert im Rahmen umfassender Modernisierungsanstrengungen in China eingeführt, sollte die Psychologie, wie andere westliche Wissenschaften auch, einen Beitrag zur kulturellen Erneuerung und nationalen Stärkung des Landes leisten (Mitter, 2010). Ein Bestandteil der Modernisierung war die Abschaffung des traditionellen Beamtenprüfungssystems und die Einführung eines modernen Schulwesens nach westlichem Vorbild. Von der Psychologie versprach man sich wichtiges Grundlagenwissen für die Lehrerbildung, weshalb das Fach bis heute vornehmlich an den Pädagogischen Hochschulen des Landes (den »Normal Universities«) angesiedelt ist. Die Übersetzung des ersten Psychologiebuches (1889), die Einrichtung des ersten psychologischen Laboratoriums in Beijing (1917), die Gründung der ersten psychologischen Abteilung 1920 in Nanjing sowie die Gründung der Chinesischen Psychologischen Gesellschaft im Jahr 1921 markieren wichtige Eckpfeiler der Etablierung der Disziplin (Higgins & Zheng, 2002). Aufgrund von Bürgerkrieg und Krieg stockte die weitere Entwicklung und nahm erst nach der Gründung der Volksrepublik China wieder Kontur an, diesmal unter Bezug auf das sowjetische Vorbild. Während der Jahre der Kulturrevolution (1966–76) wurde das Fach aus politischen Gründen vorübergehend aus den Universitäten verbannt und erlebte erst mit dem Beginn der Reform- und Öffnungspolitik ab 1978 neuen Aufwind. Seither ist die Psychologie als akademische Disziplin in China fest verankert und weicht – trotz einer in Teilen fortbestehenden Orientierung an marxistischer Theorie – in ihrem Zuschnitt vom amerikanischen Modell kaum ab: Es existieren dieselben Subdisziplinen, ähnliche Lehrbücher und Forschungsthemen. Gleichzeitig bestehen weiterhin Bestrebungen zur vertieften Sinisierung des Faches bzw. zur Entwicklung einer »Psychologie mit chinesischen Merkmalen« (Gild, 2010). Ansätze zur Indigenisierung des Faches werden allerdings vom politischen Gebot der Internationalisierung mehr als ausbalanciert: Veröffentlichungen in amerikanischen Zeitschriften genießen höchstes Prestige und sind Voraussetzung für Berufungen oder für die Gewährung von Leistungszulagen. Die Beschäftigung mit traditionellen psychologischen Inhalten besitzt demgegenüber eine nachgeordnete Bedeutung (Weidemann, 2013 u. 2016).

Dabei ist unstrittig, dass sich chinesische Denker über Jahrhunderte hinweg mit Themen beschäftigt haben, die in den Gegenstandsbereich der Psychologie fallen: Wahrnehmung, Denken, Handeln, Emotion, aber auch anwendungsorientierte Themen wie Erziehung, staatliche Ordnung und gute Regierung stellen klassische Gegenstände chinesischer Geistesgeschichte dar. Die psychologische Tradition reicht deshalb nach gängiger Betrachtung bis zu den Lehren des Konfuzius, Menzius oder Laozi zurück (Blowers, 2009, S. 94; Hsueh & Guo, 2012; Jing & Fu, 2001). Insofern sich dieses Erbe in den Werten, Einstellungen und Verhaltensweisen heutiger chinesischer Untersuchungsteilnehmer widerspiegelt, werden in der Forschung psychologische Konzepte an die kulturellen Besonderheiten Chinas angepasst (siehe z. B. die Beiträge in Bond, 2010). Arbeiten, die unter Rückgriff auf chinesische Denktraditionen eine eigenständige psychologische Theoriebildung anstreben, bilden jedoch die Ausnahme. Dies ist nicht nur für die chinesische Psychologie, sondern auch für die internationale Wissenschaft bedauerlich: Offenkundig sind hier – wie auch in anderen außereuropäischen Regionen – wichtige Teile des Weltwissens für die Sozialwissenschaften noch kaum erschlossen worden. Während sich die Philosophie schon frühzeitig außereuropäischen Perspektiven zugewandt hat, besteht in der Psychologie diesbezüglich Nachholbedarf.

Die Beschäftigung mit traditioneller chinesischer Psychologie ist demnach nicht nur für die chinesische Wissenschaft von Belang. Auch für westliche Leserinnen und Leser sind hier interessante neue Perspektiven auf grundlegende Erfahrungen des Menschseins zu entdecken. Ziel dieses Beitrags ist es daher, einen Ausschnitt traditionellen psychologischen Wissens in den Blick zu nehmen und das Potenzial chinesischer Geistestraditionen für die psychologische Theoriebildung exemplarisch zu beleuchten. Am Beispiel von Thematisierungen menschlichen Handelns im daoistischen Hauptwerk *Daode jing* (in älterer Umschrift: Tao Te King) werden mögliche Erträge und grundlegende Schwierigkeiten der kulturübergreifenden Integration von Wissensbeständen diskutiert. Gefragt wird: Was lässt sich gewinnen, wenn man einen klassischen chinesischen Text im Hinblick auf eine psychologische Fragestellung auswertet? Auf welche Schwierigkeiten stößt man bei diesem Versuch? Darf und sollte man ihn trotzdem wagen? Die nachfolgenden Ausführungen beanspruchen dabei nicht, mehr als ein »Experiment« im alltagssprachlichen Sinne des Wortes zu sein: Methodische Ungenauigkeiten und inhaltliche Vereinfachungen werden in Kauf genommen, um einen prinzipiell möglichen Erkenntnisgewinn zu diskutieren. Sorgfältigere Studien müssen ggf. zu einem späteren Zeitpunkt die weiter unten im Text aufgestellten Thesen genauer prüfen.

Für die Wahl des *Daode jing* als Gegenstand der Betrachtung sprechen mehrere Gründe: 1. Bezüglich der grundlegenden Vorstellungen vom menschlichen Handeln ist der Text mit psychologischen Handlungsbegriffen grundsätzlich kompatibel. Damit ist eine wichtige Voraussetzung für den Vergleich und die etwaige Integration beider Ansätze erfüllt; 2. Das *Daode jing* besitzt eine große Bedeutung für die chinesische Geistesgeschichte und ist in China Bestandteil des Allgemeinwissens. Daoistische Vorstellungen sind in der chinesischsprachigen Welt zum Teil auch heute noch handlungsleitend; 3. Das auch in Europa viel beachtete Konzept des *wuwei* (Handeln durch Nicht-Eingreifen) stellt mutmaßlich eine Alternative zu westlichen Handlungskonzepten dar, deren Erkundung für die psychologische Theoriebildung besonders interessant erscheint; schließlich ist 4. der Umstand, dass das Werk in deutscher Übersetzung vorliegt, ein entscheidender Vorteil. Mehrere Übersetzungsversionen sowie zahlreiche sinologische Deutungen erleichtern den Textzugang.

Nachfolgend sollen zunächst in aller Kürze wichtige Prinzipien und Begriffe des daoistischen Denkens vorgestellt und der Handlungsbegriff im *Daode jing* skizziert werden. Es werden sodann die Anschlussfähigkeit an moderne psychologische Handlungsbegriffe geprüft und Potenziale für die Theoriebildung diskutiert. Überlegungen zur Notwendigkeit einer global-inklusiven Psychologie schließen das Kapitel ab.

Daoismus

Als Daoismus (in der alten Wade-Giles-Umschrift auch Taoismus) werden insbesondere die den Verfassern Laozi (Laotse) und Zhuangzi (Dschuang Dsi) zugeordneten Schriften und Inhalte verstanden: das *Daode jing* und das Buch *Zhuangzi* (Dschuang Dsi, 1991). Beide Werke entstanden etwa im 5. bis 4. Jahrhundert vor unserer Zeitrechnung, wobei nach gängiger Lehrmeinung das *Daode jing* der ältere Text ist. Während die Existenz des Zhuangzi historisch verbürgt ist – er lebte ca. 369–286 v. u. Z. – ist der Verfasser des *Daode jing* unbekannt. Die Bezeichnung Laozi bedeutet »alter Meister« und besitzt nur eine Platzhalterfunktion.

Die Entstehung der daoistischen Schriften fällt in die ideengeschichtlich äußerst bedeutsame Zeit der Streitenden Reiche (475–221 v. u. Z.), während der auch andere wichtige Philosophien entstanden, so zum Beispiel der Konfuzianismus (die Lehren des Konfuzius und Menzius), der Mohismus (die Lehre des Mo Di) und der Legalismus (die Lehre des Han Feizi) (vgl. Bauer, 2009). Diese Ansätze sind nur die bekannteren der damals miteinander rivalisierenden Hundert Schulen, deren Ansätze neben unterschiedlichen Schwerpunktsetzungen auch Gemeinsamkeiten aufweisen: In einer Zeit, die durch rivalisierende Fürstentümer und das Zerbrechen der alten Ordnung gekennzeichnet ist, widmen sich alle genannten Denker der Frage, welche Ursachen für den Zerfall ausschlaggebend waren und wie die soziale und politische Welt wieder den Zustand der Ordnung erreichen könne (Schwarz, 1991, S. 32). Zentrale Begriffe, wie *Dao* (Weg/Prinzip), *De* (Kraft/Tugend), *Li* (Ritus), *Qi* (Energie), *Ming* (Namen) und die polaren Kräfte des *Yin* und *Yang*, sind in allen diesen Lehren präsent (ebd., S. 34). Deutliche Unterschiede bestehen hingegen in der Art der Antwort, die auf die Frage nach der Herstellung des sozialen Zusammenhalts gegeben wird: Während Konfuzius und Menzius gesellschaftliche Ordnung im Rahmen des Feudalgefüges propagieren, geht der Daoismus von der Annahme aus, dass sich gesellschaftliche und politische Ordnung umso eher einstellen, je weniger die natürlich existierenden Ausgleichsprozesse gestört werden. Je weniger man in die natürliche Ordnung des *Dao* eingreife, desto besser füge sich auch das menschliche Leben in ein friedliches soziales Miteinander und in eine gute Koexistenz mit der Natur. Die zentrale Empfehlung lautet dementsprechend, sowohl in der inneren Haltung als auch in der sozialen Situation zu Natürlichkeit und Ursprünglichkeit zurückzukehren. Ein wichtiges Element hierbei ist die Praxis des *wuwei*. Dem Weisen wird empfohlen, nichts Überflüssiges zu tun und nicht wider die Natur zu handeln (ebd., S. 25). Trotz des esoterisch anmutenden Wortlauts ist der Daoismus damit auch eine »Soziallehre«, die »antifeudalistische«, »antihierarchische« Züge trägt und das Ideal einer klassenlosen Gesellschaft vertritt (ebd., S. 25).

Ab dem zweiten Jahrhundert unserer Zeitrechnung werden daoistische Lehren um esoterische Elemente, magische Praktiken und Götterfiguren angereichert; Laozi wird schrittweise zum »Jadekaiser« erhoben und als Gottheit verehrt. Der Begriff des Daoismus umfasst diese religiöse Variante ebenso wie den philosophischen Daoismus der klassischen Texte. Anders als die Endung »-ismus« vielleicht nahelegt, handelt es sich beim Daoismus also nicht um ein festgefügtes, in sich stimmiges Gedankengebäude, sondern um eine Bezeichnung für zum Teil divergierende Anliegen und Ansichten, die sich allerdings durch den gemeinsamen zentralen Bezug auf das *Dao* auszeichnen.

Dao umfasst unter anderem die Bedeutungsfelder Weg, Methode, Prinzip, lenken, regieren und sprechen (Schwarz, 1991, S. 16), wobei der Begriff auch jenseits des Daoismus weithin verwendet wird. Granet (1989 [1934], S. 228) identifiziert ihn als eine zentrale »Leitvorstellung« des chinesischen Denkens und hält ihn für einen Begriff des »Allgemeinwissens«. Auch Konfuzius spricht vom *Dao*, meint damit aber »›de[n] Weg‹ des Menschen [...], sich über die Natur zu erheben und Kultur zu gestalten« (Geldsetzer & Hong, 2008, S. 91). Für Laozi und Zhuangzi stellt sich das *Dao* hingegen als umfassender dar, als »kosmisches Prinzip«, als »Ursprung und Ziel aller Existenz« (Clart, 2009, S. 39). Anders als das »Menschendao«, das im Konfuzianismus bemüht wird, befasst sich der Daoismus mit dem »Himmelsdao«, das als wahres und eigentliches *Dao* betrachtet wird (Geldsetzer & Hong, 2008, S. 108). Entsprechend scharf sind Laozis und Zhuangzis Angriffe auf das (aus ihrer Sicht unzureichende und engstirnige) Konzept des Konfuzius.

Als universelles Wirkprinzip kann das *Dao* nicht näher spezifiziert oder benannt werden. Das *Daode jing* stellt gleich im ersten Satz fest: »Das Tao, über das ausgesagt werden kann, ist nicht das absolute Tao« (Lin, 2000, S. 41).[1] Da jede Benennung eine Abgrenzung zu jenem schafft, was außerhalb des Benannten liegt, das *Dao* jedoch allumfassend ist, widersetzt es sich jeder Definition. Da nichts außerhalb des *Dao* liegt, kann es von nichts abgegrenzt werden. Ähnlich verhält es sich mit Beschreibungen des *Dao*: Da jedes Attribut sein Gegenteil gedanklich impliziert (das Schöne das Hässliche, das Große das Kleine), ist das *Dao* unbeschreibbar bzw. nur durch die Nennung von Attributpaaren zu charak-

1 In der hier im Weiteren verwendeten Übersetzung von Richard Wilhelm lautet der erste Satz: »der SINN, der sich aussprechen läßt, ist nicht der ewige SINN« (Laotse, 2000 [1910], 1. Abschnitt).

terisieren. Als universelles Wirkprinzip ist das Dao allumfänglich. Es beinhaltet und vereint das Sein *(you)* und das Nichts *(wu)*, das *Yin* und das *Yang* in dialektischer Weise. Das *Dao* besitzt keine Schöpfungskraft, es bringt nichts hervor, doch bewirkt es als umfassendes Ordnungsprinzip die Ordnung alles Existierenden, einschließlich des Menschen (Granet, 1989 [1934], S. 247).

Der Begriff *Dao* wird normalerweise mit dem Begriff *De* kombiniert. Diese Kombination gibt auch dem *Daode jing* – dem Buch vom *Dao De* – seinen Namen. Während *Dao* die universelle Wirkkraft bezeichnet, bezieht sich *De* auf deren Verwirklichung in konkreten Einzelerscheinungen (ebd., S. 229). *De* meint somit die im Einzelwesen wirkende »Kraft des *Dao*« (Clart, 2009, S. 41). *Dao* und *De* gehören zusammen, sind jedoch in unterschiedlichen Sphären angesiedelt: Indem sich das *De* in Einzelwesen manifestiert, berührt es die Ebene des Vergänglichen. Das *Dao* hingegen ist unendlich und unsterblich. Zwischen *Dao* und *De* existiert dabei ein zyklisches, Schwarz sagt »dialektisches« Verhältnis:

> »In dem dialektischen Verhältnis von Unendlichem (Dau) und Endlichen (Einzelerscheinungen) wirkt es als zeugende Kraft durch sein zweites Hauptattribut: das Ausströmen und Rückströmen des Tschi (Pneuma) [...] Das Tschi formt sich zum De, dem Wesen oder der Wesenheit der Gattungen und Einzelerscheinungen, in welchen sich die Potentialität des Dau (des *nichtseienden* [sic!]) in die Aktualität des Seienden umwandelt, um in zyklischer Bewegung in die ewige, unendliche, unnennbare Potentialität des Dau zurückzukehren« (Schwarz, 1991, S. 22f.).

Die hier in aller Kürze skizzierte Kosmologie, die durch das Wirken von *Dao* und *De* charakterisiert ist, stellt den Hintergrund für die im *Daode jing* angestellten Überlegungen über richtiges und wirksames Handeln dar, die nachfolgend vorgestellt werden.

»Handeln« im Daode jing

Youwei und *wuwei*

Da das *Dao* sowohl das Sein *(you)* als auch das Nichts *(wu)* umfasst, bestehen prinzipiell die beiden Möglichkeiten, dass das Sein Wirkung entfaltet *(youwei)* oder dass das Nichts wirkt *(wuwei)*. Da der Mensch der Sphäre des Seins angehört, zählt sein Handeln automatisch zum *youwei*. Er kann sich aber auch dafür entscheiden, nicht zu handeln *(buwei)* und damit die Möglichkeit eröffnen, dass die Dinge ihren natürlichen Lauf nehmen *(ziran)*, sodass das Sein oder das Nichts frei zur Wirkung gelangen können (Geldsetzer & Hong, 2008, S. 106f.). Prämisse dieser Überlegung ist die Überzeugung, dass sich in der Natur stets ein Gleichgewicht einstellt, das durch den aktiv handelnden Menschen in Unordnung gebracht wird.

Die zentralen handlungsbezogenen Begriffe sind *youwei* und *wuwei*. *Youwei* bezeichnet aktives und zielgerichtetes Handeln, das die Normalsterblichen (die Nicht-Weisen) pflegen und das dem *Dao* zuwiderläuft. Im Gegensatz hierzu meint *wuwei* das Zur-Wirkung-gelangen-Lassen des *Dao*. Besser als die Übersetzung »Nicht-Handeln« wird dies mit den Varianten »Handeln ohne einzugreifen« (Wimmer, 2004, S. 190) bzw. »Tun im Modus des Nicht-Tun« (Herthneck, 2009, S. 26) zum Ausdruck gebracht. Mit *wuwei* »ist zweifellos nicht gemeint, daß der Weise teilnahmslos und wirkungslos den Dingen gegenübersteht, sondern nur, daß er ihrem Wesen nicht zuwiderhandelt, nicht gegen die Gesetze der Natur verstößt« (Schwarz, 1991, S. 137). Geldsetzer und Hong (2008, S. 80) plädieren für eine leicht unterschiedliche Lesart: *Wei* übersetzen sie mit »zur Wirkung gelangen lassen«, *wuwei* wird dann zum »zur-Wirkung-gelangen-Lassen des Nichts« oder »Handeln des Nichts«. Gemeint ist in allen Fällen das Wirken einer metaphysischen Kraft (dem *Dao*) durch den sich dieser Kraft nicht widersetzenden Menschen. Der Mensch ist dabei jedoch mehr als nur Gefäß, denn das Handeln durch Nicht-Eingreifen kann – wie unten zu zeigen sein wird – durchaus absichtsvoll sein. Zwar ist der vollständig erleuchtete Weise frei von Absichten, dem Fürsten wird *wuwei* jedoch als Methode zum Erreichen von Ordnung im Reich empfohlen. Das *Daode jing* legt nicht den Handlungsverzicht nahe, sondern widmet sich dem richtigem, das heißt *Dao*-gemäßen Handeln, das allein als effektiv betrachtet wird. Geldsetzer und Hong (2008, S. 113) fassen zusammen:

> »Lao Zis ›praktische Philosophie‹ ist, wie wir gesehen haben, nichts weniger als ein Aufruf zum Nichthandeln, sondern eine Mahnung zum richtigen und effektiven Handeln. Richtiges und effektives Handeln aber heißt für ihn in erster Linie, das Handeln gewissermaßen in die Natur zurückzunehmen, es als Teil der natürlichen Prozesse in die Natur einzuschalten.«

In moderne psychologische Termini übersetzt, ließe sich *wuwei* wohl als eine Haltung beschreiben, in der das Subjekt absichtsvoll, im Sinne der eigenen Ziele, Autonomie und Kontrolle an das *Dao* abgibt, ohne sich damit der Verantwortung für das eigene Tun zu entledigen.

Textanalyse

Im Rahmen dieses Kapitels sind alle Textstellen des *Daode jing* von Interesse, in denen menschliches Handeln thematisiert wird. Ziel ist es, anhand dieser Belege die Begriffe *youwei* und *wuwei* inhaltlich näher bestimmen zu können. Zu diesem Zweck habe ich die Aussagen, die im *Daode jing* über das Handeln getroffen werden, gesichtet und sortiert. Die Kriterien einer regelrechten Textanalyse erfüllt das Vorgehen dabei allerdings aus verschiedenen Gründen kaum: Die Vagheit des chinesischen Ausgangstextes stellt für sich genommen schon eine Herausforderung dar und hat chinesische wie internationale Exegeten seit Jahrhunderten beschäftigt. Entsprechend existiert eine Vielzahl von Übersetzungen, die inhaltlich mehr oder weniger deutlich voneinander abweichen. Dass mir als Nicht-Sinologin überdies wichtiges geschichtliches und philosophisches Kontextwissen fehlt, fällt zusätzlich erschwerend ins Gewicht. Das von mir verfolgte Unterfangen setzt also ein gerütteltes Maß an Mut zur Lücke sowie die Verwegenheit voraus, sich über einige grundlegende Regeln interpretativer Forschung hinwegzusetzen und einen altertümlichen chinesischen Text mit modernem psychologischen Blick zu lesen. Jenseits dieser Freiheiten bin ich bei der Analyse gleichwohl mit der gebotenen Systematik vorgegangen, habe Textabschnitte kodiert, kategorisiert und schließlich eine Typologie entwickelt, die ich weiter unten im Text vorstelle. Gegenstand der Analyse war das *Daode jing* in der wegweisenden deutschen Übersetzung von Richard Wilhelm (Laotse, 2000 [1910]). Über 81 Abschnitte hinweg wird in poetischer Sprache und großer Ambiguität das Wesen des *Dao* erläutert. Die zentralen Begriffe *»Dao«* und *»De«* übersetzt Wilhelm mit SINN und LEBEN; entsprechend werden in den Zitaten diese Begriffe wiedergegeben.[2] Alle folgenden Textstellen sind dem angegebenen Werk entnommen und durch die Kapitelnummer gekennzeichnet.

Handlungstypen im *Daode jing*

Im *Daode jing* spielt die Frage nach dem Zusammenhang von *Dao* und Handeln bzw. die Frage danach, wie Handeln unter Bedingungen des *Dao* gelingt, eine gro-

2 Eine Wahl, die er in Bezug auf das Dao wie folgt begründet: »Im Grunde genommen kommt auf den Ausdruck wenig an, da er ja auch für Laotse selbst nur sozusagen ein algebraisches Zeichen für etwas Unaussprechliches ist. Es sind im wesentlichen ästhetische Gründe, die es wünschenswert erscheinen lassen, in einer deutschen Übersetzung ein deutsches Wort zu haben.« (Einleitung zu Laotse, 2000 [1910]) ße Rolle. In zahlreichen Beispielen werden verschiedene Facetten des Handelns thematisiert. Je nachdem, wie sehr das eigene Handeln im Einklang mit dem *Dao* steht, gewinnen die Begriffe *wuwei* und *youwei* ihre Bedeutung. Es ergeben sich folgende sechs Handlungstypen, die einen steigenden Grad an Intentionalität des Handelns beinhalten:

1. Vollkommener Einklang mit dem Dao in allen Lebensregungen. Vollkommenes wuwei

In esoterischem Stil beschreibt diese Variante die Lebensweise des daoistischen Heiligen. Der vollkommene Einklang mit dem *Dao* ist der Lebensmodus des Berufenen (in der Übersetzung von Lin, 2000, auch »des Weisen«). In Hingabe an die Dialektik des *Dao* ist sein Handeln durch Nicht-Eingreifen charakterisiert, es bleibt jedoch keineswegs ohne Ergebnis. Ganz im Gegenteil: Hier, wie an vielen anderen Stellen des *Daode jing*, wird deutlich, dass es gerade das *wuwei* ist, das den Dingen zum Erfolg verhilft:

> »Ohne aus der Tür zu gehen,
> kennt man die Welt.
> Ohne aus dem Fenster zu schauen,
> sieht man den SINN des Himmels.
> Je weiter einer hinausgeht,
> desto geringer wird sein Wissen.
> Darum braucht der Berufene nicht zu gehen
> und weiß doch alles.
> Er braucht nicht zu sehen
> und ist doch klar.
> Er braucht nichts zu machen
> und vollendet doch« (47).

Im Modus des vollkommenen *wuwei* ist aufseiten des Berufenen keine Intention erkennbar. Er will nichts Eigenes, entäußert sich seines eigenen Selbst.

> »Also auch der Berufene:
> Er setzt sein Selbst hintan,
> und sein Selbst kommt voran.
> Er entäußert sich seines Selbst,
> und sein Selbst bleibt erhalten.
> Ist es nicht also:

Weil er nichts Eigenes will,
darum wird sein Eigenes vollendet« (7).

Allerdings kennt das *Daode jing* auch weitere Spielarten des *wuwei*, die weltlicher anmuten. Sie werden zur »Belehrung« (2) ebenso empfohlen wie zur »Leitung des Staates« (57 u. 60) oder zur »Regierung« (58) und richten sich deshalb auch an »Fürsten und Könige« (37).

2. *Dem Dao seinen Lauf lassen: Vertrauendes wuwei*

Die schwächste Form der Intentionalität ist in Aussagen wie der folgenden erkennbar:

»Was halb ist, wird ganz werden.
Was krumm ist, wird gerade werden.
Was leer ist, wird voll werden.
Was alt ist, wird neu werden.
Wer wenig hat, wird bekommen.
Wer viel hat, wird benommen« (22).

Wuwei bedeutet hier, im Vertrauen auf die Dialektik des *Dao* den gewünschten Zustand zu erreichen. Ohne dass aktiv eigene Absichten verfolgt werden, stellt doch das vom Menschen Gewünschte ein legitimes Ziel dar, das letztlich durch *wuwei* erreicht wird.

3. *Wirken durch Vorbild: Intentionales wuwei*

Deutlicher wird die Zielorientierung in Passagen, die auf die Vorbildfunktion des Berufenen verweisen. Nicht aktives Handeln, Einwirken oder Belehren führen zum Erfolg, sondern allein der *Dao*-gemäße Lebensstil des Berufenen. Die Vorstellung, dass innere Heiligkeit eine positive äußere Wirkung entfaltet *(neisheng waiwang)*, besitzt in der chinesischen Welt eine lange Tradition. Die Formel *neisheng waiwang* wird von Geldsetzer und Hong (2008, S. 26) mit »das Heilige im Innern nach außen zur Herrschaft bringen« übersetzt und verweist darauf, dass nach traditionellem chinesischen Verständnis Selbstkultivierung den Ausgangspunkt legitimer Herrschaft darstellt (ebd., S. 26ff.). Im *Daode jing* wird die richtige innere Haltung im Sinne des *wuwei* bestimmt:

»Darum spricht ein Berufener:
Wenn wir nichts machen,

so wandelt sich von selbst das Volk.
Wenn wir die Stille lieben,
so wird das Volk von selber recht.
Wenn wir nichts unternehmen,
so wird das Volk von selber reich.
Wenn wir keine Begierden haben,
so wird das Volk von selber einfältig« (57).

Die Empfehlungen, als und durch Vorbild zu wirken, richten sich dementsprechend explizit an Regierende (z. B. 57 u. 58).

4. Instrumenteller Einklang mit dem Dao: Intentionales wuwei

Dass *Dao*-gemäßes Handeln auch unverblümt intentional sein kann, verdeutlichen die folgenden Abschnitte. Zwar wird auch hier implizit gewarnt, dass die direkte Verfolgung von Zielen kontraproduktiv ist, doch wird zugleich verdeutlicht, wie die Dialektik des *Dao* für die eigenen Ziele genutzt werden kann:

»Was du zusammendrücken willst,
das mußt du erst richtig sich ausdehnen lassen.
Was du schwächen willst,
das mußt du erst richtig stark werden lassen.
Was du vernichten willst,
das mußt du erst richtig aufblühen lassen.
Wem du nehmen willst,
dem mußt du erst richtig geben« (36).

»Was noch ruhig ist, läßt sich leicht ergreifen.
Was noch nicht hervortritt, läßt sich leicht bedenken.
Was noch zart ist, läßt sich leicht zerbrechen.
Was noch klein ist, läßt sich leicht zerstreuen.
Man muß wirken auf das, was noch nicht da ist.
Man muß ordnen, was noch nicht in Verwirrung ist.
Ein Baum von einem Klafter Umfang
entsteht aus einem haarfeinen Hälmchen.
Ein neun Stufen hoher Turm
entsteht aus einem Häufchen Erde.
Eine tausend Meilen weite Reise
beginnt vor deinen Füßen.

> Wer handelt, verdirbt es.
> Wer festhält, verliert es« (64).

Es fällt schwer, hier noch von »Handeln durch Nicht-Eingreifen« zu sprechen, doch gilt auch in diesen Passagen ausdrücklich: »Wer handelt, verdirbt es.« *Wuwei* umfasst offenbar auch Varianten, die sich als intentionales Handeln beschreiben lassen, auch wenn die Intention hier durch die Wahl paradoxen Verhaltens verwirklicht wird.

Die hier entfaltete Sichtweise steht im Einklang mit der Dialektik und zyklischen Verwobenheit von *Yin* und *Yang* und spiegelt sich in chinesischen Praktiken wie dem *Taijiquan* (Tai Chi) und *Wushu* (Kung Fu) ebenso wider wie in der »Kunst des Krieges« des Sunzi *(sunzi bingfa)* oder den »36 Strategemen« (von Senger, 2000). Insofern das *Dao* mit Granet (1989 [1934], S. 228) als chinesisches »Allgemeinwissen« bezeichnet werden kann, zählt die Einsicht in die dialektische Wesensart des *Dao* zu diesem Wissen zweifellos hinzu.

5. *Fahrlässiges Ignorieren des Dao: Youwei*

Wenn im eben zitierten Abschnitt gemahnt wird: »Wer handelt, verliert es; Wer festhält, verdirbt es«, so ist dies der Hinweis darauf, dass – aufgrund der Wirkungsweise des *Dao* – zielgerichtetes Handeln das unerwünschte Gegenteil bewirkt. Das negative Resultat kann dabei aus Ignoranz gegenüber dem *Dao* resultieren oder aus bewusster Verletzung des Wirkprinzips. Beispiel für die erste Variante ist etwa:

> »Etwas festhalten wollen und dabei es überfüllen,
> das lohnt der Mühe nicht.
> Etwas handhaben wollen und dabei es immer scharf halten:
> Das läßt sich nicht lange bewahren.
> Mit Gold und Edelsteinen gefüllten Saal
> Kann niemand beschützen« (9).

Während bei diesem (und anderen) Beispiel(en) die ursprüngliche Intention noch gutgeheißen wird (zumindest ist die Wortwahl neutral), ist dies bei der zweiten Variante anders.

6. *Aktives Handeln entgegen dem Dao: Youwei*

Aktives Handeln entgegen dem *Dao* widersetzt sich nicht nur der praktischen Einsicht, dass dieses Verhalten nicht effektiv ist, sondern verletzt das grundlegende Gebot der Mäßigung. »Sünde«, »Übel« und »Fehler« besitzen eine wertende Dimension und verweisen darauf, dass hier moralische Prinzipien nicht eingehalten werden.

> »Es gibt keine größere Sünde als viele Wünsche.
> Es gibt kein größeres Übel als kein Genüge kennen.
> Es gibt keinen größeren Fehler als haben wollen« (46).

Wer sich wichtigmacht, Reichtum zur Schau stellt oder andere Gebote der Zurückhaltung verletzt (z.B. Abschnitte 9 u. 24), wird scheitern, denn: »Das Genügen der Genügsamkeit ist dauerndes Genügen« (46). An anderer Stelle gibt das *Daode jing* zu bedenken:

> »Wer auf Zehen steht,
> steht nicht fest.
> Wer mit gespreizten Beinen geht,
> kommt nicht voran.
> Wer selber scheinen will,
> wird nicht erleuchtet« (24).

Der Lebensweise des Berufenen ist dies geradezu diametral entgegengesetzt.

Die skizzierten sechs Handlungsvarianten werden im *Daode jing* unter Bezug auf zwei Kriterien entfaltet: Relevant sind, erstens, der Bezug des Handelns zum *Dao* (ist es *Dao*-gemäß oder nicht?) und, zweitens, seine Effektivität. Anhand zahlreicher Beispiele wird dargestellt, dass *Dao*-gemäßes Handeln zielführend, *Dao*-verletzendes Handeln hingegen zum Scheitern verurteilt ist. Die Dimension der Intentionalität, die ein weiteres Merkmal der oben dargestellten Systematik ist, entstammt meiner eigenen Sichtweise bzw. meiner Kenntnis psychologischer Handlungsbegriffe, die – mehr oder weniger explizit und restriktiv – Intentionalität zum Bestimmungsmerkmal von Handeln (z.B. im Gegensatz zum bloßen Verhalten) machen (Straub, 1999). In der Kombination der drei Faktoren ergibt sich eine Typologie, die die Textbeispiele des *Daode jing* ordnet:

Verhältnis zum *Dao*	Ausmaß der Intention	Bewertung
vollkommener Einklang mit dem *Dao* in allen Lebensregungen	ohne Begierde, ohne Intention *(wuwei)*	generell positiv; im Spezifischen jedoch jenseits der Bewertung, da ohne Ziel
dem *Dao* seinen Lauf lassen	ohne Intention, aber im Vertrauen darauf, dass aus dem Wirken des *Dao* Gutes resultiert *(wuwei)*	zielführend; bewirkt umfassende positive Entwicklung
Wirken durch Vorbild	schwache Intention *(wuwei)*	zielführend im Sinne von *neisheng waiwang*
instrumenteller Einklang mit dem *Dao*	zurückhaltende Intention *(wuwei)*	zielführend; paradoxes Handeln bewirkt konkrete Zielerreichung
fahrlässiges Ignorieren des *Dao*	intentionales Handeln *(youwei)*	nicht zielführend; bewirkt das Gegenteil des Intendierten
aktives Handeln entgegen dem *Dao*	intentionales Handeln *(youwei)*	unmittelbar schädlich und moralisch falsch

Tabelle 1: Handlungstypen im Daode jing

Die Aspekte »Verhältnis zum *Dao*« und »Intentionalität« sind voneinander nicht unabhängig, da das Wirken des *Dao* menschliche Absicht häufig zunichtemacht. Wie die Klassifizierung zeigt, gehen sie andererseits jedoch auch nicht völlig ineinander auf: Im Bereich des *Dao*-gemäßen Handelns lassen sich verschiedene Varianten danach unterscheiden, wie sehr sie Handlungsabsichten zulassen. Dass *wuwei* auch Spielarten mit – wenngleich zurückhaltender – Absicht und Zielorientierung umfasst, zeigt sich erst durch den Einbezug des Faktors »Intentionalität«. Der Einbezug dieser dritten psychologischen Analysekategorie erweist sich somit als fruchtbar. In einem zweiten Schritt müsste nun unter Rückgriff auf den chinesischen Ausgangstext sowie auf erläuternde Sekundärtexte die Stichhaltigkeit der Typologie geprüft werden. Aufgrund begrenzter Ressourcen kann diese wichtige Validierung der Ergebnisse im Rahmen dieses Beitrags allerdings nicht geleistet werden.

Potenziale für die psychologische Theoriebildung

Trotz des positiven Ertrags der Kategorisierung lassen sich spätestens an dieser Stelle Fragen nach der Zulässigkeit des Vorgehens nicht länger ignorieren. Ist es wissenschaftlich vertretbar, einen altertümlichen Text in einer übersetzten Fassung auf seinen (psychologisch definierten) Handlungsbegriff hin auszuwerten? Eignet sich ein Werk, dessen Format vom Wissenschaftlichen so weit wie nur denkbar abweicht, für einen Vergleich mit psychologischen Konzepten? Und, schließlich: Können der wissenschaftlichen Psychologie Vorstellungen zugemutet werden, die einem metaphysischen Gedankengebäude entstammen?

In der Tat sind die Aussagen des *Daode jing* nichts weniger als klar und systematisch. Zwar ist viel vom Handeln, Tun oder Wirken die Rede, doch eine Theorie im wissenschaftlichen Sinne findet sich hier nicht. Die Begriffe sind schwammig und fügen sich nicht in ein stimmiges System; überdies betonen daoistische Denker, dass Einsicht in das *wuwei* – ebenso wie in das *Dao* – nicht durch rationale Reflexion, sondern nur durch Intuition und Sich-Versenken zu erlangen sei. Dennoch lassen sich meiner Meinung nach Argumente anführen, die dafür sprechen, dass das *Daode jing* einer psychologischen Analyse prinzipiell zugänglich ist.

1. Zwar ist das *Daode jing* von großer Ambiguität und Obskurität, doch lassen sich durchaus kohärente und wiederkehrende Argumente ausmachen. Die Ergebnisse der oben dargestellten Textanalyse sprechen dafür, dass eine implizite Systematik durchaus existiert. Allerdings muss bedacht werden, dass diese Systematik in erheblichem Maße durch den Übersetzer geformt wird: Die Übersetzung stellt in dieser Hinsicht das Interpretationsergebnis des jeweiligen Verfassers dar, der sich seinerseits darum bemüht hat, im Ausgangstext Kohärenz und Systematik zu entdecken. Dass dies prinzipiell jedoch möglich ist, stellen die zahllosen Übersetzungen und Deutungen des *Daode jing* eindrucksvoll unter Beweis.
2. Die Anwendung sozialwissenschaftlicher Theorien und Erkenntnisabsichten auf Texte des chinesischen Altertums ist der Sinologie weniger fremd als der Psychologie. Bereits Granet (1884–1940) brach mit der Tradition der chinesischen Textexegese, indem er den klassischen chinesischen Text *Shi Jing* (Buch der Lieder) als Quelle für Informationen über die bäuerliche Lebensweise heranzog. Granet, der zunächst ein vollständiges Soziologiestudium absolvierte, bevor er sich der Sinologie zuwandte, blieb von der Durkheim'schen Schule beeinflusst und eröffnete der Sinologie damit neue Wege (Franke, 1989). In ähnlicher Weise geht ein Interesse an der (indigenen) chinesischen Psychologie auch heute eher von den Vertreterinnen und

Vertretern der Sinologie als von jenen der Psychologie aus (z. B. Gransow, 2001 u. 2003; Gild, 2010).

3. Obwohl das Lesen des *Daode jing* die Bereitschaft voraussetzt, das *Dao* für die Dauer der Lektüre als Wirkprinzip gedanklich anzuerkennen, wird der an ökologisches, systemisches und dialektisches Denken gewöhnten postmodernen Sozialwissenschaftlerin das Grundprinzip des Daoismus doch nicht vollkommen fremd vorkommen. Das *Daode jing* vermittelt Einsicht in fundamentale Zusammenhänge von kosmischer Wirkung und menschlichem Leben und zielt nicht auf religiöse Bekehrung oder spirituelle Erlösung ab. Sowohl die im *Daode jing* als auch im *Zhuangzi* angestellten Überlegungen zielen auf die Sphäre des Menschlichen, ohne dass eine Gottesfigur bemüht würde. Trotz des Hinweises darauf, dass sich das *Dao* nur meditativ erfassen lasse, ist die Auseinandersetzung mit daoistischen Texten mit wissenschaftlichen Prinzipien wie Rationalität und Zweifel problemlos vereinbar.

Hält man diese Argumente für stichhaltig, so sind doch noch nicht alle Fragen ausgeräumt. Denn dass ein Unterfangen prinzipiell zulässig ist, heißt noch nicht, dass es sinnvoll ist, es tatsächlich in Angriff zu nehmen. Hierfür sprechen meiner Ansicht insbesondere die folgenden zwei Gründe:

1. Daoistisches Gedankengut, einschließlich des Konzepts *wuwei*, ist auch im heutigen China handlungsrelevant. Daoistische Traditionen leben im Kampfsport und im Tai Chi ebenso fort wie in Literatur, Kunst, Medizin oder im allgemeinen Sprachgebrauch (Peng et al., 2006). In vielen Handlungsbereichen sind sie Bestandteil psychologischen Alltagswissens (Xing & Sims, 2011). Insofern in China moderne und traditionelle Denkformen psychisch integriert sind, lässt sich argumentieren, dass die Beschreibung und Erklärung psychischer Realität eine Integration daoistischer Prinzipien in die psychologische Theoriebildung erfordere. Hierfür kann das *Daode jing*, das diese Prinzipien expliziert, herangezogen werden.[3]
2. Die kreative Kombination von Texten, die in großer geografischer, zeitlicher und kultureller Distanz zueinander entstanden sind, birgt ein heuristisches

3 Dies ist im Wesentlichen die Argumentation von Vertretern indigener »asiatischer Psychologie« (z. B. Ho, 1998): Der Einbezug lokaler Traditionen dient deren Vertretern dazu, Theorien zu entwickeln, die auf die lokalen Verhältnisse besser »passen«. Die Relevanz traditioneller Wissensbestände wird damit jedoch zugleich auf lokale Kontexte beschränkt (siehe auch Weidemann, 2013 u. 2016).

Potenzial, das meiner Meinung nach viele der methodischen Ungereimtheiten aufwiegt, die den Versuch ihrer Integration begleitet. Aufgabe der Wissenschaft ist es nicht nur, Thesen zu prüfen und systematische Erklärungssysteme zu liefern, sondern auch, neue Ideen zu generieren. Hierfür eignet sich die psychologische Lektüre des *Daode jing* ganz ausgezeichnet, wie im Folgenden zu zeigen sein wird (siehe auch Herthneck, 2009; Klein, 2013).

Mögen mit diesen Begründungen auch nicht alle Einwände beseitigt sein, so soll doch an dieser Stelle das oben begonnene Experiment in einem zweiten Schritt fortgeführt werden: Es soll der Versuch unternommen werden, die oben erstellte Typologie mit Themen in Bezug zu setzen, die Gegenstand wissenschaftlicher (Handlungs-)Psychologie sind, um Übereinstimmungen und Unterschiede festzustellen. Ausgehend von den oben geschilderten Handlungstypen wurde deshalb nach Entsprechungen im Bereich der wissenschaftlichen Psychologie gesucht. Die Suche folgte dabei keiner speziellen Systematik und führt im Ergebnis zu einer notwendigerweise unvollständigen Auflistung von Themen.

Es zeigt sich, dass für weite Bereiche, jedoch nicht für alle Spielarten, Entsprechungen zu finden sind. In der nachstehenden Tabelle sind die geteilten Gegenstandsbereiche grau markiert, alle anderen Bereiche sind ohne Markierung.

Abstufungen von *youwei/wuwei*	**Themen wissenschaftlicher (Handlungs-)Psychologie**	**Anschlüsse in weiteren Feldern der Psychologie**
vollkommener Einklang mit dem *Dao*, vollkommenes *wuwei* des Berufenen	[Prämisse nicht geteilt]	[Prämisse nicht geteilt]
Wirken durch Vorbild, Ausstrahlung *(wuwei)*	[Phänomen ist bekannt, fällt aber nicht unter den Handlungsbegriff]	Führungsstile, Pädagogik
dem *Dao* seinen Lauf lassen Zulassen, Entwicklungen nicht behindern; Dinge nicht verderben, Unterlas-	Widerfahrnisse Handlungsfolgen/Nebenwirkungen Zulassen, Unterlassen Gelassenheit	Pädagogik, Psychotherapie, Sozialpsychologie, Motivationspsychologie Handlungsethik: Neubewertung des Unterlassens

sen (positiv bewertet) *(wuwei)*	Handeln unter Berücksichtigung natürlicher Prozesse (z.B. Reifung, Heilung, etc.) Flow	
instrumenteller Einklang mit dem *Dao*: mit *wuwei* eigene Ziele erreichen	Paradoxe Verschreibung	Psychotherapie, Pädagogik
Handeln entgegen dem *Dao* *youwei*: absichtsvolles Handeln (negativ bewertet)	Absichtsvolles Handeln, eigentlicher Gegenstand der Handlungstheorie Handlungsfolgen/Nebenwirkungen	Handlungsethik, kognitive Psychologie alle Anwendungsfelder
[nicht erwähnt]	absichtsvolles Unterlassen von notwendigen/erwünschten Handlungen	Handlungsethik, kognitive Psychologie alle Anwendungsfelder

Tabelle 2: Vergleich daoistischer Handlungstypen mit Themen (handlungs-)psychologischer Forschung

Der Vergleich – so generalisierend er ist – ist instruktiv. Er lenkt den Blick auf die Prämissen des jeweiligen Ansatzes und auch auf die jeweiligen blinden Flecke. Suchen wir nach Anregungen für die psychologische Forschung, so wird man an mehreren Stellen fündig. So verweist das Konzept des *wuwei* beispielsweise auf die Bedeutung unterlassener Handlungen – ein Thema, das in der Handlungspsychologie nur selten bearbeitet wird. Während der psychologische Blick in der Regel darauf gerichtet ist, was in einer bestimmten Situation »zu tun« ist, wird er hier um die Frage erweitert, was besser »unterlassen« werden sollte. Zwar wird dieser Aspekt in der Philosophie – zum Teil unter explizitem Bezug auf das daoistische *wuwei* – durchaus thematisiert, doch bieten sich hier für die Psychologie noch neue Anschlussmöglichkeiten (Klein, 2013). In ähnlicher Weise rücken durch das *Daode jing* auch die nichtintendierten Effekte unseres Tuns verstärkt in den Blick: Nebenwirkungen und Handlungsfolgen sind zwar etablierte Forschungsgegenstände, doch besteht in allen Anwendungsgebieten ein Fokus auf Aktion, der leicht übersieht, was besser erhalten, nicht gesagt oder unterlassen werden sollte. Möglicherweise bestehen hier Potenziale zur Generierung von Untersuchungsfragen in der anwendungsorientierten Forschung. In diesem Zusammenhang wäre auch zu prüfen, inwieweit Vorstellungen von Handeln durch Nicht-Eingreifen auch jenseits chinesischer Stichproben vorkommen. Denkbar wäre, dass die Betonung aktiven Handelns in der Forschung übersieht, dass auch Menschen in Europa über subjektive Handlungstheorien verfügen, in denen das Nicht-Eingreifen eine Rolle spielt. *Wuwei* erwiese sich dann unter Umständen als weniger kulturspezifisch als zunächst angenommen.

In noch grundlegenderer Weise erinnert das *Daode jing* überdies daran, dass die in Entwicklungs- und Wachstumsmodellen häufig unterstellten linearen Prozesse öfter als bisher infrage gestellt werden sollten. Die Vorstellung von der Dialektik des *Dao*, die im Zusammenspiel von *Yin* und *Yang* zum Ausdruck kommt, kann als Anregung für die Prüfung andersartiger, zum Beispiel zyklischer Wirkmodelle dienen.

Schließlich sei daran erinnert, dass die in diesem Beitrag verfolgte Konzentration auf den Handlungsbegriff bei Weitem nicht die einzig mögliche, wissenschaftlich motivierte Lesart des *Daode jing* ist. So zeigt etwa Herthneck (2009), dass sich das Konzept des *wuwei* höchst produktiv zu Anliegen der Psychotherapie in Bezug setzen lässt, während Klein (2013) sich unter anderem unter Rückgriff auf das Konzept des *wuwei* mit dem Zusammenhang von Unterlassen und Entwicklung auseinandersetzt. Weitere Verknüpfungen mit psychologischen Fragestellungen sind denkbar.

Die in diesem Kapitel angestellten Überlegungen bleiben notwendigerweise skizzenhaft und unvollständig. Sie zielen bewusst stärker darauf ab, Fragen zu generieren als Themen zu vertiefen, und verstehen sich vor allem als Hinweis auf das heuristische Potenzial, das kulturfremde Quellen für die psychologische Forschung und Theoriebildung besitzen. Die angeführten Beispiele sollen daher insbesondere als Argument für eine stärkere Zuwendung zu außereuropäischen Denktraditionen dienen, die in der Psychologie bislang weitgehend ignoriert wurden.

Fazit: Der Weg zur global-inklusiven Psychologie

Die Auseinandersetzung mit der traditionellen chinesischen Psychologie ist erkennbar ein mühsames Unterfangen, das – wollte man es richtig angehen – eine weitaus größere Investition von Zeit und Anstrengung verlangt als mir möglich war. Warum also sollte man sich als nicht-chinesische Wissenschaftlerin die Mühe machen, traditionelles chinesisches Denken zu studieren? Die kurze Antwort auf diese Frage lautet: Weil sich hier relevante Einsichten in menschliches Erleben und Handeln finden lassen, die in der akademischen Psychologie bisher noch nicht (ausreichend) repräsentiert sind. Die Beschäftigung mit außereuropäischen Traditionen ist dabei nicht vorrangig aus Gründen der Vollständigkeit relevant, sondern vor allem hinsichtlich ihres Beitrags zur wissenschaftlichen Theoriebildung: Die der Psychologie zugrundeliegenden Vorstellungen von Individuum, Gesellschaft, Denken, Handeln, Fühlen oder Entwicklung entstammen dem euroamerikanischen Raum und können, wie Kritiker betonen, nicht ohne Weiteres universelle Gültigkeit beanspruchen (Connell, 2010; Yang, 2006). Entsprechend warnt Wimmer für die Philosophie: »Halte keine philosophische These für gut begründet, an deren Zustandekommen nur Menschen einer einzigen kulturellen Tradition beteiligt waren« (Wimmer, 2004, S. 67). Diese von ihm als »Minimalregel« interkultureller Philosophie bezeichnete Forderung ist auf die Psychologie auszudehnen. Hier trifft sie allerdings auf eine Wissenschaftsdisziplin, die sich in außerordentlich starkem Maße am amerikanischen Modell orientiert und weltweit dessen System aus Subdisziplinen, Methoden und Forschungsthemen reproduziert hat. So sind heute zwar Wissenschaftlerinnen und Wissenschaftler aller Kontinente in die Forschung involviert, doch operieren diese unter den Prämissen des europäisch-amerikanischen Disziplinverständnisses. Hieran haben auch Versuche zur Entwicklung »indigener« Psychologien bisher wenig geändert (Staeuble, 2010, S. 10; Yang, 2006).

Die Frage danach, wie sich psychologische Traditionslinien verschiedener Regionen und ›Kulturen‹ unter dem Dach einer ›globalen‹ Psychologie integrieren ließen, ist in der Psychologie trotz aller Bemühungen um eine kulturinklusive Psychologie bisher nicht nachdrücklich genug gestellt worden. Dabei würde das Studium traditioneller, außereuropäischer Ansätze nicht nur mit dem Mythos aufräumen, vor der Ankunft westlicher Psychologie habe es auf der Welt kein psychologisches Denken gegeben. Es würde auch die psychologische Theoriebildung auf eine breitere Wissensbasis stellen und damit Menschen weltweit besser gerecht werden. Es würde eine »echte Internationalisierung« des Faches vorantreiben und die Entwicklung tatsächlich universeller Theorien ermöglichen.

Allerdings stellt eine solche Integration aus verschiedenen Gründen eine anspruchsvolle Aufgabe dar. Sollen fremde Traditionen nicht lediglich dem bestehenden Mehrheitsmodell einverleibt werden, sondern gleichberechtigt zueinander in Bezug gesetzt werden, so müssen zunächst bestimmte Voraussetzungen erfüllt sein. Hierzu zählt beispielsweise die Entwicklung eines generischen Psychologiebegriffs, der als Oberbegriff für die verschiedenen Varianten von Psychologie dienen kann (in Anlehnung an Wimmer, 2004, S. 32). Ob diesbezüglich an einer Gegenstandsbestimmung unter Bezug auf menschliches Denken, Fühlen,

Verhalten festgehalten werden kann, ist zu diskutieren. Eine weitere offenkundige Schwierigkeit besteht darin, fremdsprachliche Texte zu übersetzen. Hierfür stellen die Philologien, Translationswissenschaft und Hermeneutik geeignetes Rüstzeug zur Verfügung; entsprechende Grundkenntnisse müssen sich Psychologen, die das Projekt einer global-inklusiven Wissenschaft verfolgen, jedoch erst aneignen. Schnittstellenkompetenz – in unserem Fall für die Verbindung von Psychologie und Sinologie – ist für dieses Vorhaben unverzichtbar. Schließlich ist auch die Bereitschaft, in einen Dialog mit zunächst fremden Wissenstraditionen zu treten, unerlässlich (Weidemann, 2010).

Eine Integration verschiedener Ansätze gelingt nicht zuletzt durch das konstruktive Gegeneinanderlesen von Texten, einschließlich der entstehenden Missverständnisse, solange die Bereitschaft zum Austausch erhalten bleibt. Offenheit und Wertschätzung für außereuropäische Traditionen sind hierfür ebenso notwendig wie die Bereitschaft, grundlegende Annahmen infrage zu stellen, Alternativen zu verstehen und zu prüfen. Eine Umsetzung dieses Programms bedeutet, Unsicherheit im Forschungsprozess zu erhöhen, anstatt sie durch Hypothesenprüfung vorschnell zu reduzieren. Ganz offenkundig verlangt ein solches Vorgehen nicht nur spezifische Kompetenzen und Einstellungen, sondern auch viel Zeit.

Die Entwicklung einer global-inklusiven Psychologie kann nicht die alleinige Aufgabe von nichtwestlichen Psychologinnen und Psychologen sein, sondern muss weltweit gemeinsam in Angriff genommen werden. Vertreterinnen und Vertreter indigener Psychologien haben auf die Bedeutung außereuropäischer, traditioneller Denkweise hingewiesen, blieben unter dem Druck der internationalen Wissenschaftsnormen jedoch weitgehend marginalisiert. Es bedarf der Neugier und des Interesses »westlicher« Psychologinnen und Psychologen sowie ihrer Anstrengungen bei der Aneignung von Fremdsprachen und Kulturwissen, um dies zu ändern. Erst wenn Theorien und Denkweisen wechselseitig »importiert«, diskutiert und aufeinander bezogen werden, lässt sich der Anspruch, universelle psychologische Theorien zu formulieren, tatsächlich zu Recht erheben.

Literatur

Bauer, W. (2009). *Geschichte der chinesischen Philosophie*. München: Beck.

Blowers, G. (2009). Origins of scientific psychology in China, 1899–1949. In A. C. Brock (Hrsg.), *Internationalizing the history of psychology* (S. 94–111). New York: New York University Press.

Bond, M. H. (Hrsg.) (2010). *The Oxford handbook of Chinese psychology*. New York: Oxford University Press.

Clart, Ph. (2009). *Die Religionen Chinas*. Göttingen: Vandenhoeck & Ruprecht.

Connell, R. (2010). *Southern theory. The global dynamics of knowledge in social science*. Cambridge: Polity.

Dirlik, A. (Hrsg.) (2012). *Sociology and anthropology in twentieth-century china. Between universalim and indigenism*. Unter Mitarbeit von Guannan Li & Hsiao-pei Yen. Hong Kong: The Chinese University Press.

Dschuang Dsi (1991). *Das wahre Buch vom südlichen Blütenland*. Aus dem Chinesischen übertragen und erläutert von Richard Wilhelm. München: Diederichs.

Franke, H. (1989). Vorwort. In M. Granet, *Das chinesische Denken* (S. 7–11). Frankfurt: Suhrkamp.

Geldsetzer, L. & Hong, H.-d. (2008). *Chinesische Philosophie: Eine Einführung*. Stuttgart: Reclam.

Gild, G. (2010). Indigene Psychologie in China. »Dekolonisierungsbewegung« oder Morgendämmerung einer neuen chinesischen Wissenschaftsdisziplin? *Psychologie & Gesellschaftskritik, 34*(2), 55–81.

Granet, M. (1989 [1934]). *Das chinesische Denken: Inhalt – Form – Charakter*. Frankfurt: Suhrkamp.

Gransow, B. (2001). »Nontranslateable«: Indigenous concepts in social science research in China. *Asian Journal of Social Science, 29*(2), 262–284.

Gransow, B. (2003). The social sciences in China. In Th. M. Porter & D. Ross (Hrsg.), *The Cambridge history of science. Vol. 7: The modern social sciences* (S. 498–514). Cambridge: Cambridge University Press.

Herthneck, K.-U. (2009). *Das Prinzip des »handelnden Nichthandelns« in der asiatischen und in der westlichen Philosophie in seiner Bedeutung für die zeitgenössische Psychologie, Psychotherapie und Psychoanalyse*. Dissertationsschrift, Universität Tübingen. Online verfügbar unter: http://nbn-resolving.de/urn:nbn:de:bsz:21-opus-46740 [letzter Zugriff 22.02.2017].

Higgins, L. T. & Zheng, M. (2002). An introduction to Chinese psychology – Its historical roots until the present Day. *The Journal of Psychology, 136*(2), 225–239.

Ho, D. Y.-F. (1998). Indigenous psychologies. Asian perspectives. *Journal of Cross-Cultural Psychology, 29*(1), 88–103.

Hsueh, Y. & Guo, B. (2012). China. In D. B. Baker (Hrsg.): *The Oxford handbook of the history of psychology. Global perspectives* (S. 81–124). Oxford, New York: Oxford University Press.

Jing, Q. & Fu, X. (2001). Modern Chinese psychology: Its indigenous roots and international influences. *International Journal of Psychology, 36*(6), 408–418.

Klein, U. (2013). *Unterlassen als Un/Möglichkeit für Entwicklung*. Universität Wien: Diplomarbeit. Online verfügbar unter: http://othes.univie.ac.at/30884/ [letzter Zugriff 01.03.2017].

Laotse (2000 [1910]). *Tao Te King*. Aus dem Chinesischen übersetzt und mit einem Vorwort von Richard Wilhelm. München: Diederichs.

Lin, Y. (Hrsg.) (2000). *Die Weisheit des Laotse*. Frankfurt: Fischer.

Mitter, R. (2010). *A bitter revolution. China's struggle with the modern world* (2. Aufl.). New York: Oxford University Press.

Peng, K., Spencer-Rodgers, J. & Nian, Z. (2006). Naive dialecticism and the Tao of Chinese thought. In U. Kim, K.-S. Yang & K.-K. Hwang (Hrsg.), *Indigenous and cultural psychology. Understanding people in context* (S. 247–262). New York: Springer.

Schwarz, E. (1991). Einführung. In Laudse, *Daudedsching* (4. Aufl.) (S. 5–49). München: dtv.

Staeuble, I. (2010). Indigenisierung der Sozialwissenschaften. Ein schwaches Echo antikolonialer Befreiungsvisionen. *Psychologie & Gesellschaftskritik, 34*(2), 9–31.

Straub, J. (1999). *Handlung, Interpretation, Kritik: Grundzüge einer textwissenschaftlichen Handlungs- und Kulturpsychologie.* Berlin: de Gruyter.

von Senger, H. (2000). *Strategeme: Lebens- und Überlebenslisten aus drei Jahrtausenden.* Bern: Scherz.

Weidemann, D. (2010). Challenges of international collaboration in the social sciences. In M. Kuhn & D. Weidemann (Hrsg.), *Internationalization of the social sciences. Asia – Latin America – Middle East – Africa – Eurasia* (S. 353–378). Bielefeld: transcript.

Weidemann, D. (2013). Three decades of Chinese indigenous psychology. A contribution to overcoming the hegemonic structures of international science? In M. Kuhn & S. Yazawa (Hrsg.), *Theories about and strategies against hegemonic sciences* (S. 97–110). Tokyo: Center of Glocal Studies.

Weidemann, D. (2016). Auf der Suche nach der »eigenen« Wissenschaft: Indigene Psychologie in China. *Psychosozial, 39*(4), 27–44.

Wimmer, F. M. (2004). *Interkulturelle Philosophie.* Weinheim: UTB.

Xing, Y. & Sims, D. (2011): Leadership, Daoist *wuwei* and reflexivity: Flow, self-protection and excuse in Chinese bank managers' leadership practice. *Management Learning, 43*(1), 97–112.

Yang, K.-S. (2006). Indigenized conceptual and empirical analyses of selected Chinese psychological characteristics. *International Journal of Psychology, 41*(4), 298–303.

Die Autorin

Doris Weidemann, geb. 1966, Dr. phil., Dipl.-Psych., Professorin für Interkulturelles Training mit dem Schwerpunkt chinesischsprachiger Kulturraum und International Business Administration an der Westsächsischen Hochschule Zwickau. Forschungsschwerpunkte: Kulturpsychologie, interkulturelles Lernen, deutsch-chinesische Interaktionen, interkulturelle Wissenschaftskooperation und indigene chinesische Psychologie.

Schlüsselthemen chinesischer Kulturpsychologie

Gerlinde Gild

Dieser Beitrag zur Wiener Tagung ist eine sinologische Annäherung an die Kulturpsychologie in China. Aufgrund der Materialfülle beschränke ich mich auf die Darstellung markanter Passagen im Werk des führenden Kulturpsychologen Wang Fengyan, Pädagogische Universität Nanjing. Prof. Wang hat in mehreren umfangreichen Textkörpern die gesamte Geistesgeschichte Chinas auf ihre psychologischen Gehalte untersucht und dargestellt.

Einleitung: Kulturpsychologie in China

Bislang gibt es nur einen Lehrstuhl mit Promotionsstudiengang für Kulturpsychologie. Innerhalb der chinesischen Pädagogik wird das Studium der Angewandten Psychologie *(Yinyong Xinlixue)* für notwendig erachtet. Die kulturpsychologischen Schriften Wang Fengyans sind Grundlage und Referenz der Forschung am Institut. Seinem 2016 in 5. Auflage erschienenen, bislang einzigen Sammelwerk zu diesem Thema in China stellt Wang Fengyan ein Zitat von H. C. Triandis voran. Darin heißt es, dass »vor dem Empfang chinesischen Materials die Psychologie keine universell wirkungsvolle Wissenschaft sein kann, denn China ist im Stande, aus einem neuen Blickwinkel auch erneut die Errungenschaften der Psychologie explorieren zu können« (Wang & Zheng, 2016, S. 1f.).

Kulturpsychologie erörtert Handeln und Psyche innerhalb der Lebensumstände in bestimmten kulturellen Räumen; die chinesische Variante gehe, so Wang, davon aus, dass Kultur und Psyche des Menschen miteinander verschmelzen. Entsprechend der kulturvergleichenden Psychologie wird Kultur als unabhängige

Variable für Psyche und Handeln des Menschen betrachtet. Einleitend erläutert Wang zunächst die Methoden der kulturpsychologischen Forschung in China. Sie unterscheiden sich von denen der akademischen Psychologie durch ihre Vorgehensweise anhand der semantischen Analyse.[1] Psychologische Termini werden dabei einer strengen philologisch-historischen Zergliederung unterzogen, bevor sie mit der Fachterminologie der internationalen akademischen Psychologie verglichen oder in Beziehung gesetzt werden. Vor allem Begriffe wie »Seele« oder »Gemüt« können rezent nicht zufriedenstellend synonym übertragen werden, da das chinesische holistische Verständnis von Herz und Verstand (heartmind) hierzu differiert. Seit der ersten Begegnung chinesischer und europäischer Gelehrter bis in die Gegenwart hinein wird darüber diskutiert.

Chinesische Kulturpsychologie arbeitet nach dem Prinzip des *yidao duoyuan*: Den dialektischen und historischen Materialismus zugrunde legend, wird anhand des Methodenpluralismus die Geschichte psychologischen Denkens *(zhongguo xinlixue sixiang shi)* erforscht.[2] An erster Stelle stehen dabei die etymologische Erläuterung von Begriffen im chinesischen Schrifttum und deren psychologische Lesung bzw. Auslegung. Wang unterscheidet im Wesentlichen zwei Richtlinien der Forschung: erstens den Ansatz der »Großen Psychologie« *(da xinlixue guan)*, eine Synthese aus kultur- und naturwissenschaftlicher Psychologie, sowie *xiao xinlixue guan*, die »Kleine Psychologie«, die rein naturwissenschaftlich orientiert ist. Außerdem verstehe sich chinesische Kulturpsychologie dem wissenschaftlichen Historismus *(kexue lishi zhuyi)*, dem Gesetz wissenschaftlicher Systematik *(xitongxing)*, der Objektivität *(keguanxing)*, dem Kulturalismus *(wenhuaxing)* und einer Synthese aus den beiden Prinzipien Gleiches *(qiutong)* und Verschiedenes *(qiuyi)* verpflichtet. Zudem folgt sie dem Prinzip, das Alte in den Dienst des Neuen zu stellen. Es finden sich 15 übergreifende Themen formuliert, mit denen sich chinesische Kulturpsychologen seit den 1990er Jahren befassen:

1. Geschichte der Psychologie in China und Entwicklung chinesischer Kulturpsychologie *(zhongguo wenhua xinlixue)*
2. Über die Sozialisation der Chinesen *(zhongguoren de shehuihua)*
3. Die Begriffe »Ich« und »Selbst« in China *(ziwo)*
4. Bedeutung und Hochschätzung von Harmonie und Balance *(he)*
5. Vorstellungen der Chinesen zum *»renqing«*-Begriff

1 Semantische Analyse (yuyan fenxi fa) wird ausschließlich in der chinesischen Kulturpsychologie angewandt und ist zugleich einer der wichtigsten Ansätze der Nanjinger Schule.

2 Vgl. Gild (2011). Politische Implikationen wissenschaftlicher Methoden in China kommentiert Wang: »Wer über Historisches spricht, ändert die Miene.«

6. Vorstellungen über den Begriff des Ansehens/Gesichts *(lianmian)*
7. Über die Psyche der Kindespietät *(xiaodao)*
8. Aberglaube *(mixin xinli)* und Gegenstrategien *(duice)*
9. Erziehungspsychologie *(jiaoyu xinli)*
10. Management- und Organisationspsychologie *(guanli xinli)*
11. Vorstellungen über Traumdeutung *(shimeng xinli)*
12. Militärpsychologie und strategisches Denken *(junshi xinli)*
13. Kunst- und Literaturpsychologie *(wenyi xinli)*
14. Persönlichkeitspsychologie *(renge xinli)*
15. Denkweisen der Chinesen *(siwei fangshi)*

Über die Sozialisation der Chinesen *(zhongguoren de shehuihua)*

Dem westlichen Begriff Sozialisation, der mit der Entwicklung des menschlichen Verstandes *(lixing)* in Verbindung gebracht wird, setzt Wang die chinesische Vorstellung von »*zuo ren*« (wörtlich »zum Menschen werden«) entgegen. *Zuo ren* ist die Denotation für »Mensch« im Sinne von Persönlichkeit und wird assoziiert mit Rechtschaffenheit *(yi)*, Mitleid *(ceyin)*, Empathie, Wohlwollen *(ren ai)*, sowie Gewissen *(liangzhi)*, wodurch der Mensch in seiner sozialen Funktion verstanden wird. Theorien chinesischer Denker über angeborene und anerzogene Charaktereigenschaften sowie über die Formung des Charakters wurden anhand historischer und mythischer Persönlichkeiten in historiografischen Aufzeichnungen über die Jahrhunderte festgehalten und bildeten die Referenz für eine nicht standardisierte Charakterkunde ohne allgemeingültiges Theoriengebäude. Diese Charakterkunde besteht aus individuellen Anekdoten, persönlichen Beobachtungen und Schriften, welche die Basis für kulturpsychologische Forschung in China sind.

Über die Begriffe »Ich« und »Selbst« *(ziwo guan)*

Wang Fengyan leitet das Kapitel über das »Selbst« und das »Ich« *(ziwo)* mit einer Analyse des archaischen Schriftzeichens mit den Radikalen »Hand« und »Speer« ein. Als Quelle dient dabei das älteste Wörterbuch aus der Hanzeit (1. Jh. n. u. Z.). Darin findet sich das Schriftzeichen *wo*, im heutigen Wortschatz »Ich«, das ursprünglich die Bezeichnung einer Waffe war. Sodann erörtert er anhand von über 30 Ich-Begriffen die Frage nach chinesischer Selbstwahrnehmung *(ziwo renshi)*. Hier ist die semantische Analyse der Schriftzeichen für »Ich« und »Selbst« elementar. Wang berichtet über Vorstellungen eines relationalen Selbst, denen unterschiedliche Verhaltensweisen in Verbindung zu »anderen« zugeordnet sind. Als beispielhaft für diese Debatte in China zitiert Wang den Soziologen Fei Xiaotong (1998), der über die Frage nach Individual- oder Kollektivgesellschaft in provokanter Weise schrieb: »Charakteristische Handlungsweisen der Chinesen sind sicher nicht individualistisch *(geren zhuyi)*, sondern egozentrisch *(ziwo zhuyi)* zu verstehen, mit anderen Worten, es ist ein Ich-Begriff, der stets innerhalb einer Beziehung zu definieren ist« (zit. n. Wang & Zheng, 2016, S. 79).

Hochachtung des *he* (Harmonie/Balance)

Eine grundsätzliche Überzeugung innerhalb der chinesischen Weltsicht ist *tianrenheyi*: Alle Dinge, Mensch und Kosmos, stehen in Wechselbeziehung zueinander. Die Vorstellung der Einheit von Körper und Geist besitzt auch in der traditionellen chinesischen Medizin uneingeschränkte Gültigkeit. Größtes Interesse hatten die Gelehrten stets an der Vorstellung der diesem Verhältnis zugrundeliegenden Integrität und Interaktion. Als Quelle dieser Vorstellung von der Einheit bzw. der Wechselwirkung aller Phänomene wird häufig das Buch der Wandlungen, *Yijing*, herangezogen. So erörtert Wang die Frage nach einem ausbalancierten Verhältnis zwischen Individuum und Gesellschaft anhand markanter Quellen des chinesischen Altertums. Gibt man diese Vorstellungen vereinfachend mit dem Begriff Harmonie in westlicher Lesart wieder, kann man der geistesgeschichtlichen Bedeutung des Begriffes in China nicht gerecht werden.[3] Insbesondere in psychologischen Zusammenhängen bleibt die Diskussion unscharf. In der traditionellen chinesischen Medizin wird der Begriff *he* verwendet und im Sinne körperlicher und geistiger Ausgewogenheit bzw. Balance verstanden.

Die Auslegung des Begriffes tangiert indes auch die Frage nach kollektiven oder individuellen Selbstentwürfen. In der Maxime *he er bu tong*, »sich einfügende, aber nicht gleiche Charaktere«, drückt sich Individualität aus, sie fordert

---

3 Mit dem beginnenden Austausch zwischen chinesischen und europäischen Gelehrten im 17. Jahrhundert am Hof in Peking waren bereits in gleicher Weise Irritationen über differente Vorstellungen des musikalischen Harmoniebegriffs, *»he«*, im selben Schriftzeichen, entstanden (Gild, 1998b, S. 1198).

dazu auf, die Kollektivismus/Individualismus-Dichotomie unter diesem Aspekt zu betrachten.

Über den *renqing*-Begriff

Unmittelbar verbunden mit dem *he*-Begriff ist der des *renqing*. Wang hebt mit einem Zitat des chinesischen Gelehrten und Schriftstellers Lin Yutang (1895–1976) aus dessen Werk *Mein Land und mein Volk* (*woguo yu women*, 1935) hervor: »Gesicht *(mianzi)*, Schicksal *(mingyun)* und Wohlwollen *(enhui)* sind die drei weiblichen Gottheiten, welche China beherrschen« (Wang & Zheng, 2016, S. 175). Im nächsten Schritt legt Wang in weiteren Denotationen die Bedeutungsvielfalt des *renqing*-Begriffes in der Geistesgeschichte Chinas dar: In westlichen Übersetzungen häufig mit »menschlichem Empfinden«, »einen Gefallen tun«, »Geschenk«, »Beziehungen« und »Güte« übertragen, wird *renqing* in China als ethische Norm verstanden und in Wortfeldern erläutert. Wang führt den Begriff auf Menzius (um 370–290 v. u. Z.) und dessen Schlüsselbegriff *ren* zurück. Übersetzt mit »Menschlichkeit« oder »Humanität« bezeichnet er die Verantwortung (engl. mindfulness, care) gegenüber Mitmenschen. Das normative Muster, das Soll sozialen Handelns, dient der Wahrung von Harmonie bzw. Balance innerhalb der Gesellschaft und somit der Konfliktvermeidung zwischen hierarchisch gestuften Gruppen. Wang verweist darauf, dass Menzius hier mit dem Homonym *ren*, »Mensch«, »menschliches Verhalten« und »Menschlichkeit« spielt. Relationale, also beziehungsorientierte Termini wie *renqing* besitzen in allen konfuzianisch geprägten Ländern einen hohen Stellenwert. In China gilt das Leben des Individuums als unvollkommen und erhält erst durch die Koexistenz mit anderen Individuen seinen Sinn. Aus der Beziehung zum menschlichen Gegenüber herausgelöst, verliert das Individuum seine Bedeutung.

Vorstellungen zum Begriff »Gesicht« *(lianmian)*

Der Begriff »Gesicht« trägt in China besondere Bedeutung: Im weitesten Sinne wird darunter die Wirkung eines Menschen auf seine Umgebung, im engeren Sinne das Ansehen, die Würde oder das Prestige verstanden. Durch Bildung erworben, zeigt es sich durch die Beherrschung von Etikette, Sprache und durch Haltung in konkreten Situationen. Beispiele für moralische Integrität finden sich in historischen Aufzeichnungen klassischer und moderner Literatur, deren Geltung durch sprachliche Kontinuität in gängigen sprichwörtlichen Redeweisen tradiert wird.

Wang erörtert ausführlich differente Vorstellungen im Zusammenhang der Individualismus/Kollektivismus-Debatte. Im Fazit macht er anhand zahlreicher Zitate aus der chinesischen Geschichte deutlich, dass beide Orientierungen in China stets vorhanden waren. Er hebt aber auch hervor, dass die Fokussierung auf *mianzi*, also Ansehen, moralische Integrität bis hin zum Prestige, bei der Erziehung besonders beachtet wird.

Die aktuelle Relevanz der Thematik lässt sich an der wachsenden interkulturellen Literatur ablesen, ebenso an internationalen Medien (Film, Literatur, Musik, Fotografie, Kunst). »Gesicht«-zentrierte Kommunikationsstrategien und Aufrechterhaltung von Hierarchien *(bie)* werden auf breiter Basis vornehmlich im interkulturellen Kontext wahrgenommen.

Psychologie der Kindespietät *(xiaodao)*

Xiao, »Kindesgehorsam« oder »-pietät«, bezeichnet konkrete Vorstellungen einer reziproken Eltern-Kind-Beziehung. Der Terminus bezeichnet eine der ältesten Vorstellungen Chinas und ist implizit und explizit im aktuellen Sprachgebrauch vorhanden. Kindespietät beinhaltet zum einen die Achtung der Eltern, der Ahnen, Achtung vor dem Alter, dem Lehrer, Pflichterfüllung etc., zum anderen die Sorge der Älteren für die nachfolgende Generation. Inhärent sind Gehorsam und Sorge für das Wohlergehen der Familie, die Erfüllung zeremonieller Pflichten gegenüber den Ahnen, die Sorge um den Fortbestand der Familie und schließlich für eine Lebensführung, die Ehre und Ansehen der Familie vermehrt. Als Beispiel für die Tragweite des Begriffs führt Wang die Überbevölkerung Chinas an: als Folge der Aufrechterhaltung von *Xiao* – der Pflichterfüllung – für den Fortbestand der Familie zu sorgen. Er zitiert eine bekannte Redewendung: »Von den drei Pietätlosigkeiten ist die Schlimmste, keine Nachfolger zu haben *(bu xiao you san, wu hou wei da)*« (Wang & Zheng, 2016, S. 278).

Als eindrückliche Demonstration der Bedeutung des Normbegriffes führt Wang einen psychologisch relevanten Konflikt des Gelehrten Sima Qian (145–85 v. u. Z.) an, dem Begründer der chinesischen Historiografie. Sima Qian war seinem Vater als Hofastrologe gefolgt, der ihm in seinem Testament das Vermächtnis hinterlassen hatte, sein Werk – eine Kompilation der Geschichte des chinesischen Reiches – fortzusetzen. Als Sima Qian in Konflikt mit dem Kaiser geriet und verurteilt wurde, wählte er statt dem Tode die Kastration, um den Wunsch des Vaters erfüllen zu können. Wenngleich er damit nun der konfuzianischen Norm der Kindespietät, also für Nachkommen zu sorgen, nicht mehr folgen konnte, übertraf er doch mit dem Geschichtswerk *Shiji* seinen Vater und prägte die Historiografie und Kultur Chinas entscheidend. Somit setzte er sich über die traditionelle Vorgabe hinweg, wonach »die Methode der Ahnen niemals geändert werden darf *(zuzong zhi fa bu ke bian)*«.

Für die kulturpsychologische Sicht auf die Bedeutung des Begriffs Kindespietät ist im Weiteren das Themenfeld Volksglauben aufschlussreich. Im Lokaltheater *(difangxi)* sowie der Peking-Oper wird das Motiv der Trennung von der Familie gewöhnlich durch einen jungen konfuzianischen Gelehrten verkörpert, der in ferne Gegenden versetzt wird und solcherart mit der Verpflichtung gegenüber den Eltern und dem Kaiser zu kämpfen hat. Die im Bühnendrama vermittelten und psychologisch relevanten Bewältigungsstrategien lassen sich auch heute auf Wanderarbeiter in den Metropolen Chinas beziehen, die fern ihrer heimatlichen Scholle und ihrer gewohnten Umgebung für die Familie sorgen und überleben müssen.

Aberglaube und Gegenstrategien *(mixin xinli yu duice)*

Im Unterschied zu überwiegend monotheistisch ausgerichteten Kulturen zeichnet sich China durch einen ausgeprägten Synkretismus aus, was sowohl in Redensarten als auch der Erwähnung historischer Ereignisse, ja durch die Präsenz der Geschichte im Alltag und in der Literatur deutlich wird. Wang nimmt zunächst eine Differenzierung von »Sitte und Gewohnheit« *(fengsu xiguan)* und »Aberglaube« vor. Zum Begriff Religion (*zongjiao*; wörtlich: »Lehre der Ahnen«) unternimmt er eine Feindifferenzierung zwischen Volksreligion *(minjian zongjiao)*, Volksglaube *(minjian xinyang)* und Aberglaube *(mixin)*. Volksglaube und Praktiken in diesem Kontext sind als sensible Themen aufzufassen. Wang macht deutlich, dass chinesische Kulturpsychologie im Sinne von Aufklärungsbewegungen zu verstehen ist. Gemeint sind die Bedeutung und der Umgang mit dem Tod, der Glaube an den Willen des Himmels *(tian)*, an Schicksal und Schicksalsfügung *(yuan)*, die im Sinne von Ursächlichkeit und Wirkung erforscht werden. In gleicher Weise behandelt er die psychologischen Hintergründe von Geisterglauben und Verehrungsformen *(chongbai xinli)*, Numerologie, Totemverehrung und Semiotik der Farben als hervorstechende Formen des Volksglaubens. Wang benennt folgende Strategien für eine langfristige Bekämpfung des Aberglaubens: Verstärkung wissenschaftlicher Erziehung *(jiaqiang kexue jiaoyu)*, »geistige Zivilisation« *(wenming)* und Religionserziehung *(jiaqiang xinyang jiaoyu)*: Glaubensformen sollen respektiert werden, Erziehung und Pädagogik gleichzeitig aber auf eine weltlich verstandene »gute Lebensführung« zielen. »Erziehung und Lernkultur ist die Antwort auf ausufernde Tendenzen des Aberglaubens in China«, so Wang (Wang & Zheng, 2016, S. 355).

Über Erziehungspsychologie *(jiaoyu xinli guan)*

Zentrales Thema des Konfuzianismus über die Jahrtausende ist die Erziehung des Menschen. Mit zahlreichen Zitaten des konfuzianischen Schrifttums legt Wang dar, wie Vorstellungen über Erziehung und Bildung die gesamte chinesische Kultur prägten. Er leitet das Kapitel mit einem Zitat von Xunzi (um 300–235 v. u. Z.), einem Vertreter der konfuzianischen Schule *(rujia)*, ein. Dieser befasste sich unter anderem mit der menschlichen Natur und dem Ursprung der Moral. Im ersten Kapitel seines Werkes heißt es: »Das Lernen endet nie. Die blaugrüne Farbe *(qing)* entsteht aus Färberknöterich, ist aber blauer als dieser. Eis besteht aus Wasser, ist aber kälter als Wasser« (Köster, 1967, S. 1). Xunzi hebt damit – wie zuvor Konfuzius (551–479 v. u. Z.) – das »Wissen durch Lernen« hervor, fügt aber noch das »Lernen durch Außeneinflüsse« *(waisuo shuo)* hinzu. Aus der Metapher vom blaugrünen Farbton, der von intensiverem Blau ist als sein Ursprung, der Blauknöterich, lässt sich herauslesen, dass der Lernende nicht nur auf bestehendes Wissen in Textkörpern zurückgreift, sondern es durch Erfahrungswissen »von außen« weiterentwickelt. Wang untersucht den kulturgestaltenden Begriff *xuexi* – im weitesten Sinne »Erziehung des Menschen durch Wissensaneignung« – in psychologisch relevanten Textkörpern seit dem Altertum. Das Postulat besteht bis in die Gegenwart fort.

Die Quintessenz konfuzianischen Denkens ist die Erziehung des Menschen am Vorbild, was in einem klassischen Zitat zum Ausdruck gebracht wird. Es stammt aus der »Großen Lehre« *(daxue)* im Buch der Riten *(Liji)*:

> »Der Weise ordnet zuerst den Staat. Wer den Staat in Ordnung bringen will, ordne zunächst seine Familie. Wer seine Familie ordnen will, der ordne zunächst sich selbst. Wer sich selbst ordnen will, der ordne zunächst seinen Verstand (sein Herz). Wer seinen Verstand/sein Herz ordnen will, der ordne zunächst seine Absichten/seinen Willen. Wer seine Absichten ordnen will, der ordne zunächst sein Wissen« (zit. n. Legge, 1991, S. 355).

Wang weist die Vorbildorientierung in zahlreichen weiteren Beispielen nach: kollektiv und individuell in der Persönlichkeit des konfuzianischen Edlen *(junzi)*, der sich am chinesischen Tugendbegriff *de* misst; in der Persönlichkeit des daoistischen Einsiedlers, *yinshi*, der an der Vorstellung vom »Herrschen ohne Anstrengung« *(wuwei er zhi)* und »Wirken in Einklang mit der Natur« *(fa ziran)* sowie der buddhistischen Vorstellung einer Buddhanatur *(fo)* orientiert ist. Darüber hinaus verweist Wang auf Persönlichkeiten der chinesischen Geschichte. Es sei erlaubt hinzuzufügen, dass bis heute erfolgreiche Sportler, Medienstars oder Persönlichkeiten aus Wirtschaft und Gesellschaft als Vorbilder dienen.

Besondere Aufmerksamkeit gilt dem Begriff des Lernens in der Erziehungspsychologie, dem *xuexi*. Wang erläutert die ursprüngliche Bedeutung des Schriftzeichens *xi*: »Vogel, der durch Nachahmung und Wiederholung das Fliegen erlernt«, später entwickelt sich daraus »Lernen durch wiederholte Nachahmung«. »Lernen und immer wieder Üben – ist das nicht Freude?« Dieses Konfuzius-Zitat wurde zum Leitsatz für Generationen von Gelehrten, die sich das konfuzianische Schrifttum mit allen Kommentaren in 20 bis 30 Jahren anzueignen hatten. Es stellte somit die Ideologie der Staatsbeamten dar, zugleich Träger und Vermittler der orthodoxen Lehre. Der Prozess des Auswendiglernens, des Nachahmens *(mofang)* und des Lernens am Vorbild *(xiaofa)* war dessen Fundament. Seine Aktualität zeigt sich in Auswirkungen auf das moderne Bildungswesen Chinas: Fehlende Innovation und Kreativität werden seit geraumer Zeit als Desiderat betrachtet und angemahnt. Auch verwandte Themen in Management- und Organisationspsychologie *(guanli xinliguan)* führt Wang auf traditionelle Denkweisen zurück. Er setzt sich mit der Arbeits- und Wirtschaftsweise auf Basis des Anthropologismus *(renben zhuyi)* auseinander, mit der Überzeugung, dass stets der Mensch im Zentrum der Aufmerksamkeit stehe *(yiren weiben)*. Dabei hebt er die vergleichsweise hohe Hierarchieorientierung in chinesischen Unternehmen hervor. Es ist ein hervorstechendes Merkmal, das in internationalen Kooperationen von psychologischer Relevanz ist.

Traumdeutung *(shimeng xinliguan)*

Bei der Betrachtung der Traumdeutung in China ist der historische Hintergrund zu beachten, genauer: die Geschichte der Psychologie in China.[4] Zu Beginn des

4 Die Geschichte der Psychologie in China ist inhaltlich, so Wang, in vielen Bereichen mit Kulturpsychologie *(wenhua xinlixue)* identisch; vgl. Gild, 2011.

letzten Jahrhunderts, mit Einleitung der Modernisierung, ging der noch konfuzianisch gebildete Gelehrte Cai Yuanpei (1868–1940) zum Studium »westlicher Wissenschaft« nach Deutschland und studierte unter anderem experimentelle Psychologie bei Wilhelm Wundt. Nach seiner Rückkehr bekam er von der neuen Republik-Regierung den Posten des Bildungsministers angeboten und wurde kurze Zeit später zum Direktor der neu gegründeten Peking Universität ernannt. Auf seine Anregung hin wurde in der ehemaligen Hauptstadt Nanjing das erste psychologische Laboratorium eingerichtet (Gild, 2010).

Ye Haosheng (geb. 1955), der in Nanjing die Theoretische Psychologie vertritt, bemüht sich um eine Integration westlicher und chinesischer Ansätze, weil er glaubt, dass die positivistische Psychologie zu lange die Richtung im Fach vorgegeben habe. In seinem Konferenzbeitrag *Über Konnotation, Klassifikation und Kultivierung von Methoden der Weisheit* vertrat auch Wang Fengyan diese Ansicht. Er stellte 2010 heraus, dass Weisheit eines der wichtigsten Themen psychologischer Forschung der Gegenwart sei, was er anhand der Weisheitsbegriffe in Piagets »Psychologie der Intelligenz« (Piaget, 1948), Eriksons »Identität und Lebenszyklus« (Erikson, 1974 [1966]), Paul Baltes' »Berliner Modell« (Baltes & Smith, 1990) und schließlich Sternbergs Vorstellungen einer »praktischen Intelligenz« (Sternberg, 1984) diskutierte. Jedem Ansatz stellte er Zitate chinesischer Denker gegenüber, die ihre Vorstellungen von Weisheit mit ähnlichen Worten beschrieben, aber lange vorher lebten. So ist das Kapitel über die Traumdeutung mit einem Zitat von Mo Di (ca. 430 v.u.Z) überschrieben: *meng, wo eryi wei ran ye* – »Traum, das ist das Sein/die Wirklichkeit *(ran)* im Schlaf« (Wang & Zheng, 2016, S. 460). Gemeint ist: Was ich im Traum sehe, höre und tue, existiert wirklich, jedoch nicht unbedingt in der Realität. Mit anderen Worten, der Traum besitzt den Charakter der Imagination bzw. der Illusion. Wang zieht Zhuangzi heran, einen der ältesten Denker Chinas, und behandelt dessen »Schmetterlingstraum«. Beginnend mit archaischen Inschriften, sogenannten »Drachenknochen«, zeigt er die prognostische Nutzung des Traums auf. Er weist nach, dass sich chinesische Denker anhand des Traumthemas mit der Wirklichkeit auseinandersetzten. Auch in der Gegenwart wissen chinesische Ärzte Traum, Traumbild und Symbol therapeutisch zu nutzen. Aufgrund der hohen Relevanz gebe ich hier Wangs Beispiel wieder. Der Locus classicus für das Themenfeld Illusion ist die Geschichte »Der Traum von der gelben Hirse« aus der Tangzeit (618–907). »Der Traum von der gelben Hirse« handelt von dem Gelehrten Lu, der bekümmert war, weil er sein Ziel, die Beamtenprüfung zu bestehen, nicht erreicht hatte. So beschloss er, sein Glück erneut zu versuchen, und machte sich auf den Weg. Unterwegs traf er im Gasthaus einen alten Mann, den er nicht als den Unsterblichen Lü Dongbin erkannte. Ihn bat Lu um Rat. Lü Dongbin gab ihm daraufhin ein Kissen und sagte: »Schlafe auf diesem Kissen, und alle deine Wünsche werden sich erfüllen!« Lu schlief im Nu ein, während der Wirt einen Topf mit Hirse auf den Herd setzte; er träumte, dass ihm ein hoher Beamter seine Tochter als Frau gab, dass er nun die Prüfung bestand und von da an jedes Jahr befördert wurde, bis zum Ministerposten. Auch all seine Söhne wurden hohe Beamte. Sein Erfolg rief jedoch Neider auf den Plan, Lu wurde zu Unrecht verschiedener Verbrechen beschuldigt und degradiert. Seine Frau sagte sich von ihm los, und seine Kinder wurden von Banditen getötet. Er starb verarmt auf der Straße. Dann wachte Lu auf. Lü Dongbin stand lächelnd neben seinem Bett, und der Wirt kochte noch immer Hirse. Lü Dongbin hatte ihm zu verstehen gegeben, dass das Leben nur ein kurzer Traum sei.

Kunst- und Literaturpsychologie *(wenyi xinliguan)*

Seine Ausführungen über psychologische Gehalte des chinesischen Schrifttums zu Musik, Literatur und Bildender Kunst leitet Wang mit einem bekannten Zitat des Yueji, dem Klassiker der Musik, aus dem ersten Jahrtausend v. u.Z ein: »Jeglicher musikalischer Ton entsteht im Herzen/Geist« *(fan yin zhi qi, you ren xin sheng ye)*.

Die Anfänge chinesischer Musik liegen im mythologisch-sakralen Stadium, wo Gesang – eine Art gehobenen Sprechens – in religiösem Kontext eingesetzt wurde: in Bittgesängen für gute Ernte, im Regenerbitten oder der Bitte um Abwendung von Naturkatastrophen. Begleitet wurde der Gesang von Blas- und Schlaginstrumenten. In den frühesten Textüberlieferungen kommt der Musik, wie sie dem Herrscherhaus vorbehalten war, rituelle und der Bankettmusik eine staatswahrende Aufgabe zu. Aus der chinesischen Musikgeschichte geht hervor, dass konfuzianische Gelehrte Musik als ein wirkungsvolles Mittel betrachteten, den Charakter des Menschen zu beeinflussen und ihn zu erziehen (Gild, 1998b).

Seine Diskussion über psychologische Gehalte im literarischen Schrifttum leitet Wang mit einem Zitat des hanzeitlichen Poeten Yang Xiong (53 v. u. Z.–18 n. u. Z.) ein: »Jegliches Wort ist die Stimme des Herzens. Jegliche Schrift/Kalligraphie wird vom Herzen ausgehend gemalt.« Mit anderen Worten: Das Werk entsteht in der Seele. Weiterhin zitiert er den berühmten Literaten Wang Wei aus der Tang-Dynastie, um psychologische Sichtweisen auf Kunst und Malerei darzulegen: »Die Bedeutung jeglicher Bilder entsteht, bevor der Pinsel angesetzt wird.« Die Besonderheit chinesischer literarischer Texte liegt im Charakter der Sprache begründet, die ursprünglich nur einsilbige Wörter kennt, welche Mehrfachlesungen ermöglichen. Erklärend möchte ich hinzufügen, dass die Reduzierung auf das Wesentliche in allen chinesischen Künsten Freiraum für Assoziationen zulässt, ja beabsichtigt, besonders ausgeprägt aber in Musik, Lied und der konzisen Poetik. Kenntnis der umfangreichen Symbolik ist Voraussetzung zu jeglichem Verständnis chinesischer Künste und somit des psychologischen Prozesses kreativen Schaffens.

Mit einem Blick in die Gegenwartsliteratur lassen sich psychologische Schilderungen chinesischer Lebenswelten und Charaktere leicht nachweisen, in denen spezifisch kulturelles Umfeld gespiegelt ist, das, so Wang Fengyan, ebenso spezifische oder differente psychologische Theorien entstehen ließ. Die Shanghaier Schriftstellerin Wang Anyi (geb. 1954) hat in außerordentlich dichter und psychologisch subtiler Weise chinesische Lebenswelten und die damit verbundenen gesellschaftlichen Prozesse beschrieben und das Seelenleben ihrer Charaktere analysiert. Ihr Werk steht für den dichten realistischen Stil, der sich auf die Zeichnung des Wesentlichen *(zhuzhi)* konzentriert und in ihrer Heimat als Bestandteil einer »chinesischen Aufklärung« verstanden wird (Gild, 2018). Dem auf Rationalität gründenden westlichen Denken wird durch Wang Anyi das in der chinesischen Kulturtradition vorherrschende Prinzip des relationalen Denkens gegenübergestellt. Das menschliche Selbst, somit auch das literarische, wird vornehmlich in der Beziehung zu seiner Umwelt definiert.

Differenzielle und Persönlichkeitspsychologie *(renge xinli)*

Den Begriff *renge* bezeichnet Wang Fengyan als Neologismus, also einen importierten Begriff, der in dieser Lesung im chinesischen Wortschatz nicht vorhanden war und aus der akademischen psychologischen Fachliteratur übernommen und ins Chinesische übertragen worden ist. Dem stellt Wang drei Begriffe entgegen, die von jeher im klassischen chinesischen Schrifttum vorhanden waren: die Vorbild-Persönlichkeit im Sinne einer Idealvorstellung, die unabhängige Persönlichkeit und die tugendhafte Persönlichkeit. Sie sind an den drei großen Denkrichtungen Konfuzianismus, Daoismus und Buddhismus orientiert.

Die Frage, was den Menschen zum Menschen macht, darf als ein Kernthema konfuzianischen Denkens bezeichnet werden (Gild, 2011, S. 39–42). Angemerkt sei, dass Vorbild-Orientierung kollektiv wie individuell durch die Persönlichkeit des konfuzianischen Edlen *(junzi)* repräsentiert wird, der sich am chinesischen Tugendbegriff *(de)* misst.

Chinesische Denkweisen *(siwei fangshi)*

Im Weiteren erörtert Wang Fengyan dialektisches Denken, wie es vornehmlich vom daoistischen Schrifttum geprägt wurde. Erneut greift er dabei auf klassische Zitate zurück, die in die Alltagspsychologie eingegangen sind: Im ersten Zitat aus dem Buch der Wandlungen *(I Ging)* heißt es: *wujibifan* – »Wenn die Dinge bis zum Äußersten gelangen, verkehren sie sich in ihr Gegenteil.« Das zweite Zitat, das auf Lao Zi zurückgeführt wird, besagt: *fanzhe dao zhi dong* – »Die voranschreitende Bewegung des *Dao* ist eine zugleich zurückkehrende« (vgl. Gild, 2018).

Dass ganzheitliches und dialektisches Denken *(bianzheng siwei)* in der chinesischen Kulturgeschichte von besonderer Relevanz ist, belegt Wang Fengyan mithilfe der Fabel »Vom Alten, der sein Pferd verlor« – der Titel der Fabel ist zugleich eine populäre sprichwörtliche Redeweise. In ihrem Kern besagt die Fabel nichts anderes, als dass Glück und Unglück einander abwechseln.

> »Die Neigung der Chinesen, holistisch zu denken, steht in engem Zusammenhang mit ihrem dialektischen Denken. Sie ist ein Charakteristikum des chinesischen Intellekts. Widerspruch wird von dem Gedanken ausgehend betrachtet, dass alles in der Welt in Beziehung zueinander steht, sich ständig in Wandel befindet und komplex ist« (Wang & Zheng, 2016, S. 590).

Unzählige Kunstwerke sind von dieser daoistischen Weltauffassung inspiriert worden, die traditionellen Wissenschaften sind daraus entstanden. Als prominentes Beispiel nennt Wang die chinesische Medizin. Deren Differenz zur abendländischen Medizin kann als Entsprechung der Differenz zwischen dem psychologischen Denken hier und dort in China gelten.

Dialektisches Denken darf also keineswegs auf Hegel, Marx und Mao zurückgeführt werden, es entstammt vielmehr daoistischen Quellen, so Wang Fengyan. Die Hegel'sche Dialektik erweist sich als vergleichsweise statisch, während sich die daoistische Dialektik permanent zwischen Extremen bewegt, resultierend aus einer höheren Toleranz gegenüber Widersprüchen. Kulturpsychologen folgern daraus, dass absolute Positionen im chinesischen Denken tendenziell gemieden, Zusammenhänge aber betont werden (ebd., S. 576).

Wang Fengyan versucht schließlich, eine Übersicht über spezifische chinesische Denkneigungen zu geben.

- Neigung zu Mäßigung, Ausgeglichenheit und Bescheidenheit *(zhongyong siwei)*, benannt nach dem klassischen Werk *Zhongyong*, »Maß und Mitte«.
- Vorliebe für intuitives Denken *(zhijue siwei)* bzw. Erkenntnis durch Kontemplation; *zhijue* ist der moderne, von Henri Bergson (1999) übernommene Begriff, im klassischen und vormodernen chinesischen Schrifttum entspricht er dem Term *xuanlan*, »das Mysterium schauen«, »Transintelligibles zu fassen suchen«. Wang erläutert den Begriff anhand klassischer Passagen, etwa aus dem *Daodejing*, zeigt aber mittels semantischer Analyse auch, wie Fachbegriffe sowohl aus westlichen als auch chinesischen Kontexten gebildet werden.
- Auf Autorität oder auf Folgsamkeit ausgerichtetes Denken *(quanwei siwei)* betrifft den Respekt gegenüber Vorgesetzten, Älteren, Höherstehenden. Wang führt diese Neigung unter anderem auf den konfuzianischen Klassiker des Kindesgehorsams, *Xiaojing*, zurück, in dem korrektes Sprechen und Handeln innerhalb hierarchischer Beziehungen definiert werden. Wang spricht in diesem Zusammenhang von einem Modus »internalisierter Selbstkontrolle«.
- Neigung zu pragmatischem Denken *(shiyong siwei)*; den Pragmatismus chinesischer Denkweisen belegt Wang wie zuvor mit Beispielen aus der Geschichte Chinas. Pragmatismus ist bereits vielfach in der interkulturellen Literatur dargelegt worden, vornehmlich mit Bezug auf Prozesse der Entscheidungsfindung.
- Neigung zu bildlichem Denken *(xingxiang siwei)* drückt sich in Metaphern und Analogien sowohl in gehobener als auch in der Alltagssprache aus und entspricht zugleich der Neigung zu implizitem Sprachmodus.
- Zyklisches Denken *(xunhuan siwei)* wird vor allem in geläufigen Sprichwörtern deutlich, z. B. »30 Jahre östlich und 30 Jahre westlich des Flusses«, im übertragenen Sinne auf den Zyklus von Aufstieg und Verfall hindeutend, Glück und Unglück wechseln einander ab, die Zeiten ändern sich.

Fazit

Die Relevanz der Kulturpsychologie in China zeigt sich verstärkt dort, wo ein tieferes Verständnis für den modernen Menschen gefragt ist, der seine Identität zum Großteil aus der Kulturtradition bezieht. Da nach außen und nach innen projizierte Selbstdarstellungen Chinas differieren, besteht Erklärungsbedarf, der über interkulturelle oder wirtschaftliche Zusammenhänge weit hinausführt. Das Forschungsfeld der Kulturpsychologie bietet gerade hier einen Zugang, zumal chinesische Fachbegriffe mittlerweile in westliche Sprachen übernommen wurden und in den westlichen Medien in Berichten über China ganz selbstverständlich Verwendung finden: *Qigong*, *Yinyang*, *Guanxi*, *Fengshui* und viele mehr. Allerdings werden diese Begriffe aus ihrem Kontext – einem kohärenten kulturellen Weltbild – herausgelöst.

Chinesische Kulturpsychologie, wie sie Wang Fengyan skizziert, bleibt nicht auf Quellen des orthodox-konfuzianischen Schrifttums beschränkt, sondern exploriert in einem wesentlich größeren Umfang die Gesamtheit des historischen und gegenwärtigen Schrifttums. Die Hinwendung zur Kulturpsychologie entspricht den Entwicklungen der chinesischen Gesellschaft im Prozess der Internationalisierung. Mittels der etymologisch-analytischen Methode, mit der chinesische Kulturpsychologen forschen, können Fachbegriffe im kulturellen Kontext erläutert werden, was nicht unerheblich dazu beitragen kann, stereotype Sichtweisen der chinesischen Kulturtradition einzudämmen. Kulturpsychologie im Sinne der Nanjinger Schule zielt auf die Überwindung der Einengung der Psychologie auf westliche Konzepte und die als Macht wahrgenommene Dominanz westlicher Weltkonstruktion ab. Der Anspruch chinesischer Kulturpsychologen auf »Uniqueness« – »Einzigartigkeit« – oder zumindest auf eine Differenz zu westlichen Entwicklungen des Faches Psychologie, unter Rückgriff auf das klassische Schrifttum, das die Gegenwart erheblich mitbestimmt, ist wesentlicher Bestandteil des Diskurses. Die Kernfrage bleibt meines Erachtens, wie China der Spagat zwischen archaischen Denkweisen und der postsozialistischen Pluralität gelingen wird, zwischen linearen und vertikalen Geschichtskonstruktionen und angesichts der auffälligen Zuhilfenahme der in Dynastiegeschichten festgeschriebenen Historie kultureller Entwicklung. Es ist letztlich die unserer Tagung zugrundeliegende Frage nach dem Umgang mit alten Texten. Daran schließt sich sogleich »Handwerkliches« an: Darunter kann die Übersetzung der archaischen Texte, die jeglicher Interpretation vorangeht, verstanden werden oder im angewandten Fach »best practice«-Modelle: Handwerk, im ursprünglichen abendländischen Sinn verstanden als »ars«, in China in seiner Bedeutung als vollkommene Beherrschung, als höchste Kunst, wie sie im daoistischen Schrifttum beschrieben wird. Und schließlich das Thema Wettbewerb: Die vergleichende Sicht auf Kulturpsychologie kann zwischen Wissenschaft und ihren Ordnungssystemen, auch zwischen Gelehrten und Macht, in langer Tradition verfolgt werden. Die Verschriftung jeglichen Wissens in China ist dabei eine hervorragende und doch noch weitgehend ungenutzte Ressource.

Literatur

Baltes, P. B. & Smith, J. (1990). The psychology of wisdom and its ontogenesis. In R. J. Sternberg (Hrsg.), *Wisdom: Its nature, origins, and development* (S. 87–120). New York: Cambridge University Press.

Bergson, H. (1999). *Introduction to metaphysics*. Indianapolis: Hacking Publishing Company.

Erikson, E. H. (1974 [1966]). *Identität und Lebenszyklus. Drei Aufsätze.* Frankfurt: Suhrkamp.

Fei, X. (1998). *Xiangtu Zhongguo. Shengyun Zhidu* (Das Geburtenregelungssystem im ländlichen China). Peking: Beijing Daxue Chubanshe.

Gild, G. (1998a). The introduction of European musical theory during the early Qing Dynasty. The achievements of Thomas Pereira and Theodorico Pedrini. In R. Malek (Hrsg.), *Western Learning and Christianity in China* (S. 1189–1200). Sankt Augustin: Monumenta Serica Monograph Series XXXV/2.

Gild, G. (1998b). *Die Rezeption der westlichen Musiktheorie in China.* Habilitationsschrift, Universität Göttingen.

Gild, G. (2010). Indigene Psychologie in China. *Psychologie & Gesellschaftskritik, 34*(134), 55–81.

Gild, G. (2011). Ein chinesischer Beitrag zu einer Historischen Psychologie. *Erwägen Wissen Ethik, 22*(1), 39–42.

Gild, G. (2018). Chinesische Befindlichkeiten. Narrative psychologische Gestaltung bei Wang Anyi. In P. Chakkarath & D. Weidemann (Hrsg.), *Kulturpsychologische Gegenwartsdiagnosen: Bestandsaufnahmen zu Wissenschaft und Gesellschaft.* Bielefeld: transcript.

Köstler, H. (1967). *Hsün-tzu.* Sankt Augustin: Steyler Verlag.

Legge, J. (1991). The Chinese classics in five volumes. Bd. 1 u. Bd. 2. Taipeh: SMC Publishing.

Piaget, J. (1948). *Psychologie der Intelligenz.* Zürich: Rascher.

Sternberg, R. J. (1984). Toward a triachic theory of human intelligence. *Behavioral and Brain Sciences, 7*(2), 269–287.

Wang, F. & Zheng, H. (2016). *Zhongguo wenhua xinlixue (Chinesische Kulturpsychologie)* (5. Aufl.). Guangzhou: Jinan University Press.

Die Autorin

Gerlinde Gild, geb. 1955, Studium der Sinologie, Japanologie, Geschichte und Musikwissenschaften in Göttingen; Deutsch als Fremdsprache am Goethe-Institut München; Habilitation Göttingen 1999; Dozentin an den Universitäten Göttingen und Kassel. Forschungsschwerpunkte: chinesische Kulturpsychologie, Rezeption der europäischen Musik in China, chinesische Gegenwartsliteratur und Interkulturalität.

Schlussdiskussion

Gerhard Benetka & Hans Werbik

Unsere ursprüngliche Absicht ist es gewesen, am Ende der Tagung eine Art Kulturvergleich zu leisten. Die Idee erwies sich schließlich als etwas naiv, aus mehreren Gründen mussten wir sie aufgeben.

1. Phänomenologisch betrachtet können wir Psychisches einordnen in ein Kontinuum zwischen »gemeinschaftlich« und »individuell gegeben«. Die visuelle Wahrnehmung kommt auf diesem Kontinuum eher aufseiten des gemeinschaftlich Gegebenen, Gefühle eher aufseiten des individuell Gegeben zu liegen. Dieser Beschreibung analog ist ein Kontinuum zwischen Gegenständen und Zuständen: Das in der visuellen Wahrnehmung Gegebene ist eher (nie ausschließlich!) gegenständlich, Gefühle sind Zustände (vgl. Ichheiser, 1927). Die Aufgabe der Psychologie ist es, das Psychische als das gleichsam Fließende zwischen den Polen zu fixieren: durch Sprache zu fixieren. Dieses Fixieren durch Sprache ist nicht beliebig: Es muss an die je historisch bzw. kulturell gegebenen Denk- und Sprechweisen anknüpfen. Das bedeutet, dass Psychisches immer aufzufassen ist als Rede über Psychisches, dass Psychisches als Gegenstand einer Wissenschaft erst über das Reden darüber hervorgebracht, nur so zum Gegenstand wissenschaftlicher Forschung werden kann.
2. Die Sprech- und Denkweisen verschiedener Kulturen folgen, so könnte man annehmen, einer unterschiedlichen Ordnung. Die Basis jeder Ordnung ist die Klassifikation. Die Klassifikationen sind nicht natürlich, das heißt notwendig so, wie sie sind. Nicht die Natur schreibt die Ordnung vor, sondern die Kultur schreibt vor, wie die Natur zu ordnen ist. So sind verschiedene Ordnungen denkbar – und historisch wohl auch entsprechend realisiert worden.

3. In der Logik spricht man von einem Kategorienfehler dann, wenn Ausdrücke, die verschiedenen logischen Kategorien angehören, miteinander vermengt werden: Zum Beispiel ›Sonntag liegt im Bett‹ – wenn der Ausdruck ›Sonntag‹ einen Wochentag und nicht eine Person bezeichnet. Aussagen dieser Art sind nicht missverständlich, sondern sinnlos, un-sinnig. Oder anders: Sie sagen überhaupt nichts! Ein anderes Beispiel, das näher bei der Psychologie liegt: In der Ankündigung eines Lehrgangs für Biofeedback an jener Universität, an der Hans Werbik und ich gegenwärtig lehren, stand einmal der Satz zu lesen: »Der Körper lügt nicht!« Der Un-Sinn enthüllt sich, wenn man die Aussage entsprechend variiert: »X lügt nicht!« Wobei für X Wörter einzusetzen sind, die in logischer Hinsicht dem Wort »Körper« gleichwertig sind. Unter den möglichen Varianten – es gibt unendlich viele – gefällt uns besonders gut: »Eine Straßenbahn lügt nicht!« Eben das erscheint uns als Grundproblem, das jedem Versuch zu einem Kulturvergleich anhaftet: dass Redeweisen, die in einem bestimmten kulturellen Kontext eine Bedeutung haben, durch die Überführung in einen anderen Kontext – buchstäblich! – sinnlos werden.

Im Zusammenhang damit, wenn auch logisch nachgeordnet, stellt sich das Problem der Übersetzung. Wir brauchen das hier nicht eingehender zu erörtern, es genügt, das Grundproblem zu skizzieren: 1. Jede Form der Übertragung eines Inhalts ist abhängig vom je gegebenen Horizont des Übersetzers. 2. Um das Fremde zu verstehen, ist seine Nostrifizierung unumgänglich: Wörtlich übertragen, bliebe es – weil es eben fremd ist – unverständlich. Um es zu verstehen, müssen wir es anpassen, rationalisieren, unserer Art des Redens oder Erzählens adäquat machen. Aus all dem folgt eine grundsätzliche Unbestimmtheit der Übersetzung. Letztlich gibt es kein objektives Kriterium dafür, anhand dessen man entscheiden könnte, was die eine Übersetzungsvariante besser bzw. »richtiger« macht als die andere.

Zudem: Ein Kulturvergleich setzt voraus, dass die beiden Kulturen, die miteinander in Beziehung gesetzt werden sollen, halbwegs homogen sind. Diese Voraussetzung, so glauben wir, ist schwer zu erfüllen. Und zwar deshalb, weil die Beurteilung von Homogenität selbst wiederum perspektivenabhängig ist: Dem Angehörigen einer Kultur erscheint das Eigene immer als differenziert, während er das Andere – aus der Perspektive von außen – stets als etwas relativ Homogenes auffasst.

Wenn ein Kulturvergleich, wie wir gezeigt haben, aus logischen Gründen eigentlich unmöglich ist, folgt daraus notwendigerweise, dass es sinnlos ist, über andere Kulturen zu sprechen, sich mit anderen Kulturen auseinanderzusetzen?

Indem man sich mit dem Fremden auseinandersetzt, verliert das Eigene seine Selbstverständlichkeit. So, wie wir die Welt auffassen, ist bloß eine Möglichkeit, aber nicht die einzige, die uns zur Verfügung steht. Auf die Psychologie gewendet, versteht sich die Konsequenz von selbst: Die Diskussion indigener Psychologien führt uns dazu, die Indigenität unserer eigenen Positionen zu benennen. Eine Besonderheit der westlichen Psychologie der Gegenwart ist ihr unbedingter Wille zur Naturalisierung des Psychischen (Werbik & Benetka, 2016). Dass über Internet und entsprechend organisierte Medien und Fachverlage die westliche Psychologie sich in der ganzen Welt verbreitet hat, sagt nichts über ihre »Wahrheit« aus, sondern bloß über ihre ideologische und ökonomische Brauchbarkeit.

In den Besprechungen zur Vorbereitung der Abschlussdiskussion sind vor allem drei Themenbereiche angeschnitten worden:

1. Was soll eigentlich damit gemeint sein, wenn wir in einem wissenschaftsgeschichtlichen Zusammenhang von »vergessenen« Denktraditionen und Wissensbeständen reden?
2. Es ist mit dieser Rede vom »Vergessen« zumeist impliziert, dass dadurch für das Fach ein »Schaden« entsteht. An welche Art von »Schädigung« ist dabei zu denken?
3. Wie soll bzw. wie kann die Psychologiegeschichte angemessen in Lehrbüchern und auch in Lehrplänen der Psychologie in Hinkunft vertreten werden?

Zu diesen Punkten wollen wir einige Thesen formulieren.

Zum ersten Punkt: Tatsächlich scheint uns der Terminus »Vergessen« im Zusammenhang von historischen Kontexten problematisch zu sein. Schauen wir anhand von zwei Beispielen aus der Fachgeschichte einmal genauer hin, was mit diesem Terminus bezeichnet sein könnte:

Beispiel 1: Es lässt sich zeigen, dass im Zuge der sogenannten kognitiven Wende der Psychologie Forschungsstrategien vorgeblich neu erfunden wurden, die in der älteren Psychologie aber längst erprobt und gut bekannt waren. Wir denken dabei zum Beispiel an die Rolle der Reaktionszeit-Versuche im Wundt'schen Labor und wie diese damals in der Leipziger Schule interpretiert worden sind (Benetka, 2002). Ein psychischer Vorgang zeigt sich im Experiment, indem er Zeit braucht, einen zeitlichen Verlauf hat. Man vergleiche damit das klassische Experiment zum Abruf von Information aus dem Kurzeitgedächtnis von Saul Sternberg (1969). Damit ist zugleich auch ein Argument entwickelt in Bezug auf den »Schaden«, der entstehen kann, wenn eine wissenschaftliche Einzeldisziplin sich nur mäßig für ihre Geschichte interessiert: das vielzitierte Rad, auf ewig wird es neu erfunden.

Beispiel 2: Denken wir an die großen Kontroversen in der Geschichte unseres Faches: etwa die Dilthey-Ebbinghaus-Kontroverse (Schmidt, 1995). Wichtig ist zu sehen, welche Funktion diese Kontroversen bzw. ihr »Ausgang« für die Zeitgenossen und für die Nachwelt haben. Im Fall der Dilthey-Ebbinghaus-Kontroverse lässt sich dies als Formel wie folgt formulieren: Unter einer Mehrheit der damals das Fach vertretenden Wissenschaftlern hat sich eine Übereinstimmung gebildet: dass nämlich eine streng naturwissenschaftlich orientierte Psychologie keiner »geisteswissenschaftlichen Ergänzung« bedarf. In der Rezeption der Kontroverse wurde also eine ganze Tradition von der Fortentwicklung des Fachzusammenhangs auszuschließen versucht. Dasselbe – und mit dem nämlichen Resultat – lässt sich auch für die Bühler-Wundt-Kontroverse in der Denkpsychologie zeigen. Was damit erledigt wurde, ist die Rolle, die die Wundt'sche Völkerpsychologie für die Erfassung sogenannter höherer psychischer Funktionen hätte spielen können. Wichtig ist in diesem Zusammenhang also festzuhalten, dass es in diesen Kontroversen nur scheinbar darum geht, wer von den Kontrahenten »inhaltlich« recht hat, sondern ausschließlich darum, wer seinen Standpunkt gegen einen anderen – zumeist inkommensurablen – zu behaupten versteht. Es geht also um die Durchsetzung eines Diskurses gegen einen anderen – und das ist nichts als eine Machtfrage. Seit Kuhn (1976 [1967]) ist dieser Sachverhalt natürlich trivial: Ein Paradigma setzt sich durch, nicht weil es »wahr« oder »richtig« ist, sondern einfach deshalb, weil schließlich eine Mehrheit der Mitglieder einer Fachgemeinschaft sich zu seiner Annahme entscheidet. Was mit gutem Recht an Kuhn stets kritisiert wurde, ist, dass er den soziokulturellen Kontext, in dem solches geschieht, völlig ausblendet: den Umstand zum Beispiel, dass die Durchsetzung eines Diskurses und damit die Blockierung eines alternativen nicht in einem interessensfreien Raum stattfindet. Die Interessen, an die wir dabei denken, sind zunächst wirtschaftliche oder allgemeiner: Herrschaftsinteressen. Wir haben dies in unserer Streitschrift in Bezug auf die Neuropsychologie (Werbik & Benetka, 2016) ausbuchstabiert: Die Naturalisierung des Psychischen dient der Disziplinierung, der Ausweitung der Verfügbarkeit und Kontrolle über den Einzelnen. Hoffnungsfroh stimmt uns, dass dies den Neurowissenschaften, wie wir glauben, nicht zu gelingen scheint. Nichtsdestotrotz blockiert ihre Dominanz in der Psychologie die Entwicklung alternativer, letztlich auch emanzipatorischer Ansätze, zum Beispiel einfach dadurch, dass die Neurowissenschaften so große Forschungsmittel binden.

Womit wir eigentlich schon auf die Ebene der zweiten Frage übergewechselt sind: auf die Frage, welchen »Schaden« das sogenannte Vergessen anrichten kann. Man kann das Gesagte etwa in der Art verallgemeinern: In dem Maße, in dem sich der Mainstream der Psychologie behauptet, wird die Entwicklung von Alternativen blockiert und schließlich verhindert. Was uns außereuropäische Denktraditionen zeigen können, ist, wie sehr der Ansatz der Mainstream-Psychologie letztlich immer ein und derselben Voraussetzung unterworfen bleibt: den Denkgewohnheiten des cartesianischen Dualismus. Dies zu erkennen, setzt philosophische Bildung voraus. Überhaupt glauben wir, dass die Lösung von grundlegenden theoretischen Problemen der Psychologie ohne philosophische Bildung nicht möglich sein wird. Die Abtrennung der Psychologie von der Philosophie war ein schwerer historischer Fehler. Sie hat Fehlentwicklungen, wie die neuropsychologische Leugnung der Willensfreiheit und das theorielose Datensammeln, erst möglich gemacht.

Wir kommen zum dritten und letzten Punkt – und der ist eigentlich recht einfach abzuhandeln. Die Diskussion, wie psychologiegeschichtliches Wissen Eingang finden kann in Lehrbücher und Lehrpläne, scheint uns verfehlt zu sein. Was in der Psychologie Not tut, ist kritisches Denken: Kritisches Denken, das aufweist, dass die gegenwärtige Psychologie nicht notwendigerweise so geworden ist, wie sie sich derzeit präsentiert. Auf der Basis einer solchen Analyse lassen sich Alternativen erst schlüssig begründen. Oder anders formuliert: Historische Forschung stellt den Angriffspunkt dar, aus dem heraus Neues entwickelt werden kann. Mit dieser Überzeugung müssen wir uns den Verteilungskämpfen um Drittmittel stellen, müssen unsere Themen einbringen in die Debatten um brennende gesellschaftspolitische Fragen (Parin, 1978), müssen unsere historischen Zugänge als das aufweisen, was sie tatsächlich auch sind: als zukunftsweisend für die Entwicklung einer emanzipatorischen Psychologie. Dann ergibt sich das mit der Präsenz unserer Arbeit in Lehrbüchern und Lehrplänen ganz von alleine. Es ist wie in der Wirtschaft: ohne Investitionen kein Angebot, ohne Angebot keine Nachfrage.

Literatur

Benetka, G. (2002). *Denkstile der Psychologie. Das 19. Jahrhundert.* Wien: Wiener Universitäts-Verlag WUV.

Ichheiser, G. (1927). Über die »gemeinsam« und »individuell« gegebenen Inhalte und ihre Bedeutung im Aufbau des Bewusstseins. *Archiv für systematische Philosophie und Soziologie, 30,* 307–329.

Kuhn, T. S. (1976 [1967]). *Die Struktur wissenschaftlicher Revolutionen*. Frankfurt: Suhrkamp.

Parin, P. (1978). Warum die Psychoanalytiker so ungern zu brennenden Zeitproblemen Stellung nehmen. *Psyche, 32*(5–6), 385–399.

Schmidt, N. (1995). *Philosophie und Psychologie. Trennungsgeschichte, Dogmen und Perspektiven*. Reinbek: Rowohlt.

Sternberg, S. (1969). Memory-scanning: mental processes revealed by reaction-time experiments. *American Scientist, 57*(4), 421–457.

Werbik, H. & Benetka, G. (2016). *Kritik der Neuropsychologie*. Eine Streitschrift. Gießen: Psychosozial-Verlag.